「人口減少」社会とマルクス経済学

友寄英隆

1

新日本出版社

目次

第Ⅲ部　人口学説史　277

＊本書で引用している文献のうち、各種の全集、マルクス『資本論』、『資本論草稿集』など、多くの分冊から成るものについては、①、②などといった丸数字で巻（分冊）を示した。
また、そのうち『資本論』については、引用文は新日本出版社の新版のそれに統一した。

本文中、『資本論』の出典に関しては、「②六二二ページ」などと書名を省略している。

『マルクス＝エンゲルス全集』については『ME全集』と略記した。

はじめに

二〇二〇年に始まり四年目に入ったコロナ・パンデミックは、日本の人口減少にいっそう拍車をかけつつある。二〇二二年の出生児数は七七万人余にとどまり、かつての二六八万人（一九四七年）の三割以下にまで落ち込み、出生率（合計特殊出生率）も人口置換水準（二・〇七）をはるかに割り込み一・二六となった。

今年（二〇二三年）四月に発表された将来人口推計では、二〇二〇年に一億二六一五万人だった総人口は、二〇五六年に一億人を割り、二〇七〇年には現在より三割減の八七〇〇万人にまで減少するとなっている。こうした出生児数の減少は、前回（二〇一七年）の将来人口推計の予測をはるかに超えるスピードで、日本が「人口減少」社会へ進みつつあることを示している。このような「人口減少」社会の進行は、日本経済が今かなり急速に縮小再生産の軌道に入りつつあることを示唆している。※

※　直近の将来人口推計（二〇二三年）では、コロナ禍による人口変動への直接的な影響は一時的なものとして、その要因を排除して推計がなされている。

筆者は、先に『「人口減少社会」とは何か――人口問題を考える12章』（学習の友社、二〇一七年）を上梓して、人口問題について考えるための基本的な論点を提起しておいた。本書は、この前著では必ずしも十分にはとりあげることができなかった「人口問題を探究するための理論的な課題」について、マルクス経済学の立場から探究したものである。

＊

筆者は、前述の拙著の「あとがき」のなかで、「人口減少とは、そもそもどのような問題なのか」について、やさしく解説した人口問題の入門書が日本では少ないことの理由の一つとして、次のように述べておいた。

「国民的な立場に立った人口問題の研究がひじょうに立ち遅れていることです。とりわけマルクス経済学の立場からの人口問題の研究は立ち遅れています。人口問題研究の立ち遅れは、マルクス経済学全体の理論的な発展にとっても大きな弱点だと思われるのです」（拙著一九一ページ）。

第二次大戦前は、マルクス経済学においても、人口問題は重要な研究テーマの一つだった。戦前においては、人口問題は、国内においては失業や貧困とのかかわりで、また対外的には植民地支配、侵略と帝国主義戦争の根源を暴くために避けて通れない理論問題であった。そのために、マルクス経済学の中心的な研究テーマの一つとしてとらえられていたのである。たとえば、一つだけ例をあげると、河上肇の『人口問題批判』（叢文閣、一九二七年）がある。

第二次大戦後も、一九五〇年代までは、人口の急増による失業問題、食糧問題などとの関わりで人口問題への関心は深かった。しかし、日本資本主義が「高度経済成長」の軌道に入るのに伴って、人口問題への理論的な関心は急速に薄れていった。理論的な研究は、失業、貧困、賃金、労働時間、雇用、「合理化」などの労働条件、資本蓄積と搾取強化の法則の解明、高齢化社会に伴う社会保障や税・財政・金融問題、食糧・農業問題、住宅・交通・開発、公害や環境問題などの「新しい貧困」、こうした政策的課題に集中するようになった。そのこと自体は資本主義の発展による当然のことであり、積極的なことであったが、その陰で人口問題への関心は後景へ退いていった。実際には、一九七四年を境にして出生率が人口置換水準（二・〇七）を割り込み、それから五〇年間、一度もそれを超えることはなかった。

しかし、二〇一〇年をピークに日本の総人口が減少しはじめて「人口減少」社会に入るとともに、人口問題は、社会科学として本格的に取り組まねばならない重要な理論的な課題としてあらためて浮上してきた。本書は、こうした時代の変化によってふたたび避けて通れない課題となってきた人口問題に取り組むために、マルクス経済学の立場からの問題提起を試みたものである。

*

そもそも人口問題は、人間の生命の生産と再生産に関わることであると同時に、人間社会の生成・発展・没落の展開と深く絡み合っている問題である。それは、個々の人間の生き方、家族形成と子孫継承のあり方であると同時に、人類の社会発展と文明の消長にも深く関わっている。

科学的社会主義の基礎である唯物史観は、人類社会の発展の法則を、人間そのものの生産と再生産、人間存在の物質的条件（生活手段・生産手段）の生産と再生産、という二つの問題を基礎に据えてとらえる歴史観、世界観である。唯物史観の前提が「人間」であり、人間相互間の社会的関係としての「人間社会」であることから、人口問題の探究は、唯物史観の探究と深く関わっている。

しかし、従来の唯物史観のとらえ方は、社会発展の法則についての側面にだけ注目して、その根底にある人間の生産と再生産の問題、人口問題への目配りが欠けていたのではないだろうか。言い換えれば、唯物史観の基礎としての人口問題の探究が欠落していたのではないだろうか。

本書は、人口問題にマルクス経済学の立場から取り組むことを課題としているが、それは同時に、唯物史観を人口問題の視点から探究することでもある。その意味で本書は、人口問題と唯物史観の関連についての問題提起の試みでもある。

＊

人口に関する理論は、学術的な探究の課題であるだけでなく、実践的な社会経済政策と深く関わっている。かつてトーマス・マルサス（一七六六～一八三四年）は、「人口論」を発表し、食糧生産よりも人口増加の速度が速いという誤った法則をたてて、それが労働者階級の貧困の原因だと主張した。エンゲルスは、「国民経済学批判大綱」（一八四四年）のなかで、マルサスの「人口論」を、「もっとも粗野で野蛮な体系」と特徴づけ、『イギリスにおける労働者階級の状態』（一八四四年）では、「プロレタリアートにたいするブルジョアジーのもっともあからさまな宣戦布告」（ME全集②五一九ページ）ととらえて、徹底的に批判・論駁した。

二一世紀の今もまた、少子化・人口減少問題は、様々な国家政策を左右する重要な要因となっている。年金、医療、保育、介護などの社会保障政策はもちろん、税制、労働政策、産業政策、教育政策などにも大きな影響を持っている。その意味では、人口問題の研究は、階級闘争のための理論的イデオロギー的課題でもある。日本では、この二十数年来、歴代の自公政権が「少子化・人口減少」対策に取り組んできたが、そうした「出生率」引き上げを目標にした政策は、現実には、「人口減少」の流れにストップをかけることはできないできた。

こうした急速な「人口減少」社会の進行を前にして、いまあらためて人口問題とは何か、人口政策はいかにあるべきか、問題の原点に戻って考えることが求められている。

＊

本書の構成は、次のようになっている。

第Ⅰ部「現代の人口問題――分析と課題」

第1章「現代日本の人口問題」では、現実に急速に進行しつつある日本の「人口減少」という人口動態について検討した。まず現下の人口減少が及ぼしつつある様々な影響を見たうえで、戦後日本の人口動態と人口構造の実態と歴史的推移を簡潔に整理しておいた。人口減少問題は、決して遠い将来の問題なのではなく、まさに「今そこにある危機」として正面から考える時に来ていることを明らかにするとともに、人口減少問題に対処するさいに陥ってはならない「逆マルサス主義」の罠《わな》について述べた。※

※「逆マルサス主義」の罠とは、筆者の造語である。その意味は、現代日本の政治的、経済的、社会的な矛盾がひきおこす諸困難の原因をすべて人口減少に帰して、その結果、人口減少への対応策が、逆に「少子化」を促進して悪循環の「罠」に陥ってしまうことである（詳細は、第1章の一二ページを参照）。

第2章「現代世界の人口問題」では、人類史的な視野に立って人口問題の過去・現在・将来の実態分析の課題を検討した。とりわけ、第二次世界大戦後、多くの植民地・従属国が独立して自立した発展を始めるとともに、急激な人口増大、いわゆる「人口爆発」が起こったこと、しかし二一世紀に入るころから、その人口増大のスピードが低減し始めていること、さらに二二世紀以降は世界全体が人口減少時代に入ることが予想されていることなどについて述べた。また、こうした人口変動の実態分析のなかから生まれた「人口転換の理論」と「疫学転換の理論」について考察した。

第Ⅱ部「人口問題と科学的社会主義」

第3章「人口問題と唯物史観」では、第Ⅰ部で概括した人口問題の現状分析をふまえて、科学的社会主義の立場から人口問題の理論問題をとりあげた。ここでの中心的問題は、人口学が提示している「人口転換の理論」や「疫学転換の理論」を、唯物史観のなかに、いかにして組み入れていくかという課題である。第3章は、この課題に取り組んだ本書の理論的な核心をなす章であり、人口問題の二つの契機である人権思想の発展と社会発展との関係について考察した。また、過渡的時代に起こる人権思想の発展と社会発展とのパラドキシカル（逆説的）な関係をいかにして突破するか、その方向について考えた。

第4章「人口問題と経済学」では、唯物史観のなかに「人口転換の理論」を組み入れたうえで、その経済学的展開を試みた。人口問題と経済学との方法論的な違いに留意しつつ、両者の接点を検討した。とりわけ人口変動と経済変動のタイムラグの意味を解明した。

第5章「人口政策の考え方」では、二一世紀の人権思想の発展をふまえて人口政策の考え方を整理した。とりわけ、二一世紀の人口政策の国際的基準としてのリプロダクティブ・ヘルス／ライツの意義を科学的社会主義の立場から明らかにした。

第Ⅲ部「人口学説史」

第6章「マルクス、エンゲルスと人口問題」では、マルクスとエンゲルスの生涯にわたる人口問題についての言及文献を跡付けて、それらの理論的な意味を考察した。とりわけ重要なことは、マルクスが『資本論』の中で「資本主義社会における特有の人口法則」として定式化した「相対的過剰人口形成の理論」を、マルクスとエンゲルスの人口問題についての全体的な考え方のなかで正確に位置付けることである。この理論的作業は、単なる人口学説史としての興味からだけでなく、二一世紀の人口動態――「人口減少」現象を分析するためにも避けて通れない理論的課題となっている。

第7章「J・M・ケインズと人口問題」では、二〇世紀の中盤にケインズが行った講演「人口減少の若干の経済的影響」（一九三七年）を手掛かりに、あらためてケインズの経済理論の体系を読み直してみる試みである。言い換えれば、ケインズの主著『雇用、利子および貨幣の一般理論』と、ケインズが「人口減少」に注目した短い講演との理論的関係を探究した学説史的研究ノートである。

第8章「G・S・ベッカーの人口理論」では、ケインズ以後の経済学、とりわけシカゴ学派のゲーリー・スタンリー・ベッカーの人口理論を検討した。G・S・ベッカーをとりあげたのは、その人口理論が、現代の資本主義諸国の「少子化対策」の経済学的基礎になっているからである。

第Ⅲ部の三つの章は、いわば人口理論の学説史的な研究である。こうした学説史的な探究は、それ自体として興味深いのであるが、それにとどまらずに、二一世紀の人口問題を解明するための方法論的指針をあたえてくれる。その意味で、本書の前半（第Ⅰ部、第Ⅱ部）と後半（第Ⅲ部）は、理論的に切り離しがたくつながっている。そのことは、マルクスの『資本論』の理論体系が「剰余価値学説史」によって支えられていることを想起すれば理解していただけるであろう。また前半と後半で、マルクス、エンゲルスを重複して引用したところもあるが、それぞれの命題の意味を深く理解するために、あえてそうしてある。

最後の「あとがき」では、筆者が人口問題に取り組んできた研究の経過を簡潔に記しておいた。これは本書全体を解説する意味をもつとともに、これから人口問題を研究してみようと思う方の参考になればとの思いからである。

*

マルクス経済学の立場からの人口問題の探究は、様々な新しい理論的課題を解明しなければならないので、本書では各章にわたって試論的な問題提起をおこなった。読んでくださった方からの意見、異論、反論を歓迎する。活発な討論と論争こそ、創造的に理論を発展させる力である。

本書は、筆者がこれまでに発表してきた人口問題に関する論文や著作を整理・補筆しながら、新たに第2章と第3章を書き加えて、全体として体系的な一冊として編集したものである。とりわけ、第I部の第1章「現代日本の人口問題」は、拙著『「人口減少社会」とは何か――人口問題を考える12章』をもとに、現在的な視点で見直して書き直すとともに、統計的な資料は全面的に差し替えて利用した。そのほかの既発表の論文については、「あとがき」で説明しておいた。

なお、人口問題に特有な用語については、本書の文中でそのつど解説したが、とくに重要な用語にだけ、最初に簡単な用語解説（一五ページ〜）を付しておく。

著者

二〇二三年八月

人口問題の用語

《合計特殊出生率》出生率は、人口（分母）と出生数（分子）の比率のことである。合計特殊出生率とは、一五～四九歳までの女性の年齢別の出生率（三五個の特殊出生率）を合計したもの。一人の女性が一生に産む子どもの数を意味する。一般に「出生率」という場合は合計特殊出生率のことをさしている。合計特殊出生率には「コーホート合計特殊出生率」と「期間合計特殊出生率」がある（四三ページ）。

《コーホート合計特殊出生率と期間合計特殊出生率》「コーホート合計特殊出生率」は、ある世代の出生状況に着目したもので、同一世代生まれ（コーホート）の女性の各年齢（一五～四九歳）の出生率を積み上げたもの。その世代の生涯にわたる合計特殊出生率である。これにたいして、「期間合計特殊出生率」は、ある期間（一年間）の出生状況に着目したもので、その年における各年齢（一五～四九歳）の女性の出生率を合計したものである。実際に一人の女性が一生の間に生む子どもの数は、前者の「コーホート合計特殊出生率」であるが、この値はその世代が五〇歳に到達するまで長期間にわたるため、一般的には後者の「期間合計特殊出生率」が用いられる。これは、女性人口の年齢構成の違いを除いた「その年の合計特殊出生率」であり、出生率の年次比較、国際比較、地域比較などに用いられる。

《人口置換水準》死んでいく親の世代の数と、生まれてくる子どもの世代の数が同じ水準となり、人口が置き換わっていくだけで人口の量的変動がない出生率の水準。つまり、人口の国際移動（移入、移出）がなく、一定の死亡率のもとで、人口が長期的に維持される出生率（「合計特殊出生率」）の水準。出生児の男女比や平均寿命によって各国で違いがあるが、現在の日本の人口置換水準は、二・〇七である（五三ページ)。

《出生率と出生数の関係》 出生率は、一人の女性が一生に生む子どもの数、出生力の数値なのにたいし、出生者数は一定の時期に生まれた全体の子どもの数。出生率と出生数の関係は、ミクロ・レベルの平均的データ(一人当たりの数値)とマクロ・レベルの総計的データ(全体の合計数値)の関係になる。ただし両者の間には、一定のタイムラグ(時間差)があるので、その年の出生率がその年の出生者数を直接決めるわけではない(五四ページ)。

《コーホートと人口ピラミッド》 コーホートとは、特定の期間に出生、結婚、卒業、就職などの同じ経験をした人口集団のこと。日常用語で「〇年同期生」、「〇年入社組」などというように、ある同じ時期に同じ経験をした「同世代」を意味する。人口ピラミッドは、ある時点での人口構成を年齢コーホートごとに男女別に左右に横組みの棒グラフで視覚的に示したもの(四五ページ)。

《人口構造と人口動態》 人口構造は、総人口の量的規模や年齢別の構造を一時点における状態(ストック)として把握したもの。人口動態は、異なった時点間の時系列による人口の変動(フロー)を把握したもの。人口変動は、基本的には、①出生、②死亡、③移動、の三つの要因で引き起こされる(四七ページ)。

《人口モメンタム》 モメンタムとは「慣性、勢い」という意味。人口問題の独特の特徴として、出生率と人口変動の間には、長期的なタイムラグ(時間的ずれ)があるために、「人口減少モメンタム」や「人口増加モメンタム」が発生する(五四ページ)。

《人口転換の理論》 (Demographic Transition Theory) 一九世紀後半から二〇世紀へかけて、資本主義諸国で共通に起こった人口動態の革命的変動を人口法則として捉えた理論。人口学者によって、その理解には若干の違いがあるが、国連人口部では、第Ⅰフェーズ=人口の急増期、第Ⅱフェーズ=増大率の低減期、第Ⅲフェーズ＝その後の時期、という三つのフェーズ（局面）からなる人口変動の概念的モデルとして解説している。国連人口予測の理論的基礎になっている（五五ページ）。

《疫学転換の理論》（Epidemiological Transition Theory）一九七一年にアブデル・オムラン（A. R. Omran）が提唱した理論。疫学とは、人間集団を対象として、疾病の原因や流行、健康状態を探究する医学の一分野。オムランは、感染症の制圧を中心とした死因構造の変化に伴う死亡率の変動を、人類史的な長期の視野で探究した（一四〇ページ）。

《人口モデル》①安定人口……人口の流出入のない封鎖人口において、出生率と死亡率を一定とすると、やがて人口の年齢構成も一定となり、人口増加率も一定となること。

②静止人口……人口の流出入のない封鎖人口において出生数と死亡数が等しくなり、増減のない人口のこと。定常人口ということもある（六六ページ）。

③適度人口……もっとも適正な望ましい人口の規模を指すが、「適度人口を規定することは難しく、厳密にいえば不可能である」（人口問題協議会編『人口事典』）（一七一ページ）。

第Ⅰ部　現代の人口問題——分析と課題

第I部では、現代の人口問題の実態を、日本と世界の両面から分析する。

人口問題は、経済問題、政治問題、社会問題、教育、文化の問題などの社会科学的な接近方法だけでなく、妊娠、出産、保健、医療などの医学的・生物学的な問題が前提になっている。また避妊や中絶など、宗教や思想・哲学の問題とも深く関わっている。結婚や育児、出産や死亡、家族の問題は、人間の一生に関わることであるから、個々人の人生観や倫理観にも関係してくる。国際的にも、人口問題は、リプロダクティブ・ヘルス／ライツ（性と生殖に関する健康／権利）の保障を前提とすべきであるという基本的人権の問題としてとらえられるようになっている。

第I部では、もっぱら政治経済学の視点に限定して、現代日本と世界の人口問題について考えてみたい。人口問題には、複雑な側面があるとはいえ、政治経済学的な視点が大事であり、それを抜きにしては、人口問題が抱えている諸問題を解明することはできないからである。

なお本来なら、現代世界の人口問題の一部として日本の人口問題もあるのだから、理論的に考えるためには、第2章（世界）を先に論じてから、それを前提として第1章（日本）を論じるべきであろう。しかし、本書では、第1章で、差し迫った実践的な課題としての日本の人口問題をとりあげ、第2章で、世界の人口問題について歴史的に分析し、理論的な解明を行った。

第１章　現代日本の人口問題

第１章の課題は、現代日本における人口問題の特徴をどうみるか、とりわけ「少子化」と「人口減少」の原因をどうとらえるか、歴代の自公政権の「少子化」対策はなぜ失敗してきたのか、いま何が必要なのか、これらの点について、できるだけ簡潔に論点を整理してみることである。

第１節　今そこにある危機——日本の「人口減少」の特徴

第１節では、日本社会の各分野で、今じわりじわりと広がりつつある人口減少の影響について、いくつかの具体的な事例をもとに概観し、それに対処するさいに陥ってはならない「逆マルサス主義」の罠《わな》について述べておく。※

※「逆マルサス主義」の罠　本書の「はじめに」でも述べたように、「逆マルサス主義」の罠とは、筆者の造語である。その意味は、一九世紀の英国の経済学者、トーマス・マルサスが資本主義社会のもとでの貧困の原因を「人口増大」に求めて、労働者階級にすべての犠牲を負わせようとした誤りと同様な誤りを、今度は逆に現代の日本資本主義の政治的、経済的、社会的な矛盾がひきおこす諸困難の原因をすべて「人口減少」に求めてしまうことである。その結果、出生率引き上げのための対策が、逆に「少子化」を促進して悪循環の「罠」に陥ってしまうことを指している。

（1）「人口減少」社会がもたらす諸現象

「人口減少」社会の影響は、すでに日本社会の様々な分野で現実的な問題として現れ始めている。筆者は、ある研究会の報告の中で、「現在の日本の人口減少の状況は、『日本社会に非常ベルが鳴っている状態だ』」と比喩的に述べたことがある。人口減少の影響は、もはや避けて通れない「今そこにある危機」になりつつあるといってもよい。

1　人口減少は、日本社会の過去数十年にわたる人口動態要因の帰結

日本の「少子化・人口減少」について考えるさいに、まず明らかにしておかねばならない二つの問題がある。

一つは、二〇一〇年をピークに始まった日本の総人口の減少は、緩やかな、一時的な人口減少ではなく

図表1-1-1　日本の総人口の歴史的推移と将来推計人口

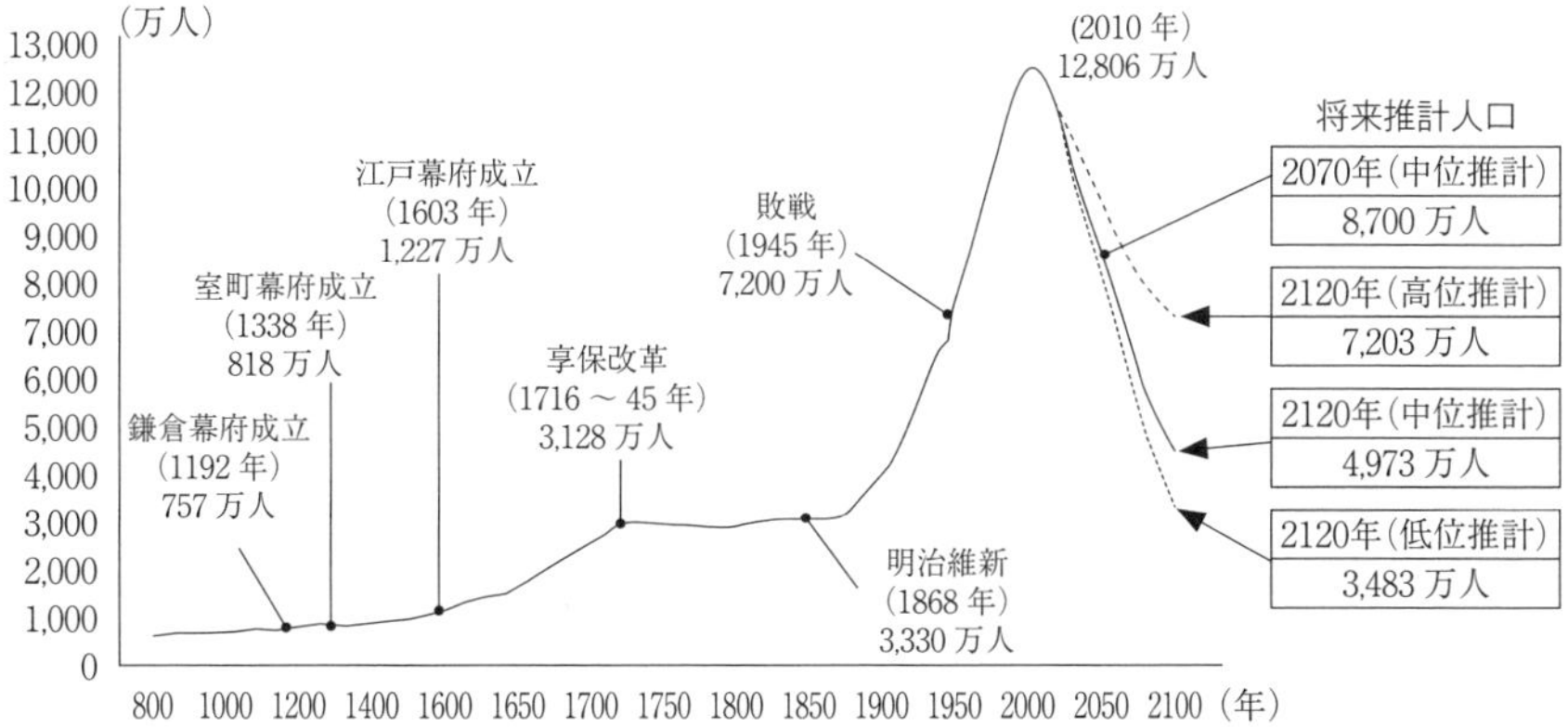

（資料）2010年以前は総務省「国勢調査」、同「平成22年国勢調査人口等基本集計」、国土庁「日本列島における人口分布の長期時系列分析」(1974年)、2015年以降は国立社会保障・人口問題研究所「日本の将来推計人口（2023年4月推計）」

て、かなり急速に、しばらく続く人口動態であることである（図表1―1―1）。この日本の人口減少の特徴――急速性、長期性をしっかり認識しておく必要がある。第2節で述べるように、人口現象には、「人口モメンタム」という独特の法則があり、人口の増加や減少は、かなり長期に続くという特徴がある。「人口モメンタム」とは、一言で言えば、人口動態には一度はじまるとなかなか止まらない「慣性の法則」が働くということである。

二つには、現在の日本の「少子化・人口減少」は、一九七四年から現在まで約五〇年近く続いている出生率の低下、出生率が人口置換水準を下回る状態が長期にわたって続いてきたことの結果として起こりつつあることである。

ある国や地域の人口は、戦争、自然災害、飢餓、感染症パンデミックのようなときに、急激に減少することがある。しかし、現代日本の人口減少は、そうした一時的な人口減少ではなく、日本社会の過去数十年にわたる人口動態要因の帰結として起こっている人口減少である。早くから予測されていた、起こるべくして起こっている人口減少である。※

※　かなり急速な人口減少は、日本だけでなく、韓国、台湾、中国、シンガポールなどの東アジア諸国・地域でも起こっており、経済的発展が急速であった東アジア地域の共通の特徴となっている。

2　労働力人口の減少にともなう「潜在成長率」の低下

日本経済全体への人口減少の影響として、まず最初に潜在成長率の低下という問題を取り上げておこう。

日本経済の潜在成長率を計測した内閣府の試算によると、一九八〇年代は四・四パーセント、一九九〇年代は一・六パーセント、二〇〇〇年代は〇・八パーセントと、急速に低下してきている（図表1―1―2）。こうした潜在的な経済成長率の傾向的低下の最大の要因は、人口減少とりわけ労働力人口の趨勢《すうせい》的減少である。人口減少が現実に進みはじめた二〇一〇年代以降は、潜在成長率はゼロからマイナスへと向かっていることが想定される。

潜在成長率とは、近代経済学で使われる経済用語である。生産活動による経済成長のためには三つの要素――①資本、②労働、③生産技術――があり、それらを完全に利用したときに達成される仮定上の経済成長率のことである（図表1―1―3）。三つの生産要素のそれぞれの増加率の合計が潜在成長率ということになる。

潜在成長率は、①生産活動に必要な工場や機械設備などの「資本」、②「労働投入」、③これらの生産要素を産出に変える「生産性」（TFP＝全要素生産性＝技術革新や技術の活用法の進歩、労働や資本の質向上など）の三要因の総和から推計される。潜在成長率の三つの要素を簡単に示すと、図表1―1―3のようになる。

図表１-１-２　日本の潜在成長率の推移

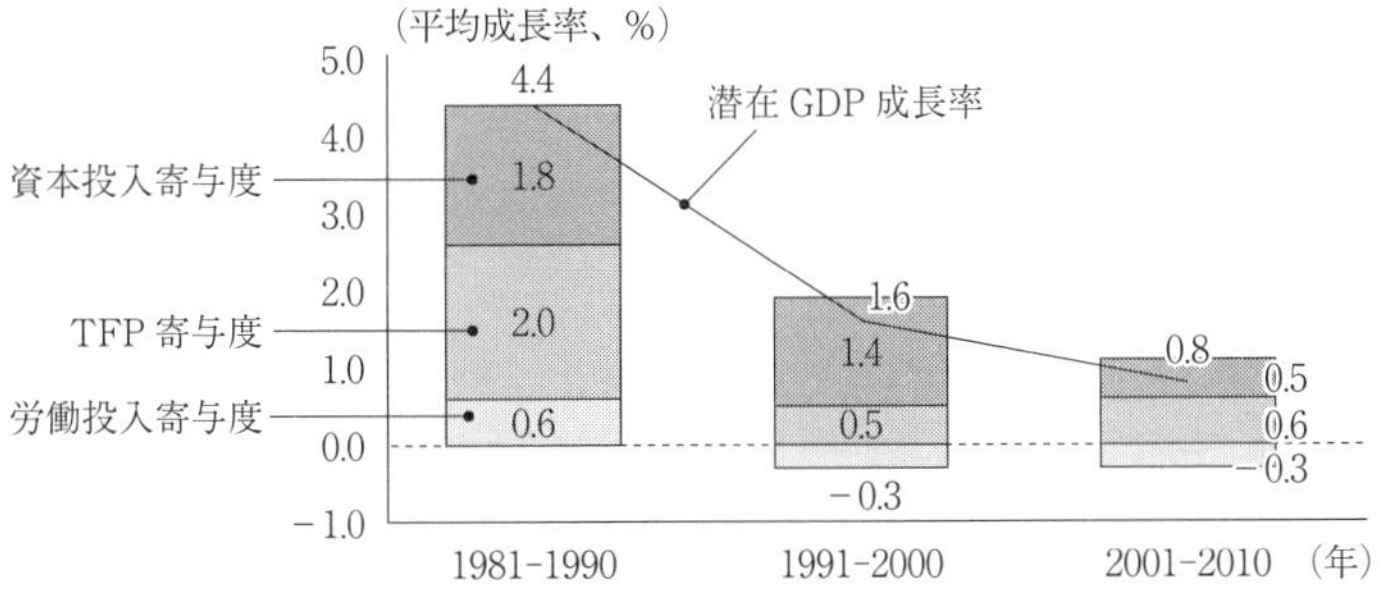

（資料）内閣府：潜在成長率について（中長期、マクロ的観点からの分析①）2014 年２月 14 日

（備考）内閣府「国民経済計算」「民間企業資本ストック」、厚生労働省「毎月勤労統計」、総務省「労働力調査」、経済産業省「鉱工業指数」「第３次産業活動指数」等により作成

図表１-１-３　人口と経済成長

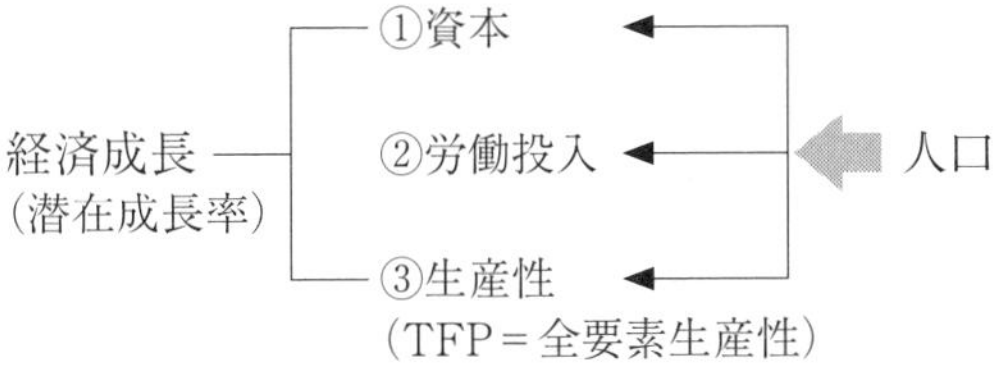

このうち、②労働投入は、労働力人口と労働時間の積で計算される。労働力人口が減っても労働時間を延長すれば労働投入は変わらない。また労働投入が減っても、①資本や③生産性が労働投入の減少以上に増えれば、経済成長は可能であるが、現実には、現在の日本資本主義の場合は、その条件も難しくなりつつある。

労働力人口の減少は、労働投入の減少をもたらすことはいうまでもないが、ただそれだけではない。人口の減少は、資本にとっても、影響をもたらす。相対的に高齢者が増大し、若い人たちが減少すれば、社会全体の貯蓄率が減少し、それが資本蓄積の低迷をもたらすからである。また、労働力人口の減少は、生産性の発展にも影響する。人口の減少は、相対的に若い人たちが減少することであり、それは従来の慣習にこだわらずに新しいアイデ

図表1-1-4　アベノミクス
―売上高は増えず利益だけが増大

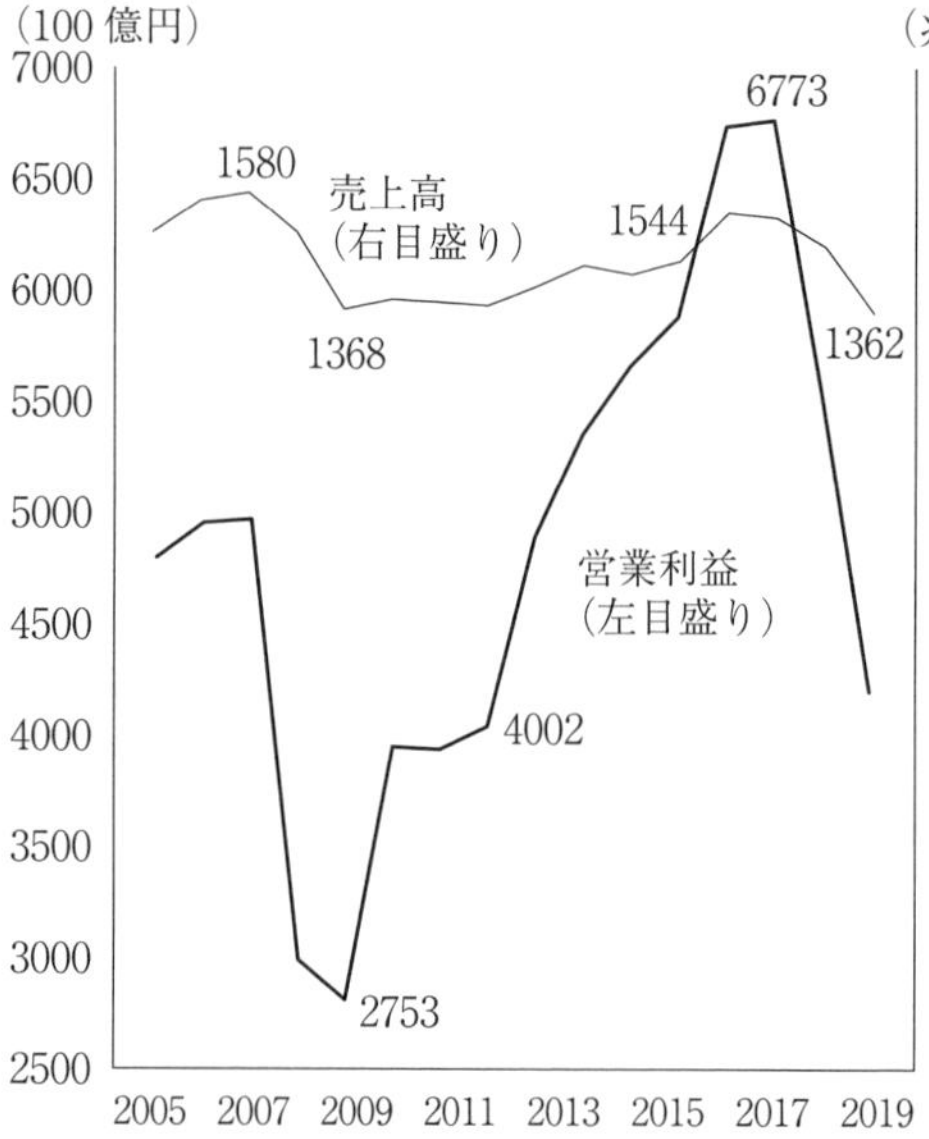

（資料）「法人企業統計」各年版

ア、斬新な発想による技術革新の活性化をもたらす契機が減ることでもあるからである。

3　内需停滞・デフレ長期化の原因としての「人口減少」

二〇一〇年代の安倍晋三内閣・自公政権のもとで、日本銀行による異常な金融緩和・ゼロ金利政策が長期にわたって続けられてきた。それにもかかわらず日本経済は、長期的な内需停滞、デフレ経済から脱出できずにきた。

図表1―1―4は、最近一五年間の全法人企業の売上高と営業利益を見たものである。全法人企業の売上高は、二〇〇七年の一五八〇兆円をピークにほとんど横ばいを続けてきた。しかし、売上高は増えないもとで、実質賃金を押し下げて、それによって企業利益だけを押し上げてきたことが示されている。これが安倍政権時代の経済政策、いわゆるアベノミクスの本質であった。

先に、人口減少は生産活動（供給）の面から潜在成長率を押し下げる要因になると指摘したが、人口減少は消費活動（需要）の面からも、現代日本のデフレ、内需停滞の最も深部の要因となってきた。

人口減少による消費需要への影響について考えるさいに、やや複雑なのは、生産年齢人口は急激に減少しているが、高齢者の人口は増加しているために、高齢者向けの市場は拡大していることである。たとえば、医療・介護、宅配食品、旅行などの分野では、年を追うごとに市場が拡大している。最近のテレビ・コマーシャルや新聞折込の広告チラシももっぱら高齢者をターゲットにしている。こうした高齢者向けの市場の拡大は、家計消費支出の増大を意味するが、高齢者の家計所得は年金などの公的財源で賄われる場合が多いために、財政負担の増加をもたらすことになる。その財政負担は、国民全体の消費税や所得税などの税収や社会保険料によって賄われており、結局は、家計消費支出の抑制に跳ね返っている。

4　「人手不足」――有効求人倍率は景気指標としての有効性を失いつつある

「人口減少」社会に入るとともに、人手不足という言葉を、テレビや新聞のニュースなどでよく見かけるようになった。

たとえば、もう数年前から、物流業界の人手不足は深刻になっている。すでに二〇一七年に物流大手のヤマト運輸は人手不足（運転手不足）のために、宅配便の荷受の総量抑制をするようになった。さらに二〇二四年四月に施行される改正労働基準法では、自動車運転業務は時間外労働の上限が年九六〇時間（月八〇時間）に規制される。運転手不足が深刻化し、物流網が混乱する可能性も指摘されている。

物流業界とともに、建築業界での人手不足も深刻である。ピーク時の一九九七年に六八五万人いた就業者は、二〇一三年には四九九万人へと一八六万人も減少している。政府の試算によれば、すでに建設業界では数十万人の人材が不足している。現場で働く技術者、建築士、施工管理技士、とび工、左官、大工などの技能労働者、職人層も足りなくなり、建築業界では人材争奪戦が激化している。

図表1－1－5　正社員の人手不足割合（上位10業種）

（%）

		2021年1月	2022年1月	2023年1月
1	旅館・ホテル	5.3	⬆ 41.9	⬆ 77.8
2	情報サービス	53.3	⬆ 65.7	⬆ 73.1
3	メンテナンス・警備・検査	48.6	⬆ 60.8	⬆ 68.7
4	建設	54.6	⬆ 62.6	⬆ 65.6
5	人材派遣・紹介	35.4	⬆ 54.4	⬆ 63.2
6	自動車・同部品小売	51.8	⬆ 60.4	⬆ 63.0
7	金融	40.5	⬆ 43.8	⬆ 62.7
8	運輸・倉庫	43.9	⬆ 55.4	⬆ 62.2
9	飲食店	25.0	⬆ 65.1	⇩ 60.9
10	医療・福祉・保健衛生	40.7	⬆ 51.2	⬆ 58.5

（注）※母数が20社以上の業種が対象。図中の矢印は前年からの不足率の変化を示す

（出所）帝国データバンク「人手不足に対する企業の動向調査」（2023年1月）

物流業界や建築業界だけではない。人手不足の問題は、もう数年前から産業界全体に広がっている。帝国データバンクは、定期的に「人手不足に対する企業の動向調査」を行っているが、その最近のデータ（二〇二三年一月）によると、「企業の四七・八パーセントで正社員が不足、非正社員は二八・〇パーセントで不足」と、業種別の不足割合をあげている（図表1―1―5）。この表からわかるように、コロナ禍の影響で、二〇二一年には一時的に不足率が低下したが、二〇二二年にはすぐに上昇している。

この帝国データバンクの人手不足の実態調査について留意しておかねばならないのは、対象が営利企業に限られていることである。公共的な分野、たとえば保育や介護などの福祉関係、看護師など医療関係、後述する教育関係の人手不足は、よりいっそう深刻である。

ここで大事なことは、人手不足の背景には、働く人たちにたいする劣悪な待遇の問題、低賃金、長時間労働など労働条件の問題があることである。労働条件があまりにも悪いために、資格を持っていても働けない人、働く気にならない人が多い。

人口減少の時代には、経済統計の意味も、かつての人口過剰の時代とは、正反対の経済状態を表すことが多くなっている。とくに雇用関係の経済指標には、人手不足の影響が直接的に表れてくる。たとえば、有効求人倍率の上昇はかつては景気回復の指標であったが、人口減少時代には、企業が人手不足でいかに困っているかを表す指標となっている。

5　ＩＴ関連の技術人材の不足

産業界の全体に広がる人手不足のなかでも、ＩＴ（情報通信技術）関連の技術人材の不足は、あらゆる産業の生産性に影響するため、社会経済の長期的な発展に関わる問題である。ＩＴ関連のデータサイエンティストやサイバーセキュリティなどの技術者は、ＡＩ（人工知能）、ＩｏＴ、ビッグデータなどを活用した生産性の革新にとって絶対的に不可欠な人材だからである。経済産業省がみずほ情報総研株式会社に委託した「ＩＴ人材の需給に関する調査」では、主に情報サービス業、インターネット付随サービス業（ＩＴサービスやソフトウェア等を提供するＩＴ企業）及び、ユーザー企業（ＩＴを活用する一般企業）の情報システム部門等に属する人をＩＴ人材と称している。

「人口減少」社会では、経済成長を維持するには、生産性を高める必要がある。ところが、ＡＩなどの技術が急激に発展するのにたいして、日本では、それを使いこなせる人材が大幅に不足してきている。二〇一六年調査では、すでに一七・一万人の人材不足となっていたが、二〇二〇年には三六・九万人が不足（不足率は四〇パーセント）するとしていた。さらに、二〇三〇年になると、七八・九万人が不足し、不足率は実に九二パーセントにもなると予測されている。

6　「空き家」の増加――所有者不明土地の増加

全国で「空き家」問題が深刻になっている。政府の最新の「住宅・土地統計調査」（二〇二一年）によると、全国の空き家の数は八四六万戸、総住宅数に占める空き家率は、一三・六パーセントとなっている。このなかには、業者が管理している賃貸住宅や別荘なども含んでいるが、個人所有の「空き家」だけでも三一八万戸もあり、一〇年前の一・五倍に増えている。このままだと、二〇二八年の空き家率は二三・七パーセントになるという民間研究所の試算もある。急増している「空き家」は、地域の景観の悪化だけでなく、老朽家屋の倒壊の危険、雑草繁茂や不法投棄の誘発による公衆衛生の低下、犯罪や治安の悪化など、さまざまな弊害の原因となることが懸念されている。

「空き家」急増の直接の原因としては、所有者が解体費用を払えないこと、解体して更地にすると固定資産税が六倍に跳ね上がるために放置されていることなどが指摘されている。「空き家」の所有者が遠方に住んでいたり、相続後の管理責任者の所在が不明確になっていたり、などの場合もある。しかし、いま現象としてあらわれている「空き家」増大の深部の背景には、人口減少、急速な高齢化、東京一極集中、自民党政権のもとでの自治体大合併による地方都市の過疎化、地域の疲弊などがある。

すでに、二〇一四年には、「空家等対策の推進に関する特別措置法」も制定された。「空き家」の持ち主について市区町村に固定資産税の納税記録を照会して特定して立ち入り調査の権限を認め、倒壊の恐れがある等の「特定空き家」については撤去や修繕を命じ、行政代執行を可能にすることを規定している。

「空き家」とともに、「所有者不明の土地」も増えている。所有者不明土地が増えることは、有効利用することができる土地の減少につながり、さらに、近隣にある土地の利活用にも悪影響を与える。そのために、「所有者不明土地の利用の円滑化等に関する特別措置法」（二〇一八年施行）が制定された。さらに二〇二三年には、同法をはじめ、様々な住宅・土地所有に関わる法律が改正された。

（2）人口減少のもとで陥りやすい「逆マルサス主義」の罠

いままで見てきた潜在成長率の低下、内需不振、人手不足、「空き家」問題などは、「人口減少」社会に伴う象徴的な事象であるが、そうした人口減少への対応策のために、いっそう「少子化」を促進して悪循環の罠に陥ってしまう現象が広がっている。

1 地方の公共交通網の切り捨て――地方では人口減少がさらなる人口減少を生む

地方における人口減少が、さらなる人口減少を生む悪循環の事例として、地方の鉄道やバス路線の撤退・廃路の問題をみておこう。

二〇二二年は、国鉄の分割・民営化（一九八七年）から三五年に加え、日本で初めて鉄道が開通（一八七二年）してから一五〇年という節目の年でもあった。分割・民営化のあと、ＪＲ各社は人減らし「合理化」を行いながら、地方の赤字路線を廃線してきたため、国鉄時代に最大二万キロ以上あった旅客路線は次々と減らされ、この五〇年間では一九〇〇キロも消滅したといわれる。

地方の人口減少にともなって、鉄道のローカル線は、すでにこれまでにも二〇〇〇年以降、全国で三九路線、七七一・一キロメートルが廃止されてきたといわれる。たとえば、とりわけ深刻なＪＲ北海道では、

図表1-1-6　人口減少の公共交通網への影響

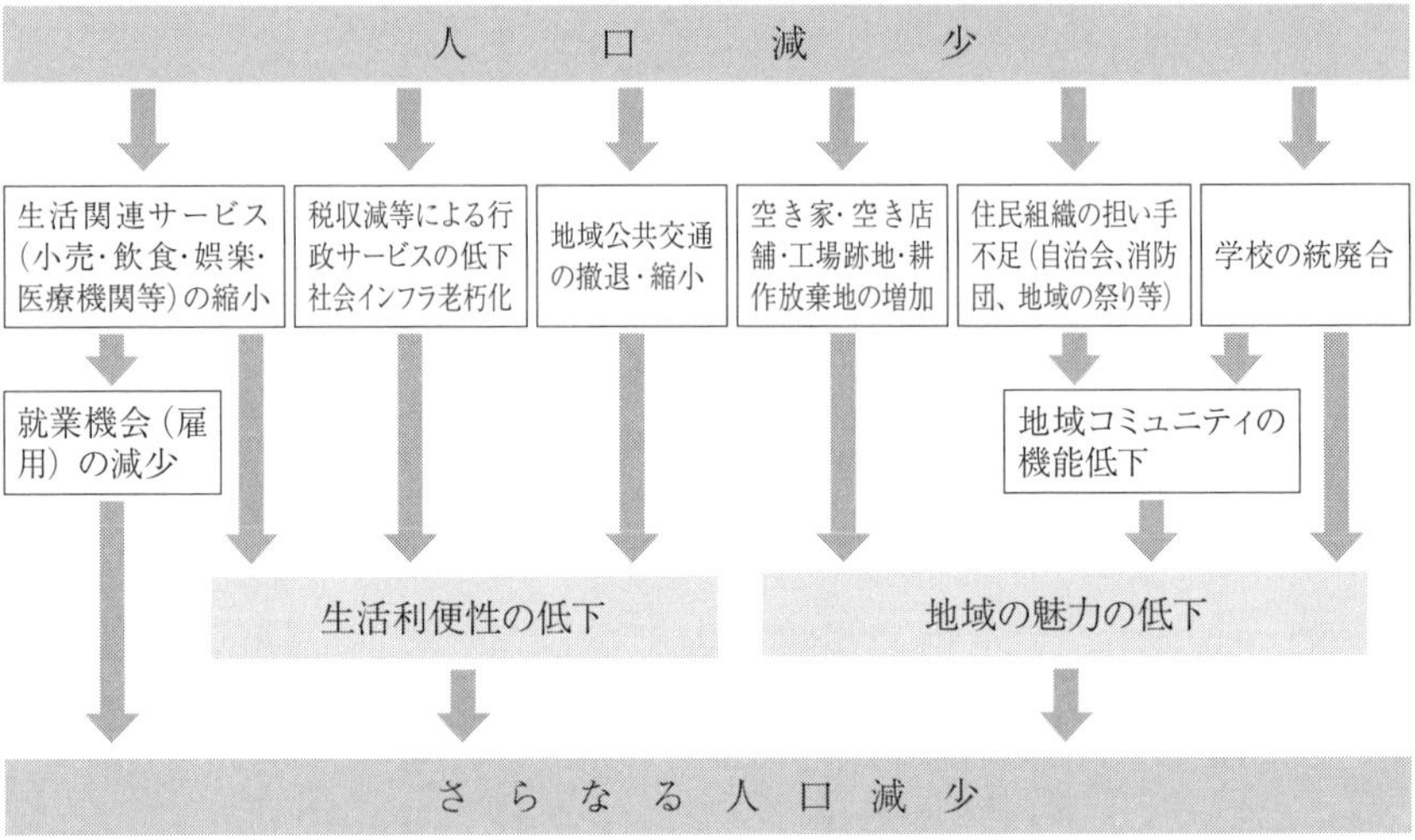

（出所）『国土交通白書』（2014年度版）22ページ

二〇一六年一一月、全路線二五〇〇キロメートルの約半分にあたる一二三七・二キロメートル、一〇路線一三区間について、JR北海道単独で維持することが難しいとしてバスへの転換の方針を発表した。

「人口減少」を特集した『国土交通白書』（二〇一四年度版）は、次のように述べている。

「人口減少による児童・生徒や生産年齢人口の減少が進めば、通勤通学者が減少し、民間事業者による採算ベースでの輸送サービスの提供が困難となり、地方の鉄道や路線バスにおいて、不採算路線からの撤退や運行回数の減少が予想される。他方では、高齢化の進行に伴い、自家用車を運転できない高齢者等の移動手段として公共交通の重要性が増大しており、地域公共交通の衰退が地域の生活に与える影響は従前より大きいものとなっている」（同書二〇ページ）。

鉄道の廃止は、「通勤、通学ができない」「病院にいけなくなる」など住民の足を奪い、人口流出を加速させ、地域社会の崩壊にもつながりかねない深刻な問題である。人口減少に伴う地方鉄道の利用客の減少は、経営難による人員削減、保線作業や車両整備など安全管理の不足、重大事故の発生や輸送障害（運休や遅れなど）を頻発させる。また公共交通の崩壊は、間接的には、高齢者のマイカーによる運転事故を多発させる遠因にもなっている（図表1―1―6）。

2 「全世代型社会保障改革」――いっそう「少子化」を促進する

少子・高齢化がすすみ、「人口減少」社会への移行が予想されはじめたころから、歴代の自公政権は、「年金・医療・介護制度の持続可能性」などを「口実」にして、「社会保障制度の構造改革」の名による給付の削減・負担の強化を強行してきた。

現在では、国民の約四割（約四九六七万人〈二〇二〇年度〉）が公的年金を受給し、高齢者世帯の収入の七割を公的年金が占めるなど、国民の老後生活の柱としての役割を担っている。「人口減少」社会を特集した『厚生労働白書』（二〇一五年度版）は、次のように述べている。

「急激な人口減少・高齢化は、我が国の経済、地域社会、財政、社会保障などあらゆる面で問題を引き起こす。特に、世代間の支え合いの要素が不可欠な社会保障制度は、少子高齢化によって既に、年金、医療、介護をはじめ各制度で、給付の増大や現役世代の負担の増加など多くの課題を抱えている。これまでも、不断の改革が行われてきているが、大幅な人口減少がさらに進んでいけば、これらの制度の持続可能な運営を確保することが難しくなる事態にも直面しかねない」（同書二ページ）。

また、厚労省は、五年ごとに行う公的年金の「財政検証」の目的について、次のように解説している。

「このような財政方式のもとでは、当初の見込みに比べて少子高齢化が進行すると、高齢者の相対的な増加によって年金給付が相対的に増加することから、年金財政の給付と負担の均衡を保つためには、現役世代の負担の増加、又は年金受給者の給付の抑制が必要となる」（厚労省「平成二六年財政検証結果レポート」二二ページ）。

自公政権は、二〇一九年九月に全世代型社会保障検討会議を設置し、人生一〇〇年時代の到来を見据えながら、高齢者だけではなく、子ども、子育て世代、さらには現役世代まで広く安心を支えていくため、年金、労働、医療、介護、少子化対策など、社会保障全般にわたる持続可能な改革を検討するとしている。そして、二〇二〇年一二月に「全世代型社会保障改革の方針」を閣議決定した。

しかし、「全世代型社会保障改革」と名前を変えようとも、その政策的理念は、従来の「新自由主義」路線による「社会保障構造改革」にほかならない。つまり「少子・高齢化」に伴う財源対策としての国民負担強化・給付削減である。重視すべきことは、「全世代型」を強調することによって、若者向けに配分するとの口実で、高齢者向けの給付を抑制・切り下げていくことである。

こうした社会保障制度の「構造改革」路線を続けてきた結果、国民生活は全世代にわたって不安定になり、ひいては「少子化」傾向に拍車をかけることになっている。まさに「逆マルサス主義」の罠にはまっているというほかない。

3　教師の不足、大学の淘汰、教育の危機

「人口減少」とは一見すると矛盾するようだが、義務教育世代の若者の人数が減少しているのに、初中

等教育の教師不足が深刻になっている。これは「人口減少」社会のもとでの教育の危機である。

文部科学省が二〇二二年一月に発表した「『教師不足』に関する実態調査」によると、二〇二一年度始業日時点の小・中学校の「教師不足」人数（不足率）は合計二〇八六人となっている。しかし、この数値は、教師の異常な長時間労働の常態化、教師数と業務量とのアンバランスな実態を正しくとらえていない。実際には、教師の業務量をもとに計算すると小中校で約九万人（現状の二割相当）の「教師不足」との試算がなされている（藤森毅『教師増員論』六三ページ、新日本出版社、二〇二二年）。

岸田内閣の二〇二二年度予算では、人口の自然減（児童定数の自然減）や学校の統廃合などを理由にして教職員定数を三三〇二人も削減し、文教予算は三年連続の削減となった。少人数学級も、自公政権の計画では四年後の二〇二五年に小学校が三五人学級になるだけで、中学や高校はすし詰めの四〇人学級のままである。

初中等教育の危機だけでなく、高等教育の分野では、人口減少の影響は直接的に表れつつある。大学関係者の間では、かなり早くから一八歳人口の減少によって、大学進学者数が激減することから、「倒産する私立大学が相次ぐ」との懸念が広がっていた。かつて大学の経営破綻《はたん》は「小規模な地方私立大学の問題」とみられていたが、今後は国公立大学であっても入学定員割れが生まれる可能性が大きくなっている。文科省の資料（「大学入学者選抜、大学教育の現状」）を見ると、大学の入学志願倍率は趨勢的に低下傾向にある。一九七六年に二・一五倍、一九九二年に一・九四倍だったのに二〇一三年は一・一六倍にまで下がってきている。すでに半数近い私立大学が入学定員割れしている。

大学の数は、現在、約七八〇校（国公立、私立の四年制大学）あるといわれる。すべての大学が生き残りをかけて受験者、入学者を確保するために、様々な取り組みを行っている。新学部を開設したり、カリキュラムの充実を図るなど、大学間での競争が年々激化している。大学の淘汰《とうた》時代がいよいよ現実味を帯びてきている。

4　生活関連サービス（小売・飲食・娯楽・医療機関等）が縮小・消滅する

「人口減少」による売り上げ不振と人手不足の両面から、もっとも深刻な影響を受けているのは、消費・サービス関連の零細企業、自営業の経営である。

商店や事務所が閉店・閉鎖し、衰退した商店街や街並みが目立つようになったのは、すでに一九八〇年代後半頃からである。もちろん人口減少だけが原因ではない。しかし、地方都市の場合は、全国的な人口減少に加えて大都市への人口移動（とりわけ東京一極集中）による過疎化が進行して、商店街の売り上げ不振に拍車をかけてきた。すでに数年前の政府白書でも、「人口減少による地方のまち・生活へのそれぞれの影響は、生活利便性の低下や地域の魅力の低下を通じて、さらなる人口減少を招くという悪循環に陥る」（『国土交通白書』二〇一四年度版）と指摘していた。「少子・高齢社会」のもとで、中小企業・小企業対策はどうあるべきかが問われてきたのである。

ところが、自公政権の政策は、地域に根を張り、住民の暮らしに密着した小企業、零細自営業の淘汰を促進し、その消滅に拍車をかけることに終始してきた。その結果、一九九九年には四二三万者だった小規模事業者は、二〇一六年には三〇五万者となり、一一八万者も激減している。この過程では、二度にわたる消費税増税、産業競争力強化の名による規制緩和や事業再編、「成長戦略」の名によって生産性の低い中小零細企業が切り捨てられてきた。さらに二〇二三年一〇月には小規模事業者に新たな負担を課す消費税のインボイス（適格請求書）制度の導入を予定している。

こうした中小企業・小企業政策は、「人口減少」社会における新たな「経済成長」をめざすものだと喧伝しているが、むしろ逆に地域経済の重要な担い手を消滅させ、「逆マルサス主義」の罠にはまって、「少子化」を促進する懸念がある。

5　農業従事者の減少、未耕作農地の増加

農業従事者の減少、農地面積の減少は、人口減少が起こってから始まったのではなく、すでに一九五五年以降の「高度経済成長」時代から始まった農業危機によるものである。とりわけ歴代の自民党政権による工業優先の経済政策によってつくり出されてきたのである。その意味では、人口減少だけが直接の原因ではない。

しかし、日本全体の総人口の減少は、高齢者と女性に依存してきた農業労働力の減少に拍車をかけ、基幹的農業従事者の減少、未耕作農地の増大をいっそう進めつつある。岸田政権は、二一世紀の農政の基本を定めた「食料・農業・農村基本法」（一九九九年制定）の見直しのために「農政審基本法検証部会」で検討して二〇二三年中に結論を出すと決めている。これまでの議論では、農業・食料危機への問題意識は希薄であり、海外市場向けの有機農産物の輸出で稼ぐ「農業の成長産業化」などが主張されている。こうした従来通りの農業政策は、農業・食料危機をいっそう深めることになるのは必至である。

6　いわゆる「消滅自治体」の道か「地域再生自治体」の道か

高知県の四国山地の中央に位置する大川村は、一九六〇年には人口四〇〇〇人余だったが、過疎化が進み、最近では一〇分の一以下の三四七人（二〇二三年二月一日）にまで減少してきている。かつて大川村では、村議会（定数六）を廃止し、住民の有権者全員で構成する「町村総会」を設置しようとしたことがあった。このニュースは、日本の人口減少自治体の窮状を象徴するものとして、新聞やテレビで大きく報道された。

しかし、その後、大川村では村議会議員が兼業できる範囲を明確にした条例を制定するなど、立候補しやすい環境を整えた結果、二〇一九年四月の村議会選挙では定員を超える立候補者が出馬して、八年ぶりに選挙が行われた。そして、これもまた全国ニュースになった。

数年前から「消滅自治体」とか「消滅可能性都市」などという言葉をよく見かけるようになった。二〇一四年五月に、民間研究機関の日本創生会議・人口減少問題検討分科会が「二〇四〇年には八九六の市区町村において若年女性（二〇〜三九歳）人口が半分以下となり、これらの市区町村は消滅する可能性がある」という推計を公表したことが大きな反響を呼び、「消滅自治体」は流行語大賞の候補にもなった。

こうした、いわゆる「消滅自治体」の問題とは対極的に、自治体の創意ある施策によって、地域に若者を呼び寄せ、仕事や生活を援助し、地域の出生率を引き上げ、少子化にストップをかける動きも現れている。たとえば、次のような新聞報道がある。

「舟橋村は日本で一番面積が小さい自治体だが、一九九〇年代前半に富山市のベッドタウンとして宅地需要が高まった。その後、若い世代の移住者を増やそうと村は子育て支援に力を入れてきた。実際、九〇年に約二三〇人だった一四歳以下の年少人口は、二〇二〇年には約五三〇人と二倍以上に増えている」（日本経済新聞二〇二二年四月二二日付）。

また、日本創生会議の「消滅可能性都市」の試算では、女性の減少率見通しが全国二番目だった奈良県川上村では、出産から高校まで包括支援の仕組みを制度化して、村の総人口は一四パーセント減ったものの、〇～一四歳の数は二六パーセントも増えたことが伝えられている（日本経済新聞二〇二三年三月一七日付）。

自公政権は、「少子化」による「消滅自治体」への対策として、自治体の再編と大合併によって、本来の地方自治のあり方に反する方策をとりつづけてきた。しかし、地方自治の精神に沿った小さな自治体こそ、独自の施策によって地域を再生させ、「少子化」対策を成功させている。

（3）市場経済は人口減少の影響を増幅し矛盾を拡大する

これまでは、人口減少が日本社会におよぼしている影響について、いくつかの個々の分野をとりあげてきた。こうした各分野の問題とともに、いっそう厄介なことがある。それは、人口減少が「新自由主義型資本主義」のもとで、市場経済の競争原理の経済法則と絡み合うとき、ますます矛盾を拡大させることである。

1 「人口減少」社会における「過少生産恐慌」の危険

一般的にいうならば、「人口減少」が進行する社会では、あらゆる部門で規模を計画的に縮小していけば、再生産のバランスは崩れないのだが、自由競争に基づく市場経済のもとでは、縮小再生産のバランスが大きく崩れてしまう危険がある。「人口減少」社会においても、個別の経営主体（家計や企業）の経済活動を市場における自由競争にゆだねるなら、「合成の誤謬《ごびゅう》」が起こって、いわば「過少生産恐慌」が起こる可能性がある。それを示す一例として、産科医や小児科医の不足問題をとりあげてみよう。

〈例証〉――「少子化」のもとでの産科医の不足

一般的に考えれば、「少子化」で出生児数が減少すれば、机上で計算した需給バランスのうえでは、産科医、小児科医は「過剰」になりそうなものである。しかし、実際には、すでに一〇年以上も前から、産科医、小児科医の絶対的不足が社会問題となってきた。厚労省が発表した「二〇一五年医療施設調査」（二〇一六年一一月）では、一般病院の小児科施設数は、一九九〇年に四一一九施設あったものが、二〇一五年には二六四二施設へ約三分の二に減少している。また、産婦人科・産科の施設数は一九九〇年に二四五九施設あったものが、二〇一五年には一三五三施設へ五五パーセントにまで減少している。

日本産科婦人科学会と日本産婦人科医会が二〇一四年一二月に連名で発表した「わが国の産婦人科医療再建のための緊急提言」によると、産婦人科新規専攻医数は、二〇一〇年度をピークに減少を続けており、しかも、大都市部と地方の間の格差が拡大し、「状況はきわめて危機的」としている。産科医不足の要因は多様であるが、「緊急提言」を発表した両会の行った「産婦人科医の勤務実態調査」によると、何よりも過酷な勤務実態がある。

「これから出生数はどんどん少なくなる。小児科医や産科医は確実に余る」という予測が蓋然性のある見通しであればあるほど、小児科医や産科医志望者が減少する。小児科医や産科医不足は、過酷な勤務をいっそう促進し、悪循環に拍車がかかる。その結果として、実際の出生児数の将来見通しよりも、はるかに早い時期に、しかも過大な規模の小児科医不足や産科医不足が進行しているのである。

2 「人口減少」社会のもとでの経済学の課題

理論的にいうならば、急速な資本蓄積による拡大再生産の場合には、さまざまな部門で過剰投資が起こり、ついには過剰生産恐慌が周期的に勃発するが、その後で再び投資活動が再開されて再生産のバランスが回復される。

個別資本の立場からいえば、利潤極大化のための「部分最適化」を追求する活動が、一国の再生産全体にとっては「全体最適化」をもたらさないということである。むしろ「合成の誤謬」によって、再生産全体は破綻する結果を招くことになる。だが、過剰生産恐慌が一段落すると、新たな技術革新による投資活動が始まり、市場での投資競争によって拡大再生産に拍車がかかる。

ところが、「人口減少」社会のもとでは、縮小再生産が起こっても、市場機構を通じて再生産のバランスを回復するということが起こりにくくなる。そこでは、市場ではなく、なんらかの社会的なシステムによって再生産のバランスを維持する仕組みが必要になる。

日本の総人口は、二〇一〇年をピークに「人口減少」が始まったのであるが、ちょうどその時、アベノミクスの名による「市場経済万能」をかかげた「新自由主義」路線が本格的に強行されはじめた。「人口減少」の各分野の実態に沿った計画的な国の経済政策が求められる、まさにその時に、まったく真逆の方向へ舵を切ったのである。

本節では、日本経済全体への人口減少の影響として、最初に潜在成長率の低下について述べておいた。この議論は、近代経済学の「経済成長論」を援用したものであるが、マルクス経済学の再生産論の立場からの「人口減少」社会の経済理論が必要になっている。そのためには、『資本論』で解明された再生産論の「理論の拡張」が必要になる。この点については、本書では第4章でとりあげるので、ここでは指摘するだけにとどめておく。

第2節　戦後七五年、人口問題と日本資本主義

第2節では、戦後日本の人口の実態、人口問題の議論の経過を一覧するための巻末の付表1を見ながら、第二次大戦後七五年の日本の人口問題の歴史的経過を、概括的にとらえておこう。人口問題は、経済情勢のように四半期先とか一年先の景気の見通しのような短期的な動きとしてではなく、一〇年、二〇年という長期的な経過、さらに五〇年、一〇〇年という超長期的な経過、つまり長い歴史的な視点で考えることが不可欠だからである。

（1）戦後七五年の人口問題と「少子化対策」の経過――歴史年表と人口ピラミッドによる概観

1　基本的な人口指標

総人口の推移をみると、明治維新のころは約三五〇〇万人だったものが一九四五年に約七二〇〇万人に、一九六七年に一億人を突破して、二〇一〇年の一億二八〇六万人をピークに、それ以後は毎年人口が減少している。ここで、国勢調査で「総人口」という場合、日本に三カ月以上住む外国人も含んでいる（その数は、二〇二二年一〇月一日現在、約二七二万人、総人口の約二パーセントである）。

出生数は、敗戦直後の第一次ベビーブームの時には一〇年近く毎年二〇〇万人を超えて、一九四九年には二六九万六六三八人というピークを記録した。また一九七〇年代前半の第二次ベビーブームの時代にも年間二〇〇万人以上の赤ちゃんが誕生していた。合計特殊出生率（以下、とくに断らない場合は、「出生率」と表記する）も、第一次ベビーブームの時には四・〇〇前後もあったものが、二〇〇五年には一・二六にまで下がり、最近は一・三台前半が続いている。

2　人口問題の論議の経過

戦後七五年の日本の人口問題をめぐる論議の経過をみると、大きく四つの波があった。

第一の波は、敗戦直後から一九五〇年代にかけての第一次ベビーブームを背景とした産児制限をめぐる動きである。戦前は「富国強兵」が国策だったから、「産めよ増やせよ」が叫ばれ、受胎調節や人工中絶は厳しく禁止されていた。敗戦とともに、一九五二年には厚生省が「受胎調節普及実施要領」を発表し、一九五四年に人口問題審議会が「家族計画」の推進を進言して、日本家族計画普及会（現・日本家族計画協会）が発足した。またベビーブームに続く年少人口の増大は、保育所不足などの社会問題を深刻にした。

第二の波は、一九七〇年代に入るころからはじまった「高齢化社会」をめぐる様々な議論である。国連が定める「高齢化社会」とは六五歳以上人口が総人口の七パーセントを超える社会とされているが、日本がそうなったのはちょうど一九七〇年だった。高齢者が増えるとともに、公的年金や医療、介護などの社会保障制度のあり方、その財源の問題などが大きな政治的課題となっていった。

第三の波は、一九八〇年代末からはじまる「少子化」問題をめぐる議論である。これは、一九八九年（ちょうど元号が「昭和」から「平成」に代わった年）に、丙午《ひのえうま》の年（一九六六年＝一・五八）をも下回る出生率となって「一・五七ショック」などといわれたことが一つのきっかけだった。この「少子化」をめぐる論議は今日まで続いており、そのなかで二つの時期、ブームがあった。

第一の時期は、二〇〇〇年代に入ってから、つまり二一世紀が始まったころからである。二〇〇三年に当時の小泉内閣のもとで少子化社会対策基本法が制定され、少子化社会対策会議が設置された。翌二〇〇四年には最初の「少子化社会対策大綱」が策定され、政府の『少子化社会白書』の第一回が発表された。

第二の時期は、まさに現在につながる動きである。二〇一一年に日本の総人口が初めて減少し、人口減少が現実のものとなってきた。二〇一〇年の国勢調査をもとにした二〇一二年の「将来人口推計」では五〇年後には日本の総人口は八六七四万人に縮小するというショッキングな数字が発表された。安倍内閣や財界は、相次いで「少子化」対策を決めた。マスメディアも人口問題を大きくとりあげるようになり、国民の関心もだんだん高まってきた。

そして、第四の波が現在（二〇二三年）の岸田文雄内閣のもとでの「少子化対策」の動きである。二〇二三年四月には「こども家庭庁」を発足させ、岸田首相は、二〇二三年の通常国会の施政方針演説では、次のように述べて、「こども・子育て政策」が最重要政策などと強調した。

「我が国の経済社会の『持続性』と『包摂性』を考える上で、最重要政策と位置付けているのが、『こども・子育て政策』です。急速に進展する少子化により、昨年の出生数は八十万人を割り込むと見込まれ、我が国は、社会機能を維持できるかどうかの瀬戸際と呼ぶべき状況に置かれています。こども・子育て政策への対応は、待ったなしの先送りの許されない課題です」。

岸田首相は、「従来とは次元の異なる少子化対策を実現したい」などとしているが、同じことを一〇年前に安倍元首相が述べていたことを想起する。

第三波～第四波にかけて、歴代の自公政権のもとで繰り返されてきた「少子化」対策のもとで、出生率は上昇しなかった。それはなぜなのか、「少子化」政策を総括し、問題点を解明する必要がある。

3　人口ピラミッドと出生コーホート、三区分構成の推移

ある時点での人口構成を出生コーホートごとに男女別に左右に横組みの棒グラフで視覚的に示したものを人口ピラミッドとよんでいる。コーホートとは、同じ時期に同じことを経験した人口集団のことである。図表1―2―1は、二〇一九年一〇月一日の日本の人口ピラミッドである。

図表1-2-1　人口ピラミッド

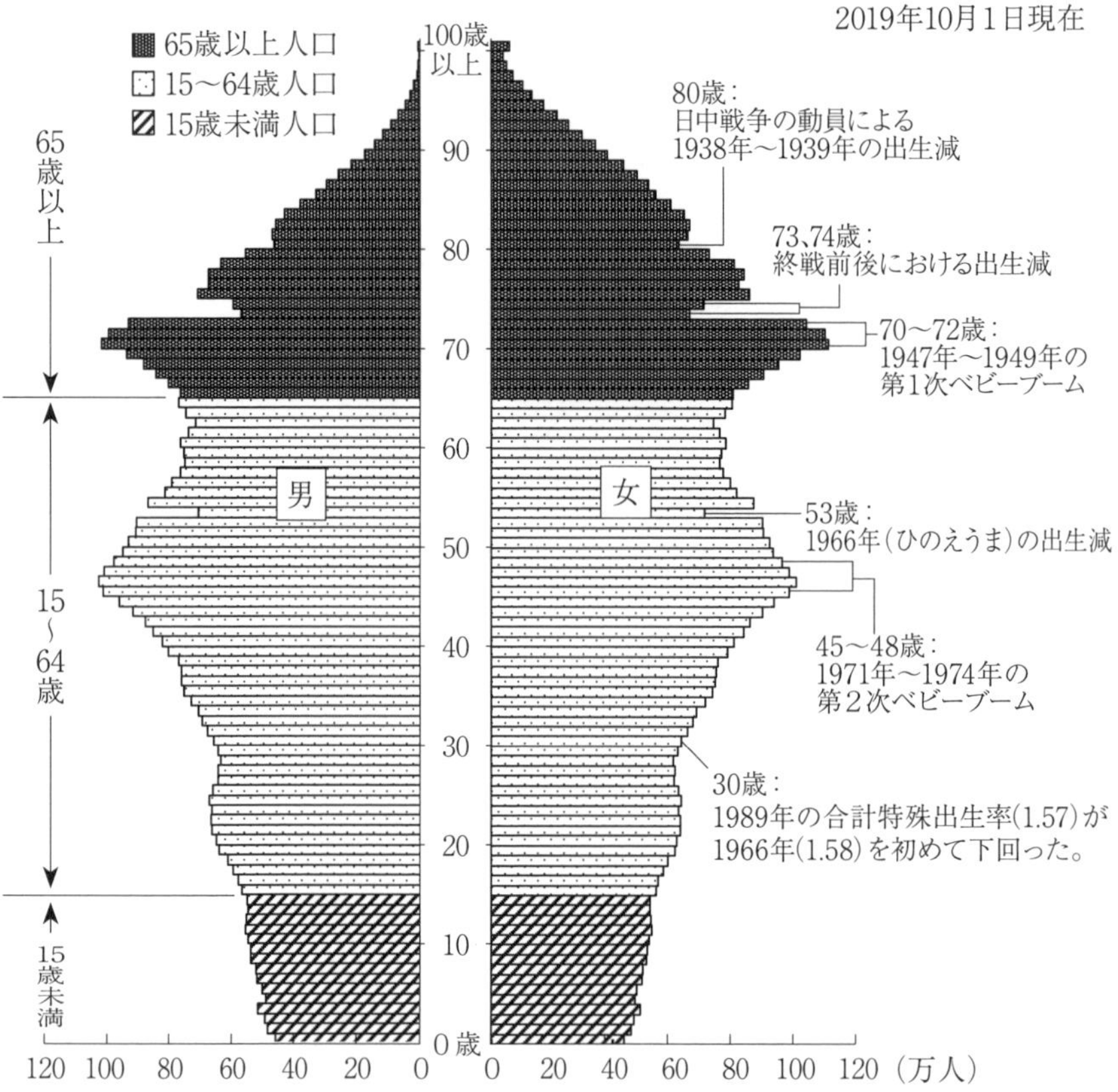

（資料）総務省統計局（2019年10月1日現在）

この日本人口のピラミッドでは、年少人口（〇～一四歳）、生産年齢人口（一五～六四歳）、高齢人口（六五歳以上）に三区分してある。こうした総人口の年齢構成による人口分布の三区分は、人口分析のもっとも基礎的な資料であり、高齢化社会の進行や労働力人口の条件などを調べるために用いられる。

次に、年齢構造三区分に基づいて、より立ち入って、戦後日本の人口問題の変遷と特徴、最近の問題点を見ていくことにする。

（2）生産年齢人口――「人口ボーナス」から「人口オーナス」の時代へ

総人口の三区分、「生産年齢人口」、「高齢人口」、「年少人口」のそれぞれについて、とりあげておこう。これは、戦後の人口問題の議論の焦点が、この順序で展開されてきたからである（なお、人口構成の分析では、男女比の区分、人口の地域的な分布、移民〔人口の国際移動〕なども重要な論点であるが、このうち移民については、（5）のなかで簡潔に触れることにする）。

1　生産年齢人口、労働力人口、就業者人口

「生産年齢人口」は、総人口を単純に年齢だけを基準に三区分したうちの一五～六四歳の年齢階層であるから、その中には、就学中の高校生・大学生、就労していない人、療養中の方々なども、すべて含まれている。人口問題を政治経済学的な視点から検討する際には、もっとも基礎的な概念として「生産年齢人口」と「労働力人口」との区別と関係を明確につかんでおくことが前提となる。両者の関係を図で示せば、図表1―2―2のようになる。

「労働力人口」は、一五歳以上で、労働する能力と意思をもつ者の数である。より具体的にいえば、一五歳以上の人口のうち就業者（休業者も含む）と失業者の合計を指している（ここで、就業者と失業者との統計的な線引きは各国ごとに異なり、日本の場合は失業者の範囲をきわめて小さくするように定義しているが、本書では、この点には立ち入らない）。

図表1-2-2　生産年齢人口と労働力人口の関係

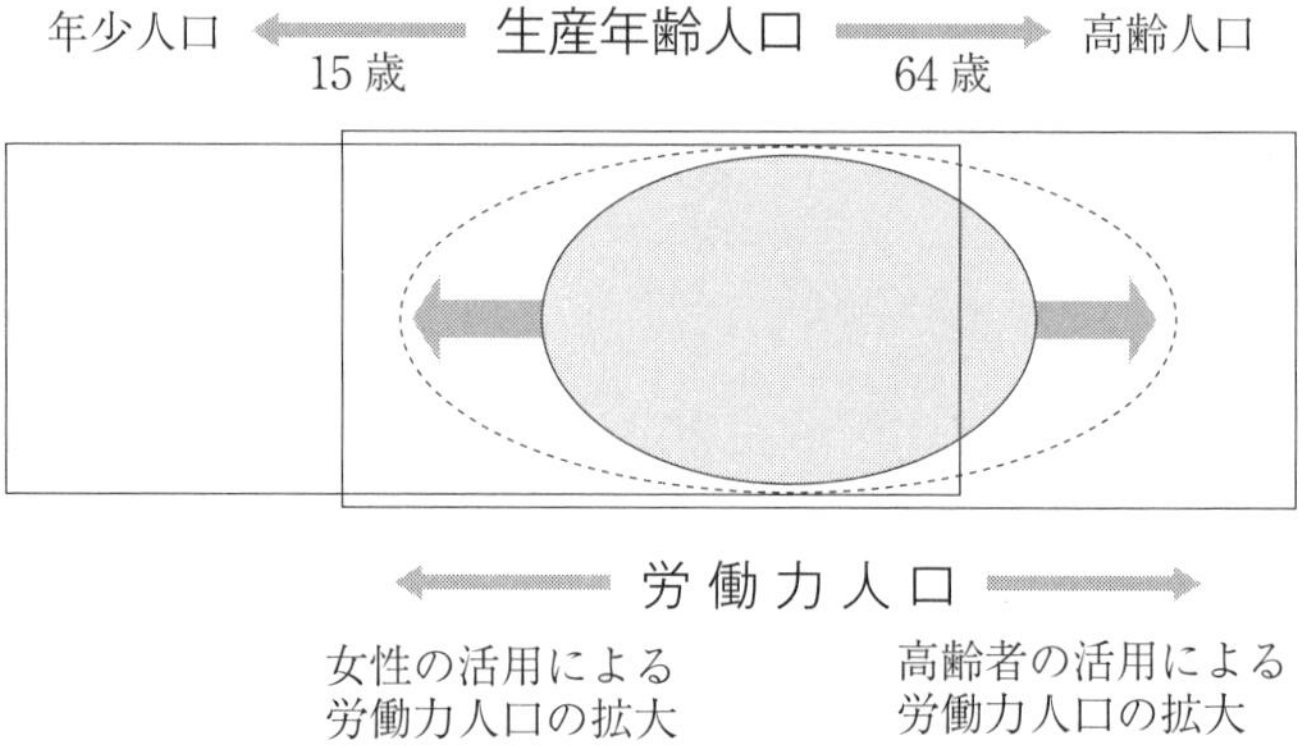

　このように、「労働力人口」には、「生産年齢人口」に含まれる専業主婦や学生は含んでいないが、そのかわり六五歳以上の就労している人たちは年齢がどれほど高齢でも、すべて含んでいる。そのために、「生産年齢人口」にくらべると、「労働力人口」はより流動的であり、経済政策や社会政策によって増大したり減少したりする。図に示したように、「生産年齢人口」のうちで働いていない家庭の主婦がパートなどで就労すると「労働力人口」は増大する。また六五歳以上の高齢者が新たに就労すると、「生産年齢人口」には変化はないが、「労働力人口」は増加する。また、「労働力人口」の中には、いま仕事がなくて失業している人も含んでいる。

　政府の「労働力調査」の統計で、「労働力率」を計算するときには、（労働力人口÷一五歳以上人口）となっているので、この計算式では、一〇〇歳の高齢者も含めて一五歳以上のすべての人々を労働力になる可能性のある人と見なしていることになる。

2　日本の「高度経済成長」と生産年齢人口、労働力人口の増大

　戦後日本の人口問題の長期的推移を振り返るとき、まず特筆すべき特徴は、敗戦直後のベビーブームの

ころに出生した「年少人口」が「生産年齢人口」に成長する時代、すなわち一九六〇年代半ばから七〇年代にかけて、「生産年齢人口」が急増したことである。たんに出生者数が多かったということだけでなく、死亡率が急減する「長寿革命」が同時的に進行したために、驚くべき短期間に「生産年齢人口」が増大した。巻末の付表（1）をみると、日本の「生産年齢人口」は一九四五年の四一八二万人から一九七五年には七五八四万人へと、三〇年間で実に三四〇二万人（八一・三パーセント）も激増している。

この戦後日本の「生産年齢人口」の急激な増大にいち早く着目して、それを戦後日本経済の「高度成長」の深部の要因としてとらえたのは林直道大阪市大名誉教授であった。林教授は、「生産年齢人口」に注目した背景について、次のように述べている。

「そのきっかけは日本の高度経済成長・恐慌なき発展の原因の探求であった」。「一九五〇年代・六〇年代、そして七〇年代半ばまで日本経済は不況らしい不況を見ることなく超ロングランの高度成長を続けた。その理由を合理的に説明しないことには、恐慌論専攻の人間として格好がつかなかった。技術革新とか、農地改革とか、石油エネルギーへの転換とか、臨海工業立地とか、寡占競争体制とか、いろいろの要因を数え上げたが、それ以外に何かとんでもない型破りの要因がひそんでいたのではないかと模索し続けた」。「『生産年齢人口』＝経済活動年齢人口が世界史上空前の七〇パーセントへと大膨張をとげた。それによる潤沢な労働力の供給、消費市場の爆発的継続的拡大、財政の社会保障負担の軽減効果、これこそ高度成長の究極の秘密ではないだろうか、と考えた」（林直道「経済理論学会ニュース」No.1、一九九九年七月）。

3 「人口転換」と「人口ボーナス」「人口オーナス」

戦後の日本で起こったような「生産年齢人口」が急増する人口現象は、人口学では「人口ボーナス（bonus）」と呼んでいる。多産多死社会から少産少子社会へ変わる過程（「人口転換」の前半期）に現れる各国共通の人口現象である。相対的に「年少人口」と「高齢人口」が少なくて「生産年齢人口」が二倍以上ある状態が「人口ボーナス」期であり、豊富な労働力で高度の経済成長が可能になる。「人口ボーナス」期の国や地域は「若い国」とよばれ、都市化の進展、工業化による所得増、消費活発化により高い経済成長率を実現する潜在能力がある。日本は一九六〇年代から一九九〇年代初頭まで「人口ボーナス」期にあり、続いて中国、インドネシア、韓国、タイ、ベトナムなどの諸国も「人口ボーナス」期を経験した。

「人口ボーナス」の反対の語は「人口オーナス（onus）」である。「人口オーナス」期にある国では「生産年齢人口」の比率が減少し、潜在的な経済成長の能力が量的には低下していく。日本は、すでに一九九〇年代なかばから「人口オーナス」期に入っているといわれている。

（3）高齢人口――「超高齢社会」は、日本の宿命ではない

人口の年齢構成の「高齢人口」を総人口で割ったものが高齢化率である。国連は、一九五六年の報告書のなかで、高齢化率が七～一四パーセントの社会を「高齢化社会」、一四～二一パーセントになると「高齢社会」、二一～二四パーセントを「超高齢社会」とした。この区分によれば、日本は一九七〇年に「高

齢化社会」、一九九五年に「高齢社会」、二〇〇七年には「超高齢社会」に入ったことになる。

日本社会の高齢化が急速に進んできた要因の一つは、いうまでもなく戦後急速に平均寿命が伸びてきて高齢まで生きる人が増えてきたからである。いい換えれば六五歳以上の高齢者の数（「高齢人口」）が年々増えてきたからだ。しかし、社会の高齢化率が進むのは、高齢者の数が増えることが最大の原因ではない。これは、よく誤解されていることなので、少し詳しくみておく。

政府や財界の文献では、よく「日本はこれからますます超高齢社会になるので、年金や医療費をおさえて、消費税を引き上げないと、財源がもたなくなる」という趣旨のことがいわれている。こういう宣伝を繰り返し聞かされていると、日本の「超高齢社会」は、これから未来永劫に続く、日本社会の宿命であるかのような錯覚に陥る。しかし、こうした理解はけっして正しくない。

現在（二〇二三年）に六五歳に達して「高齢人口」に入る人たちは、六五年前に誕生した人たちである。そのころは年に一六〇万人〜一七〇万人もの出生者がいた。しかし、二〇二二年に生まれた人たちは約七七万人であるから、六五年後に六五歳入りする人たちは、決して七七万人を超えることはない。つまり、現在の六五歳に比べると、二分の一以下の数になることになる。現在の出生数の減少は、将来は高齢者数の減少をもたらすのである。

つまり、高齢化比率、総人口に占める高齢者の割合は、高齢者の人口が増えるかどうかよりも、新しく生まれてくる「年少人口」や「生産年齢人口」の状態によって左右されるということである。この点について金子隆一社会保障・人口問題研究所の人口部会長（当時）は、次のように解説している。

「長寿化がどんなに進んでも、出生率さえ十分高ければ、人口高齢化は一定の水準に収まり、それ

図表1-2-3　将来の人口ピラミッド
―日本とフランスの比較

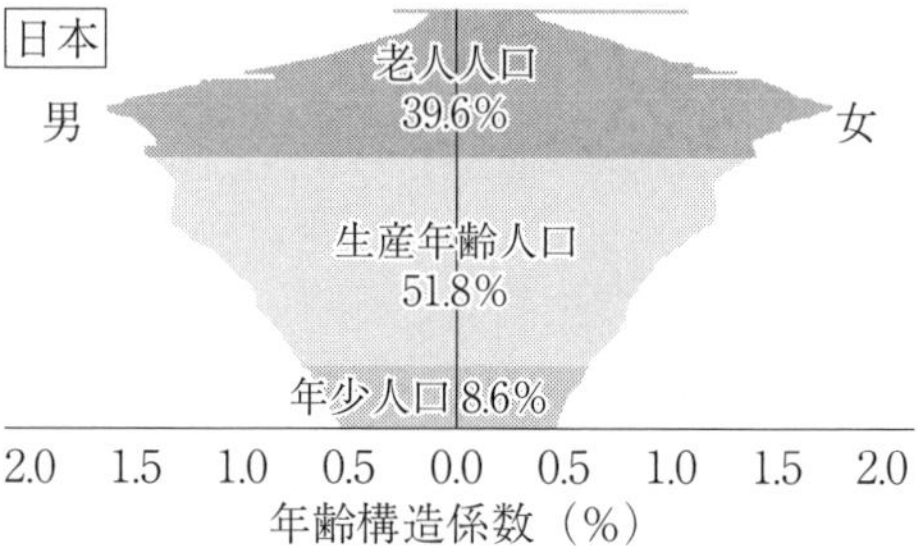

（資料）国立社会保障・人口問題研究所「日本の将来推計人口（平成18年12月推計）」出生中位・死亡中位

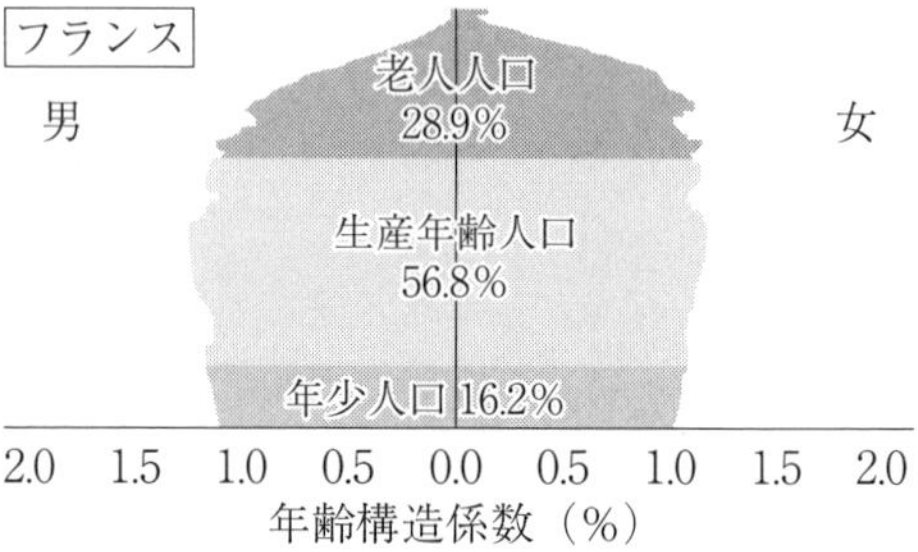

（資料）国連（2009）

（出所）金子隆一「長寿革命のもたらす社会」（『人口問題研究』66巻3号、2010年9月）、26ページ

以上は進行しない。一般に日本の人口高齢化が他の先進国に比べても著しい原因は、世界一の平均寿命を擁するためであると理解されていることが多いが、これはまったくの誤解である」。「長寿化は今後の人口高齢化の一因ではあるが、人口高齢化を引き起こす主因は出生率の低下、すなわち『少子化』である」（金子隆一「長寿革命のもたらす社会」『人口問題研究』第六六巻三号、二〇一〇年九月）。

金子氏は、さらに具体的な事例としてフランスの場合をとりあげて、フランスは日本と同じように長寿国で、平均寿命は高いが、出生率も高いために、「日本では人口高齢化が著しく進行するのに対して、フランスでは比較的安定した年齢構造を持つことになる」（同）と述べている。このことは、日仏両国の将来推計の人口ピラミッドを比べてみると、図表1―2―3のように一目瞭然である。

（4）年少人口――現代日本の「人口減少」と「減少モメンタム」

次に、人口の年齢三区分の「年少人口」について見てみよう。

付表（1）（五〇七ページ）によると、日本の一年間の出生者数は、年々減少し、最近では八〇万人前後になっている。出生者数の減少は、当然のことながら、〇～一四歳の「年少人口」の減少となって現れる。

1 「人口置換水準」を大幅に下回る「減少モメンタム」

出生率の推移をみると、図表1―2―4でわかるように、一九七五年以来、「人口置換水準」を大幅に下回る状態が続いている。「人口置換水準」とは、出生者数と死亡者数がちょうど同じレベルになって置き換わり、それが続けば、人口が一定の静止状態になるという水準である。

「人口置換水準」の出生率は、国や時代によって異なる。欧米日の発達した資本主義諸国の現在の「人口置換水準」の出生率は、だいたい二・一弱といわれている。日本の場合は、二・〇七となっている。※

※「人口置換水準」は、出生性比や死亡率によって変動する。日本の場合は、男女の出生性比には男児に五パーセント（〇・〇五）の偏りがあり、さらに女性の出産年齢までの死亡率が二パーセント（〇・〇二）なので、その分を追加して、日本の「人口置換水準」は $2+0.05+0.02=2.07$ となる。国によって、死亡率などが異なるために、国ごとに人口置換水準は異なるが、だいたい二程度である。

日本の出生率は、一九七四年以来、五〇年近くも「人口置換水準」の二・〇七を下回っている。にもか

図表1-2-4　出生率の長期推移

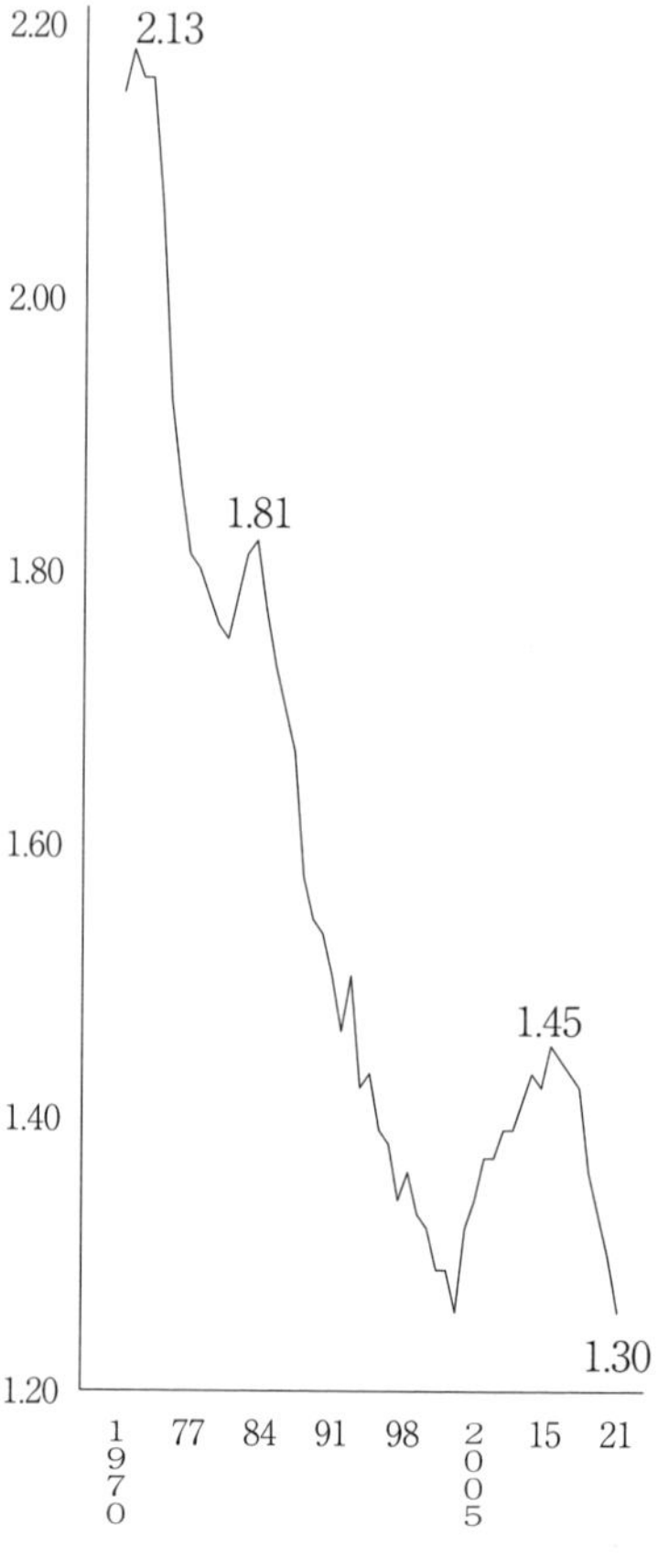

かわらず直ちに人口減にならなかったのは、出生率と年々の人口動態との間には、一定のタイムラグがあるからである。

つまり、一九七四年より前の時代には、「人口置換水準」を超える出生率が数十年も続いていた。その時代に生まれた女性たちが新たに出産可能な人口に続々と加わってきたから、一人平均の出生率は「人口置換水準」を下回っていても、出生児の総数でいえば死亡者数を上回っていたために、人口増が続いてきたわけである。

こうしたタイムラグのことを、人口学では「人口モメンタム（慣性・惰性）」と呼んでいる。この「人口モメンタム」には、「増加モメンタム」と「減少モメンタム」の二つの相反する方向がある。日本は「減少モメンタム」の時期に入ってきたために、これから出生率が「人口置換水準」を上回った場合でも、「減少モメンタム」を反転させるには数十年が必要になる。

2　日本の「人口転換」と「第二の人口転換」論

一九七〇年代後半から現在まで続いている日本の出生率の低下――「少子化」「超少子化」の現象をど

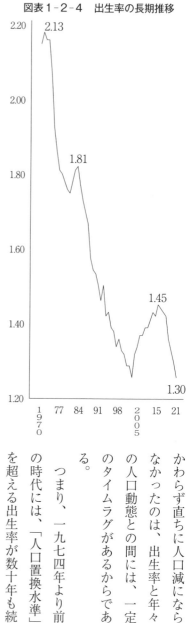

う見るか。日本の人口学者の間での注目すべき研究動向としては、日本の急激な「超少子化」の動きを「第二の人口転換」としてとらえる仮説がある。※

※「人口転換」と「第二の人口転換」については、第2章で詳しく検討する。また、こうした人口学の提起する人口理論の意義、唯物史観との関わりについては、第Ⅱ部でとりあげる。

「人口転換」とは、人口が前近代社会の多産多死の人口停滞状態から、多産少死の人口急増期を経て、少産少死の人口安定・静止状態へいたるという一連の人口動態のことを意味している。「人口転換」の増大期は、ヨーロッパ諸国では二〇世紀の半ばには終了した。「人口転換」の増大期が終了すると、人口は少産・少死の人口動態の増減のない状態に入り、次第に人口置換水準に収斂すると思われていた。ところが、そうした予想に反して、一九六〇年代以降にも出生率は引き続き低下して、一九七〇年代、八〇年代には人口置換水準を下回る国々が現れるようになった。未婚者や晩婚者が増え、それとともに晩産化、離婚も増えてきたからである。

日本の場合は、ヨーロッパ諸国と比べると遅れて「人口転換」の増大期が始まり、それが一九七〇～九〇年代には終了した。しかし、その後も、人口静止状態に入るのではなく、かなり急激な出生率の低下による「少子化・人口減少」の時代に入った。そこで、日本の人口学者の間でも、こうした人口減少を「第二の人口転換」の始まりとして、とらえようとする考え方が生まれているのである。

3　日本の「人口減少」と「少子化」のテンポは異常

最近の日本の出生率の長期的な低下と「超少子化」の傾向は、たしかにヨーロッパ諸国でいわれている出生率の低下現象と共通の側面がある。しかし、日本の場合は、それだけでは説明できない特殊な性格をもっていると思われる。人口増大から減少への急激な転換、出生率低下の長期的な継続があまりにも異常な特徴を示しつつあるからである。

ヨーロッパ諸国の「第二の人口転換」の議論では、若者の結婚や性行動に対する価値観の変化、家族やライフスタイルについての意識の変化などが背景にあると指摘されてきた。たしかに日本でも、こうした価値観や意識の面での共通した変化はあるといえるだろう。しかし、日本の場合は、より根源的な変化の要因として、日本資本主義の経済的な状態の客観的な変化がある。戦後の日本資本主義の急激な経済成長とその後の政治経済の行き詰まり、とりわけ日本資本主義の経済的矛盾の深まり、その表れの一つとして「少子化・人口減少」問題をとらえる必要がある。

(5) 増大する在留外国人

最後に、人口統計の視点から、在留外国人の問題をとりあげておこう。在留外国人の数は、調査統計によって、調査時点、在留期間、在留資格などが違うために、かなり異なっている。日本に住む外国人は、図表1―2―5のように、在留外国人統計では、二〇一〇年には二一三万人だったが、二〇二一年には二七六万人に増え、日本の総人口の約二パーセントを占めており、趨勢的に増加傾向にある。国勢調査でも、一六五万人から二七二万人に増えている。

出身国別にみると、一九七カ国の外国人が日本に住んでおり、約八割がアジア出身、一位は中国で約三

図表1-2-6　在留資格別外国人数

総数	2,760,635
特別永住者	296,416
中長期在留者	2,464,219
永住者	831,157
技能実習	276,123
技術･人文知識･国際業務	274,740
留学	207,830
家族滞在	192,184
定住者	198,966
日本人の配偶者等	142,044
特定活動	124,056
特定技能	49,666
永住者の配偶者等	44,522
技能	38,240
経営・管理	27,197
高度専門職	15,735
教育	12,915
企業内転勤	8,593
教授	6,519
介護	3,794
宗教	3,034
医療	2,482
興行	1,564
文化活動	821
研究	1,161
芸術	385
研修	145
報道	207
法律・会計業務	139

（出所）出入国在留管理庁「在留資格一覧表」（2021年末）

図表1-2-5　2つの外国人統計

（1000人）

	外国人統計（A）	国勢調査（B）
2010	2134	1648
2011	2079	1625
2012	2034	1570
2013	2066	1611
2014	2122	1675
2015	2232	1752
2016	2383	1971
2017	2562	2174
2018	2731	2399
2019	2933	2669
2020	2887	2402
2021	2761	2722

（Aの出所）法務省『外国人登録国籍別人員調査一覧表』、出入国在留管理庁『出入国管理統計年報』および『在留外国人統計』による。各年12月末現在。2011年までは外国人登録者数、2012年以降は在留外国人（短期滞在等を除く外国人および特別永住者）

（Bの出所）総務省統計局『国勢調査報告』、『人口推計国勢調査結果による補間補正人口』による。各年10月1日現在割を占めている。在留資格別（二〇二一年末）にみると（図表1―2―6）、特別永住者※を含めて永住者が最も多く一一三万人、次いで、中長期在留者のうち、技能実習生三三万人（特定技能含め）、留学生が二一万人程度である。そのほか、入管法では、外国人の資格を三三種以上に定めて、入国者を厳しく制限・管理している。「三三種以上」というのは、それぞれの資格が、さらに細部に区分されており、どこまでを数えるかによって異なってくるからである。

※　一九九一（平成三）年一一月一日に執行された入管特例法によって定められた在留資格を持つ外国人。具体的な対象者は、第二次世界大戦の以前から日本に居住して日本国民として暮らしていた外国人で、サンフランシスコ平和条約により日本国籍を失った人々。平和条約による国籍離脱者が韓国・朝鮮、台湾のみであったことから、その割合が非常に多い。

日本で働く外国人は一七二万人（二〇二〇年一〇月）、国籍は、一位＝ベトナム、二位＝中国、三位＝フィリピンとなっている。製造業、卸売・小売業、サービス業、宿泊業などのあらゆる分野で活動している。規模別にみると、三〇人未満の小企業、零細企業で働く人が三五パーセント、三〇〇人以下の中小企業で雇用されている人が四分の三を占めている。

次の第3節でみるように、最新の人口推計（二〇二三年推計）によると、これからは日本の総人口は外国人の大幅な流入増によって支えられるとしている。しかし、現在のような出入国管理政策のもとで、はたしてそれは実現できるだろうか。実現できたとしても、それは二一世紀の日本が真に多文化共生社会へ向かっていけることを意味するだろうか。

第3節　人口推計と人口投影――「将来推計人口」

最近の日本における人口問題の議論は、現実にいま進行し始めている人口減少の問題とともに、五〇年後の日本の総人口は現在の約三分の二の八七〇〇万人にまで縮小するという「将来推計人口」が背景になっている。「将来推計人口」は、公的年金・医療・介護など社会保障の財政見通しをはじめ、様々な政策立案の基礎データに使われている。そこで、「将来推計人口」とは何か、検討してみよう。

(1)「将来推計人口」(二〇二三年推計)の結果

「将来推計人口」は、五年ごとに実施される国勢調査を基礎データとして、やはり五年ごとに国立社会保障・人口問題研究所が行っている。直近の二〇二〇年国勢調査をもとにした二〇二三年推計は、戦前から数えると一六回目になる。

今回の「将来推計人口」(二〇二三年四月推計)の結論を整理すると、次のようになる。※

① 〈総人口〉人口減少が進み、総人口は、二〇二〇年国勢調査：一億二六一五万人から五〇年後の二〇七〇年には八七〇〇万人に減少し、二〇二〇年時点の約七割(六九・〇パーセント)になる。総人口が一

億人を下回る時期は二〇五六年である。
②〈高齢化率〉総人口に占める六五歳以上人口の割合（高齢化率）は、二〇二〇年の二八・六パーセントから二〇七〇年には三八・七パーセントへと上昇する。高齢者数のピークは、二〇四三年の三九五三万人である。
③〈合計特殊出生率〉前回推計の一・四四（二〇六五年）から一・三六（二〇七〇年）に低下する。
④〈平均寿命〉二〇二〇年の男性八一・五八年、女性八七・七二年から、二〇七〇年には男性八五・八九年、女性九一・九四年に伸びる。
⑤〈海外からの流入増〉前回推計（二〇一七年）と比べて、人口減少の速度はわずかに緩むが、これは国際人口移動（流入増）の影響が大きい。前回推計の年間約六・九万人（二〇三五年）から、年間約一六・四万人（二〇四〇年）へ大幅に増加し、二〇七〇年には約九三九万人（総人口の約一〇・八パーセント）となる。
〈参考推計①：日本人人口に限定した場合〉二〇七〇年の日本人人口は七七六一万人、六五歳以上人口割合は四〇・九パーセントとなる。
〈参考推計②：一〇〇年後の二一二〇年〉総人口は、四九七三万人（二〇二〇年の三九・四パーセント）になる。

※　以上の推計値は、いずれも出生中位仮定・死亡中位仮定による。

（2）人口減少の推計は、現在の政治・経済・社会の歪みを将来に拡大して「投影」したもの

政府や財界は、「将来人口推計」の結果を前提として、「だから年金や医療の削減もやむをえない」とか、「だから消費税の増税が必要だ」などと宣伝している。しかし、その「推計結果」の意味は、よく吟味してみることが必要である。

何よりもまず、「将来人口推計」は、天気予報のような自然現象の予測とは根本的に意味が違うということである。国連などでは人口推計のことを「人口投影」（Population projection）と呼んでおり、それは「人口動態事象（出生、死亡、ならびに人口移動）の現在までの趨勢を前提として、それが帰結する人口の姿を提示することを役割としている」。「したがって今後生ずる可能性のある経済変動や政治的転換、自然災害などこれまでの趨勢に含まれない事象は反映されていない」。つまり、最近の少子化や長寿化の傾向が五〇年間続くと仮定して、それらの数値をそのまま将来へ「投影」したらどうなるか、「将来というスクリーンに拡大投影して詳細に観察するための作業」なのである※（図表1―3―1）。

図表1-3-1　人口推計は人口投影である

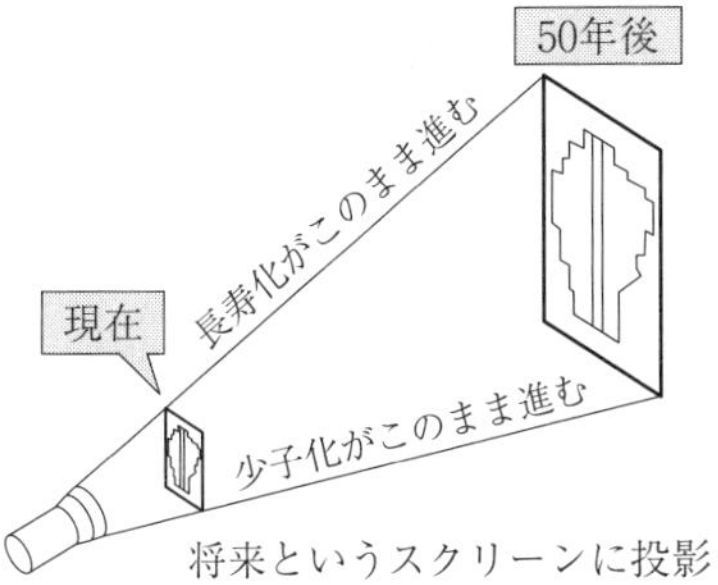

※　以上の引用と説明は「日本の将来推計人口――平成二四年一月推計の解説および参考推計（条件付推計）」（『人口問題研究資料・第三二七号』二〇一三年一月）による。なお、「人口投影」は、人

口問題を考えるうえで、最も重要な用語の一つである。本書では、第2章第3節で、さらに詳しくその意味を解説するので、参照されたい（一一〇ページ）。

(3)「合計特殊出生率」は一・三六を仮定している

これから五〇年後には約八七〇〇万人に減少するという「将来推計人口」は、最近の日本の出生率の急激な低下の傾向をそのまま五〇年後にまで「拡大投影」したものである。

この「投影」の前提となっている出生率の長期的水準は、一・三六（二〇七〇年）となっている。この仮定そのものは、必ずしも恣《し》意的なものとはいえない。現在までの趨勢をもとに、人口学的な緻密な理論と統計的推論を重ねて、割り出された客観的な数値である。

しかし、その出生率＝一・三六は、若い人の低賃金、不安定雇用、保育条件の悪化、教育費の負担高騰など、まさに経済、社会、政治の条件の悪化のもとでの「出生率」の趨勢である。逆にいえば、条件が変化して出生率などの数値が変われば、五〇年後の「人口投影」は大きく変動する可能性がある。ちなみに、出生率＝一・三六は「中位仮定」であるが、仮に「低位仮定」なら「出生率＝一・一二」である。むしろ「低位仮定」に下振れする可能性も大きい。

出生率とともに前提となっている平均寿命は、現在よりもさらに伸びて、女性は九〇歳を超え、男性も八五歳を超えるとされている。こうした長寿化の進行は、社会の高齢化率を高めるが、人口減少にとってはそれを緩やかにする意味をもっている。

（4）現代日本社会は「人口の減少モメンタム」の時代に入っている

先に述べたように、日本はすでに人口の「減少モメンタム」の時代に入っており、そのトンネルを潜り抜けない限り、人口減少を止めることはできない。この「減少モメンタム」の作用は、たんなる現在の趨勢の「投影」ではない。きわめて蓋然性のある客観的な見通しである。

いわば二〇世紀後半から今日まで、戦後七五年の間に、歴代自民党政権と財界支配の経済体制が続き、そのもとで「人口置換水準」を割って出生率が低下しはじめて以降も四十数年にわたって「少子化」傾向を放置してきたために、その「悪しき遺産」としての「減少モメンタム」の時代が二一世紀のこれからも、しばらくは続かざるをえないということである。

（5）外国人の増加によって支えられる総人口

外国人を除いた日本人だけに限定した参考推計では、二〇七〇年の日本人人口は七七六一万人となり、外国人を含む総人口（八七〇〇万人）より約九三九万人も少なくなっている。この推計結果からわかるように、出生率の低下は前回推計よりもさらに低下し、日本人人口が減少するのに、総人口の減少のテンポが前回推計よりも少しだけ緩やかになるのは、平均寿命の延伸の効果とともに、何よりも海外からの外国人の流入増を大きく推計しているからである。具体的にいえば、前回推計の年間約六万九〇〇〇人から、

図表１-３-２　外国人入国超過数

（人）

	入国超過（注）
2010	▲ 4,104
2011	▲ 51,273
2012	▲ 55,647
2013	37,450
2014	59,840
2015	95,399
2016	135,979
2017	146,501
2018	164,893
2019	207,792
2020	21,032
2021	▲28,481

（注）総務省統計局『国勢調査結果による補間補正人口』および『人口推計』による。各前年 10 月 1 日から当年 9 月 30 日における入国者数から出国者数を引いたもの。滞在期間 90 日以内を除く。

（出所）社会保障・人口問題研究所『人口統計資料集』（2016 年版、2023 年版）

今回推計では約一六万四〇〇〇人（二〇四〇年）へ大幅に増加するとしている。この推計の根拠は、直近の二〇一六～二〇一九年の四年間の平均値（表の網掛けの年間）をもとにしているのだが、はたしてこの趨勢が今後も続くと考えられるだろうか。※

※　外国人の流入増が続くという推計は、図表１―３―２のように近年の増大傾向を推計の根拠としている。二〇二〇年と二一年の急減はコロナ禍による入国制限の影響があるために、その年を除いて平均値を算定するのは合理的であるが、少なくとも二〇一五年～一九年の五年間の平均をとるべきだったと思われる。

（６）「人口減少」社会と「人口静止」社会の違いについて

現在の政府・財界の「少子化」対策を検討する際には、その前に、もう一つだけ明らかにしておかねばならない論点がある。

最近の日本の人口問題をめぐる議論の中で、政府・財界の「少子化」対策に対して、「少子化対策など必要ない」「人口は静止社会のほうがよい」という批判がなされることがある。とりわけ財界・大企業の〝人口減少は「労働力不足」を招き、「経済成長」にとってマイナスだ〟などという主張を批判するために、「ゼロ成長でも、国民の暮らしは豊かにすることができる」という主張の一環として、「人口静止」社会の意義が論じられることがある。

こうした主張は、「経済成長」よりも、日本の歪《ゆが》んだ経済社会の構造を変えることこそ必要だということを強調するためになされる場合が多く、その意味では積極的なのではあるが、そうだとしても、日本の人口動態の現実には、必ずしも噛み合っていない議論だといわなければならない。「人口減少」社会と「人口静止」社会という二つの人口現象には根本的な違いがあるということを看過しているからである。この二つの人口現象を混同して論ずると、人口政策上は意図せざる間違いをおかすことになる。そこで、「人口減少」社会と「人口静止」社会の意味を、あらためて確認しておこう。

「人口減少」社会とは、文字通り人口が年々減少していく社会のことである。一国の出生率が「人口置換水準」を下回る状態が続いて「減少モメンタム」の時期に入ると、人口は減少しはじめる。出生率の水準が「人口置換水準」を下回る状態が長く続けば続くほど「減少モメンタム」の時期も長くなり、人口減少はなかなか止められなくなる。これは、まさに現在の日本が陥りつつある人口動態に示されている。

さきに紹介したように、「将来推計人口」（二〇二三年）によると、出生中位仮定（死亡中位仮定）の場合、二〇七〇年には日本の人口は八七〇〇万人に減少すると推計しているが、さらに、その趨勢が続くなら、「参考値」の推計として、一〇〇年後の二一二〇年には四九七三万人となり、現在の約四割程度にまで減少するとしている。これは、先に述べたとおり現在の歪んだ社会の人口要因をそのまま将来に「拡大投影」した「推計」であるが、「人口減少」社会とはまさにこうした人口現象のことである。

これにたいして「人口静止」社会とは、出生者数と死亡者数が同数となり、人口の自然増減率がゼロになることであり、人口増減において「静止」状態になることである。この「人口静止」社会は、出生率が「人口置換水準」になったからといって、直ちに実現するわけではない。仮に出生率がある時点で「人口置換水準」になっても、人口の「減少モメンタム」が働いているために、そのモメンタムがなくなった時になって、その時点の人口水準で「静止」するのである。

具体的に現在の日本の人口動態についてみるならば、現在一・三〇前後の出生率が、仮に今ただちに急上昇して二・〇七の「人口置換水準」に回復したとしても、これから数十年の間は「減少モメンタム」が続くために、その間は人口減少が続いて、数十年後にやっとその減少した水準で「静止」状態に入るのである。この点について、国立社会保障・人口問題研究所では、次のように解説している。

「極端な例として2010年以降、出生率が人口置換水準に復帰して、以降その水準を保ったとしても、2070年頃までは人口減少が続き、当初人口（一億二八〇六万人―引用者注）の約82％（一億四九四万人―引用者注）に縮小してようやく安定化することがわかる」（「日本の将来推計人口――平成二四年一月推計の解説および参考推計（条件付推計）」、一二ページ）。

つまり、現在の日本の人口動態の現実は、「人口減少」社会か、「人口静止」社会か、という単純な選択の問題というよりも、はるかに深刻な状態にあるということである。いい換えるならば、「人口静止」社会をめざすためにも、現在の日本社会の「人口減少」と「少子化」の進行にストップをかける必要があるということである。それを放置するならば、人口が静止する安定状態はますます遠ざかり、その静止人口の水準も下がり続けていくことになる。

第4節　政府・財界の「少子化対策」批判

日本の政府や財界が「人口減少」や「少子化」問題に危機感をもちはじめてから、すでに二〇年以上になる。後述するように、現行の「少子化社会対策基本法」は二〇〇三年に制定され、それに基づいて二〇〇四年には「少子化社会対策大綱（第一次）」が決定された。また同年から毎年『少子化社会白書』（のちに『子ども・子育て白書』、『少子化社会対策白書』などと改名）も発表されるようになり、二〇二二年版で一九冊を数える。

人口減少が現実に進み始めた二〇一〇年代に入ってからは、「少子化」への危機感はいっそう強まり、当時の安倍晋三内閣の少子化社会対策会議が「少子化危機突破緊急対策」（二〇一三年六月）、全国知事会も「少子化非常事態宣言」（二〇一四年七月）を発表した。安倍内閣は、「ニッポン一億総活躍プラン」（二〇一六年六月）を発表し、アベノミクスの「新三本の矢」で出生率を一・八〇に引き上げる目標を宣伝した。二〇二〇年代に入ると、岸田文雄首相（二〇二一年一〇月～）は、「少子化対策」を最重要課題などと称して、二〇二三年四月に「こども家庭庁」を発足させ、少子化対策の体系的政策やその財源などを発表している。

本節では、これらの政府・自治体や財界の「少子化対策」について、個々の施策にそっての詳細な検討ではなく、これらの対策に通底する共通の弱点、基本的な問題点を検討しておこう。※

※　政府・財界の「少子化対策」については、筆者は、すでにこれまでに発表した拙著（本書の「あとがき」参照）のなかで、「少子化対策」の歴史的経過を検討し、それらの対策がなぜ成果をあげなかったのか、その問題点を論じておいた。本節では、最近の動きを中心に、簡潔に述べておくことにする。

(1) なぜ人口が減少しているのか——「少子化」の原因分析が現象的である

政府や財界の「少子化」に関する文献を読んでいると、「少子化は社会全体の問題である」という趣旨の文言がいやというほど出てくる。しかし、「少子化対策」は「社会全体」の課題であると強調することは、「少子化」現象の社会経済的な原因の解明を行わないこと、「少子化」問題の客観的な分析の欠如と結びついている。

現実に政府の「少子化」問題の現状認識をまとめた『少子化社会白書』を見ると、これまで一九冊の各年版のなかで「なぜ少子化が進行しているのか」という「少子化の原因」について本格的に分析しているのは、第一回の二〇〇四年版だけである。第二回目以降は、「少子化の現状」と「対策の現状」の説明に終始している。

しかも、その第一回の「少子化の原因」の分析も、図表1―4―1の「少子化フローチャート」に示さ

図表1-4-1　政府の考える少子化フローチャート

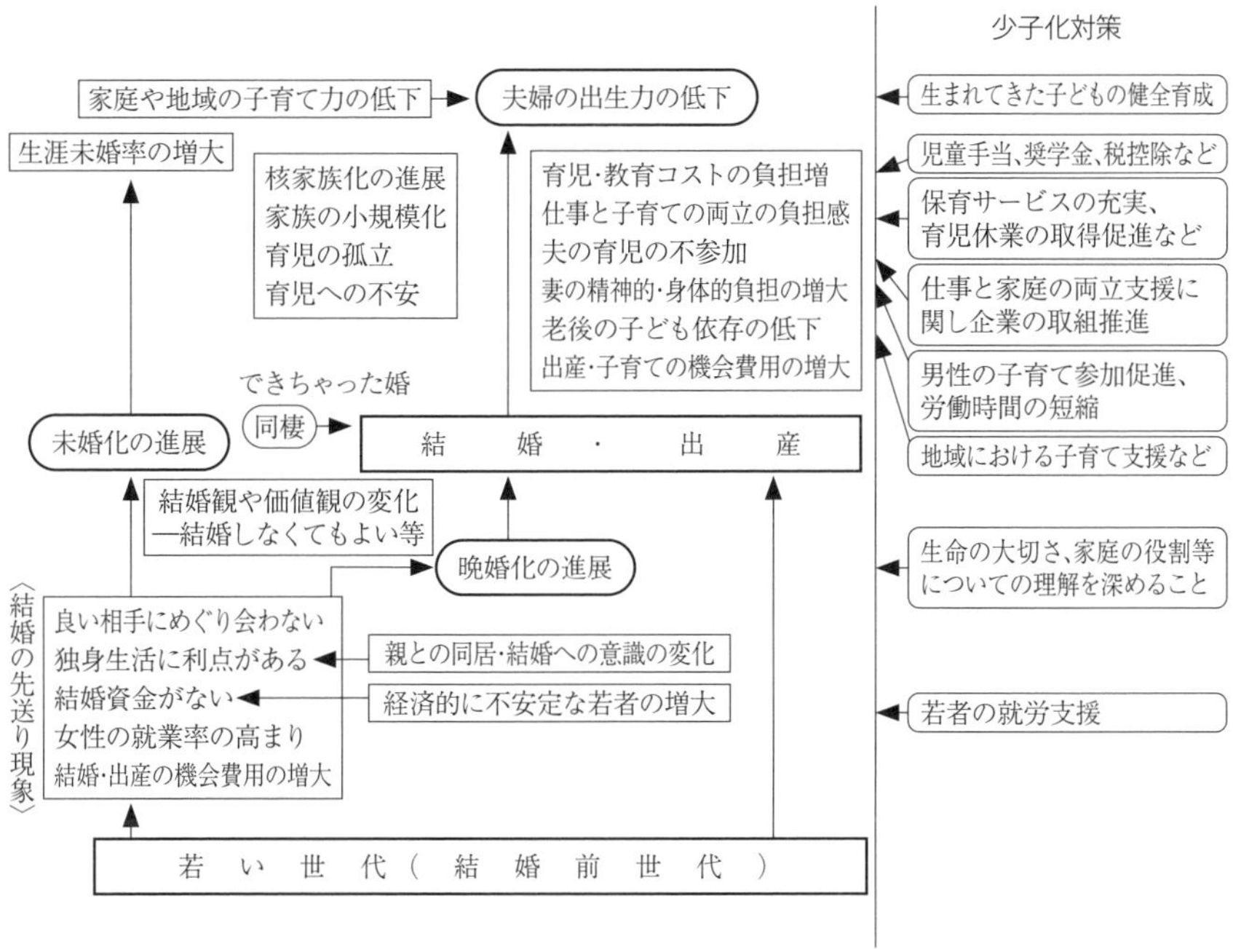

（注）少子化の原因とその要因及び少子化対策のイメージ図である。
⬭は少子化（出生率低下）の原因、□はその要因、⬭はその対策を示す
（出所）『少子化社会白書』2004年版

れるように、その原因論の視野はきわめて現象的なものにとどまっている。このフローチャートには、戦後日本資本主義のあり方、とりわけ「資本」の活動のあり方が「少子化」を促進してきたという社会科学的な認識は、まったく欠落している。というより、そのような客観的事実を正面から分析することを避けているのである。

図表1－4－2　政府の少子化対策の推移

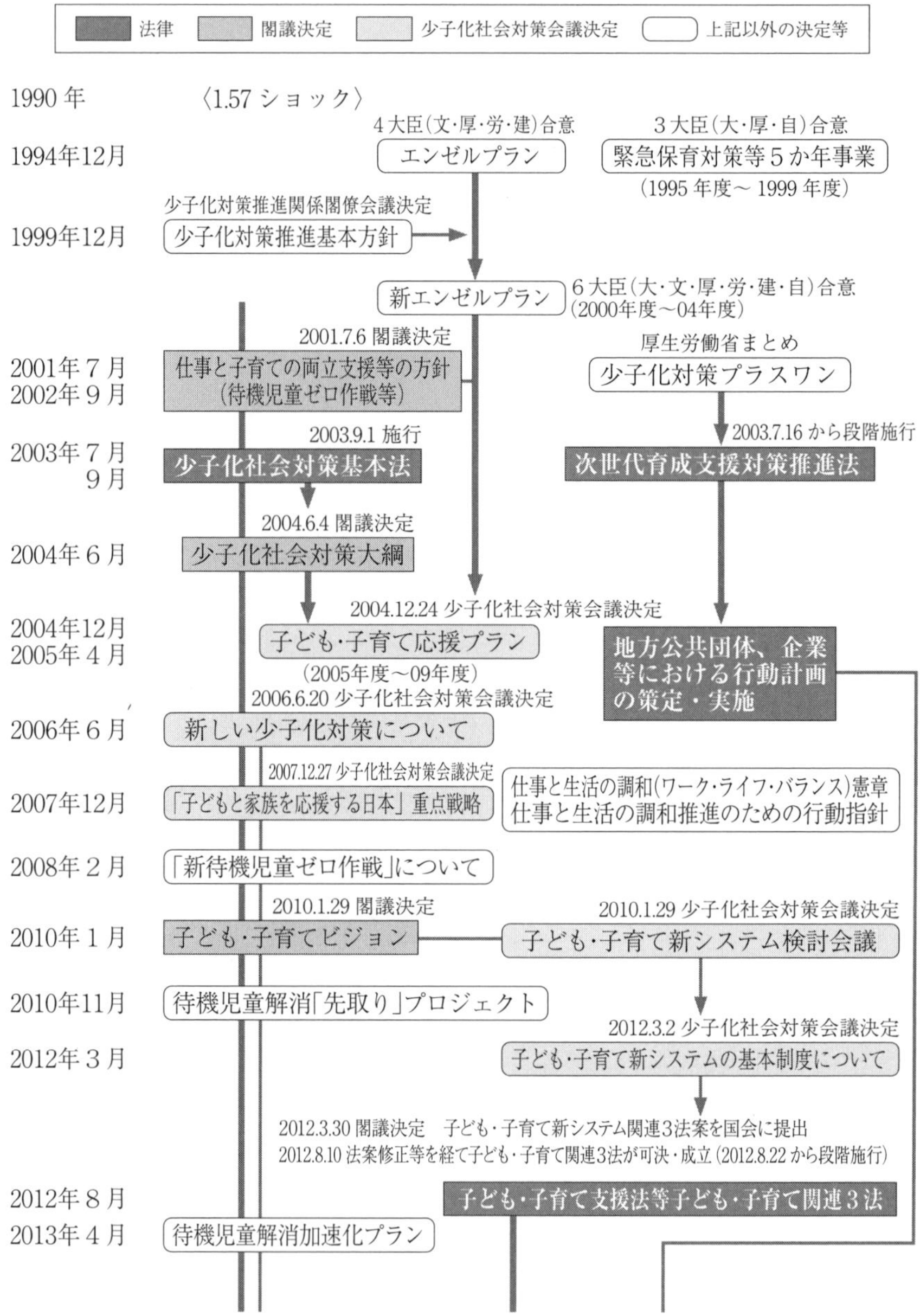
法律
閣議決定
少子化社会対策会議決定
上記以外の決定等
1990年
〈1.57 ショック〉
4大臣(文·厚·労·建)合意
3大臣(大·厚·自)合意
1994年12月
エンゼルプラン
緊急保育対策等5か年事業
(1995年度～1999年度)
少子化対策推進関係閣僚会議決定
1999年12月
少子化対策推進基本方針
新エンゼルプラン
6大臣(大·文·厚·労·建·自)合意
(2000年度～04年度)
2001.7.6 閣議決定
厚生労働省まとめ
2001年7月
2002年9月
仕事と子育ての両立支援等の方針
(待機児童ゼロ作戦等)
少子化対策プラスワン
2003.9.1 施行
2003.7.16 から段階施行
2003年7月
9月
少子化社会対策基本法
次世代育成支援対策推進法
2004.6.4 閣議決定
2004年6月
少子化社会対策大綱
2004.12.24 少子化社会対策会議決定
2004年12月
2005年4月
子ども·子育て応援プラン
(2005年度～09年度)
地方公共団体、企業等における行動計画の策定・実施
2006.6.20 少子化社会対策会議決定
2006年6月
新しい少子化対策について
2007.12.27 少子化社会対策会議決定
2007年12月
「子どもと家族を応援する日本」重点戦略
仕事と生活の調和(ワーク·ライフ·バランス)憲章
仕事と生活の調和推進のための行動指針
2008年2月
「新待機児童ゼロ作戦」について
2010.1.29 閣議決定
2010.1.29 少子化社会対策会議決定
2010年1月
子ども·子育てビジョン
子ども·子育て新システム検討会議
2010年11月
待機児童解消「先取り」プロジェクト
2012.3.2 少子化社会対策会議決定
2012年3月
子ども·子育て新システムの基本制度について
2012.3.30 閣議決定　子ども·子育て新システム関連3法案を国会に提出
2012.8.10 法案修正等を経て子ども·子育て関連3法が可決·成立(2012.8.22 から段階施行)
2012年8月
子ども·子育て支援法等子ども·子育て関連3法
2013年4月
待機児童解消加速化プラン

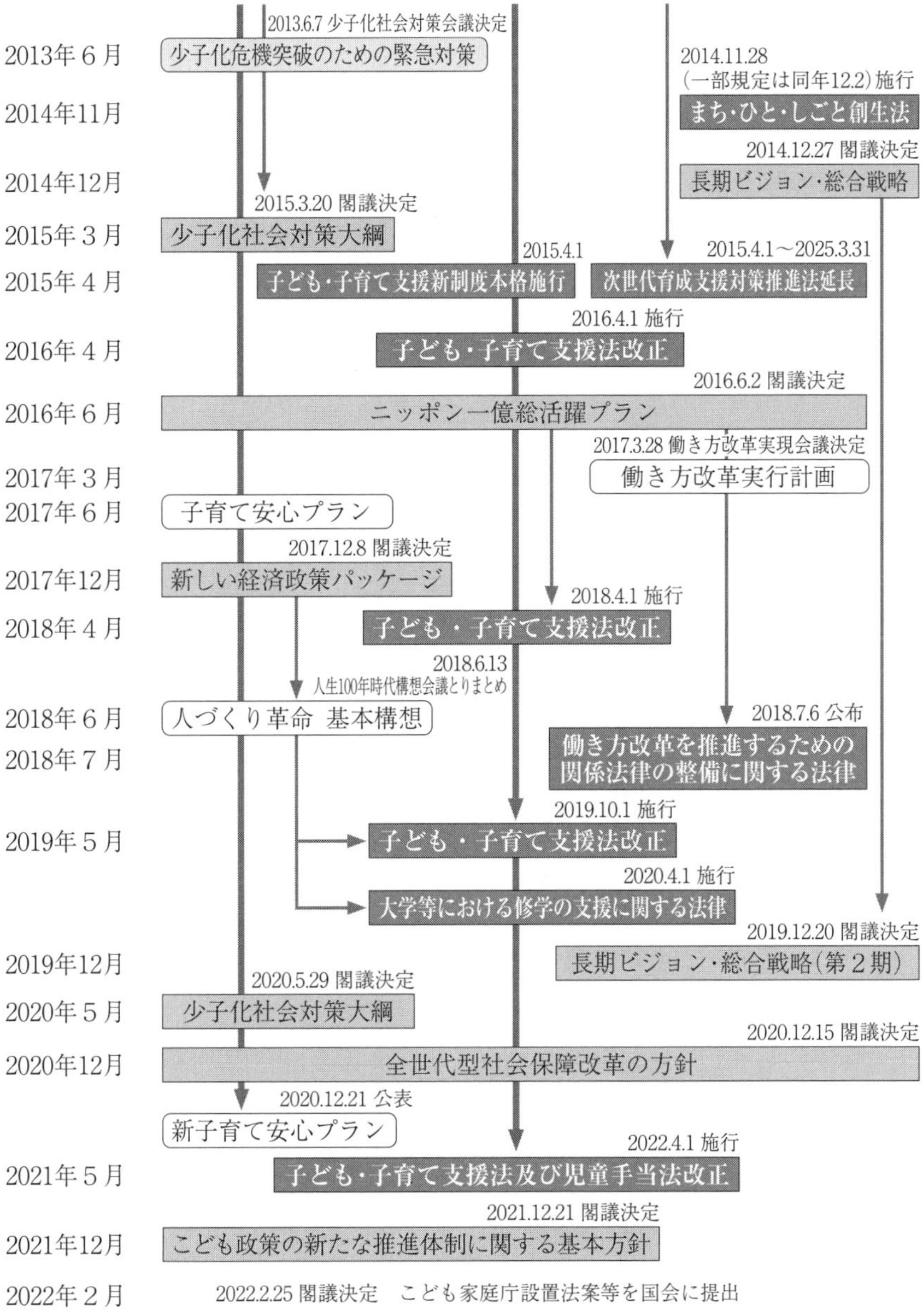
2013年６月
2013.6.7 少子化社会対策会議決定
少子化危機突破のための緊急対策
2014年11月
2014.11.28
（一部規定は同年12.2）施行
まち･ひと･しごと創生法
2014年12月
2014.12.27 閣議決定
長期ビジョン･総合戦略
2015年３月
2015.3.20 閣議決定
少子化社会対策大綱
2015年４月
2015.4.1
子ども･子育て支援新制度本格施行
2015.4.1～2025.3.31
次世代育成支援対策推進法延長
2016年４月
2016.4.1 施行
子ども・子育て支援法改正
2016年６月
2016.6.2 閣議決定
ニッポン一億総活躍プラン
2017年３月
2017.3.28 働き方改革実現会議決定
働き方改革実行計画
2017年６月
子育て安心プラン
2017年12月
2017.12.8 閣議決定
新しい経済政策パッケージ
2018年４月
2018.4.1 施行
子ども・子育て支援法改正
2018.6.13
人生100年時代構想会議とりまとめ
2018年６月
人づくり革命 基本構想
2018年７月
2018.7.6 公布
働き方改革を推進するための関係法律の整備に関する法律
2019年５月
2019.10.1 施行
子ども・子育て支援法改正
2020.4.1 施行
大学等における修学の支援に関する法律
2019年12月
2019.12.20 閣議決定
長期ビジョン･総合戦略（第２期）
2020年５月
2020.5.29 閣議決定
少子化社会対策大綱
2020年12月
2020.12.15 閣議決定
全世代型社会保障改革の方針
2020.12.21 公表
新子育て安心プラン
2021年５月
2022.4.1 施行
子ども･子育て支援法及び児童手当法改正
2021年12月
2021.12.21 閣議決定
こども政策の新たな推進体制に関する基本方針
2022年２月
2022.2.25 閣議決定　こども家庭庁設置法案等を国会に提出

（資料）内閣府資料

(2) 政府・財界の「少子化対策」はなぜ成果をあげてこなかったのか
――その失敗にたいする科学的な検討・反省がない

自公政権の「少子化対策」のもう一つの問題点は、すでに二十数年にわたって、歴代内閣が「少子化対策」を最重点の政治課題にあげて、「いまや一刻の猶予もできない緊急課題」などと強調して、「少子化対策」を繰り返してきたにもかかわらず、出生率が低下しつづけてきたのはなぜなのか、その失敗にたいする科学的な検討・反省の気配がまったく見られないことである。

図表1―4―2でわかるように、自公政権は、これまで何もしてこなかったのではない。内閣が代わるたびに、意匠を凝らし、キャッチフレーズを変えて、「少子化対策」を繰り返してきている。

こうした過去の鳴り物入りで宣伝してきた「少子化対策」の成果はあったのか、なかったのか、なかったとしたら、なにが問題だったのか、どこに政策的な反省点があるのか――こうした自己分析の文書が発表されたことはまったくない。

もちろん「少子化」の原因は複雑であり、対策が直ちに結果に表れるものではないだろう。そうした意味での直接的な効果の分析を求めるわけではない。しかし、安倍内閣が「新三本の矢」の目標の一つとして、希望出生率一・八〇を掲げたその直後から出生率が連続的に低下しはじめて、二〇一五年の一・四五から二〇二二年の一・二六にまで低下してきたのはなぜなのか?（図表1―4―3）――こうした問題意識で、「少子化対策」の中身を検討することが必要だろう。

第1節では、「少子化」対策における「『逆マルサス主義』の罠」という問題も提起した。「少子化」対策が逆に「少子化」を招くという悪循環のことである。こうした問題も含めて、これまでの二〇年以上にわたる「少子化」対策についての真摯な総括が必要である。そこで、次に、政府・財界の「少子化対策」は、なぜ成果をあげてこなかったのか。筆者なりに、いくつかの問題点を提起しておこう。

1　企業（資本）の無責任な対応、それを放置・促進してきた政府の対策

日本経団連は、二〇一五年四月に「人口減少への対応は待ったなし――総人口1億人の維持に向けて」という「少子化対策」の提言を発表した。この提言では、その第Ⅱ章「人口問題に関する諸分析」の「1　なぜ日本で人口が減少しているか」で、「人口減少の分析」を行っている。そして、人口減少の最大の要因は「未婚率の上昇」であると強調し、若者の「未婚率の上昇」の背景として、次のような問題をあげている。

●非正規雇用労働者の未婚率は、男性では高い傾向にあり、若い世代の経済的基盤を安定させることが重要である。●長時間労働などにより、男性の家事・育児への参画が少ないことが、少子化の原因の一つ。●3人以上の子どもを持つことは、子育て、教育、子ども部屋の確保など、様々な面での経済的負担が大きくなり、それが第3子以降を持てない

図表1-4-3　アベノミクスと出生率

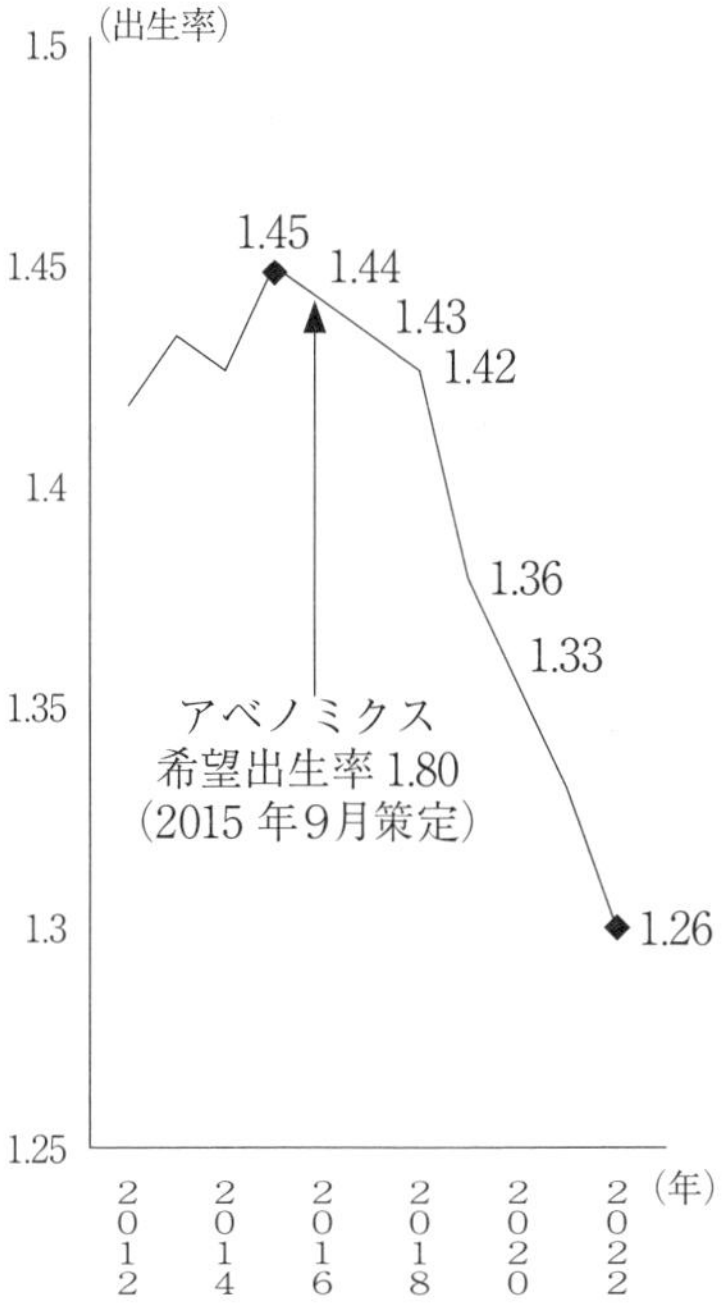

最大の理由となっている。●結婚、妊娠・出産、子育ての各段階のいずれにおいても、就労を望む場合に、望むタイミングで望む働き方ができるという希望がかなう環境を整備することが重要である。

ここで、財界提言があげている諸論点は、それなりにあたっている。だが、こうした雇用や賃金、暮しや子育てなどの劣悪な労働・生活条件を一体だれがつくってきたのか。こうした「未婚率上昇」の悪条件を労働者・国民に押し付けてきた根源、その責任はどこにあるのか、という「自覚」と「反省」は、財界提言には、まったく感じられない。

政府も財界も、国民にたいしては「少子化」問題の深刻さ、緊急性を盛んに強調している。しかし、現実に実行していることは、まったく逆のことであった。

2 根強い「女性差別社会」の放置

岸田内閣・自公政権は、安倍政権が二〇一〇年代にかかげたアベノミクスの推進した「新自由主義型資本主義」に代わって、「新しい資本主義」「包摂的な経済社会づくり」を標榜するようになった。

安倍政権の時代の二〇一五年に、「女性活躍推進法」が制定されたが、これは、賃金格差をはじめ男女差別の抜本的是正・均等待遇など、肝心な視点が欠けており、「労働力としての女性の活用」をねらったものでしかなかった。悪評にさらされて、二〇一九年に改正法が成立したが、これもまたＩＬＯ条約のハラスメント禁止などの明確な規定を含んでおらず、きわめて不十分なものだった。「女性が活躍しやすい環境を整える」ためには、何よりも必要なのは、日本の女性が置かれている差別と格差を解決すること、そのために社会、経済、政治の構造を変えることである。労働法制のあり方をその視点から根本的に見直して、何よりもまず男女の賃金格差をなくし、同じ仕事をしている非正規と正規の労働者に同じ待遇を保障することである。

さらに、「選択的夫婦別姓」については、国民の七割が賛成しているのに、自公政権はかたくなに拒否している。また、LGBTの人々の権利についても、G7諸国のなかで、唯一日本だけがいまだに認めていない。

3　出産、子育てへの支援策、家族政策の不十分さ

岸田首相は、二〇二三年一月の施政方針演説の中で、「従来とは次元の異なる少子化対策を実現したい」「将来的なこども・子育て予算倍増」によって、「こどもファーストの経済社会を作り上げ、出生率を反転させなければなりません」などと強調した。

小泉内閣が二〇〇四年に閣議決定した「少子化社会対策大綱」は、冒頭部分でこう述べていた。

「我が国は、世界で最も少子化の進んだ国の一つとなった。合計特殊出生率は過去30年間、人口を維持するのに必要な水準を下回ったまま、ほぼ一貫して下がり続け、この流れが変わる気配は見えていない。日本が『子どもを生み、育てにくい社会』となっている現実を、我々は直視すべき時にきている」。

しかし「少子化社会」の現実を直視できていないのは、政府と財界にほかならない。あらゆる課題をとりあげることはできないので、ここでは一つだけ例を示そう。

認可保育所に入る資格があるのに入れない待機児童数は、二〇一〇年四月に二万六二七五人だったが、

厚労省の統計上は、かなり減少している。この背景には、国民の運動によって施設整備が一定程度進んだことやコロナ禍による利用控えもある。しかし、「隠れ待機児童」（利用資格があっても入所できない児童）の増加、保育士の劣悪な待遇問題、保育士不足による過重労働、保育の質の低下など、問題が解決したわけではない。「子どもを産み、育てにくい社会」の現実は、けっして変わっていないのである。

4　教育費負担の重圧

重すぎる教育費負担は学生を苦しめ、親世代が子どもを産むことをためらう最大の要因になっている。これは、さまざまな世論調査で繰り返し指摘されており、少子化問題の背景となっている。

日本の教育費における公的支出の水準の低さは、ＯＥＣＤ（経済協力開発機構）諸国の中でも最低水準であり、それが家庭の教育費負担の重さとなっている。これは政府が少子化対策を掲げ始めた最初のころから指摘されていたのに、自公政権は、真剣に教育費負担の軽減に取り組んではこなかった。それどころか、この二十数年間に大学授業料などは、いっそう高くなってきている。

しかも、日本の教育政策の歪みは、教育費負担の問題だけではない。「新自由主義」路線による教育改革が推進されるようになってから、教育現場の矛盾は様々な形で現れてきている。すでに本章第１節の（２）でとりあげたように、「人口減少」の進行とともに、日本の教育危機には、いっそう拍車がかかっている。

5　外国人材、労働力不足と移民政策

現代においては、移民政策のあり方は、人口問題を考える際には重要な位置を占めている。とりわけ「人口減少」社会では、外国から人材を受け入れることは避けられない課題である。二一世紀のグローバル化した世界のなかで、人材が国際的に交流することは必然的な動きであり、日本の総人口に占める外国人が増加することも推計されている。

戦後の日本では、外国からの単純労働者の入国を厳しく制限し、国際的な人権基準をもとにした移民政策そのものが存在しない状態を続けてきた。法制的には「出入国管理令」で外国人の出入国を厳しくコントロールしてきた。朝鮮などの旧植民地出身の定住者を特例的に認めてきたが、そうした人たちにさえ、長い間、「外国人登録令」でその移動を厳しく制限してきた。一九五二年の入管法では、外国人登録証の常時携帯・提示義務、指紋押捺制度を導入し、後者は一九九九年の法改正（施行は翌年）で完全撤廃されるまで続けてきた。こうした国際的移民政策の基準を無視した日本の外国人政策、とりわけ外国人労働者政策は、その人権無視、劣悪な労働条件に対して国際社会から厳しい批判を受け続けてきた。

このように、戦後日本では、玄関では一貫して「移民」としての外国人労働者の定住を拒否しておきながら、サイドドアから「使い捨て労働力」としてだけ外国人を受け入れるという姑息な政策を推進してきた。一九九三年には「外国人技能実習制度」なるものを創設し、低賃金・無権利の労働力の導入を進め、その矛盾が拡大すると、さらに二〇一八年の入管法改定で、「特定技能」という在留資格を設けた。これらの「外国人技能実習制度」のもとでは、労働法規違反が常態化し、なかば奴隷的強制労働が横行してきた。

財界の「少子化対策」の提言（二〇一五年）では、「2020年代から2030年代の20年間にかけて毎年10万人ずつの外国人材の受入れ・定住を実行」して、「2040年時点の外国人材の倍増（200万人→400万人）」をKPI（数値目標）とすべきとしている。しかし、財界が「少子化対策」として「外国人材の倍増」を掲げているのは、財界が懸念する労働力不足対策として安上がり・使い捨ての労働力の流入・定住を図ろうという意図からである。安価な労働力対策としてのなし崩しの外国人材の拡大は、けっして許すべきではない。

アフリカ系の学者として初めて日本の京都精華大学学長を務めたウスビ・サコ同大教授は、二〇二三年推計人口の発表にあたって次のように語っている。

「推計人口では外国人が増えると見込まれる。ただ今の日本は外国人には住みづらい。日本では外国人は労働者としてしか捉えられていない。同じ日本に住む人間だという意識がない。入国は『管理』するのでなく『支援』すべきだ。昔と比べれば改善したが外国人は住まいや仕事を見つけるのが難しい。医療機関や市役所は英語を含めた多言語対応を一層進めるべきだ。今のままでは日本に旅行で訪れる外国人は増えても、住む人は増えないだろう」（日本経済新聞二〇二三年四月二九日付）。

(3) 軍事大国化と少子化対策は、けっして両立しない

岸田文雄内閣は、二〇二二年一二月に、いわゆる「安保三文書※」を閣議決定した。それに基づき、軍事費を五年以内にGDP（国内総生産）比二パーセント以上にすることを公約に掲げて、日米軍事同盟のも

とで、日本の敵基地攻撃能力の抜本的強化を公約して大軍拡路線を強行しはじめた。

※　「国家安全保障戦略」（外交・防衛の基本方針）、「国家防衛戦略」（一〇年間程度の防衛力整備の指針）、「防衛力整備計画」（具体的な装備品の整備の規模や防衛費の総額を規定）。

「軍事費をＧＤＰ比二パーセント」にすると約一一兆円にもなる。日本の軍事予算については、三木内閣が一九七六年に閣議決定した「ＧＮＰ（国民総生産）比一パーセント」という枠をはめてきた。実際には、「防衛省予算」以外に隠されている軍事費や毎年の補正予算による積み増しを計算に入れると、すでにＧＤＰ一パーセントの枠を大きく超えてきたのだが、建前としては「一パーセント」が一定の縛りとなってきた。

岸田内閣がねらう大軍拡の中心的中身は、「敵基地攻撃」のための自衛隊のミサイル配備などである。日本の大軍拡に呼応して、米空軍も、今年（二〇二三年）四月には、嘉手納基地に核攻撃能力を持つ戦闘機を配備していると報道された（「しんぶん赤旗」二〇二三年五月一八日付）。サイバー攻撃への反撃のための装備や研究・開発も、いわばサイバー空間での戦争準備になる。軍事力での「抑止」や「反撃」は、果てしなき軍拡競争への道、戦争への道、日本破滅への道である。

岸田内閣・自公政権の大軍拡・軍事大国化路線の強行は、少子化対策とは、けっして両立するものではない。このことは、二〇一〇年代の安倍内閣・自公政権の一〇年間の経験からも明らかである。

二〇一二年一二月の総選挙で勝利した安倍晋三（第二次）内閣は、中国の軍事大国化と朝鮮半島情勢による危機感を煽《あお》り立てながら、反動的な戦争法・治安立法を次々と強行成立させてきた。歴史的に振り返ってみると、全体の流れが見えてくる。たとえば、一三年の特定秘密保護法、一五年の憲法違反の安保法

図表1－4－4　大軍拡路線と少子化対策は、決して両立しない

少子化対策	国家（治安体制）	経済（技術）	経済（財政）

少子化対策

2012　子ども・子育て支援法
2013　少子化危機突破緊急対策
2015　少子化社会対策大綱（第2次）
2016　ニッポン一億総活躍プラン
2017　子育て安心プラン
2018　人づくり革命基本構想
2020　少子化社会対策大綱（第3次）
2021　子ども政策の新推進体制
2023　こども家庭庁
2023：予定（少子化対策）

日米軍事同盟の強化

2011年　東日本大震災・福島原発事故

国家（治安体制）

2013　特定秘密保護法
2015　安保法制（戦争法）
2017　組織犯罪処罰法改正（現代版の治安維持法）
2020～　コロナ危機
2021　土地規制法
2022　経済安保法
2022　警察法改正

経済（技術）

2016　Society5.0
デジタル技術
2021　デジタル6法

デジタル監視国家体制

憲法九条改定の策動
「緊急事態条項」の創設

デジタル軍事技術
経済軍事化

経済（財政）

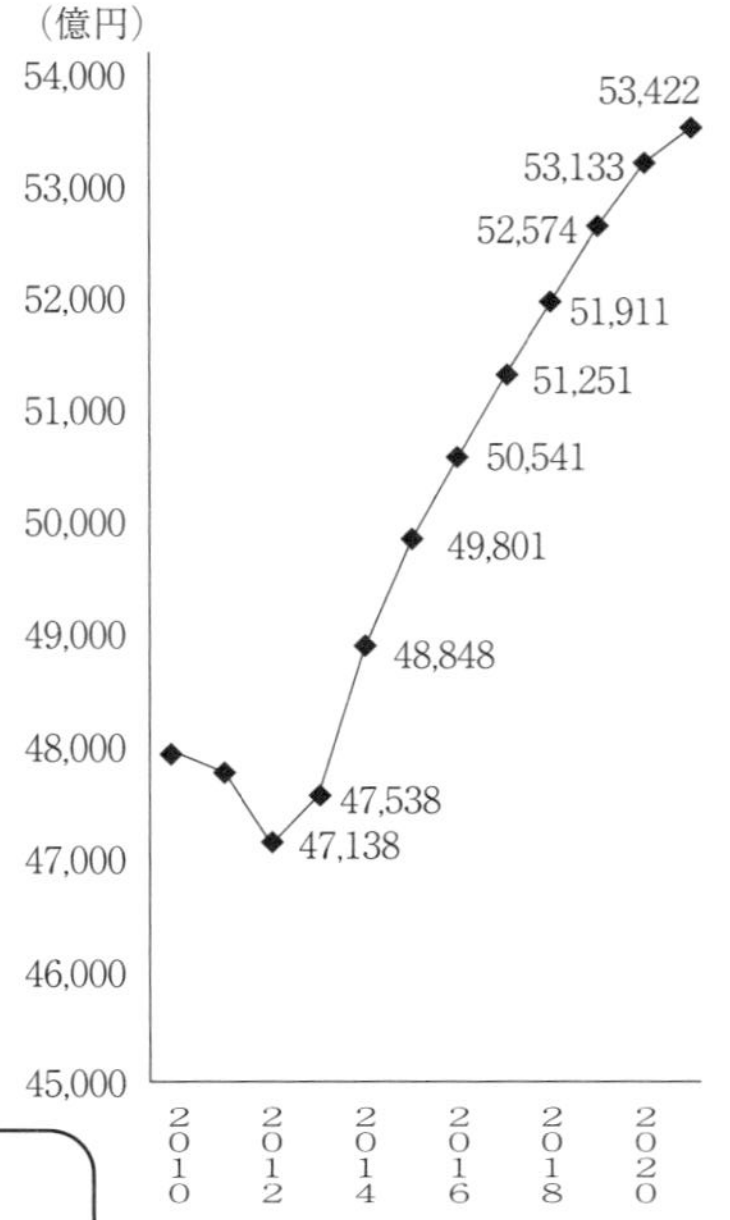

軍事費2％
11兆円をめざす

制（戦争法）、一七年の組織犯罪処罰法改正（共謀法：現代版の治安維持法）、さらに安倍首相退陣後も、二一年の土地規制法、二二年の経済安保法、同年の警察法改定などなど、いずれも国民の強い反対を押し切って成立させた。この二〇一〇年代の過程を、少子化対策の展開と並べてみたものが図表1―4―4である。

岸田内閣・自公政権の大軍拡・軍事大国化路線は、第二次安倍内閣以降の、「戦争する国づくり」の総仕上げである。こんな危険な路線を強行すれば、社会保障の削減や消費税の増税という負担を国民におしつけることになり、暮らしを犠牲にすることになるのは間違いない。こうした大軍拡によって日本を戦争に巻き込む危機は、「少子化対策」とは、まったく逆行する。軍事大国化と少子化対策は、けっして両立しないことを銘記すべきである。

第5節　いま日本で真に必要なことはなにか

第5節では、国民的な立場に立つとき、深刻さを増している「人口減少」社会と「少子化」問題にどのように対応すべきか、二一世紀の日本で求められる基本的方向を、《当面すぐに取りかかるべき課題》と、《長期的な視点に立って着実に進めるべき課題》の二つの視点から整理しておこう。

（1）「人口減少」社会で、すぐにとりかかるべき課題

1 当面は続く「人口減少モメンタム」時代への社会進歩の立場からの備え

すでに第2節で述べたように、現代の日本の人口は、二〇一〇年ごろから、「人口減少モメンタム」の時代に入っており、しばらくは人口減少が続くことが避けられない。社会保障政策、教育政策、労働政策、産業政策、地域政策をはじめ、国・自治体の政策的な対応が必要になる。

もちろん現在の人口が当面すぐには増加に転じなくても、労働の生産性が増加すれば、社会的な生産や富は持続的に発展していく。この時代に危険なことは、人口減少への対応を逆向きにとらえて、社会経済の進歩をめざすのではなく、後退と退嬰《たいえい》の道をすすむことである。たとえば人口減少や「超高齢社会」を口実にして、「全世代型社会保障改革」などをかかげて、年金を削減したり、将来世代との負担の公平などを口実に消費税の増税などの国民負担を強行するのは、「逆マルサス主義」の誤りである。

2 「人口減少」社会に対応する「総合的な社会経済計画」の策定

「人口減少」社会では、小手先の政策では直面する困難を解決することはできない。「人口減少」社会の進行を前提として、国民生活と日本経済を安定的に発展させる方策を計画的に進める必要がある。そのためには、自公政権が推進してきたアベノミクスのような「新自由主義」路線による「市場万能」の「成長戦略」ではなく、国民経済の発展のための総合的で体系的な「長期経済計画」を策定し、その実現をめざ

することが必要である。

なぜ、「長期経済計画」が必要なのか。たとえば、それは破局的なまでに拡大した財政赤字を減らして、「人口減少」社会のもとでの財政再建を計画的に進めるために必要になる。それはまた、「原発ゼロ」を実現し、自然エネルギー中心に転換するために必要である。さらにもう一つ例をあげれば、地球環境を守るという大きな全人類的課題に取り組むためにも、民間まかせではなく、国家的な目標を定めた長期的計画的取り組みが必要である。

こうした時代に、若者が希望を持てる二一世紀日本の展望を描くには、何よりもまず行き詰まった日本経済のあり方を変革し、国民生活優先の経済体制への転換をめざさねばならない。長期計画の中では、「人口減少」社会であっても、若者が希望を持ち、だれもが安心して生きていけるような時代の展望を描く課題に応える必要がある。そのためには、様々な分野からの総合的な知恵を結集することが必要だろう。たとえば日本学術会議は、学際的な検討委員会を設置して『「人口縮小社会」という未来――持続可能な幸福社会をつくる』(二〇二〇年八月)という提言を発表している。こうした学術的な提言をも参考にしつつ、長期的展望に立った「総合的な社会経済計画」を策定する必要がある。

ちなみに、戦後の日本では、一九五五年に鳩山内閣が策定した「経済自立五カ年計画」から一九九九年に小渕内閣が策定した「経済社会のあるべき姿と経済新生の政策方針」まで、図表1―5―1のように、一四本の「経済計画」が策定されてきていた。これらのほとんどは大企業の資本蓄積を推進することが中心的な課題の「経済計画」だったが、政・財・官・学が一体となってつくり、各分野の経済政策の指針とされてきた。ところが、二〇〇〇年代に入ると、「新自由主義」路線による市場原理こそが新たな経済成

図表１-５-１　戦後の日本の経済計画

	名称	策定年月	内閣	計画期間
1	経済自立５カ年計画	1955年12月	鳩山	５年
2	新長期経済計画	1957年12月	岸	５年
3	国民所得倍増計画	1960年12月	池田	10年
4	中期経済計画	1965年１月	佐藤	５年
5	経済社会発展計画	1967年３月	佐藤	５年
6	新経済社会発展計画	1970年５月	佐藤	６年
7	経済社会基本計画	1973年２月	田中	５年
8	昭和50年代前期経済計画	1976年５月	三木	５年
9	新経済社会７ヵ年計画	1979年８月	大平	７年
10	1980年代経済社会の展望と指針	1983年８月	中曽根	８年
11	世界とともに生きる日本	1988年５月	竹下	５年
12	生活大国５か年計画	1992年６月	宮澤	５年
13	構造改革のための経済社会計画	1995年12月	村山	６年
14	経済社会のあるべき姿と経済新生の政策方針	1999年７月	小渕	10年
2000年以後は、「経済計画」は、いちども策定されていない				

長を推進するとして「経済計画」策定官庁だった経済企画庁は解体され、それ以来、「経済計画」は、まったく策定されなくなっている。

３　「軍事大国化」路線を撤回し「少子化社会対策大綱」の抜本的改正

第４節で述べたように、「軍事大国化」路線と「少子化対策」は、けっして両立しない。フランスやスウェーデンなどの経験からも示されているように、資本主義のもとでも政府と経済界が本格的に「少子化」対策に取り組むなら、人口減少をある程度食い止めることはできる。しかし、そのためには、無謀な「軍事大国化」路線を撤回して、真に「少子化対策」を優先させる路線を展開する必要がある。

いま日本で進行しつつある人口減少は、小手先の「少子化」対策では、決して止められない。安倍政権時代に策定された「少子化社会対策大綱」（第二次）には、様々な政策的なメニューは掲げられているが、いずれも政策の規模が決定的に不十分である。財源については、たとえば安倍政権が強行した法人税減税（二〇一三〜二〇一八年度だけで約四兆円）を元に戻し、巨額な軍事費の中で、とりあえず人件・糧食費や災害救助のための経費を除いた、戦争をするための重装備費を削るだけで、当面は十分賄えるだろう。そうした財政と経済の計画的な取り組みは、その気になれば資本主義のもとでも可能である。戦後復興期の日本経済の経験そのものがそれを実証している。

4　根強い「女性差別社会」の改革、真のジェンダー平等社会をめざす政治改革

自公政権は、二〇一〇年代以降、生産年齢人口の減少という「労働力再生産の危機」に直面して、にわかに「人材こそが日本が世界に誇る最大の資源である」などと言いだして、女性、高齢者の力を引き出すことを強調してきた。しかし、「女性が活躍しやすい環境を整える」ために何よりも必要なのは、日本の女性が置かれている差別と格差を解決すること、そのために社会、経済、政治の構造を変えることである。

国連のＳＤＧｓ（持続可能な開発目標）が示すようにリプロダクティブ・ヘルス／ライツ（性と生殖に関する健康／権利）の実現も、ジェンダー平等の社会的確立によってこそ保障される。ジェンダー平等社会をめざすためには、社会、経済、政治の構造を変える必要があるが、そのためには、まずなによりも政治的改革、制度的改革を先行させる必要がある。なぜなら、社会的、経済的な改革は、国民の意識や物質的な条件の変革を伴うので一定の時間がかかり、またその効果も可視化しにくいのに対して、たとえば「選択的夫婦別姓制」などの制度改革は、民法などを変えればすぐに実現し、その効果も明らかである。自公政権のように、古い性的役割分業の家族モデルに固執している政治的な頑迷さこそが、日本のジェンダー

平等社会実現の当面最大のネックになっているのである。

5　若者すべてが希望する教育を受けられるような教育制度の確立

幼児教育から大学教育まで教育費の負担を根本的に軽減し、計画的に早期に無償化をめざすことが必要である。国連のＳＤＧｓは第四項目で「質の高い教育をすべての人に」として、無償教育の拡大をかかげている。また、学校現場は深刻な「教師不足」によって教職員が疲弊し、教員のなり手がみつからないことが社会問題になっている。ＯＥＣＤ諸国のなかでも最低水準の教育予算の大幅な拡充が急務である。

あわせて、「新自由主義」路線によってゆがめられた教育政策、過度の競争と管理を持ち込むという、最悪の教育政策を転換して、憲法と子どもの権利条約を生かした教育を進めることが求められる。

6　外国人労働者、移民の権利の保障、真の多文化共生社会を目指す制度改革

これまで日本では、一貫して「単純労働者の受け入れ」は行わないという建前を掲げながら、「技能実習制度」などの口実で、サイドドアから外国人労働者を受け入れてきた。その実態は、外国人労働者の人権無視、劣悪な労働条件を蔓延《まんえん》させることになり、国際社会から厳しい批判を受けてきた。こうした異常なやり方を根本的にあらためて、移民労働者に関するＩＬＯ（国際労働機関）第九七号、第一四三号などの条約・勧告を早急に批准して、労働者の国際的移動を原則的に認める立場に立って、外国人労働者の受け入れを認め、そのための社会的条件の整備を計画的に実施すべきである。外国人の流出入を「管理」し、権利を「制限」するための法制度や出入国在留管理庁などのあり方を抜本的に見直して、外国人を「管

理・制限」する組織から「保護・支援」する組織に改革する必要がある。

日本経団連は、これからの日本社会では人口減少が避けられないことから、「日本型移民政策」などと称し、安上がりの労働力政策として移民を受け入れる計画を提案している。しかし、これまでと同じように労働力政策として外国人を受け入れようとしても、これからは外国の人たちに日本が選ばれなくなる可能性もある。同じように急激な人口減少に直面している韓国、台湾、シンガポールなどの東アジア諸国・地域に移動先が変わるからである。日本経団連が提案するような、無原則な、国際的基準を踏みにじる「日本型移民政策」のなし崩しの実施ではなく、真の多文化共生社会を実現する立場から、国民的議論を尽くしたうえで、国際基準に基づく「移民基本法」を制定することが必要である。

(2) 長期的視点に立って資本主義の民主的変革を進める課題

1 現代日本の「資本主義のあり方」への反省、利潤最優先主義からの脱却

現代日本の人口減少と「少子化」現象の根源は、二〇一〇年代のアベノミクスのような「新自由主義型資本主義」路線のもとで、ただ目先の利益さえ極大化すればよいという日本の大企業の短期的な経営戦略の行き着いた先、個別企業の「合理性」の極限的な追求のもたらした「合成の誤謬」の必然的帰結にほかならない。

そのような財界・大企業の経営戦略にそって、歴代の自公政権が「新自由主義」路線を推進して、日本資本主義をますます野放図な、利潤最優先の体制に変えてきたこと、そうした「資本主義のあり方」が人

口減少と「少子化」に拍車をかけてきたのである。この、いわば「資本の失敗」「日本資本主義の失敗」とでもいうべき現実を直視し、曇りのない率直な認識をもとに「少子化」の根源を解明して、根本的に反省しないならば、「人口減少」社会から脱却することはできないだろう。

2　人間らしい労働と生活をめざす改革、ディーセント・ワークの実現

長期的視点から「少子化」対策に取り組むには、労働法制のあり方を根本的に見直して、人間的な労働と生活のあり方を目指すことが必要になる。最低賃金を大幅に引き上げ、安定した暮らしができる賃金を保障することである。非正規の労働者の労働条件を抜本的に改善することによって同じ労働をしている正規の労働者との格差をなくし、男女の賃金格差をなくすことである。とりわけ緊急に取り組むべきなのは、コロナ禍で明らかとなったエッセンシャル・ワーカーの待遇の抜本的改善である。

こうした労働改革の戦略的な指針は、すでに国際的に明確に示されている。ＩＬＯが提唱しているディーセント・ワーク（人間らしい働きがいのある仕事と生活）の実現である。ディーセント・ワークの実現こそ、真にワーク・ライフ・バランスを確保し、「少子化」を克服する道を開くことになる。

3　人口政策の国際的基準、リプロダクティブ・ヘルス／ライツの実現

人口問題は、単に経済政策や社会政策のあり方だけで決まるものではない。人口の動態は、労働によって物を作ることのように短期的に動かせる問題ではない。人口問題は、人間の生命の活動、生命の再生産に関わる問題であるからである。

人口問題の探究は、経済問題、政治問題、社会や教育の問題など社会科学的な接近方法だけでなく、妊娠、出産、保健、医療などの医学的・生物学的な接近方法も深く関わっている。また結婚や育児、介護、家族の問題、避妊や中絶など、宗教や文化の問題とも関わっている。結婚、出産、死亡などは人間の一生に関わることだから、個々人の生き方、人権や倫理的哲学的問題にも関係してくる。

人口政策の国際的基準であるリプロダクティブ・ヘルス／ライツ（性と生殖に関する健康／権利）は、こうした総合的な取り組みを求めている。

リプロダクティブ・ヘルス・ライツは、少子化対策として「すぐに取りかかるべき課題」である。しかしそれは人口動態がどのような局面であろうとも（つまり、人口が減少、増大のどのような局面にあろうとも）、人口政策の基本的な方向としてとらえておかねばならない課題である。その意味で、「長期的視点」で取り組むべき課題として位置付けておく。

リプロダクティブ・ヘルス・ライツは、人類が様々な国際的経験を得て、ついに到達した人口政策の国際的基準であり、本書では第5章第2節で詳しく考察する。

4　日本社会の危機を打開するための国民的合意、政治の民主的な転換

ここまで述べてきた短期、長期の課題を実現するためには、何としても日本政治の根本的な転換が必要になる。急速に進行しつつある人口の減少、将来人口の大幅縮小の推計（現代の歪んだ政治・経済・社会の投影）を変えていくためには、政治を変えるという国民の強い意志が不可欠である。そうした民主的な政治変革がないかぎり、日本社会はいっそう停滞するだろう。その結果、人口問題は、ますます深刻な危機

的領域に向かっていくことになるだろう。

過去の歴史を振り返ると、社会的な変革を契機として人口は急速に増大している。江戸時代の後期には三〇〇〇万人程度だった人口は、明治維新後の十数年で四〇〇〇万人に増え、一九四五年の七二〇〇万人から戦後の民主的改革後には一億人を超えた。社会が民主的に発展することこそ、「少子化」現象を解決する根本的カギである。これこそ歴史的に実証された人口問題の社会的法則である。

「人口減少」社会という急な坂道から抜け出すには、「日本資本主義のあり方」を変えるという歴史的な課題に取り組むことが必要である。それは、何よりもまず二一世紀の日本社会の未来を担う若者の生き方、結婚や出産、家族のあり方、子どもの養育や教育などに関わる課題である。

人間の生命の再生産に関わる人口問題の解決は、二一世紀日本社会の百年の課題である。そうした歴史的課題に取り組むための国民的な合意、政治の民主的な転換が必要である。

「国破れて山河あり」という通り、山河さえあれば、経済的な復興は、数年、十数年かければ可能である。経済的復興は、人間が自然に働きかけて労働することによって達成することができるからである。しかし、人間の生命の再生産にかかわる人口問題の解決は、そうはいかない。人口問題の解決は、日本資本主義のあり方を変える課題であり、二一世紀日本の百年の課題である。

第2章　現代世界の人口問題

第2章では、世界史的視野で人口問題の実態を概観し、資本主義社会のもとでの人口問題の諸問題を考察する。人類史において資本主義時代に急激に人口が増大し、「人口転換の理論」「疫学転換の理論」※が生まれたことを確認する。

とりわけ第3節では、国連の最新の人口予測の方法（「拡張・人口投影」）について、その理論的な意味を探究することに紙数を割いた。人口問題の視点から二一世紀の人類史的課題を考えるための前提となるからである。それは日本の人口問題の展望にとっても重要な関連がある。

また、第2章の補論として、人口減少に大きな影響をもたらす感染症、気候危機などの諸問題を人口問題の視点からとりあげる。

※　「人口転換の理論」は、本章の第1節〜第3節で説明する。「疫学転換の理論」については補論1で説明する。

第1節　資本主義の発展と「人口転換の理論」

第1節では、人類史における人口問題を歴史的に概観し、一六世紀以降の資本主義の生成・発展とともに世界の人口が爆発的に増大したこと、この人口の急激な変動を理論的に説明するために「人口転換の理論」が生まれたことを概観する。そして二一世紀の人口問題に関わる課題を考察する。

（1）資本主義の生成・発展と「人口爆発」

1　概観

人類の歴史を長期的な視点からとらえてみると、資本主義が本格的に生成・発展しはじめた一五～一六世紀ごろから、人口の急激な増加が始まった。その人口増大の経過を、概念的なイメージとして描いてみると、図表2―1―1のようになる。資本主義の生成・発展は、まさに爆発的な勢いで人口の増加をもたらしたのである。

二〇世紀の後半には、植民地・従属国の地位から独立したアジア・アフリカ・ラテンアメリカ諸国（A・A・LA諸国）の人口急増が始まった。それを「人口爆発」（Population Explosion）と呼ぶことがある。

図表2-1-1　世界人口の増加

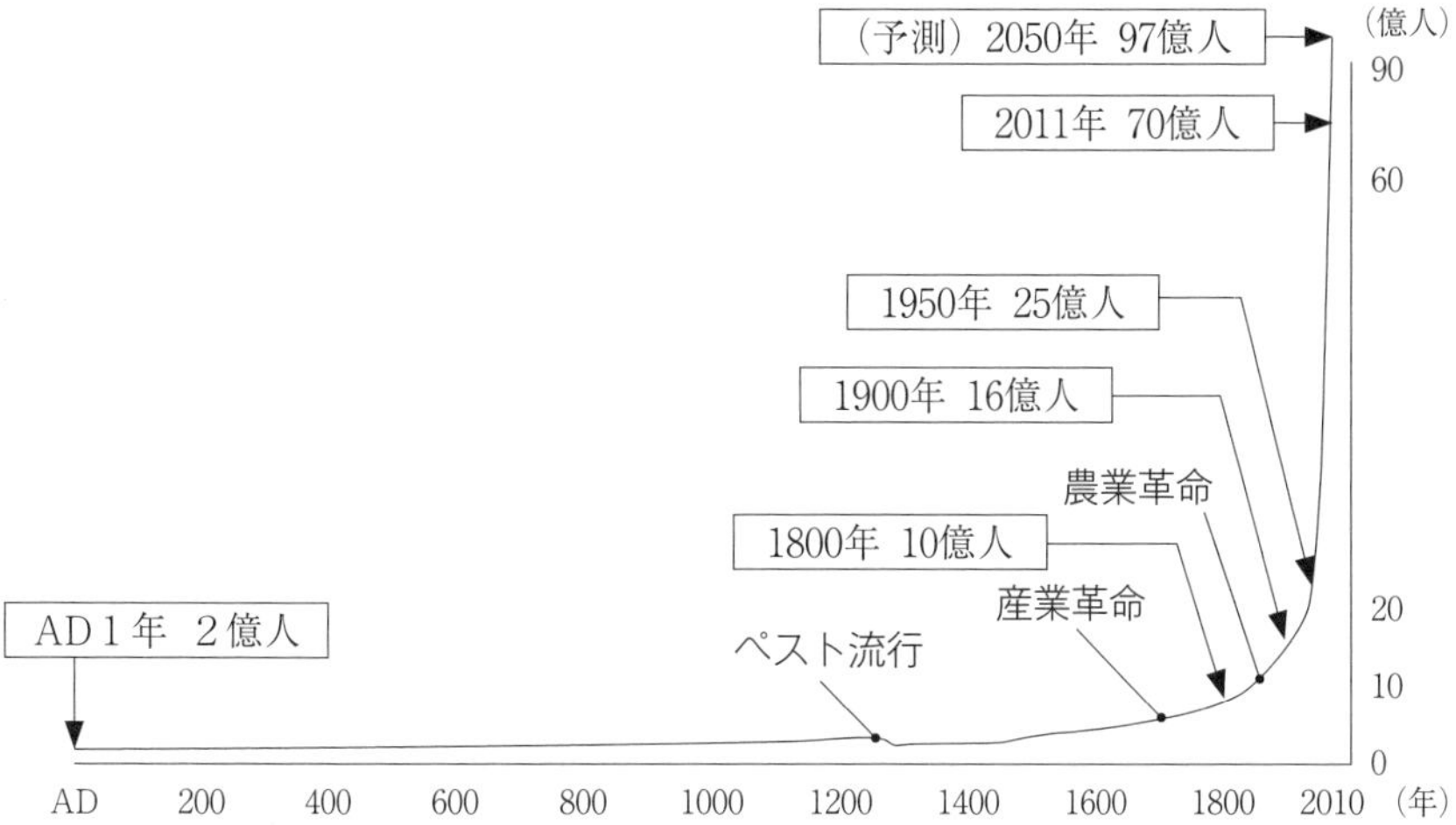

（資料）国連「世界人口白書」などより作成

しかし、人口の急激な増加そのものはA・A・LA諸国に特有なことではなく、まず資本主義が先行的に生成・発展した西ヨーロッパ諸国、そしてそれに続いた米国、日本などを含む欧米日の先行した資本主義諸国でも共通に「人口爆発」の時期を経験した。資本主義の生成・発展は、世界各国でどこでも急激な人口増大＝「人口爆発」を伴ったのである。

「人口爆発」が起こったのは、生産力の発展（産業革命・農業革命）によって食料が飛躍的に増大するとともに、子どもを多く産む多産傾向が続き、保健・医療・公衆衛生が劇的に改善されて死亡率が大幅に下がったためであった。

二〇世紀後半の発展途上国の人口急増は、多数の諸国で同時的に一挙に起こったので、文字通り爆発的だった。一九五〇年に二五億人だった世界人口は一九七〇年には三七億人へ、わずか二〇年間で一二億人も増加し、国連の一九六〇年代末の予測では、二一世紀半ばには一五〇億人になると発表された。そこで一九七〇年代に「人口

図表2-1-2　西ヨーロッパの人口の長期推移

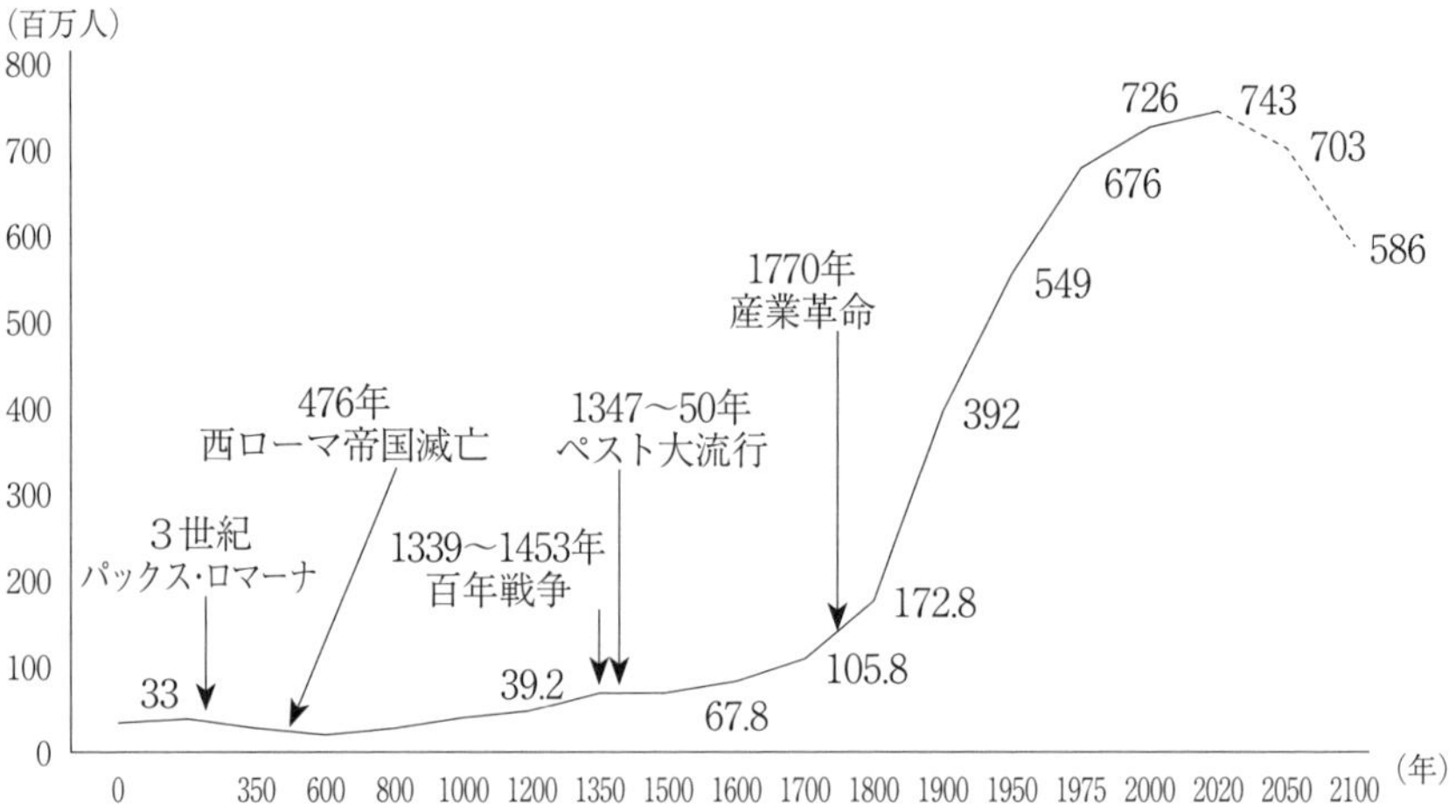

（注）2050年、2100年は国連推計
（出所）国立社会保障・人口問題研究所「人口統計資料集」（2023年版）などから作成

爆発」という用語が生まれたのだった。

しかし、A・A・LA諸国の人口増加のスピードも一九九〇年代末ごろまでにピークを迎え、二一世紀に入ると、世界の人口増加の勢いはしだいに緩やかになってくる。後述するように（第2節）、最新の国連の予測（二〇二二年七月発表）では、世界の人口は、二〇二三年一一月に八〇億人を突破して、二〇五〇年に九七億人、二〇八〇年に一〇四億人に達し、それをピークとして二一世紀末までその水準が続くことになっている。さらに二二世紀には、世界の人口は、緩やかな減少時代に入ることも予想されている。

2　先行資本主義諸国——西ヨーロッパの場合

次に、「人口爆発」が最初に起こった西ヨーロッパの人口の推移を具体的な数字をもとにみておこう。世界各国の人口統計が整備されてくるのは資本主義の発展とともに、だいたい一九世紀以降であるから、それ以前の人口統計は推計になる※（図表2―1―2）。

※　世界で、最初の全国的な人口調査は、一七九〇年のアメリカ合衆国といわれる。その後、一九世紀には多くの先行した資本主義諸国で国勢調査が行われるようになった。

西ヨーロッパにおいても、西暦一五〇〇年頃までは、グラフの上ではほとんど地をはうような人口の微増時代（長い時間をかけての増加基調）が続いていた。しかし、一五〇〇年の五六〇〇万人を起点にして急増の時代に入る。一七〇〇年の約一億人、一八〇〇年の約二億人、一九〇〇年の約四億人、二〇〇〇年の約七億人へと、一〇〇年ごとにほとんど倍々の増え方である。グラフの上でみても、放物線（というより鰻上りの懸垂線）のような急上昇を示している。

資本主義発展による「人口爆発」の起爆装置ともいえる役割を果たしたのは産業革命であった。世界で最初に一七六〇年ごろから一八三〇年ごろまでにかけて英国で、続いて一九世紀末までに仏、独、伊、北欧、日、露、などの先行的な資本主義諸国が、相次いで産業革命を達成した。工業分野で起こった産業革命は、食料生産のための農業革命を引き起こした。

一九世紀後半からの「人口爆発」は、資本主義による驚くべき生産力の発展、食料の増産をはじめ人間の生活諸条件すべての急激な改善を背景としていたのである。食料、衣料、住宅などの生活手段が豊富になっただけでなく、医療や公衆衛生などの飛躍的改善による乳幼児死亡率の急減、長寿革命が人口増加に拍車をかけた。人口の増大は、若年人口、労働力人口の急増を意味し、それがまた経済発展に拍車をかけることになった。

(2) 人口変動の三つのフェーズ(局面)――「人口転換の理論」の形成

「人口転換」とは、一九世紀後半から二〇世紀へかけて、欧州の先行した資本主義諸国で共通に起こった人口動態の革命的変動を人口法則として理論化した概念モデルのことである。この「人口転換」は、以前は、産業革命になぞらえて「人口革命」とも呼ばれていたが、最近の人口学では一般に「人口転換」と呼ばれている。この「人口転換」の時期は、国によってその開始時期や期間の長さには違いがあるが、概念的にモデル化すると、図表2―1―3のようになる。

「人口転換」の起こる以前の前近代社会では、高い出生率と高い死亡率(多産多死)のもとで、相対的に低い人口増加率が長期にわたって続いていた。しかし、産業革命による産業資本主義の確立とともに、死亡率が急速に低下しはじめて、引き続く高い出生率との組み合わせ(多産少死)によって、人口増加率が急上昇するようになる(図のa↓bの時期＝第Ⅰフェーズ)。

しかし、次には、次第に出生率も低下を始めて、先行していた死亡率の低下に並ぶようになり(少産少死)、人口増加率の上昇にブレーキがかかりはじめる(図のb↓cの時期＝第Ⅱフェーズ)。そして死亡率と出生率がともに低下する時代に入る。

死亡率と出生率がともに低下する時代は、世界史的にはまだ始まったばかりである(図のc↓の時代＝第Ⅲフェーズ)。

「人口転換」とは、このように、多産多死↓多産少死↓少産少死という一連の人口変動の過程を三つのフェーズ（局面）からなるものととらえることを意味している。総人口の変動率でいえば、急激な増加期から減少期にかけて富士山型のカーブを描いて激しく変動する、その全過程（a→b→c→）を「人口転換」の時期とよんでいる。つまり、「人口転換」の前半期（第Ⅰフェーズ）は急激な人口増大期、後半（第Ⅱフェーズ）は増大率の低減期（必ずしも人口減少にまで進むとはかぎらない）、低減期に続く時期（第Ⅲフェーズ）の三つの時期にとらえるわけである。

図表2-1-3 「人口転換」の概念モデル

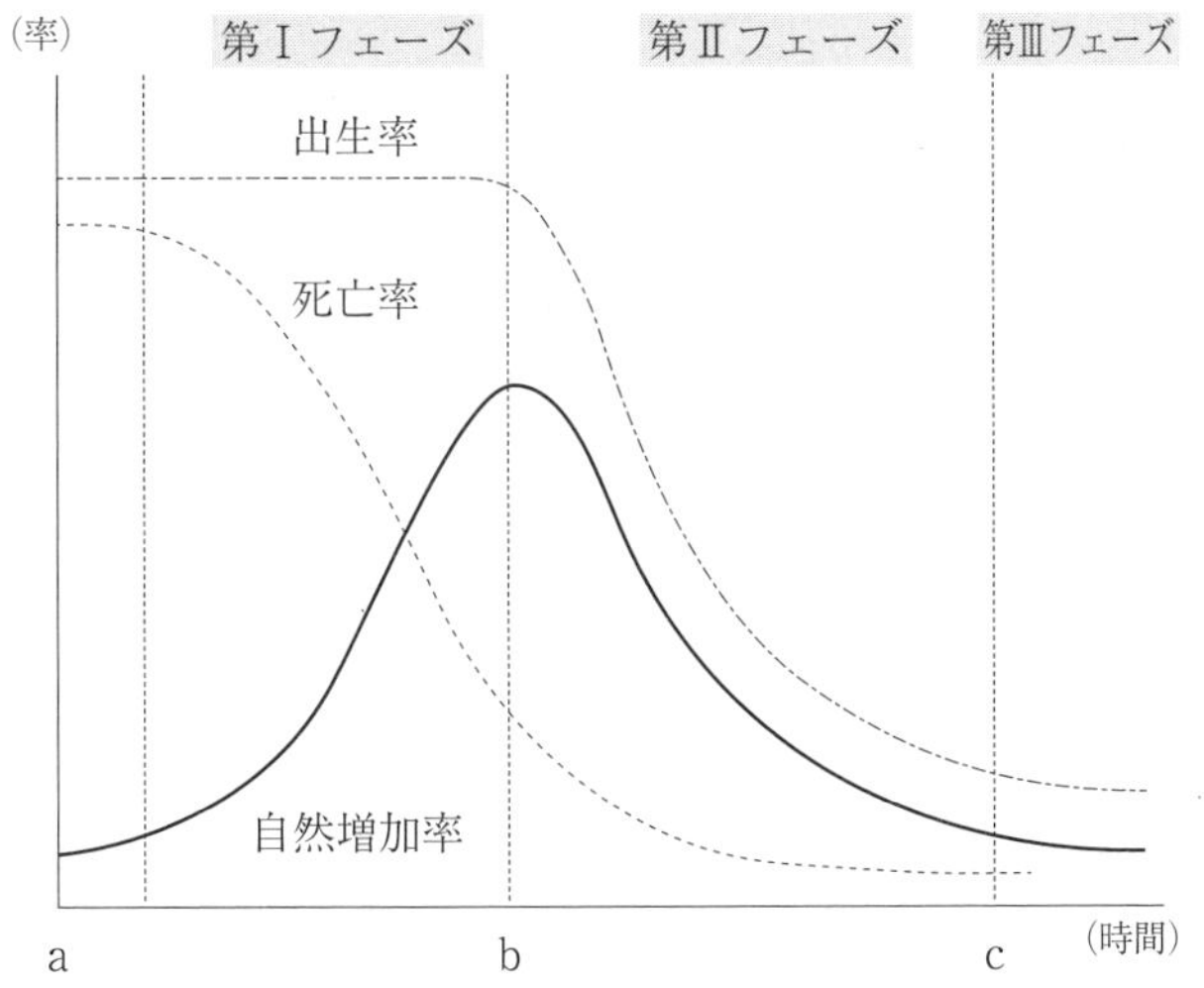

（資料）マッシモ・リヴィ-バッチ『人口の世界史』（速水融ほか訳、2014年、東洋経済新報社）をもとに作成

こうした「人口転換」という考え方は、一九世紀から二〇世紀へかけての欧米の人口変動の実態的な現象を観察することによって、二〇世紀中葉までに多くの人口学者※によって形成された。ちなみに、『現代人口辞典』（原書房、二〇一〇年）では、「人口転換」は次のように説明されている。

「人口転換論（demographic transition theory）

人口転換ははじめ近代のヨーロッパ世界に生起した特異な現象とみなされ、一種の文明論的な近代化仮説と考えられたが、近年東アジアを筆頭に開発途上国にも広く波及するに及んで、普遍的な性格を有するに至った。とはいえ、人類史上の特定の一時期にのみ起こった現象という意味では、やはり理論というよりも歴史法則ないしはモデルというべきかもしれず、人口発展段階論、人口転換仮説、人口転換モデルとも呼ばれるが、ここでは一般的に人口転換論と呼んでおく。／人口転換論は、出生率と死亡率の歴史的な発展過程を三つないし五つの段階に区分し、類型化するとともに、その発展の要因を分析し、説明しようとするものである。段階区分の仕方は一様ではないが、形態上の変化については論者の認識にさほど大きな差異はない。この過程で重要なポイントは、（1）死亡率の低下時期とその要因、（2）死亡率低下に対する出生率低下の遅れの説明、および（3）出生率の低下時期とその要因であり、とりわけ最後の点が人口転換論の中心課題をなしている。このように、人口転換論は形態的な類型論と実体的な要因論という二つの側面を有している（大淵寛執筆）」（同書一五三ページ）。

※「人口転換」という概念の理論化に貢献した人口学者としては、次のような人たちが挙げられる。トムソン（米、Warren Simons Thomson　一八八八〜一九七三年）、ランドリ（仏、Adolphe Landry　一八七四〜一九五六年）、ノートスタイン（米、Frank Wallance Notestein　一九〇二〜一九八三年）、コール（米、Ansley Johnson Coale　一九一七〜二〇〇二年）、オムラン（エジプト、Abdel Rahim Omran　一九二五年〜）。

こうした「人口転換の理論」は、国連が二一世紀の将来人口予測をするための重要な方法的基礎となっている。その点については、次の第2節で詳しく考察する。

（3）資本主義の生成・発展期（第Ⅰフェーズ）の「多産・少死」の要因

人口転換の第Ⅰフェーズの時期は、多産多死→多産少死へと移行することで、人口が急速に増大する。このうち死亡率が急激に低下（多死→少死）する要因については、感染症などが制圧されることによるところが大きいが、この点については、後に「疫学転換」の理論としてとりあげて検討する（後述の補論1を参照、一四〇ページ）。ここでは、高い出生率が続くこと（多産→多産）についてみておこう。

昔から、古今東西を通じるいわば経験則のようなこととして、「貧乏人の子だくさん」といわれることがある。しかし、「貧乏人の子だくさん」の経験則をよく吟味すると、より正確には「貧乏家族の子だくさん」というべきであろう。また、必ずしも、「貧乏」が「子だくさん」の原因であるという因果関係にあるということでもないであろう。昔は、貧乏ではあるが、子どもを生み、育てることができる家族があった、いい換えれば、家族があったから、貧乏でもたくさんの子どもを生み、育てることができたというべきだろう。どんなに貧乏であっても、子どもは家族の宝であり、家族の未来を担う希望だった。「貧窮問答歌」で有名な山上憶良の「銀《しろがね》も　金《くがね》も玉も　何せむに　まされる宝　子に如《し》かめやも」（万葉集）は、まさに、こうした気持ちを謳《うた》ったものだからこそ、万人の共感を呼ぶのである。

マルクスの時代には、まだ「人口転換」の理論は生まれていなかったのであるが、マルクスは、「人口転換」第Ⅰフェーズの人口急増のメカニズムについても、様々な角度から言及している。とりわけ、労働者階級の「多産」の問題について、『資本論』や「資本論草稿集」のなかで様々な角度から論及している。※

※　労働者階級の「多産」の問題についてのマルクスの文献は、第Ⅲ部第6章第4節の（5）〜（8）でもとりあげているので、参照されたい（三〇九ページ〜三一六ページ）。

たとえば、『資本論』第一巻の再生産論の中で、次のように述べている。

「労働者階級の不断の維持と再生産は、資本の再生産のための恒常的条件である。資本家はこの条件の実現を、安心して労働者の自己維持本能と生殖本能にゆだねることができる」（④九九五ページ、「第二一章　単純再生産」、原書五九八ページ）。

また『資本論』第三巻では、次のように述べている。

「繁栄期は、労働者のあいだの結婚を促し、また子孫の大量死亡を減少させたであろう。このような事情は――たとえそれがどれほど人口の現実の増加を含むことができるとしても――現実に労働する人口の増加を決して含みはしないが、しかし資本にたいする労働者たちの関係においては、まるで現実に機能している労働者たちの総数が増加したかのように作用する」（⑧四三七〜四三八ページ。原書二六五ページ）。

マルクスは『資本論草稿集』では、さらに、踏み込んだことを述べている。

「貧乏な人間は、普通の状態にある労働者よりも急速に再生産される――なぜなら、貧乏な人間の再生産の諸条件はごくわずかであるからである。貧困は蔓延《まんえん》する。動物世界におけるとまったく同じように、階級が低ければ低いほど、貧乏の再生産はそれだけ大量である」（『資本論草稿集』大月書店、⑨四七四ページ、「相対的剰余価値」）。

なお、マルクスが『資本論』で言及している労働者階級の「多産」の問題は、あくまでも第Ⅰフェーズ期の「労働力の再生産」の歴史的条件についての理論的探究であり、そこにマルクスの「家族」に関する思想や理論を求めるのは誤りである。※

※　労働者階級の「多産」に関する『資本論』中の言及について、フェミニズム経済学の立場から、マルクスの「家父長制家族思想」の表われであるとか、「家事労働」の意義を軽視する経済理論の表われであるなどと、批判的に論及されることがある。しかし、これは歴史的にも理論的にも筋違いな批判である。こうした批判は、第一に『資本論』は人口転換の第Ⅰフェーズという歴史的背景のもとでの「家族」を前提としていること、第二に、『資本論』は「資本」の経済法則を研究対象としており、人間生命の再生産にかかわる「家族」を直接の研究対象にしているわけではないこと、などを看過している。

また、ここで留意しておくべきことは、こうしたマルクスの『資本論』における労働者階級の「多産」の要因についての論述は、あくまでも「人口転換」の第Ⅰフェーズという歴史的な条件を前提とした議論であるということである。それは、現代のような、「人口転換」の第Ⅲフェーズにおける労働者家族の出生率を説明するものではない。

現代日本の「貧困」は、家族を形成し、家族を維持することすら困難にしている「貧困」であり、「貧乏家族の子だくさん」の基本的な条件すら欠いた「貧困」「家族の貧困」である。現在の日本社会で未婚率が上昇し、また離婚率が上昇している原因は、もちろん「貧困」だけが原因ではないが、若者が結婚したくてもできない大きな原因に「貧困」の問題があることは、各種の調査からも明らかである。

とりわけ「生めない現実」「生まない選択」の背景に「女性の貧困」があることを重視する必要がある。現代では、後に述べるように、「女性の自立」と「労働と家庭からの排除」という一見するとパラドキシカル（逆説的）な関係のはざまで苦しんでいる女性が増えていることが「少子化」を促進している要因の一つになっている。

（4）資本主義と人口移動――都市と農村、移民、奴隷貿易、植民、戦争

資本主義的生産様式は、その初発の時代から、世界市場を前提として発展してきた。一九世紀以降の産業革命の国際的に連鎖的な展開は、交通・運輸革命によってグローバルな経済社会革命を地球全体に波及させることになった。人口問題との関わりでは、すでに述べた「人口爆発」とともに、人口の地域的移動も大量に行われるようになった。

資本主義の発展とともに統一的な国内市場が形成され、人口の地域的移動は、農業地帯から工業地帯へ、農村から都市への人口の急激な移動という形であらわれた。都市と農村の不均衡、人口の過密地域と過疎地域という新たな社会経済問題が発生するようになる。

国際的には、一九世紀は移民の世紀ともいわれるほど、世界的に移民が増大した。とりわけヨーロッパから新大陸への移民は一九世紀に入ってから急速に増加し、第一次世界大戦前には年間一五〇万人という規模にまで達した。第一次世界大戦までの間に新大陸に渡ったヨーロッパ人は五五〇〇万とも六〇〇〇万ともいわれている。西ヨーロッパの産業革命は、都市部での工業発展によって人口爆発を促進・吸収するとともに、北米、南米、豪州などへの、欧州にとっての「新大陸」への移民、植民によって、過剰人口を拡散したのである。移民の事例として、アイルランドについてみると、一八四一年に八一七万であった人

口は一九一一年には四四〇万に激減した（アイルランドの人口減少は、移民による流出だけでなく、飢饉《ききん》による死亡の影響も大きい）。

資本主義の発展と国際人口移動との関連で決定的に重要なのは、奴隷貿易の問題である。欧米諸国がアフリカから新世界に運んだ黒人奴隷の総数は、一五〇〇万人から二〇〇〇万人程度というのが通説になっている。しかし四〇〇〇万人以上という推計もある。マルクスは、『資本論』の中で、西ヨーロッパの資本主義の生成・発展がアフリカからの黒人労働力の奴隷貿易に支えられていたことを厳しく糾弾している。奴隷貿易の後は、一九世紀から二〇世紀へかけて、植民地分割、民族抑圧と帝国主義戦争の時代が始まる。しかしここでは、その過程は通り越して、二一世紀の人口動態の理論的課題について次節以降でみていくことにする。

コラム　マルクス、エンゲルスの時代と「人口問題」――一九世紀の時代的制約

マルクス（一八一八～八三年）とエンゲルス（一八二〇～九五年）の時代は、ヨーロッパ諸国の「人口転換」の前半期（第Ⅰフェーズ＝人口の急増期）にあたり、「人口転換」の後半期（第Ⅱフェーズ、第Ⅲフェーズ）は、彼らがその理論活動を終えた後に本格化した。つまり、マルクスとエンゲルスは、まだ「人口転換」の後半に人口増加率が趨勢《すうせい》的に逓減していく時代を経験することはできなかったのである。これは、マルクスとエンゲルスが生きた一九世紀という時代がそうだったのだから、その歴史的な制約はいかんともしがたいものであった。

マルクスは『資本論』の中で、資本主義的蓄積過程において相対的過剰人口が累積する必然性とその意義を解明し、それを「資本主義的生産様式に固有な人口法則」として明確にした。この人口法則の提起は、もっぱら労働力市場を念頭に置いた人口法則であった。

しかし、マルクス、エンゲルスの「人口問題」への言及は『資本論』の「相対的過剰人口論」にとどまるものではない。マルクス＝エンゲルス全集や『資本論草稿集』をひもとくならば、「人口問題」への言及はきわめて多岐にわたっており、様々な注目すべき理論的な指摘も数多く含まれている。現代の「人口問題」を研究するためには、『資本論』の「相対的過剰人口論」だけではなく、マルクスとエンゲルスの「人口問題」への言及文献を総体的に読みこなすことが重要である。※

※ マルクス、エンゲルスの「人口問題」文献については、本書では第Ⅲ部第6章「マルクス、エンゲルスと人口問題」を参照いただきたい。

第2節　二一世紀の世界人口予測

第2節では、二一世紀の世界人口の実態と将来予測を国連の人口統計によって確認しておこう。また国連の将来人口予測の方法を検討し、その方法が「人口転換」という人口理論によって支えられていることを確認する。また、国連とは異なった方法による学術研究機関が発表している将来人口推計についても見ておく。世界の将来人口予測の方法について検討することは、第Ⅱ部「人口問題と科学的社会主義」を考えるうえでも前提になる。

（1）国連の人口統計の構成と発展――世界人口の推計と将来予測

国際連合は、創立（一九四五年一〇月）の直後から人口統計を重視して、一九四六年に社会経済局内に「人口部」（Population Division）を設置した。そして、世界のすべての国・地域の人口動態の研究・分析、世界各国・地域の過去から現在までの人口統計の推計と将来予測、および国際的な移民動態の統計を定期的に作成し、各国の人口政策へのモニタリング（観測・提言）を行ってきた。そのために同部では、世界各国・地域の出生率、人口の規模と構造、人口高齢化、死亡率、国際移動、都市化、家族と世帯の規模と構成、人口政策に関する膨大な資料の収集と研究を行ってきた。

国連人口部は、その分析・研究成果を定期的に更新し、それらの人口統計は、加盟国政府、研究機関、民間企業、および一般の人々によって広く使用されている。

国連人口部の人口統計は、大きく二つの部分から構成されている。

1　世界の人口統計（過去・現在）の作成（収集・分析・推計）……一つは、過去（一八五〇年）から現在（二〇二二年）に至るまでの、世界の人口関連のあらゆる資料の調査・収集・分析・推計による各国・地域ごとの人口統計の作成である。

たとえば、二〇二二年の報告によると、二〇一七年以降に実施された国勢調査や人口データを利用できるのは、二二七の国・地域の五四パーセント（一二七の国・地域）にすぎず、国によっては二〇年～四〇年以上も以前のデータしか使用できない場合もある（たとえばレバノン〔一九三二年〕、コンゴ民主共和国〔一九八四年〕、ソマリア〔一九八七年〕、ウズベキスタン〔一九八九年〕など）。こうした場合は、様々な資料をもとに人口を推計する作業が不可欠になる。こうした諸国の場合は、新しい資料が発掘されると、そのつど過去にさかのぼって統計が書き直され、改定されていくことになる。

2　世界人口の将来予測……二つには、現在までの人口統計をもとにした五〇年後を展望する世界の将来人口の予測である（最近の予測では二一〇〇年までの長期予測も加えられた）。

世界人口の将来予測は、先に第1章第3節で説明した「人口投影」（Population Projection）の方法で行われているが、過去の人口実態のデータそのものが年々刷新されるので、それを将来に「投影」した人口予測も年々新しく書き直されていくことになる。しかも、後述するように、将来人口を予測するための方法論の発展もある。したがって前回の〈二〇一九年版ＷＰＰ〉と、直近の〈二〇二二年版ＷＰＰ〉とを引き比べてみると、世界人口の予測数値には、かなり大きな変更がある。たとえば、二一〇〇年の世界人口予測※（中位予測）を見ると――

〈二〇一九年ＷＰＰ〉……一〇八・八億人

〈二〇二二年ＷＰＰ〉……一〇四億人

このように、国連の将来人口予測は、発表の年次ごとに絶えず更新され、書き直されている。

※　人口予測には、将来の死亡率と出生率の前提条件を高め、中位、低めに設定して将来人口を予測する「高位予測」「中位予測」「低位予測」があるが、一般に使われるのは「中位予測」である。本書の数値

も、基本的には「中位予測」を使っている。

(2) 国連の将来人口予測：二〇二二年版——主な予測結果

本書執筆時点（二〇二三年八月）の国連による最新の世界人口の推計と予測は「世界人口推計：二〇二二年版」（World Population Prospects 2022 ＝ＷＰＰ２０２２と略記）である。その中の主要な結果は以下の通りである。数値は、すべて「中位予測」による。

1　世界の総人口（図表2—2—1）

①現在の総人口——二〇二二年一一月一五日に、世界人口は八〇億人に到達した（これまでの節目は、三〇億人（一九六〇年）、五〇億人（一九八七年）、七〇億人（二〇一〇年））。

②今後は、二〇五八年に一〇〇億人を超え、二〇八〇年に一〇四億人でピーク。

③その後、今世紀末の二一〇〇年までは、一〇四億人の水準を維持する。

2　世界人口の増加率は、とくに二一世紀後半は鈍化（図表2—2—2、3）

図表２-２-１　国連の将来人口予測（１）総人口

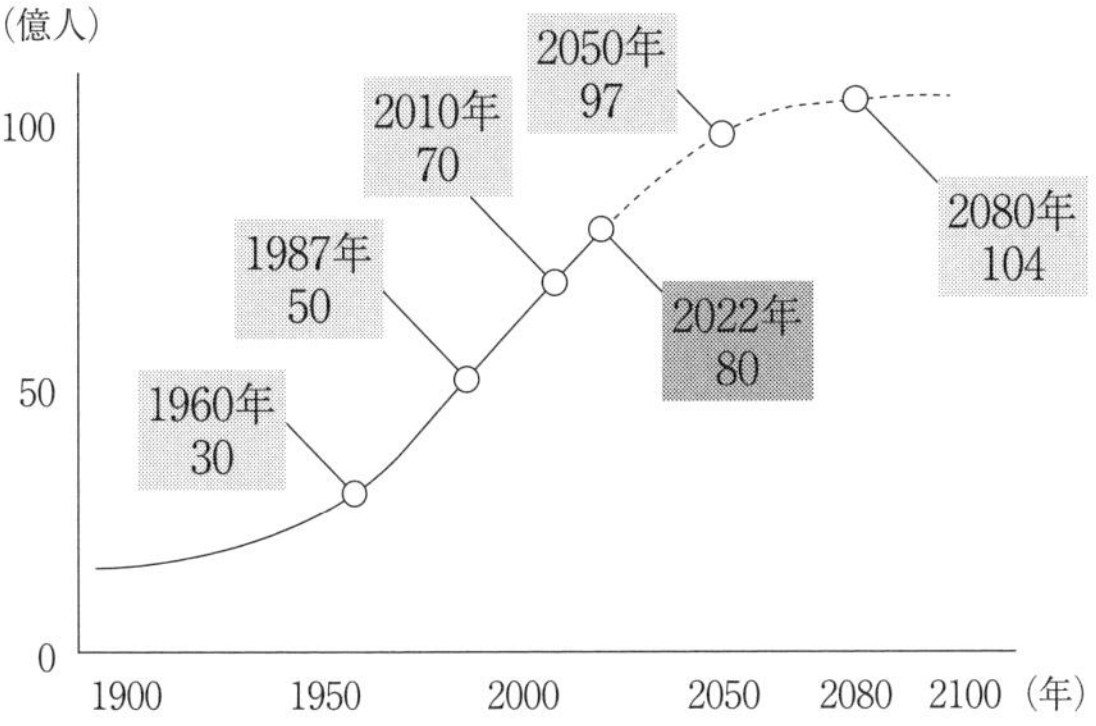

（資料）「国連人口予測」2022年版より作成

図表2-2-2　国連の将来人口予測（2）
人口増のペースは鈍化

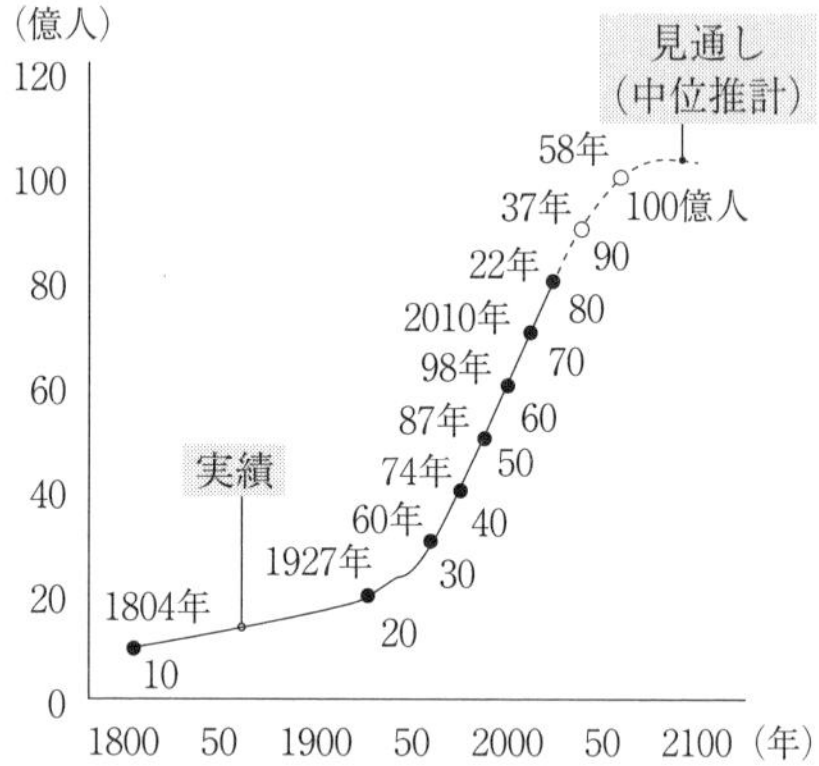

（資料）「国連人口予測」2022年版より作成

図表2-2-3　国連の将来人口予測（3）
増加率は急減していく

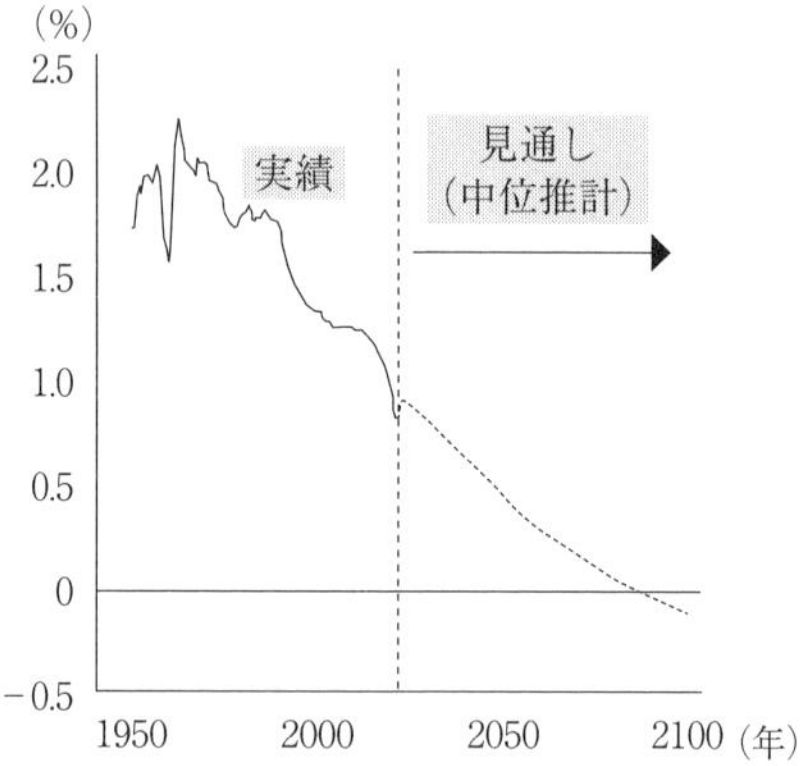

（資料）「国連人口予測」2022年版より作成

①二〇二〇年、世界の人口増加率は一九五〇年以来初めて年率一パーセントを下回った。

②現在から今世紀半ばまでは「人口増加モメンタム※」が働く。

③しかし、二一世紀後半はモメンタムがなくなり、増加率はしだいに鈍化するだろう。

※「人口増加モメンタム」については、第1章第2節（五四ページ）を参照。

3　平均出生率は急速に低下

①一九五〇年の約五・〇から、二〇二一年には二・三、さらに二〇五〇年までに二・一に低下する。

②出生率の低下が人口増加率を低下させ、総人口の増大を急速に鈍化させていくだろう。

4　平均寿命の伸長。世界的に高齢化社会へ

①世界の平均寿命は二〇一九年に七二・八歳に達し、一九九〇年からほぼ九歳伸びた。

②死亡率がさらに低下すると、二〇五〇年には平均寿命は約七七・二歳になる。

図表2-2-4　国連による将来人口予測 WPP2022（中位推計）　単位：百万人

2020年			2050年			2100年		
	世界	7975		世界	9709		世界	10349
1	中国	1426	1	インド	1670	1	インド	1530
2	インド	1417	2	中国	1313	2	中国	767
3	米国	338	3	ナイジェリア	377	3	ナイジェリア	546
4	インドネシア	276	4	米国	375	4	米国	487
5	パキスタン	236	5	パキスタン	368	5	パキスタン	432
6	ブラジル	219	6	インドネシア	317	6	コンゴ民主共和国	394
7	ナイジェリア	215	7	ブラジル	231	7	インドネシア	324
8	バングラデシュ	171	8	エチオピア	217	8	エチオピア	297
9	ロシア	145	9	コンゴ民主共和国	215	9	タンザニア	245
10	メキシコ	128	10	バングラデシュ	204	10	エジプト	205
11	日本	124	17	日本	104	39	日本	75

※参考　日本の社会保障・人口問題研究所の将来予測（2023年）

日本	126	日本	105	日本	63

（資料）「国連人口予測」2022年版より作成

③平均寿命は地球規模で伸び、世界的に高齢化が進んでいる。

5　各国の人口増加の不均等が拡大

①発達した資本主義国は、少子化と人口減少が続く——欧州、東アジア諸国

②開発が進む発展途上国でも少子化が進み始める

③世界の人口増加の大半はごく少数の国で生じる——アフリカ地域、インド

④二〇五〇年までの世界人口増加の半分以上は、八カ国に集中。※

※　コンゴ民主共和国、エジプト、エチオピア、インド、ナイジェリア、パキスタン、フィリピン、タンザニア連合共和国。

6　国連の提唱するSDGs達成の影響

先（5の③④）にあげたアフリカ諸国などの国・地域では、国連総会で決めた持続可能な開発目標（SDGs）の達成（とくに、健康、教育、

ジェンダー平等に関連する目標の達成）によって、出生率の低下と人口増加の鈍化への転換が加速する可能性がある。

7　コロナ・パンデミックの影響

コロナ・パンデミックは、出生率、死亡率、移動など、人口変動のすべての要素に大きな影響を与えている。しかし、その全体的結果は、まだ不確定である。

8　日本は、少子化・人口減少が長期的に続く

日本については、国連の人口予測では、今後二一世紀を通じて少子化・人口減少が長期的に続いて、二一〇〇年には七五〇〇万人にまで人口が縮小するとしている（図表2―2―4）。この国連予測の日本の将来人口（二一〇〇年）は、先に第1章第3節で見た日本の社会保障・人口問題研究所の将来人口予測に比べると、約一二〇〇万人多いが、二一世紀末まで人口減少が続くという点では共通している。

第3節　「拡張・人口投影」と「人口転換の理論」

第3節では、国連の将来人口予測の方法論を検討し、それとは異なった方法論による学術研究機関が発表している将来人口推計についても見ておく。世界の将来人口予測の方法論について検討することは、第

Ⅱ部「人口問題と科学的社会主義」を考えるうえでも前提になるからである（なお、この第2章第3節は、先に日本の将来人口推計について検討した第1章第3節に対応している）。

（1）国連の将来人口予測の方法――「拡張・人口投影」

世界の将来人口予測は、一九五〇年代から国連経済社会局人口部によって人口投影（Population Projection）の方法で作成されてきた。この人口投影については、すでに第1章第3節で日本の将来人口推計について述べる際に簡潔に解説しておいた。国連の将来人口予測の場合も基本的に同じである（というより、日本の将来人口推計が国連の方法と基本的に同じといったほうがよいだろう）。

ところで、前述したように、国連の将来人口予測は二～三年おきに改定されているが、毎回、その予測方法は改善がなされている。とりわけ、二〇一〇年改定から重要な方法論的な変更がなされた。それは、次の二点である。

1　従来の五歳刻みの年齢グループ（一五歳～一九歳、二〇歳～二四歳……）の出生率と人口数の推定から、一歳刻み（各年齢ごと）の推定への予測フレームワークの改定。

2　将来の人口動向の予測方法の変更。各国の経験的データをもとに、将来の出生率と死亡率を推定するための確率モデルの適用。

このうち、1は人口統計を解析する数理技術的な改定に関わるが、2は「人口投影」の考え方に関わる重要な理論的な意味を持っている。そこで、2の確率モデルを適用する方法について、その理論的な意味

図表2-3-1　出生率の変化

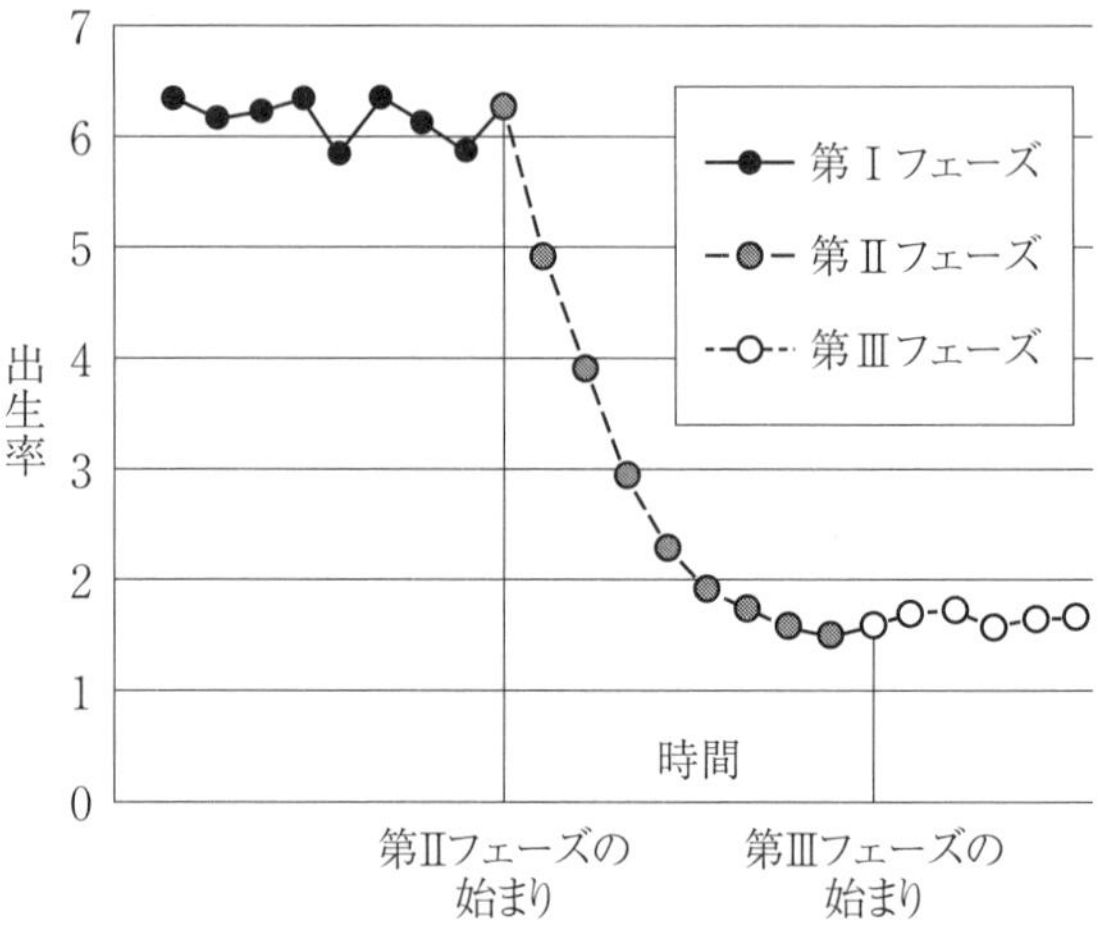

（資料）Methodology Report World Population Prospects 2022. 27p
【解説】この図は、Methodology Report のなかで、「拡張・人口投影」の方法を説明するために使われている図である。とりわけ出生率の第Ⅱフェーズから第Ⅲフェーズへの展開に注目している。したがって第Ⅰフェーズについては、その末期だけしか描かれていない。

を詳細に解説した『世界人口推計（二〇二二年版）の方法論』（Methodology Report World Population Prospects 2022　以下、Methodology Report と略記する）をもとに、詳しく検討しておこう。

Methodology Report では、二〇一〇年改定で初めて採用された世界各国・地域の出生率の推計方法について次のように説明している（筆者が要約的に翻訳）。

「将来の国別の出生率の予測は、人口転換理論に基づいている。全体として、出生率の歴史的変動には、①高出生率の段階（第Ⅰフェーズ）、②出生率低下へ移行中の段階（第Ⅱフェーズ）、③出生率低下への移行後の段階（第Ⅲフェーズ）の三つの段階が含まれる。こうした人口転換の理論には広範なコンセンサスがある。図表2—3—1は、出生率の変動の人口転換の三つの段階を示している。

各国について、第Ⅱフェーズの開始は、一九五〇年から二〇二一年までの推定期間中の最大の出生率を調べることによって決定された。この期間の女性一人あたりの出生数の最大値が五・五未満であった国は、一九五〇年より前に第Ⅱフェーズに入ったとみなされた。またその他の国もすべて、二〇二一年までには第Ⅱフェーズの段階に入ったことが確認された。

第Ⅱフェーズの終わり、つまり第Ⅲフェーズの始まりを見つけるには、まずＴＦＲ（合計特殊出生率）を五年間ごと平均する。次に、平均ＴＦＲのレベルが二を下回った後、連続した増加が二回観察された時期を特定する。そのような二回の連続的増加の時期が観察されなかった場合は、その国はまだ第Ⅱフェーズにあると見なされた。二回の増加が観察された場合には、第Ⅱフェーズを終了して第Ⅲフェーズがすでに始まっていると想定された」。

このように、すべての国が第Ⅱフェーズか、第Ⅲフェーズにあることを確認したうえで、次の問題は、第Ⅱフェーズの段階に入った途上国は、これからどのような出生率低下のペースをたどるのか、ということである。それによって世界人口予測は大きく変動するからである。

国連の将来人口予測の方法における二〇一〇年改定では、従来の「人口投影」という基本的考え方をもとに、かなり重要な変更が行われた。その方法の変更とは、従来の一国単位での過去の人口データをもとに将来に「投影する」という方法から、該当国の過去データだけでなく、当該国に類似した他国の経験を選び出したモデル（ダブル・ロジスティック関数：一一七ページのコラム参照）を求め、それを利用しながら「投影する」という方法への発展である。つまり、個々の国・地域単位での人口動態のデータをもとにした単純な「人口投影」の方法から、他国の先行的な人口動態のモデルをも利用した「人口投影」へ、方法的な拡張をはかったのである。そのことを、Methodology Report では、次のように述べている（筆者が要約的に翻訳）。

図表2-3-2 「拡張・人口投影」の模型図

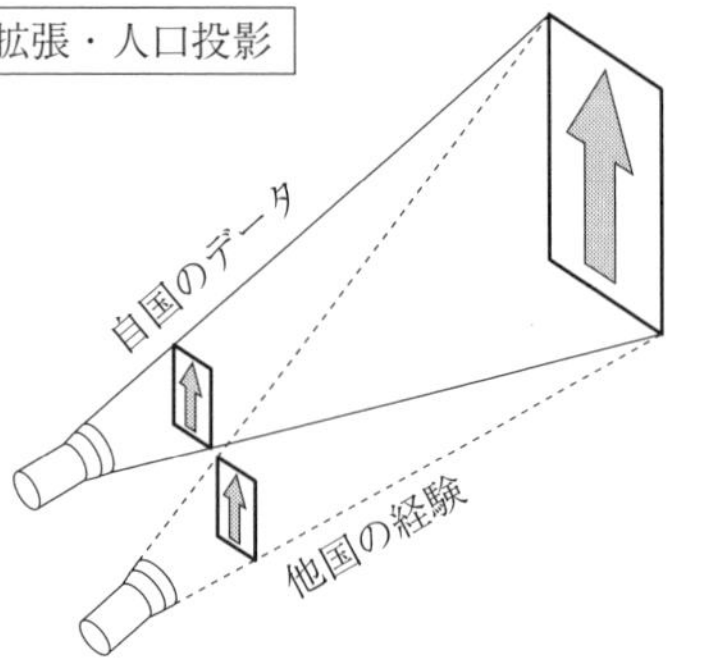

「高出生率から低出生率への一連の変化（出生率移行の第Ⅱフェーズ）の予測においては……当該国の国内の歴史的なデータとともに、出生率の低下をすでに経験しているすべての国の歴史的な出生率の傾向の情報をモデル化して利用した」。

「この方法は、当該国の過去の経験的データを考慮に入れるだけでなく、同様のレベルにある他の国の経験を参考にしたモデル（ダブル・ロジスティック関数）を探究して、そのモデルを利用して当該国の将来の出生率の低下を予測するのである」。

「こうした方法は、出生率低下への移行が始まったばかりの国にとって出生率低下のペースに関する情報が限られているためきわめて重要である。これらの国の出生率予測は、世界各国の人口転換の経験、とりわけ過去に同様のレベルの出生率低下を経験した他の国のモデルを利用したのである」。

こうした将来人口予測の方法の場合、当該国において、将来、社会変革（出生率に影響する制度改革や経済発展など）が行われるかどうかということについては、何も想定していない。しかし、当該国だけの人口データに基づく「人口投影」から、先行する他国の経験も利用するという意味で、「拡張・人口投影」というのがふさわしいであろう。つまり、その国・地域だけの人口関連データを将来に「投影」するだけではなく、世界各国の人口動態の法則として確認された「人口転換の理論」に基づいて「拡張・人口投影」を行うということである（図表2―3―2）。

ここでいう「拡張・人口投影」とは、Methodology Reportで提示されている国連の新しい人口予測の方法を表すための筆者の造語である。この「拡張・人口投影」という造語の理論的意味については、次項で今少し詳しく説明しておこう。

(2)「拡張・人口投影」の理論的基礎――「人口転換の理論」

将来人口予測のための「拡張・人口投影」という方法の理論的な意義について検討しておこう。

1 「人口転換」カーブと将来人口予測

一九世紀~二〇世紀の急激な「人口転換」の特徴は、人口動態の理論的な解析から得られたものではなくて、資本主義社会における人口動態の経験的な実態をもとにした歴史統計的な理論を表している。

一般に人口予測の方法としては、①関数あてはめ法、②コーホート変化率法、③コーホート要因法、の三つの手法がある。このうち、国勢調査などの詳細な人口統計が得られる発展した諸国の場合は、③コーホート要因法の手法が採用されている。しかし、詳細な人口統計が得られない国の将来人口予測を行う場合は、総人口などの単一のデータだけをもとに、過去の人口趨勢に数学的関数をあてはめて将来人口を投影する①関数あてはめ法の手法が採用される。

将来人口を「人口投影」の方法で推計する際には、推計のための基礎データが「人口転換」のどの時点までのものであるかによって、推計結果にも大きな影響が生まれてくる。図表2―3―3の人口転換のグラフをもとに考えると、将来の「人口動態」の投影は、グラフのどの時点までのデータによるかに大きく

図表2-3-3　人口転換カーブと将来推計

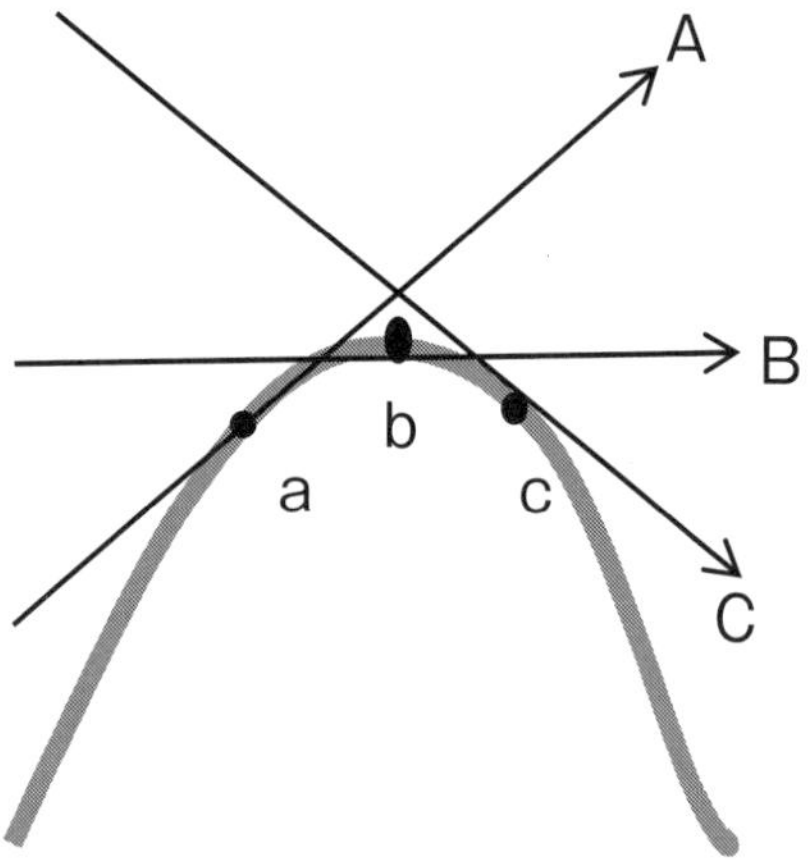

【解説】「人口転換」カーブのどの時点で将来人口を推計するかが、推計結果に影響してくる。人口転換の前半（図のａ時点）のデータをもとに推計すると、将来人口の推計も高めになり、人口転換の後半（図のｃ時点）のデータをもとに推計すると、低めになる。それは、「人口転換」カーブの接線を引いてみるとわかる

左右される。これは、図の放物線の各点で接線を描いてみると一目瞭然である。

詳細な人口統計のデータが得られない国の場合に、その国・地域だけの人口関連データを将来に「投影」するだけではなく、世界各国の人口動態の法則として確認された「人口転換の理論」に基づいて「拡張・人口投影」を行うことに変更したのは、データ不足による推計上のブレを少なくするためだと考えられる。その場合、利用される数学的関数としては、先行諸国の人口動態を「人口転換理論」に基づいて関数化したダブル・ロジスティック曲線（関数）である。

2　「人口転換の理論」とダブル・ロジスティック曲線

国連人口部が世界各国・地域の将来人口予測の方法を「人口転換の理論」に基づいて改定した根拠は、先に引用したMethodology Reportによると、「すべての国が人口転換の第Ⅰフェーズを完了しており、フェーズⅡ、またはフェーズⅢにある」という判断を前提にしている。この判断は、現実の「統計データ」によるものであるから、「人口転換の理論」がただ先行した諸国だけの経験を表すものではなく、世界各国に適用されうる人口動態の歴史的法則的な理論として確認されたことを意味している。それは、

Methodology Report が「将来の国別の出生率の予測は、人口転換理論に基づいている」と明言していることにも示されている。

もともと「人口転換の理論」は、最初は、先行して資本主義諸国で共通に見られた経験的な人口動態現象を説明する仮説として捉えられていたが、二〇世紀の世界各国の人口動態の研究が進むとともに、その一般的・普遍的な性格が確認されてきたものであった。その意味では、「人口転換の理論」の理論的な意義を明確にし、人口動態の将来予測の方法に適用した Methodology Report は、人口転換の理論史においても、一つの画期をなすものといってもよいだろう。

資本主義のもとでの「人口転換」は、その前半期（急激な人口爆発）と後半期（緩やかな人口減少）とでは相反する人口変動の特徴を持っている。こうした人口動態の特徴は、産業革命による生産力の発展がひたすら急激な上昇を示すこととは異なった性格を持っている。つまり、産業革命期の生産力の上昇が時間の経過とともに右肩上がりの一次関数のような変化を示すのにたいして、人口動態は、時間の経過とともに、人口増大から人口減少に転ずる独特のカーブ（ロジスティック曲線）を描く特徴を持っている。

コラム 「拡張・人口投影」の数学的手法――ダブル・ロジスティック関数（曲線）

「拡張・人口投影」のモデルの創り方は、「ダブル・ロジスティック関数」（double-logistic function）という確率統計学の手法による。

ベルギーの数学者ピエール＝フランソワ・フェアフルスト（一八〇四〜一八四九年）は、一八三八年に発表した、人口予測に関する論文の中で、人口転換の前半期の人口急増の過程は、マルサスが主張したような単純な指数関数ではなくて、ロジスティック曲線（logistic curve）を描く微分方程式の解として得られることを証明した。ロジスティック曲線では、第Ｉフェーズ（高出生率の局面）では、増加率は飽和点までは急増するが、時間の経過とともに、この飽和点に近づくにつれて増加率は逓減していくためにＳ字型の曲線を描く。逆に第Ⅱフェーズでは、出生率の減少率が始期で加速し、終期で減速する。人口転換の曲線は、出生率の増大期のロジスティック曲線と減少期のロジスティック曲線の二つを重ね合わせた曲線である（図表２―３―４）。つまり人口転換の第Ｉフェーズと第Ⅱフェーズの全体を表す曲線である。なお「ロジスティック」とは、フェアフルストが前述の論文のなかで使用した用語であるが、ギリシャ語で「計算に巧みな」という意味だといわれる。

図表２-３-４　ロジスティック曲線

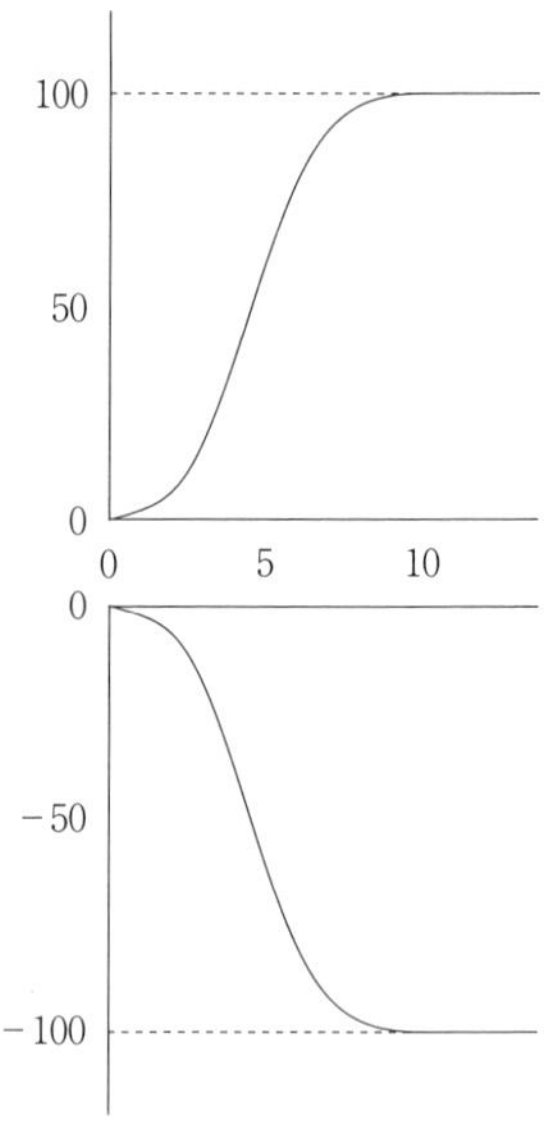

（３）「国連人口予測」への批判と反批判――ワシントン大ＩＨＭＥの推計をめぐって

１　国連予測とは異なった将来人口予測

ここまでは、国連の世界人口予測ＷＰＰ２０２２について、詳しくとりあげてきた。世界中の国・地域の膨大な人口統計を詳細に収集・分析・推計しているのは、国連しかなかったからである。しかし、一九九〇年代に入ってから、国連とは別に独自の調査・分析によって世界人口の予測を行う研究機関が現れてきた。一つは、ＥＵ（欧州連合）の研究機関である国際応用システム分析研究所―ウィトゲンシュタイン・センターの世界人口予測、いま一つは、米国のワシントン大学の保健指標評価研究所（ＩＨＭＥ＝Institute for Health Metrics and Evaluation）である。

このうち、後者のワシントン大学のＩＨＭＥの世界人口予測は、世界人口は二〇六四年に九七億人でピークとなった後は減少しはじめて二一〇〇年には八七億人に縮小する、二一世紀後半には人類は世界的な人口減少時代に入る、というものだった。そのために、二〇二〇年七月にＩＨＭＥの世界人口予測が発表されると、世界的に衝撃的なニュースとして報道された。そこで、ワシントン大学のＩＨＭＥの世界人口予測の特徴、国連予測との違い、両者の論争などについてみておこう。

2　ＩＨＭＥの人口予測が与えた衝撃

最初に、ワシントン大ＩＨＭＥの世界人口予測が発表された時、いかに衝撃的ニュースとして報道されたか、当時の新聞記事を紹介しておこう。

「世界人口は二〇六四年の九七億人をピークに減少する――。米ワシントン大は二〇二〇年七月、衝撃的な予測を発表した。五〇年までに世界一九五カ国・地域のうち一五一が人口を維持できなくなる。国連は『二一〇〇年に一〇九億人となるまで増え続ける』と試算していたが、出生率が想定以上に落ち込む見通しだ。三〇万年の人類史で寒冷期や疫病により一時的に人口が減ったことはあるが、初めて衰退期がやってくる。ワシントン大のクリストファー・マレー保健指標評価研究所長は、出生率が回復しなければ『いずれ人類は消滅する』と予言する。危機は目の前にある」。

上述の記事は、ＩＨＭＥの予測が発表された後に、そのニュースを受けて日本経済新聞が長期にわたる大型企画「人口と世界」を掲載した際の冒頭のリード（二〇二一年八月二三日付）である。

わずか半世紀ぐらい前の二〇世紀の中盤には「人口爆発で地球は破滅する」という「成長の限界」論が世界を震撼させていたことを考えると、まったく逆の「人口減少で人類は消滅する」というのである。いずれも極端な話ではある。

しかし、ＩＨＭＥの論文を読むと、それ自体は、けっして「人類は消滅する」などと予測しているわけではない。ＩＨＭＥの論文で示している将来予測は、世界での平均出生率は低下しつつあり、二〇一七年時点での二・四から、二一〇〇年までに一・七以下になると予測し、これによって世界人口は二〇六四年頃に約九七億人でピークに達したのち、二一世紀末までに約八七億人に減少するというだけで、それ以後のことを予測しているわけではない。しかし、国連の人口予測が人口転換の第Ⅲフェーズに入ってから将来は出生率は回復していくだろうという見通しを示していたのと比べると、かなり悲観的な予測ではある。

３　ＩＨＭＥの予測方法の特徴

ワシントン大学のＩＨＭＥ論文では、国連予測との予測方法の違いについて、七点にわたって説明している。人口統計的な説明がなされているので、専門的な知識がないと理解するのは難しいのだが、予測手法の特徴は重要なので、その要点だけ述べておこう。

ＩＨＭＥの予測方法の最も重要な特徴は、女性の出産行動に対する、①教育（学歴）の影響、②避妊薬の入手の容易さ、この二つの要因の進展度をモデル化して、各国の将来の出生率の算出に取り入れていることである。つまり、過去から現在までの人口統計的データを将来に「投影」するだけではなく、これから進展するであろう教育と避妊薬の要因を＋α（プラス・アルファ）しながら将来予測を行っていることである。

ＩＨＭＥの人口推計モデルは、国連の「人口投影」モデルがあくまでも過去・現在の人口動態データに基づいているのに対して、発展途上国における社会発展（教育と避妊選択）を前提として、先行資本主義諸国がこれまでに経験したような「人口転換」の後半期が始まることを予測モデルに組み入れたものである（図表２―３―５）。こうした従来の「人口投影」の方式を超えた要因――将来の教育や避妊の条件の変化――をモデルに組み入れた人口推計モデルに対しては、その客観性について、様々な批判的議論がある。

図表2-3-5　IHMEの人口投影の模型図

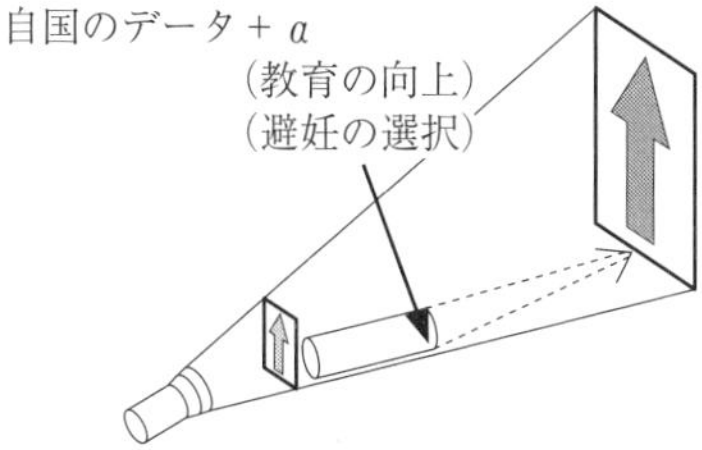

【解説】IHMEの人口推計の特徴は、発展途上国の人口を推計するさいに、その国の将来の教育の向上や避妊の選択などの条件を追加していること（＋α）である

たしかに、社会発展の将来を予測することは難しい。社会発展のあり方、未来社会像については、その国の政治の将来の変化、国民の政治選択の在り様によって大きく異なってくるので、客観的に予測することは難しい。社会発展の青写真を描いて、それを客観的な人口予測の条件に組み入れることはできない。

しかし、ＩＨＭＥの人口推計モデルは、将来の社会全体の姿がどのようなものになるか、どのようなコースをたどって目標に到達するかについては予測できないとしても、普遍的人権に関わる教育の条件、リプロダクティブ・ヘルス／ライツに関わる避妊の条件、などをモデルに組み入れることには合理性があるという立場に立っているのである。

4　国連人口予測：二〇二二（WPP2022）でのIHME予測への反論

本章の第2節で紹介した国連のWPP2022では、「第Ⅲ章　二一〇〇年までの長期的な人口予測」のなかで、かなり詳細にIHMEの人口予測をとりあげて、国連予測と比較しながら、その違いを検討している。※

※　国連は、WPP2022の第Ⅲ章では、IHMEとともに欧州委員会共同研究センター（JRC）の将来予測もとりあげているが、ここではIHMEに絞ってみておく。

まず、二つの人口予測の違いが出生率の将来予測によるものであると指摘している。

「IHMEは、世界の出生率が国連の指標よりも急速に低下すると予測している。IHMEによると、女性一人あたりの平均子供数は一・六六人に減少する。国連は同時期の出生率を約一・八四人と予測している」。

さらに、人口学者の論文を引証するかたちで、「IHMEは出生率の低落を大きく見過ぎている」と批判している。

「一般の研究者の学術論文によると、IHMEの予測は、出生率の低下の可能性を誇張してとらえており、今世紀の将来の合計特殊出生率について低すぎる仮定をしている可能性があるとしている」。

また、WPP2022の第Ⅲ章では、国連予測の「高位」「中位」「低位」の三つのレベルとIHMEの

図表2-3-6　将来推計人口の比較

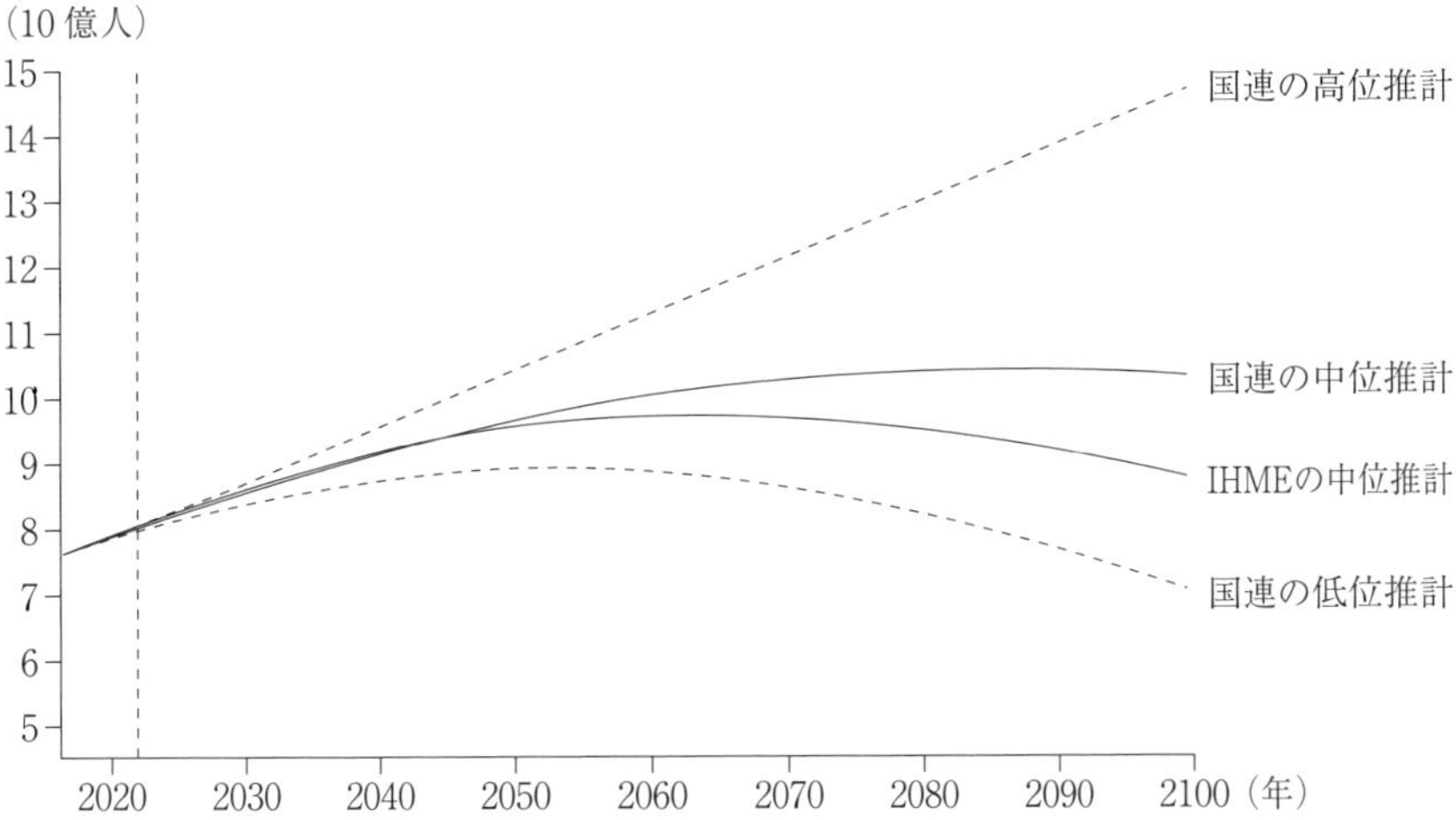

(出所) United Nations World Population Prospects 2022

予測とを図に描いて、国連の「中位」と「低位」の中間にIHME予測が位置することを示している。つまり、IHMEの予測は、国連の「低位」シナリオよりは出生率の低下は緩やかなのである（図表2―3―6）。

そのうえで、「国連が発表した中位シナリオこそが、さまざまな予測の中で最も可能性の高い将来のトレンドと解釈できる」と強調している。しかし、本節の（3）（4）項で解説したように、国連の人口予測の方法の場合も、先行諸国の経験をもとにした確立モデルを利用している。その意味では、当該国にとっては、過去のデータだけによる単純な「人口投影」ではない。その人口予測は、当該国にとっては、他国の過去の経験をモデルとすることによって、「当該国の将来の教育と避妊についての進歩」を予測条件に取り入れているのであり、「拡張・人口投影」というべきだろう。

第4節　「少子化」をめぐる二つの仮説

第4節では、最初に二一世紀の世界人口推計の論争点について簡潔に整理してから、「少子化」の原因をめぐって国際的な人口学界において議論されている二つの理論的仮説について述べておこう。

(1)二一世紀の世界人口のゆくえ

国連による二一世紀の世界人口予測は、次のような二つの論争点をかかえている。

第一の問題。発展途上国の高い出生率は、二一世紀の今後はどのように変化していくか。

第二の問題。先行して人口転換を経験した諸国の低い出生率は、将来的に「人口置換水準」（TFR＝二・一）に向かって再び上昇していくか。


第一の問題については、国連の直近の予測（WPP2022）では、先行した諸国の「人口転換の経験」を理論的にモデル化したダブル・ロジスティック関数を利用して、それを発展途上国の将来人口予測に積極的に導入することによって、それら諸国でも高い出生率は、二一世紀中盤から後半にかけて、かなり急速に低下していくと予測した。

この国連の予測をめぐっては、学術研究機関（ワシントン大学ＩＨＭＥなど）から、発展途上国の教育改革などの進展を組み込めば、出生率はいっそう急速に低下するだろうという提起もなされた。国連予測（ＷＰＰ２０２２）でも、ＳＤＧｓの達成などの要因を予測に組み込めば、発展途上国の高い出生率もいっそう低下するとしているが、国連人口部の予測方法論（Methodology Report）では、将来人口予測には、今後起こるかもしれない社会発展に関わる要因は「人口投影」の方法からは逸脱するとしてＩＨＭＥ予測には同意していない。しかし、発展途上国の高い出生率も二一世紀後半にはかなり急速に低減し、人口増大率も次第に鈍化する点では一致している。

第二の問題については、国連の予測（ＷＰＰ２０２２）では、すでに「人口転換」を経験して第Ⅲフェーズに入っている四八カ国（二〇二二年時点）の場合は、低出生率が底をうってから、ふたたびゆるやかに上昇することが確認できるとした。

しかし、この国連の予測については、人口問題の研究者から、日本を含む東アジア地域では、出生率低下が長期化しており、上昇傾向にあるとはいえないとして、国連予測の記述を批判している。

二一世紀の世界人口の行方をめぐっては、国連の予測（とくに二一〇〇年の長期予測）をめぐって、人口学者の間で様々な論争がある。しかし、これらの論争は二一世紀の人口動態の現実によって、いずれにせよ解決されていく問題である。

より重要な問題は、世界人口の量的な予測にあるのではない。人口の量的な動態の行方ではなく、それが示す質的な意味――人類史の発展方向の問題である。この発展方向に関連して、「少子化」についての二つの理論的な仮説が生まれている。

（2）「低出生の罠」という仮説

一つは、「低出生の罠」という仮説である。国連の人口予測は、世界のなかで先行的に出生率が低下しはじめた諸国は、第Ⅲフェーズで出生率低下がある時点にまでくると、再び上昇しはじめるとしている。

Methodology Reportでは、次のように述べている。

「出生率の低い国で出生率が上昇するという長期的な仮定（第Ⅲフェーズ）は、ヨーロッパと東アジアの多くの国の経験によって裏付けられている」。「二〇二二年改定では、四八の国または地域が二〇二一年までに第Ⅲフェーズに入ったと確認している」。

第Ⅲフェーズに入った国は、国連人口報告の二〇一二年版では二五カ国、二〇一七年版では三九カ国、二〇二二年版では四八カ国と増大している（日本は、二〇一二年版からその中に入っている）。

国連予測では、第Ⅲフェーズに入った出生率の低い国でも、将来は再び出生率が上昇すると見ているが、この予測に対しては、人口学者による批判的な研究が発表されてきている。とりわけ日本を含め東アジア諸国では、将来は出生率が上昇するとは見通せない実態があるからである。

こうした批判を受けて、Methodology Reportでも、次のように述べている。

「ただし、そのような（出生率の）上昇は普遍的なものではない。出生率の上昇を経験的に示す兆候がなく、出生率の低い状態が長期間続いた国では、出生率は近い将来にわたって低い水準で推移すると予測されている。この仮定は、ヨーロッパおよび東アジアのいくつかの低出生国で観察された

『低出生の罠仮説』に関する研究によって裏付けられている」。

ここで言及されている「低出生の罠仮説」(low fertility trap hypothesis) とは、人口動態の実証的研究の中で人口学者が使っている用語である。「低出生の罠」という意味は、ある世代の出生率が低い状態が続くと、若い人々が新しい低出生の環境に慣れてしまい、次の世代の出生率も低くなる傾向が恒常化して、社会全体が少子化の〝罠〟に落ち込んだ状態になることを指している。※

※「低出生の罠」については様々な研究があるが、ここでは、「低出生の罠仮説」を最初に指摘した文献をあげておこう。Lutz, W., and others (2006), "The Low Fertility Trap Hypothesis: Forces that May Lead to Further Postponement and Fewer Births in Europe" Vienna. *Yearbook of Population Research*, vol.4.

(3)「第二の人口転換」という仮説

本書の第1章第2節では、現代日本の「少子化」傾向との関わりで、欧米の人口学界で研究されはじめている「第二の人口転換」という新たな理論的仮説に言及しておいた。「第二の人口転換」とは、先に述べた「(第一の) 人口転換」が人口の急増から低下へいたる一連の人口動態を出生率と死亡率の変動によって法則的に解明した理論だったのに対して、こうした「(第一の) 人口転換」の第Ⅱフェーズを終了した後も、第Ⅲフェーズに移行すると、出生率が安定的な人口置換水準に収斂せずに、さらに低下を続けて人口減少社会に入っていくという現象を指している。そうした人口動態が複数の国で共通に見られることから、「少子化（出生率低下）・人口減少社会」の傾向の背景には、ある法則的なものがあるのではないか、という推察をもとに提起されている仮説である。

ここで、「第二の人口転換」についての、人口学者による解説を紹介しておこう。人口問題研究所所長を務めた阿藤誠氏（元早稲田大学特任教授）は、次のように解説している。

「第二の人口転換（second demographic transition）　西欧諸国の出生率は、戦後長期に続いたベビーブームの後、一九六〇年代半ばに一斉に低下し、七〇年代には人口置換水準以下となり、八〇年代も低迷を続けた。このような出生率の低下と関連して、晩婚化、未婚者の性行動の活発化、同棲の増大、晩産化、人工妊娠中絶、婚外子、離婚の増大などが続いて起こった。／オランダの人口学者ヴァン・デ・カーとベルギーの人口学者レスタギは、これらの変化が北欧を筆頭にして順次他の西欧諸国に広がっていること、またこれらの変化の背後で、特に若者の間で根本的な価値観変化が起こっていることに注目し、これらの現象を『第二の人口転換』と呼んだ。そのような根本的価値観変化をヴァン・デ・カーは『保守主義から進歩主義への変化』や『自己実現欲求の優位性』、レスタギは『世俗化＝個人主義化』と呼んだが、アリエス（Philippe Aries）の『子ども中心社会の終焉』、イングルハート（Ronald Inglehart）の『脱物質主義』への転換も同様の変化を指すものと見られている。／彼らは、ポストモダンの先進諸国におけるこのような価値観の変化が不可逆的であり、『第二の人口転換』状況の下では人口置換水準以下の出生率は恒常化し、その結果人口の自然減（出生率＜死亡率）が継続するため、国際人口移動も恒常的に流入超過になるものと定式化した。『第二の人口転換』の考え方は、西欧諸国以外の米国、日本、アジアＮＩＥｓなどにも当てはまるのか、西欧諸国のなかにある超少子化国とそれ以外の緩少子化国の違いを説明できるのかなど、（第一の）人口転換論ほどの一般性を持ちうるか否かは、現時点ではまだはっきりしない」（『現代人口辞典』、原書房、二〇一〇年、二〇五〜二〇六ページ）。

このように人口学者からも、「現時点ではまだはっきりしない」と言われているように、「第二の人口転換」は、世界史的にはまだ仮説的な段階である。おそらく、その全体的な動向が明らかになってくるのは、二一世紀の後半から二二世紀にかけての時代、人類が資本主義文明の時代を乗り越えて、新たな文明社会へ向かっていく時代になるだろう。したがって、「第二の人口転換」と経済学との関わりも、資本主義的生産様式を研究対象とする「狭義の経済学」を超えて、新たな未来社会をも研究対象にする「広義の経済学」の視点が求められることになるだろう。

こうした留保条件を前提にしたうえで、あえて筆者の推論を述べるならば、二一世紀に人口置換水準を通り越して、かなり急速に進む「少子化」と「人口減少」の傾向は、資本主義文明がその発展期を過ぎて社会経済制度としての衰退期（新しい生産様式への移行の時期）に入りつつあることを、人口動態の現象として表しているように思える。その意味では、「第二の人口転換」の検討は、人口学の議論の範囲を超えて、より広く社会体制の移行を視野において探究することが求められている。

ただし、資本主義の「衰退期」という場合に留意すべきことは、基本的人権と社会経済制度の発展との間には時間的なズレが生まれることがあり、そうした時代には一種のパラドックスともいうべき現象が起こることである。この点については、科学的社会主義の人口政策を考えるうえでは、きわめて重要な論点になるので、第3章第3節で詳しく検討することにする。

第5節　〔まとめ〕二一世紀の人口問題——課題と展望

第5節では、第1節〜第4節までに述べてきた「現代世界の人口問題」のまとめとして、次の三つの課題について検討しておこう。

①「人口急増社会」と「人口減少社会」——リプロダクティブ・ヘルス／ライツの課題

②国際人口移動——移民の増大と多文化共生社会の課題

③国境を越えた人類社会の形成——新たな人類史の扉を開く課題

これらの課題は、いずれも二一世紀の世界の人口動態の質的な意味に関わっている。こうした課題を探究することは、二一世紀の人口問題として、すべての人類がそれぞれの立場から取り組まねばならない課題である。もちろん二一世紀の科学的社会主義、とりわけ唯物史観とマルクス経済学に課せられた理論的課題でもあるが、それは次の第3章でとりあげる。ここでは、第2章でとりあげてきた「世界の人口問題」の実態分析を踏まえたうえで、第Ⅱ部「人口問題と科学的社会主義」のための問題提起の意味で、〔まとめ〕をしておこう。

(1) 二一世紀の人口問題①――「人口急増」社会と「人口減少」社会

最新の国連人口基金(UNFPA)の『世界人口白書』(二〇二三年四月)は、きわめて画期的な意味を持っている。それは、一九七八年から発表されているUNFPAの白書(図表2―5―1)は、各年の表題からも察せられるように、もっぱら発展途上国の人口爆発に対してどう対応するかという視点から、世界の人口問題をとりあげてきていたが、今回の白書は、初めて、発達した資本主義諸国の「人口減少問題」をとりあげて、発展途上国の人口増大問題と合わせて、文字通り全人類の視点から人口問題の現状と人口政策の在り方を論じているからである。

同白書は、まず世界人口が二〇二三年一一月に八〇億人に達したことについて、次のように述べている。

「人類は、いまや八〇億人で構成される家族のようなものだ。これは喜ぶべきことであり、医療、科学、保健、農業、教育の分野で、人類が歴史的な進歩を遂げたことを証明するものだといえる。妊娠・出産を無事に乗り越える女性が増え、生後一カ月間という不安定な時期を生き延びる新生児が増え、成年に達した後も長く生きることのできる人々が増え、より長い人生を、健康に生きられるようになった」(引用は、UNFPAのウェブサイトの同白書〔全文は英文〕からの要約的翻訳である)。

このように、人類が八〇億人に到達したことにたいする肯定的な立場を明確にしたうえで、「しかし、他方では、見過ごすことのできない不安も引き起こしている」として、人口の増大が「低迷する経済、紛争、食料・エネルギー不足が世界のあらゆる場所に脅威をもたらし、未来に暗い影を落としている。世界

図表2-5-1　世界人口白書のテーマ

1994	選択と責任
1995	開発のための決断：女性に力と健康を
1996	変貌する都市：人口と開発のゆくえ
1997	選択する権利：リプロダクティブ・ライツとリプロダクティブ・ヘルス
1998	新しい世代
1999	世界人口60億——選択の時
2000	男女共生と見えない格差——変革の時
2001	人類の足跡と未来への道標——人口と環境の変化
2002	人々・貧困・ひろがる可能性——開発を貧しい人々のために
2003	10億の思春期の若者のために——健康と権利への投資
2004	カイロ合意の10年：人口とリプロダクティブ・ヘルス ——貧困に終止符を打つための地球的取り組み
2005	平等の約束：ジェンダーの公正、 リプロダクティブ・ヘルスそしてミレニアム開発目標
2006	希望への道——女性と国際人口移動
2007	拡大する都市の可能性を引き出す
2008	共通の理解を求めて——文化・ジェンダー・人権
2009	気候変動と女性
2010	紛争・危機からの再生：女性はいま
2011	人口70億人の世界：一人ひとりの可能性
2012	偶然に委ねず、自ら選ぶ：家族計画、人権、そして開発
2013	母親になる少女　思春期の妊娠問題に取り組む
2014	18億人の力　未来を変革する若者たち
2015	『嵐』から身を守る 危機にさらされる世界に住む女性と少女のための革新的計画
2016	10歳の少女の今が私たちの未来を決める
2017	分断される世界 ——格差拡大時代のリプロダクティブ・ヘルス/ライツ
2018	選択の力：子どもを、いつ持つか、何人持つか、産むタイミングや間隔を自ら決められる力が経済社会の発展の原動力となる
2019	残された課題：すべての人々の権利と選択を求めて
2020	自分の意に反して： 女性や少女を傷つけ平等を奪う有害な慣習に立ち向かう
2021	私のからだは私のもの：からだの自己決定権を求めて
2022	見過ごされてきた危機「意図しない妊娠」
2023	80億人の命、無限の可能性　権利と選択の実現に向けて

的にみると、七人に六人以上の割合で、人々は将来に不安を感じている」と指摘している。

今回の「白書」の最大の注目点は、「人口についての誤った神話を正す」として、次のように述べていることである。

「問題は、人口が多過ぎるのか、または少な過ぎるのかではない。問うべきは、望む数の子どもを希望する間隔で産むことができるという基本的人権を、すべての人が行使できているかどうかである」。

世界では、人口が増えていく地域と減っていく地域の二極化が進んでいるが、いずれの側にとっても、出生率に数値目標を設けるような政策は、女性の権利を損なうおそれがある、むしろ個人の選択を尊重する政策を進めることが重要だと強調している。ここで「個人の選択を尊重する政策」とは、いうまでもなく国際的な人口政策としてのリプロダクティブ・ヘルス／ライツのことである。発展途上国の「人口爆発」を抑えるための国際的な議論のなかで確立されたリプロダクティブ・ヘルス／ライツは、先進諸国の「少子化対策」のためにも基軸に据えられるべき人口政策であると明確にしているのである。

「白書」は、各国の人口政策の実例を紹介しながら、「出生率に数値目標を定めるような政策は長期的な効果が小さく、女性の権利が損なわれることが歴史上も明らかになっている」「子どもを産んだ女性や家族に金銭的な報酬を与えるような政策も、十分な効果を上げていない」と指摘している。

「白書」は、少子化に苦しんでいる韓国と日本の近年の「少子化対策」についても、かなりの紙幅を割いて批判的に分析している。

（2）二一世紀の人口問題②――国際人口移動、移民の増大と多文化共生社会

1　移民問題は、欧米日諸国にとって二一世紀の共通の課題

二〇一六年六月の国民投票による英国のＥＵ離脱の決定は、中東やＥＵ諸国からの移民・難民の急増が英国の国民の仕事を奪い、社会保障費などの財源を圧迫しているという英国民の不満を背景としていた。たしかに、二一世紀に入ったころから、英国への移民流入数は約一〇〇万人も純増している。

二〇一六年一一月には、米国大統領選で米国民は、「メキシコとの国境に移民が入ってこないように壁を作る」とか、「イスラム教徒の入国を禁止する」などと公約したトランプ氏を選んだ。さらに二〇一七年のフランスの大統領選挙でも、移民排斥を訴えた極右勢力のルペン氏が多くの国民の支持をえて、決選投票にまで勝ち抜いた。二〇一七年九月のドイツの総選挙でも、移民・難民問題が重要な争点になった。

こうして、二一世紀の欧米諸国では、移民・難民問題は、国際的、国内的な政治的争点の一つになってきている。こうした傾向は、今後も長く続くであろう。

なお日本においては、第1章で述べたように、移民問題については、欧米とは異なる特殊な歪《ゆが》んだ条件のもとにあるために、そこから起こる矛盾は、今後いっそう激しくなるであろう。二〇二二～二三年の入管法改定をめぐる動きも、国際的な動向と無縁ではない。

図表2-5-2　国際人口移動（移民、難民）の推移

（万人）

		1990	2000	2005	2010	2015	2015/1990の増加
移民	世界	15256	17270	19127	22171	24370	9114
	先進国	8238	10338	11718	13256	14048	5810
	発展途上国	7018	6933	7409	8915	10322	3304
難民	世界	1884	1583	1328	1537	1958	74
	先進国	201	300	236	205	195	▲6
	発展途上国	1682	1283	1092	1332	1762	80

（資料）United Nations,Department of Economic and Social Affairs, Population Division International Migrant Stock: Migrants by Destination and Origin, United Nationsdatabase, POP/DB/MIG/Stock/Rev.2015

2　世界人口の不均等な増加率によって移民が増大する

国連の資料によると、二〇一五年の時点で、世界人口約七三億四九四七万人にたいして世界の移民の数は二億四三七〇万人（約三・三パーセント）にも達している。世界の移民は、一九九〇年に一億五二五六万人だったので、その後の二五年間に約一・六倍に急増してきたことになる（図表2―5―2）。

二〇世紀後半から本格化した資本の多国籍企業化によって、グローバリゼーションといわれる経済変動が進んできた。こうした世界史的な動きは、二〇～二一世紀の国際間の人口移動に、新たな特徴をもたらしつつある。とりわけ人口動態の国際的な不均等発展が激しくなっていることが、移民の流れを激しくしている。

二〇世紀から二一世紀にかけて、世界人口は急激な増加を続けている。二〇世紀の後半の一時期までは、世界人口の増加は「人口爆発」と表現されてきた。単に人口が増加するだけではなく、増加率が年々増えて、増加のスピードに加速がついていたからだった。

人口変動の世界的な不均等発展が激しくなり、人口動態の二極化が進行している。一方では、アフリカなどの発展途上国での急激な人口増加、他方では、欧州とアジア諸国での「少子化」「人口減少」

図表2-5-3　国連の世界人口予測（中位予測）

（100万人）

	2020	2050	2100	2100/2020の増減
世界	7975	9709	10349	2374
アフリカ	1427	2485	3924	2497
アジア	4723	5293	4674	▲49
ヨーロッパ	744	703	587	▲157
ラテンアメリカ	660	749	647	▲13
北アメリカ	377	434	448	71
オセアニア	45	58	69	24

（資料）「国際連合　世界人口予測（2022年改定版）」

が進んでいる（図表2—5—3）。そこから国際的人口移動（移民・難民）の新しい波が起こり、国際的に政治問題化するとともに、内政上も焦点の一つになっている。

第二次世界大戦後にはじまった発展途上国の「人口爆発」はまだ続いている。しかし、二一世紀に入り、人口増加は続いているものの、増加率は次第に低減しつつある。そのために、二一世紀末から二二世紀に入るとともに、世界人口の増加は静止状態へ向かって収斂するものと考えられるようになりつつある。しかし、二一世紀には、世界的な人口の不均衡が激しくなっており、それが移民問題の背景になっている。

とりわけ人口減少が続く欧州の場合は、EUによる経済統合によって、モノやカネとともにヒトの移動がしやすくなったという条件が移民・難民の流入に拍車をかけている。また欧州に隣接する中東諸国、西南アジア諸国からの内戦や政治的混乱によって流入する難民が急増している（UNHCR〔国連難民高等弁務官事務所〕によると、二〇一四年末の難民数は五九五〇万人にも上る）。

国連の「世界人口予測（二〇二二年）」では、次のように述べている。

「経済と人口の不均衡が、近い将来も国際人口移動を力強く生み出し続けるだろう」。「二〇一五年から二〇五〇年までに高所得国グループにおける総出生は総死亡を二〇〇〇万人上回ると予測される一方で、純移動による増加は九一〇〇万人に達すると見込まれる。つまり中位予測では、高所得国における人口増加の八二パーセントが純移動によるものとなる」。「しかしながら、現水準かそれに近い水準の純国際人口移動数では出生率低下による人口の消失を完全に補うことはできない」。

その結果として、「世界人口予測」では、ヨーロッパは、大量の移民・難民が流入したとしても、二〇一五年にくらべて二〇五〇年には人口減が三一〇〇万人、二一〇〇年までには人口減が九二〇〇万人に達すると予測されている。

3　多文化共生社会へむけて

世界的な人口の不均等発展、国際的な人口移動による移民の増大は、二一世紀の世界各国が多文化共生社会へ向かっていくことを意味している。多文化共生社会とは、「国籍や民族の異なる人々が、互いの違いを認め合い、対等な関係を築きながら生きていく社会」のことである。多文化共生社会の前提は、国内に住むすべての人びとにとって、基本的人権が等しく保障され、労働法制、社会保障制度、教育や子育てのための権利が保障され、そのための社会的条件、環境が総合的に整備されることである。

多文化共生社会への道を進むには、短期的には様々な矛盾や軋轢もありうるが、長期的には人類文明が創造的に発展する重要な契機であり、これまでの世界史がそれを実証している。

（3）二一世紀の人口問題③——国境を越えた人類社会の形成

二〇二二年のノーベル生理学・医学賞は、絶滅した人類の遺伝情報を解析する技術を確立し、人類の進化に関する研究で大きな貢献をした、ドイツの研究機関の研究者、沖縄科学技術大学院大学にも在籍するスバンテ・ペーボ博士に与えられた。ペーボ博士は、ホモ・サピエンスはネアンデルタール人の遺伝情報の一部を受け継いでいることを突き止め、ホモ・サピエンスとネアンデルタール人とで種が交わっていた可能性を明らかにした。

現在の人類（新人）であるホモ・サピエンスが生まれたのは、二〇万年〜七万年前といわれているが、その進化と拡散については、アフリカ単一起源説と多地域進化説とがある。有力なアフリカ単一起源説では、アフリカで出現したホモ・サピエンスが世界中に拡散して進化し、地球規模で人類文明を発展させてきた。

大塚柳太郎氏は、ホモ・サピエンスによる二〇万年にわたる人類史の変遷過程を四つの段階に区分して示している（『ヒトはこうして増えてきた——20万年の人口変遷史』新潮選書、二〇一五年）。その人類史の四段階区分を参考にして、二一世紀後半以降の将来の人類の歴史を書き加えると、図表2—5—4のようになる。

人類の歴史を大塚氏の変遷史によって振り返ると、人類は、第三段階以降、狩猟採集の時代から、農耕・牧畜を開始し、道具を使った労働によって生産力を急速に発展させるようになり、さらに言語、文字、

図表2-5-4　人口変動から見た人類の発展

	年代	人口変動	特徴
第１段階	20万年前～７万年前	5000人？	ヒト（ホモ・サピエンス）の出現
第２段階	７万年前～１万2000年前	50万人？	出アフリカ・５大陸へ移動
第３段階	１万2000年前～265年前	500万人～800万人（疫学転換）	定住生活の開始（農耕・家畜飼育）原始共産制社会～古代(奴隷制社会)～中世(封建制社会)
第４段階	265年前～現在	７億2000万人～80億人（人口転換）	近世（資本主義社会）～現代（産業革命）（情報通信革命）
第５段階（将来）	21世紀後半～	80億人～（2023年）	未来社会（人類史の新たな発展）

（出所）大塚柳太郎『ヒトはこうして増えてきた』（新潮選書、2015年）をもとに作成

数字を発明して自然を科学的に認識するようになった。それとともに、家族、私有財産、階級、国家を形成するようになり、地球という限られた空間に人為的な境界線を引いて、国家という単位ごとに覇を競いながら文明社会を築いてきた。

本書で取り扱うのは、人類史の四つの段階のうち、主として第四段階である。第四段階で人類は、科学・技術の進歩によって社会的生産力を急激に発展させて、人口は一挙に二〇二三年には八〇億人にまで急増し、さらに二一世紀後半には一〇〇億人にまで増大しようとしている。

はるか昔にアフリカで進化したホモ・サピエンスは、地球上の各地に広がり、数万年にわたって文明社会を形成してきた。人類は、これから先、どのような未来社会を形成しようとしているのだろうか。

はたして人類は、人種や民族の違いを超え、国境の壁を越えて、一つの人類社会の形成へと向かっていくことができるのであろうか。人類は、いかなる戦争も搾取も差別もない、真に豊かな未来社会の扉を開く時代へと向かいつつあるのだろうか。

補論1　感染症（パンデミック）と疫学転換の理論

第2章の第1節から第5節までは、「人口転換」の第Ⅰフェーズから第Ⅱフェーズ、さらに第Ⅲフェーズへの移行の内実は、「多産・少死」時代から「少産・少死」時代への移行であると述べ、この移行を主導した出生率の変動とその要因について考察した。そこでは、死亡率の低下は歴史的前提としておいた。補論1では、人間の死亡と寿命に関わる人口学の理論、とりわけ「疫学転換の理論」をとりあげる。とりわけ感染症（パンデミック）の問題は、人間の生命を同時期に大量に失わせるという意味で、疫学転換の理論の中で大きな位置を占めている。

ここでは、二〇二〇年代に人類が遭遇した感染症（コロナ・パンデミック）についても、疫学的視点から、その人口問題としての意味を考察しておきたい。

（1）疫学転換の理論

疫学とは、人間集団を対象として、疾病の原因や流行、健康状態を探究する医学の一分野である。従来は、主として感染症の原因、流行、防止などを研究対象としていたが、最近では生活習慣病の疫学、癌《がん》の疫学、公害の疫学、気候危機の疫学などなど、その研究範囲は、大きく広がってきている。ちなみに、疫学では、統計的な調査・分析を主要な方法とするので、経済学とは重なるところが多い。

疫学転換の理論[※1]（Epidemiological transition Theory）とは、一九七一年にアブデル・オムラン[※2]（A. R. Omran）が提唱した、人口学の中では新しい理論である。オムランは、感染症の制圧を中心とした死因構造の変化に伴う死亡率変動の歴史を、人類史的な長期の視野で探究し、次の三つの転換に分けて理論化した（図表２―補論１―１）。

図表２-補論１-１　オムランの疫学転換の理論

第一の転換　狩猟採集時代から農耕社会へ移行するとともに、感染症が蔓延するようになった転換である。この転換以後の新石器時代には、感染症、栄養失調、飢餓が増加して死亡率が上昇して平均

※１　疫学転換の「転換」という用語は、英語の transition の訳語である。人口学界で、すでに「疫学転換」という訳語が定着しているので、本書でも「疫学転換」とするが、原義は疾病（とりわけ感染症）などの死亡原因がある状態から次の状態へ移行するという意味である。

※２　Omran, Abdel. R. (1971) "The Epidemiological Transition: A Theory of the Epidemiology of Population Change," *Milbank Memorial Fund Quarterly*, Vol.49, No.4, pp.509-538. オムランはエジプト生まれ、カイロ大で医学博士号を得たのち、米国コロンビア大で学位を取得。

寿命は短く、二〇年～四〇年であった。

第二の転換　人類が感染症を制圧し始めて、死亡率が低下する転換である。慢性的な感染症は終息しても感染症は繰り返し流行するが、流行のピークが過ぎると死亡率低下の速度が加速する。平均寿命は三〇年～五〇年に着実に伸びて、緩やかな人口増加が持続する。

第三の転換　人間の死亡の要因に、感染症に代わり、変性疾患、心血管疾患、癌、暴力、事故、薬物乱用などが増えてくる転換である。しかし、引き続き死亡率は低下し続け、最終的には比較的低いレベルで安定する。平均寿命は五〇年を超えて伸長し続け、第三の転換以後は、出生率が人口増加の重要な要因になる。

オムランの疫学転換の理論で注目すべきことは、第二の転換の産業革命以降の人間の寿命の急激な伸長は、まず先に社会経済的な発展が大きな要因となり、その次に医療・公衆衛生の整備の要因が重なったと、オムロンが主張していることである。これは、唯物史観にとっても、興味深いことであるが、この点については、本書では第3章でとりあげるので、ここでは指摘するだけにしておく。

(2)　人口転換に先行した疫学転換――人口急増を規定した要因

本章第1節で述べたように、一九世紀から二〇世紀へかけて世界各国で「人口転換」が起こり、「人口爆発」といわれるような急激な人口増加が起こった。「人口転換」の第Ⅰフェーズである。

オムランの提唱した疫学転換の理論によると、人口転換の第Ⅰフェーズの始まりの前に、先行的に死亡率の低下と平均寿命の延伸という要因があった（第二の疫学転換）。さらに資本主義的生産様式の発展・確立とともに、産業革命による生産力の飛躍的上昇が始まり、食料増産をもたらした農業革命、医療・公衆衛生革命が人々の生命の維持、平均寿命の延伸、死亡率の目覚ましい低下につながった（第三の疫学転換）。人口転換の第Ⅰフェーズに先行して第二、第三の疫学転換が起こったことが、「多産・少死」の人口急増の時代をもたらしたのである。

ところで、死亡率と出生率とは、両者とも社会的条件のありようによって規定されるが、出生率の変動と死亡率の変動には大きな違いがある。出生率の将来を予測するのは、死亡率に比べると、より複雑で難しい。二一世紀の世界人口予測をめぐる論争が起こるのも、出生率の予測をめぐって、いろいろな意見の相違があるからである。

（3）第一の疫学転換を起こしたパンデミック——過去の急激な人口変動

最初に、人類史を振り返ってみて、感染症の蔓延（パンデミック）によって死亡率が上昇した第一の疫学転換についてみておく。※

※　パンデミック（pandemic）とは、感染症の流行の警戒区分を表す言葉である。WHO（World Health Organization：世界保健機関）では、流行の規模に応じて、エンデミック、エピデミック、パンデミックと用語を三段階に使い分けている。第一段階のエンデミックは、国内の限定された地域に感染症が発生すること。第二段階のエピデミックは、感染症が国境を越えて一定の地域で大量に発生する

こと。第三段階のパンデミックは、感染症が世界的規模で同時に流行すること、感染爆発が多数の国・地域で連続的に起こること。ちなみに、パンは〈全て〉、デミアは〈人々〉を意味するギリシア語に基づいている。

図表2—補論1—2は、過去のパンデミックによって急激な人口減少が起こった主な事例をまとめたものである。古代社会の東ローマ帝国時代に、黒死病によるパンデミック（表の第二項）は、死者が五〇〇〇万人にも達する大災厄をもたらし、東ローマ帝国の支配体制に深刻な打撃となり、古代社会の没落と中世社会への移行を促進したともいわれている。当時の東ローマ帝国のユスティニアヌス大帝は、すでに衰退期に入りつつあったローマ帝国の再興をめざして、積極的な外征によって旧領地の多くを奪還し、一時は地中海を囲む勢力圏を構築し、また『ローマ法大全』の編纂《へんさん》などを行った。しかし、ペスト・パンデミックは、帝国の人口を激減させ、労働力不足と賃金の上昇を引き起こすなど、経済的な衰弱に拍車をかけた。また人口が激減したために、周辺地域からの〝蛮族〟の侵入が増大し、それもローマ帝国の衰亡に拍車をかけた。

二〇世紀初頭（一九一八～二〇年）のスペイン風邪（悪性で感染力の強いインフルエンザ）は、四〇〇〇万～五〇〇〇万人という、第一次世界大戦の死者をも上回る大惨事をもたらしたパンデミックだった。一般に「スペイン風邪」という名称で呼ばれているが、最初の発生は米国のカンザス州の軍事基地内からだったといわれている。その後、欧州をふくめ全世界に流行したが、当時の交戦国は新型感染症の拡大を秘匿していたため、その存在を初めて報告した中立国のスペインに因み、この新たな感染症を「スペイン風邪」と呼ぶようになったと伝えられている。本来なら、「アメリカ風邪」とでもいうべきところ、スペイ

図表２-補論１-２　歴史上の主なパンデミック

	年	感染症・病原菌	地域	死亡者数	参考	
1	AD165～180	ペスト(？)	ローマ帝国	500万人	アントニヌス帝	
2	541～542	ペスト	ローマ帝国	3000万～5000万人	ユスティニアヌス帝 ローマ帝国の衰亡に拍車	
3	735～737	天然痘	日本	100万人	「天平の疫病」	
4	1347～1353	黒死病（ペスト）	ユーラシア	7500万人	中世社会の崩壊に拍車 最初の労働者規制法（1349）	マルクスが『資本論』で言及
5	1500年代前半	天然痘	アメリカ大陸	500万～600万人	ポルトガルなどの侵略で流行 米大陸の先住民社会を破壊	
6	17世紀	ペスト	欧州	300万人	ロンドン（1664-65 年）	
7	18世紀	ペスト	欧州	60万人		
8	19世紀 ５次(1817～1899)	コレラ	世界的	150万人以上	イギリスなどの植民地政策が「温床」 公衆衛生制度の背景	マルクス、エンゲルスがさまざまな著作で言及
9	19世紀末	黄熱	熱帯地域	10万～15万人	アフリカ、中南米	
10	1918～1920	スペイン風邪	世界的	4000万～5000人	世界人口の２～５％	
11	1957～1958	アジア風邪	世界的	100万～200万人	インフルエンザ	
12	1968～1969	香港風邪	世界的	50万～200万人	インフルエンザ	
13	1960～	エイズ	世界的	3500万人	後天性免疫不全症候群	
14	1961～	コレラ	世界的	年間２万1000～14万3000人		
15	1974	天然痘	インド	２万6000人	根絶に成功	

（注）上記のほかにも、さまざまな感染症流行の記録があるが、ここでは主要なものだけをあげてある。死亡者数は文献によって様々であり、あくまでも推定値である。参考資料などをもとに筆者が作成

（出所）拙著『コロナパンデミックと日本資本主義』（学習の友社、2020 年）、17 ページ

ンにとってははなはだ迷惑な話ではある。

このように歴史的に振り返ってみると、パンデミックがいかに多数の死者を伴い、人口問題に深く関わってきたかがわかる。

（4）二〇世紀後半――HIV：AIDSへの国際的対応

二〇世紀には、パンデミックを警戒すべきさまざまな感染症が発生したが、中でも、一九八〇年代以降に発見されたHIVは、アフリカを中心に世界各国で深刻な脅威をもたらし、現在もなお完全終息していない感染症である。※

※　HIVとは、human immunodeficiency virus 人免疫不全ウイルスの略称である。AIDS（エイズ：acquired immunodeficiency syndrome）も同様な意味で一般に使われているが、正確にいえば、AIDSはHIVウイルスによって引き起こされる感染症のうちの第Ⅲ期の最終病症を表す。本書ではHIV：AIDSと表記しておく。

国連合同エイズ計画（UNAIDS）の発表によると、二〇一八年の世界におけるHIV陽性者数は三七九〇万人と推計されている。依然として東部・南部アフリカが最も多い陽性者を抱えており、深刻な状況にある。一方、年間の新規HIV感染者数は一九九七年の二九〇万人をピークに減少し、二〇一八年は一七〇万人と推定されている。未だ新規感染者の増加が続いている東欧、中央アジアなど一部の地域を除いて、ほぼ世界全体で減少傾向が見られるが、とくに陽性者が多い東部・南部アフリカでは新規感染者の減少が顕著となっている。

このようなＨＩＶ：ＡＩＤＳの深刻さとその特徴のために、国連の世界人口予測（ＷＰＰ２０２２）では、ＨＩＶの流行を経験した二一カ国については、ＨＩＶ：ＡＩＤＳ流行による人口学的影響を組み込んだ独自の死亡率モデルが作成されている。

（５）コロナ（ＣＯＶＩＤ—19）によるパンデミック——二〇二〇年〜

本書を執筆中（二〇二三年五月）の時点では、まだコロナ・パンデミックは終息していないので、いわば途中経過的な考察である。

１　ＣＯＶＩＤ—19の急激な感染拡大

新型コロナ・パンデミックの発端から今日までの感染拡大の経過を簡単に振り返ってみよう。原因不明の肺炎（後に新型コロナウイルスによるものと確認）の事例が最初に中国の武漢で発症したのは二〇一九年一二月だった。ＷＨＯ（世界保健機関）と中国政府がそれを発表したのは、年が明けて一月九日、ＷＨＯが「緊急事態宣言」を発したのは一月三〇日、パンデミックを宣言したのは三月一一日になっていた。それから半年余で、コロナウイルスによる感染症は世界五大陸に広がり、二一世紀に入って最大のパンデミックに発展した（図表２—補論１—３）。本書の執筆時点では、世界の感染者は七億六四四七万人、死者は六九一万人を超えて、いまなお完全終息の兆しは見えていない（ＷＨＯ、二〇二三年四月二六日）。

図表2-補論1-3　COVID-19 世界の感染者
――初期に急拡大した

感染者			死者		
2019年12月	（1人）				
		三十数日余			
2020年					
2月1日	1万人		1月11日	1人	
		34日			68日
3月6日	10万人		3月19日	1万人	
		28日			22日
4月3日	100万人		4月10日	10万人	
		87日			81日
6月29日	1000万人		6月30日	50万人	
		43日			91日
8月11日	2000万人				
		38日	9月29日	100万人	
9月18日	3000万人				

（出所）WHOの資料をもとに筆者が作成

きわめて短期間に新型コロナ感染が世界に広がり、大規模なパンデミックが起こったのは、なぜなのか。その原因・要因の分析は、新型コロナウイルスについてのウイルス学や感染症疫学による解明とともに、感染症対策についての政治と経済、社会科学的な各国資本主義の状況との関連の解明が必要である。とりわけ、パンデミックは世界的流行であることから、地球規模の経済のグローバリゼーションとパンデミックの関係の分析が求められている。

2　コロナ・パンデミックの出生率への影響
――少子化を加速する傾向

コロナ・パンデミックは、人の社会活動に大きな影響を与えているが、とりわけ「少子化」に関わる結婚、出産には大きな影響を与えている。過去の様々な経済的危機、自然環境の激変などと比べても、深く、広い影響が生まれつつある。

国連の世界人口予測（ＷＰＰ２０２２）では、コロナ・パンデミックがもたらした出生率、死亡率、移住など、人口動態への影響について、次のように四点に整理している。

「①世界の出生時平均余命は、二〇一九年の七二・八歳から二〇二一年には七一・〇歳に低下した。

これは主に、新型コロナウイルス感染症（COVID―19）のパンデミックの影響によるものである。

②パンデミックが平均余命に与える影響は、地域や国によって異なっている。中央アジアと南アジア、ラテンアメリカとカリブ海諸国では、出生時平均余命が二〇一九年から二〇二一年の間に、約三年短縮した。対照的に、オーストラリアとニュージーランドを合わせた人口は、パンデミック中の死亡リスクの低下により一・二年伸びた。一部の国では、パンデミックにより出生時平均余命が大幅に短縮した。ボリビア、ボツワナ、レバノン、メキシコ、オマーン、ロシア連邦では、二〇一九年から二〇二一年の間に出生時平均余命の推定値が四年以上減少した。

③COVID―19パンデミックの出生率への影響について入手可能な資料は多様である。低所得国および中所得国では、避妊の利用可能性と需要、および報告されている望まない妊娠と出産の数は比較的安定している。高所得国では、パンデミックの波状的な襲来により、妊娠数と出生数に短期的な変動が生じた可能性がある。

④COVID―19のパンデミックにより、国際移動を含むあらゆる形態の人間の移動が厳しく制限された。移動傾向にたいするパンデミックの影響の大きさは、データの制限により確認が困難である」。

国連の報告が述べているように、コロナ・パンデミックの影響は、各国の状況によってまちまちであるが、共通しているのは少子化を促進する傾向である。とりわけ日本の場合は、すでに出生率の低下、少子化傾向が進行している中でのコロナショックが重なり、その影響は大きいと思われる。

日本の社会保障・人口問題研究所が二〇二一年六月に実施した「第一六回出生動向基本調査（結婚と出

産に関する全国調査)」の結果にも、そうした傾向が表れている。

調査の対象は、「年齢一八歳以上五五歳未満の独身者と妻の年齢が五五歳未満の夫婦」であるが、それより若い年齢の階層、小・中・高校生の場合は、いじめ、不登校、自殺といったより否定的な傾向が増えているという文科省の調査もある。コロナ禍の中での「人との接触の制限」が「生きづらさ」「将来不安」をもたらしている懸念もある。

3 コロナ・パンデミックがもたらした視点

コロナ・パンデミックは限られた一国の問題ではなく、世界全体が巻き込まれるため、コロナ禍から脱出するのも一国だけではできない。感染症は、たちまち世界中に広がるので、本質的に世界的現象である。二〇二一年六月に開かれたG7(先進七カ国首脳会議)は、「二〇二二年中にパンデミックを終息させる」という共同宣言を出した。しかし、WHO(世界保健機関)は、「パンデミックを終息させるには、国際連携がひじょうに重要だ、世界全体でたたかわなければ終息させられない」と、たえず発信している。

今回の二〇二〇年:新型コロナ危機は、世界資本主義が総じて長期停滞から不況局面に入る時期に襲ってきた。この経済危機が今後どのように展開するか、まだ定かではない。しかし、二〇二〇年代には一九三〇年代以来の世界的な経済危機の時代に突入する可能性がある。

コロナ・パンデミックは、二一世紀の米中関係をはじめ国際政治関係にも大きな変化をもたらす可能性もある。コロナ・パンデミックのアメリカ大統領選への影響、欧米諸国、アジア諸国、中東諸国の政局の動向、米中両国の覇権主義の争闘など、いわゆる「地政学」的な視点による議論も活発になっている。

今回の新型コロナ・パンデミックは、人類史的な視点からとらえるときには、どのような意味を持っているだろうか。ドイツのメルケル首相（当時）は二〇二〇年三月一八日の国民に向けての演説の冒頭、「新型コロナ危機への対応は、第二次大戦以来の最大の課題」と述べた。新型コロナ・パンデミックは、二一世紀資本主義の運命に、はたして何をもたらすだろうか。

パンデミックが始まってから、今日の資本主義の矛盾があらわとなり、資本主義のあり方を変えなければいけないということが世界各国で議論されてきた。コロナ・パンデミックを経験する中で明らかになってきた現代社会の歪み、政治や経済の矛盾を深く反省して、これまでの資本主義のあり方を変革しなければならないという意識が広まってきた。

人類の歴史をふりかえってみると、パンデミックは、社会制度自体の弱点をあぶりだし、社会変革の契機となってきた。たとえば、中世の黒死病パンデミックは、封建社会から近代資本主義社会への移行を促進するという歴史的役割を果たした。

今回のパンデミックの世界史的な意味を考える時にも、それがもたらしている様々な影響を、ただ一般的に「解釈する立場」からではなく、社会制度の弱点を「変革する立場」から検討することが求められる。

（6）二一世紀後半へ――疫学転換の新たな地平

この補論の最後、本章の主題とした感染症（パンデミック）の二一世紀後半に向けての課題と展望について簡単に述べておこう。

1　オムランの疫学転換の理論の拡張

疫学転換、すなわち死亡率の変動については、食料増産と医療・公衆衛生環境の発展によるところが大きい。このうち、前者の食料増産については、土地所有制度の変革や農業生産力の発展という社会革命（農業革命）を背景としていた。

オムランの提起した三段階の疫学転換理論は、古代から一八世紀を経て二〇世紀へいたる人類史をカバーしていたが、その範囲をさらに将来へまで拡張して、二一世紀後半以降の第四の転換、第五の転換の可能性について論じているのは、堀内四郎（ニューヨーク市立大学大学院教授）の五段階の疫学転換論である。※

※　①堀内四郎「死亡パターンの歴史的変遷」（『人口問題研究』五七巻四号、二〇〇一年一二月）
②堀内四郎「日本人の寿命伸長：要因と展望」（『人口問題研究』六六巻三号、二〇一〇年九月）

堀内氏の五段階論は、先に説明したオムランの三段階の転換論に、二一世紀後半以降の第四の転換としての「悪性新生物（癌）制圧による寿命の伸張」、さらに第五の転換としての「老化（老衰）そのものを革新する可能性」を追加したものである（図表2―補論1―4参照）。

堀内氏は、将来の第四段階で課題となる「癌の制圧」については、「癌や老化は、循環器系疾患よりも医学的に困難な対象であろう」としたうえで、次のように述べている。

「1990年頃になって、すべての癌を合計した癌全体の死亡率が、ついに低下しはじめた。……これが一時的な現象なのか、あるいは長期的な減少の始まりとなるのかどうかは、まだはっきりしていない」「癌に関する基本的な研究の発展により、細胞水準および分子水準での癌のメカニズムの解

図表2-補論1-4　人類史の発展と疫学転換――寿命の延伸の可能性

社会制度	産業	主要な死因	疫学転換（死亡率の変化）	寿命
原始社会	狩猟採集社会	外傷	↓第1の疫学転換 感染症蔓延による死亡率上昇	20〜40
古代社会	農耕社会	感染症		
封建社会			↓第2の疫学転換 感染症制圧による死亡率低下	30〜50
資本制社会	産業社会	循環器系疾患		
			↓第3の疫学転換 循環器系疾患制圧による死亡率低下	50〜80
	高度工業社会 高度情報社会	悪性新生物	将来　↓第4の疫学転換 癌制圧による死亡率低下	80〜120
未来社会	自然との物質代謝 AIの利用・共生	老化・老衰	↓第5の疫学転換 老化の遅延・減速（可能性）	120〜？

（出所）堀内四郎論文（2001年）などを参考に筆者が作成

明が進んできている。さらなる研究から新たな医療技術が開発されて、癌の死亡率を大きく低下させるかもしれない」（論文①八ページ）。

癌の死亡者は、相対的に若い高齢者層（六〇歳前後）に多いので、癌の死亡率が大幅に低下すれば、平均寿命は大きく伸びるといわれる。

次に、より遠い将来の第五段階の「老化の遅延」による寿命の延伸については、堀内氏は、「困難な課題」であるとしながらも、「期待できる理由が少なくとも三つある」として、次のように述べている。

「第一に、老化の減速は、ある程度は、健康的な生活習慣によって実現可能であろう」「第二に、成人病は高齢者の衰弱を促進するが、医学の進歩により、成人病を一層効果的に予防できるようになることが期待される」「第三に、老化の根本的な生物学的医学的メカニズムの解明が進んでおり、このような研究から、老化過程を遅くさせる新しい種類の医療技術が生まれるかもしれない」（同一一ページ）。

堀内氏の提起する疫学転換の第五段階については、本書の第I

部第1章で紹介した金子隆一論文でも、「今後見込まれる再生医療や遺伝子治療といった生命力のあり方に直接的に働きかける治療技術の進歩は、……人間の寿命伸長の歴史に新たな段階をもたらす可能性を持っている」として、次のように述べている。

「個体はどのような理想的な環境下においても、生命維持に必須の臓器や組織・細胞の物理的限界を超えて生存することはできないが、この限界を操作したり、臓器、組織、細胞自体を交換できれば、そうした制約は取り除かれることになる。すなわち、人間はそのような革新的医学技術の達成によって本来備わった生物学的特性に左右されない寿命を達成する可能性が存在している。堀内(2001)の指摘する『老化の制御の段階』とは、このようなことが実現された段階と考えられる。こうした技術がいつ達成されるかについて、はっきりした見通しがあるわけではないが、たとえば、胚性幹細胞(ES細胞)や人工多能性幹細胞(iPS細胞)などの再生医療への応用については現在すでに高度な研究が推進されており、10~30年のスパンで一定の成果が期待されている。堀内氏が考えるとおり、今世紀後半にはそうした技術が普及の段階に達することは十分に考えられることである」(第1章で前述の金子論文二一ページ)。

堀内氏が提起している疫学転換の将来展望は、二一世紀以降の人口問題にとっても重要な論点であるが、ここでは、そうした未来社会における疫学転換の新たな可能性については、これ以上深入りすることはしないでおこう。

2 新たな感染症の脅威

疫学転換の新たな展望とともに、足元では、これまでに人類が制圧したと思われた感染症が決してそうではないこと、二一世紀以降の世界においても、新たな感染症の脅威が続くとの見通しも行われていた。今回のコロナ・パンデミックは、そうした感染症研究者、疫学研究者の懸念がまさに現実のものとなったものにほかならない。

コロナ・パンデミックが人類に示したことは、感染症の問題、あるいは一般的に医療・公衆衛生の問題は、基本的に全人類的な課題であるということである。

人間ならだれでも、それぞれの人生の中で、否応なく医療問題に直面せざるを得なくなる時がある。とくに高齢期になると、日常の暮らしの中のかなりの部分が、時間的にも、家計の支出の面でも、医療や介護の問題で占められるようになる。二一世紀に勃発したコロナ・パンデミックは、このような個人的な体験としての医療問題を、いわば全人類がいっしょに、同時的に体験する課題に一挙に押し上げることになった。今回のコロナ・パンデミックは、全人類的な視野で医療問題を考えることが必要だということを教えてくれた。

パンデミックと全人類的な課題としての医療問題は、情報通信革命、インターネット時代の進行によって拍車をかけられてきた。これは、二一世紀のパンデミックの特徴といえるだろう。

パンデミックの世界的規模の広がりと感染速度が急激であるために、医療崩壊の危険、保健・公衆衛生体制の崩壊が起こる国が増えている。パンデミックがあまりにも急速に進行しているために、各国が自国の対応で手いっぱいで、国際的な救援態勢がとれない危機に陥っている。感染の地域的（量的）な広がりという意味だけでなく、質的にもパンデミックが深まっている。コロナ・パンデミックを世界的に収束させるには、各国が国内的な対策を進めるだけではなく、国際的な協力を強めることが不可欠である。

マルクスは、「ゴータ綱領批判」の中で、医療・公衆衛生は、社会的共同的な生活基盤であると指摘した。おそらくマルクスの時代には、国内における「社会的共同的な生活基盤」が想定されていたと思われるが、今日の世界では、「人類にとって、医療・公衆衛生は、国際的な社会的共同的な生活基盤」として捉えられねばならないだろう。コロナ・パンデミックは、このことも教えてくれている。

補論2　気候危機・地球環境と人口問題

この補論2では、二〇世紀末から二一世紀にかけて、人類にとって喫緊の課題として自覚されるようになってきた気候危機、地球環境の危機と人口問題との関連について考察する。またこの補論2の最後に、人口学における「適度人口」という概念についても、簡単にとりあげておくことにする。

(1)死亡率を規定する要因――生存の危機による「超過死亡」

気候危機、地球環境の危機と人口問題との関連を考察するときには、二つの側面がある。一方では、気候危機・地球環境危機が人口変動に与える影響という面、他方では、人口の増大(および人間の社会経済活動)が気候変動・地球環境におよぼす影響という面である。このうち、まず前者の面からみていこう。

人類の長い歴史からみると、気候変動は、人類の生存に死活的な意味をもってきた。たとえば、現在は比較的に暖かな「間氷期」といわれる時期になっているが、本格的な「氷期」（氷河期）になると、人類は生き延びられなくなる。

こうした極限的な気候変動でなくても、人口変動の要因である死亡率は、気候変動の影響をたえず受けている。死亡率は、出生率とともに、人口動態（とくに人口の自然増減）を規定する要因であるが、それは平均寿命や生命表の基礎となり、人口構成を規定する要因でもある。

図表2-補論2-1　主な超過死亡の発生場所／年（1950年〜2021年の累計）

	場所／年（※）	場所
紛争と戦死：	2,355	171
大量殺戮（注1）	95	18
洪水	2,323	162
サイクロン	1,605	169
伝染病（注2）	1,988	152
地震	1,143	124
COVID-19	431	218
飢饉／干ばつ	160	32
津波	45	25
小計	10,145	1,071

※ location/yearの訳語。たとえば、ある同じ場所で発生した超過死亡の災厄が5年にわたるとするなら、5（location/year）、1（location）となる。

（注1）ジェノサイドを含む

（注2）HIV/AIDSおよびCOVID-19を除く

（資料）Methodology Report World Population Prospects 2022

一般的には、死亡率は食料事情（栄養条件）や医療、公衆衛生などに大きく左右される。しかし、こうした一般的な社会的な条件によって規定される死亡率とともに、戦争や感染症（パンデミック）、自然災害などのような条件によってもたらされる超過死亡率（excess mortality rate）がある。超過死亡率とは、特定の母集団の死亡率（死亡者の割合）が一時的に急増し、一般的に想定される死亡率を大きく超過する死亡率のことである。こうした超過死亡率は、地震や洪水などの自然災害、熱波・寒波などの異常気象、感染症・パンデミック、飢饉、戦争などによって引き起こされる。

国連のMethodology Reportに掲載されている

集計表（図表2―補論2―1）によると、一九五〇年から二〇二一年までの七一年間に一万一四五カ所／年（location/year）で、こうした「超過死亡」が発生したことが示されている。

この表にかかげられた様々な危機の要因は、直接的に人命を失わせて「超過死亡」の原因となるが、それにとどまらずに、危機によってもたらされる食料生産力の低下、医療・衛生条件の悪化、社会経済的な混乱による貧困の増大など、間接的にも死亡率の上昇をもたらす。こうした間接的な影響は長期にわたって続くために、人口動態にも大きな影響をもたらす。たとえば、二〇二二年からのロシアによるウクライナ侵略戦争は、世界の食料とエネルギーの供給条件に大きな影響を与えている。この影響は世界の「超過死亡」を増加させることになる。

二〇世紀の二つの世界大戦では、膨大な数の人命が失われた。統計によっても異なるが、第一次世界大戦では、軍人・民間人の犠牲者の総計として約三七〇〇万人が記録されている。第二次世界大戦の場合は、その被害は文字通り地球規模に広がり、犠牲者数の総計は五〇〇〇万～八〇〇〇万人となり、当時の世界の人口の二・五パーセント以上が被害者となった。これらには戦争による飢饉や病気の被害者数も含まれているが、それらを含めて戦争がいかに人口の激減をもたらすかを示している。

(2) 核戦争、「核の冬」と「超過死亡」

核戦争が一瞬のうちに膨大な人命を死に至らしめることは、人類はすでに広島、長崎で痛切な経験をしてきている。しかし、ここでとりあげるのは、そうした直接的な核戦争と人口問題との関わりではなく、核戦争が地球環境、とりわけ気候条件を根底から危機にさらすことになるということ、いわゆる「核の冬」の問題である。核戦争と「核の冬」は、人口学でいえば「超過死亡」の重大な要因といえるだろう。

1　一九八〇年代の「核の冬」の研究

核兵器廃絶の運動の中で提起された「核の冬」については、いろいろな科学的な論議があるが、筆者にとって専門外の研究分野なので、ここでは、とりあえず『社会科学総合辞典』の解説を掲げておこう。

「核戦争によってひきおこされる全地球的な異常気象。全面核戦争が気象にあたえる影響について1970年代から研究され、『核の冬』については83年、アメリカの天文学者カール・セーガンによってはじめて明らかにされた。その報告によると、現存する核兵器の0・8パーセント、100メガトンが使用されただけで、核爆発と大規模な火災によって発生した大量の煤《すす》、ちりが太陽光線をさえぎり、気温が30℃低下するなどの気象異常『核の冬』現象が発生し、全地球的に壊滅的打撃をうけるとされた。88年5月、国連はこれまでの研究成果もふまえて、核戦争が地球におよぼす影響についての研究結果を発表した。この報告でも気温は15~20℃低下し、農業生産は重大な影響をうけ、大規模な食糧不足によって10億~40億人が飢餓などによって死亡するとされている。いったん核戦争がおきれば、核攻撃による直接の被害だけではなく、このようなその後の世界的な環境変化など中期的・長期的影響がかさなり、全人類の破滅につながることが明らかになった。このことは、世界の人びとに大きな衝撃をあたえ、核兵器廃絶の国際的な世論・運動をひろげた」（社会科学辞典編集委員会編『社会科学総合辞典』一九九二年）。

「核の冬」についての解説は、同辞典が一九九四年に出版されたものなので、一九八〇年代の議論しか触れられていない。そこで、次に「核の冬」についての最新の研究文献を整理した赤井純治氏の解説を、引用されている文献の紹介も兼ねてみておこう（同氏著『地球を見つめる「平和学」』、新日本出版社、二〇一四年）。

赤井氏は、まず一九八〇年代の「核の冬」の研究として次のように述べている。

「核戦争が『灰色地球』をもたらすことを示した研究が一九八二年に発表されました。スウェーデン王立科学アカデミーの国際関係専門誌『アンビオ』に掲載された“Nuclear War; The Aftermath”(by the AMBIO editorial staffs) です。日本語訳は岩波書店から『１９８５年6月世界核戦争が起ったら――人類と地球の運命』という題名で出版されました。この本は分野ごとに、軍事、物理学、化学、医学、生物学などの一八人の専門家の論文で構成された共同研究的なものです。この本の内容をたどると、全面的核戦争が何をもたらすか、最後には社会自体の崩壊、人間社会の崩壊、全滅までその道程が描かれています」（同書五七ページ）。

赤井氏は、この各分野の研究者による「核の冬」の内容を詳しく紹介した後で、一九八〇年一〇月のワシントン会議（世界から五〇〇人ほどの科学者、記者、政府関係者、教育者、環境保護運動家、軍事関係者などが会合）の内容を詳しく紹介している。

2　地域紛争と「核の冬」の研究

さらに、赤井氏は二一世紀に入ってからの「核の冬」の最新の研究の動向について、次のように述べている。
「二一世紀になって再度、『核の冬』の研究が検証されます。一九八〇年代の『核の冬』の研究に加わった五人のうちの二人、リチャード・ターコ、ブライアン・トゥーン、そしてアラン・ロボックらは他の研究者と共同で、二一世紀に入った現代の状況に即して、これらを検証します（これは二〇〇七年から二〇〇八年にかけてScience, 315, 224; Proc. Nat. Acad. Sci. 105, 5307など一連の論文に発表されました）。一九八〇年代の研究ではまだよくわからなかったオゾン層破壊の影響がより詳しくこれらの論文では解析されています。つまり、オゾンの急速な減少がみられて有害紫外線が強まるとされています。また八〇年代の『核の冬』の研究では、当時の米ソ間の全面核戦争をシナリオとしていましたが、新たな研究モデルでは、米ソの冷戦は終わったとしても、なお多数の核兵器が存在し、核保有国が増えて、地域的な紛争で核兵器が使われることもありうる可能性から考察しています」（同六五ページ）。

二一世紀に入ってからの「核の冬」の研究は、現代的な状況として、現実にも起こるかもしれない地域紛争のなかで核兵器が使われることを想定した研究が行われていることである。広島型原爆の一五キロトン級の小型の核兵器が一〇〇発、双方に五〇発ずつ撃ち込まれたケース（現存する核兵器量の〇・三パーセント程度）の場合でも、極めて深刻な「核の冬」が起こることが推定されている。

こうした地域紛争に使用される想定とともに、科学的な研究条件の発展――「八〇年代にはできなかった計算がコンピュータの性能が飛躍的に進歩したため一〇年という長いスケールでできるようになり、気象学の進歩によって最新の気象モデル――これは大気構造の最新の知見や、海洋―大気の相互作用を考慮

――が使えるようになったことなど」（赤井前掲書六六ページ）があげられている。

なお、核戦争や「核の冬」の問題とは区別されるが、原子力発電所の事故による放射性物質の拡散も国境を越える規模で、長期にわたって「超過死亡」を引き起こす可能性がある。人類は、すでに原子力発電所事故として、スリーマイル島原発事故（一九七九年）、チェルノブイリ原発事故（一九八六年）、福島第一原発事故（二〇一一年）など、大小さまざまな原発事故を経験してきている。しかし、いまでもなお世界各国で数多くの原子力発電所が稼働している。

（3）「人口爆発」論と「成長の限界」論――一九七四年の世界人口会議（ブカレスト会議）

本章第2節で述べたように、第二次世界大戦後、とりわけ一九六〇年代後半から七〇年代にかけて、国連の世界人口予測は、世界人口が急激に増加しつつあることに警鐘を鳴らした。国連の一九七〇年当時の推計では世界人口はまだ三七億人であったが、年率ほぼ二パーセントで増加を続けていた。米国の生物学者、ポール・R・エーリック（Paul Ralph Ehrlich：一九三二年～）が一九六八年に発表した著書『人口爆弾』（The Population Bomb）いらい、「人口爆発」という用語が広くいきわたるようになった。

一九七〇年に設立されたローマクラブは、地球が有限であることによってもたらされる人類社会の危機の様相の展望と危険を避ける方途を検討した。そのレポート『成長の限界』（一九七二年）は、①世界人口、②食料生産、③工業化、④環境汚染、⑤天然資源の五つの要因とその相互関係をモデル化して、人口が急増するとやがて地球の限界に達して破局にいたると予測して、人口の計画的抑制とゼロ成長を提言した。

しかし、ローマクラブは、もともと世界の財界人、自然科学者、経済学者などをメンバーとする民間人の組織であり、発達した資本主義国と発展途上国との利害関係や資本主義社会内部の階級対立などの基本的矛盾についての視点を欠いていた。そのため、その提言には、様々な批判がなされた。

ちょうどそのころ、一九七四年の第三回世界人口会議（ブカレスト会議）では、爆発的に増加する人口増加にいかに対処するかが最大の焦点となった。それ以来、一九七〇年代後半から八〇年代にかけて、国連の主導で、人口増加を抑制するための国際会議がたびたび開かれるようになった。しかし、こうした国際会議では、途上国の爆発的な人口増加を抑制することを求める先進国側と、経済開発を優先する開発途上国側とが激しく対立し、有効な合意は得られなかった。

一九七四年のブカレスト会議から二〇年後の一九九四年にカイロで開かれた「国際人口開発会議」で、今日の人口政策の世界的な基準となっているリプロダクティブ・ヘルス／ライツという画期的な新しい概念が打ち出されて、国際的な人口政策は新しいステージに入ることになる。この点については、第5章「人口政策の考え方」でとりあげるので、ここでは指摘するだけにとどめておく。

（4）COP、IPCCと人口問題

1　COPの経過

人口爆発を契機に人口抑制を議題とする世界人口会議が経済開発の課題と絡みあいながら、次第に女性の人権の拡張と健康・出産の権利、リプロダクティブ・ヘルス／ライツの確立へと発展しつつあるころ、同時に地球温暖化による地球環境危機、気候危機に対する国際的な運動も広がりつつあった。

一九九二年には、ブラジル・リオデジャネイロで開かれた国連開発環境会議（地球サミット）を機に、国連気候変動枠組み条約（UNFCCC：United Nations Framework Convention on Climate Change）が採択された。同条約のすべての締約国（二〇二一年一一月現在一九七カ国・地域）が参加して温暖化対策の国際ルールを話し合う締約国会議（Conference of the Parties）＝COP（コップ）が毎年開かれるようになった。※

※　ちなみに一九九二年に制定された「生物多様性条約」Convention on Biological Diversity：CBD）にも締約国会議があり、そのCBD／COP15は、第一部が二〇二一年一〇月に中国の昆明で、第二部が二二年春にカナダのモントリオールで開かれた。

国連気候変動枠組み条約（UNFCCC）の目的は、大気中の温室効果ガス濃度を安定させることである。一回目の締約国会議（COP）は、一九九五年にドイツ・ベルリンで開催された。新型コロナウイルス流行の影響で延期された二〇二〇年を除き、毎年開かれている。二〇二二年一一月に、エジプトのシャルム・エル・シェイクで開かれたCOP27では、気候変動の悪影響によって途上国で生じる損失と損害（loss and damage）に対して資金支援を行う仕組みを設置することに合意した。こうした発展途上国の損害を支援する基金の設置は歴史的な意味があると評価されている。

2　ＩＰＣＣの評価報告書

ＩＰＣＣ（Intergovernment Panel on Climate Change：気候変動に関する政府間パネル）は、一九八八年に世界気象機関（ＷＭＯ）と国連環境計画（ＵＮＥＰ）によって設立された。その役割は、国連加盟の各国政府から推薦された科学者が、それぞれの研究による知見を持ち寄って、五〜七年ごとに、次の三つのテーマで気候変動に関する評価報告書を発表することである。

①（気候危機の）自然科学的根拠（地球温暖化の現状と見通し）

②地域や生態系への影響

③気候危機を緩和する対策

ＩＰＣＣは、これまでに第一次（一九九〇年）から第六次（二〇二一年六月）まで、六回の報告書を発表してきた。最新の第六次報告書の場合、第一作業部会だけで、全一二章、計四〇〇〇ページ近くにおよび、政策決定者向け要約（ＳＰＭ）と、より簡略化されたヘッドライン・ステートメント（ＨＳ）がある（ＨＳ全文の和訳は、気象庁のウェブサイトに掲載されている）。ＩＰＣＣの報告は、第一次評価報告書（九〇年）が一九九二年の気候変動枠組み条約、第二次評価報告書（九五年）が一九九七年の京都議定書の採択につながったように、気候変動をめぐる国際交渉に科学的根拠をあたえ、国際的に強い影響力をもっている。

3　ＩＰＣＣ報告と人間活動の評価

ＩＰＣＣのこれまでの評価報告書の中では、人間の活動が地球環境や気候変動に与える影響についても検討されている。最新の第六次報告書のＨＳでは次のように述べている。

A　気候の現状
A1　人間の影響が大気、海洋及び陸域を温暖化させてきたことには疑う余地がない。大気、海洋、雪氷圏及び生物圏において、広範囲かつ急速な変化が現れている。
A2　気候システム全般にわたる最近の変化の規模と、気候システムの側面の現在の状態は、何世紀も何千年もの間、前例のなかったものである。
A3　人為起源の気候変動は、世界中の全ての地域で、多くの気象及び気候の極端現象に既に影響を及ぼしている。熱波、大雨、干ばつ、熱帯低気圧のような極端現象について観測された変化に関する証拠、及び、特にそれら変化を人間の影響によるとする原因特定に関する証拠は、AR5（第五次報告）以降、強化されている。（以下、略）

温暖化の原因として、人間の活動について初めて触れたのは、二〇〇一年の第三次報告書だったが、それ以来、報告のたびごとに、その表現が強められてきた。同報告書の執筆者の一人でもある江守正多（国立環境研究所）は、人間の活動が温暖化の原因とする表現について、その経過を次のように解説している（NHKのウェブサイト中のIPCC報告の解説ページより引用）。

第三次報告　「可能性が高い（66％以上）」
第四次報告　「可能性が非常に高い（90％以上）」
第五次報告　「可能性が極めて高い（95％以上）」
第六次報告　「疑う余地がない」※
※　それまでの「可能性が高い」という不確実性の表現をやめて、はじめて人間の活動が地球温暖化の原

因であることは「疑う余地がない」と明言した。

4 IPCC報告の特徴――「人間の活動」と「資本の活動」

二一世紀後半に世界総人口の増大が減速し、二二世紀に人口減少が起こるならば、地球環境にとっては悪いことではない。IPCC報告をもとにすれば、地球上の総人口が減少し、人間の活動が縮小するならば、CO_2排出量が少なくなり、地球という惑星の限界域を越える可能性が低くなるからである。

しかし、実際にはそう簡単なことではない。人間の活動は、抽象的な人間としてではなく、現代は資本主義社会という社会関係のもとでの人間活動であるからである。この社会では人間の活動の大部分、とりわけ経済活動は、「資本」という利潤獲得を目的とした社会的形態のもとで行われる。資本主義社会では、人間の活動の大半は、「資本の活動」として行われるのである。

IPCCの評価報告は、先述したように、三つの作業部会による気候危機の「自然科学的根拠」「影響」「緩和策」に関する三つの報告からなっている。このうち、前項で述べた「人間の活動」が気候危機の原因であると指摘しているのは第一作業部会の「自然科学的根拠」である。そこでは、「自然科学的根拠」に限定されているので、人間活動の実態が「資本の活動」に関わっているという指摘がないのは致し方ないとしても、他の二つの報告（HS要約）の約一〇〇ページを読んでも「資本」という用語はほとんど使われていない。とくに、気候危機に対する対策を検討した第三部会報告では、まえがき部分で、次のように述べている。

「本報告書は、気候、生態系と生物多様性 3、人間社会の相互依存性を認識し（図SPM.1）、過去のIPCCの評価報告書に比べて、自然科学、生態学、社会科学及び経済学にわたって知識をより強力に統合する。気候変動の影響及びリスクの評価は、適応の評価とともに、同時に明らかになっている気候以外の世界の動向（例えば、生物多様性の喪失、全般的に持続可能ではない自然資源の消費、土地及び生態系の劣化、急速な都市化、人間の人口移動、社会経済的不平等、そしてパンデミック）の文脈において行っている」。

同報告では、第五次までの報告と比べて「社会科学を含む複数の専門分野からの分析枠組みの多様化」が果たされたというにもかかわらず、「資本」という概念はほとんど出てこない。この中では、農業、エネルギー、電力、石炭、自動車、鉄鋼など、各産業ごとのCO_2排出の状況やその抑制策などについて、詳しく検討しているが、経済主体としての企業や資本についての言及や分析はまったくない。「資本」という用語は、金融システムのなかでの資金という意味で使われているだけである。

先に本章第5節で紹介した『世界人口白書（二〇二三年）』も、次のように述べている。

「気候変動の主要な原因は人口の増加ではない。八〇億人のうち五五億人は、二酸化炭素排出量に大きな影響を及ぼすにはあまりにも低い所得（一日一〇ドルほど）で暮らしている」「多くの人々が、この世界の人口は多過ぎると言う。たとえば、気候危機の要因は出生率であると非難している。最近の調査によると、人口に関わる意見として多くの人々が『世界人口は多過ぎる』と考えている。このような論理に基づけば、地球温暖化は限られた資源しか持たないこの地球において、人類が急増したために引き起こされたとする推論が成り立つ。この考え方によると、誤った人々に責任を転嫁することになってしまう。世界で排出される温室効果ガスの半分に対して責任を負っているのは、世界人口のたった10％の人々である。出生率が最も高い国々は、温暖化に関する責任は最も少ないにもかかわらず、その影響を最も被っている」。

（5）地質学界における地球環境危機の論議

二〇〇〇年二月の国際会議の中で、ノーベル化学賞受賞者のオランダの化学者パウル・クルッツェン（一九三三〜二〇二一年）が地質学用語として、新たな地質年代の「人新世」を提起してから、地質学界における地球環境危機の論議が盛んになってきた。この国際会議では、地球環境が人類の活動によって危機にさらされていることが議論されていた。クルッツェンは、地質学上の最新の「完新世」の時代は終わって、人類が地質学上の影響を地球にもたらしているという意味で、今や「人新世の時代」に入っていると主張したのである。

地質学的な年代に人類の歴史を包摂するという「人新世」の提起は、二〇世紀後半に、地球環境の未曽有の悪化が起こり、進行中であるという現実認識に基づいている。「人新世」を提起する根拠としては、社会経済システムと地球システムのそれぞれで様々な指標が提示されているが、そのなかでも、第一にあげられているのが人口の爆発的な増大であり、その都市への集中である。

こうした「人新世」という新たな地質年代の提唱は、地球環境の危機を地質学という学術的な方法で科学的に確認しようということであるが、人口問題との関連に限っていえば、ＩＰＣＣが気候危機の原因を「人間の活動」としていることと軌を一にしているといってもよいだろう。「人新世」をめぐる論議の中では、人類のどのような行動が地球環境を破壊して地質的な変化をもたらしているのか、どのような階級に責任があるのかまったく明らかにされていない。「人新世」という地質年代には、いうならば「人類総懺悔」的な危うさがあるという批判は、かつてローマクラブの「成長の限界」論にたいしてなされたものである。※

※　地質学における「人新世」の規定は、まだ国際的な地質学の学界で確認されたものではない。こうした地質学における「人新世」論議の動向については、拙著『「人新世」と唯物史観』（本の泉社、二〇二二年）を参照されたい。

（6）国連の人口予測における気候変動の扱い

気候変動に関する政府間パネル（ＩＰＣＣ）の報告は、ＣＯ$_2$の排出量が人口の総数よりも、一人当たりのＣＯ$_2$の排出量、発達した国々の経済活動によるＣＯ$_2$排出が大きな割合を占めていることを科学的に明らかにしてきた。したがって、かつてローマクラブが一九七〇年代に発表した「成長の限界」のように、発展途上国の人口爆発が気候変動・地球環境危機の原因とする短絡的な議論は、現在ではなくなっている。

国連の人口関連の報告書でも、人口の量的な変動と気候危機との関連を論ずることはほとんどない。たとえば、国連の直近の人口予測（ＷＰＰ２０２２）の中でも、気候変動に触れているのは、気候変動によって小島嶼《とうしょ》開発途上国（ＳＩＤＳ）が海面上昇の危機を招くという角度からとりあげているだけである。

むしろ気候変動と人口問題の関連では、気候変動が国際的な人口移動に与える影響がこれから大きくなる可能性がある。しかし人口移動への気候変動の影響をモデル化するのは、たいへん難しいとされる。たとえばこの点について、本章第2節でとりあげたワシントン大のＩＨＭＥ（保健指標評価研究所）論文では、次のように指摘している。

「気候変動は、将来の移動パターンに影響を与える可能性があり、海面上昇、異常気象、環境悪化などのために人口が移住を余儀なくされている。ただし、これらのパターンをモデルに正確に組み込むには、地域固有の気候変動予測を改善する必要がある」。

つまり、気候変動の地域ごとのデータがないと、人口移動への影響を数値的に予想することは難しいということである。ＩＨＭＥ論文では、「人口が減少しているにもかかわらず、予防措置と緩和措置が精力的に追求されない限り、環境と気候変動はその間に重大かつ深刻な結果をもたらす可能性がある」と強調している。また、ＩＰＣＣの報告（第五次報告だと思われる）では、「二一世紀を通じて世界人口が増大し続けるという国連の人口予測の結果を反映していない」と批判的に指摘している。

（7）地球環境と「適度人口モデル」

気候危機・環境問題と人口問題の関わりを最初に論じたのは、一九七〇年代の「人口爆発」を背景として、ローマクラブが「成長の限界」論を提起したことであった。その根拠は、アメリカのＭＩＴ（マサチユーセッツ工科大学）のジョエル・Ｅ・コーエン（Joel E. Cohen）らによるコンピュータ・モデルによるシミュレーションがあった。その後、コーエンは、『新「人口論」』(一九九五年)の中で、地球の「人口扶養力」(キャリング・キャパシティ)という新概念を提示した。

コーエンの「人口扶養力」という概念の背景には、一九世紀の経済学者J・S・ミルが提起した「静止人口」やE・キャナンの「適度人口」論がある。そこで「適度人口」という人口理論について簡潔に述べておこう。

適度人口とは、その言葉の通り、もっとも適正な望ましい人口の規模を指している。その表現はいろいろでも、「適度人口」(optimum population)にあたる考え方は繰り返し提起されてきた。しかし、結論からいえば、人口学者の共通の結論としては、一国にとっての理想的な人口の規模をあらかじめ決めることはできない、抽象的に「適度人口」などは想定できないということである。たとえば、人口問題協議会編集の『人口事典』(東洋経済新報社、一九八六年)では、「適度人口を規定することは難しく、厳密にいえば不可能である」と述べている(一一三ページ)。

ただし、一般的に「適度人口」を決めることは不可能だとしても、過剰人口(人口が多すぎる)とか、過少人口(人口が少なすぎる)といういい方は、よく使われている。

これは、ある歴史的時代の社会的経済的な条件を前提として、ある基準を設けた際に、もっとも有効な人口規模を「適度人口」とする考え方である。先に述べたキャナンの「適度人口」論は、一国の生産力の発展水準を基準として人口規模を測り、一人当たりの生産力をもっとも発展させるときの人口を「適度人口」とするという議論であった。したがってキャナンの「適度人口論」は、あくまでも生産力の発展を基準として、それにもっとも貢献する人口規模を「適度人口」とみなしたのである。

しかし、ある基準をもうけ、その基準にたいしてもっとも「適度な人口」を規定するならば、基準の取り方によって、「適度人口」はいくつもあることになる（図表2―補論2―2）。たとえば、かつてマルサスが「人口論」で過剰人口を貧困の原因と論じたときは、人口過剰を判断する基準として「食料生産」を考えていたことになる。実際に、基準としては、食料生産や生産力のほかにも、所得、福祉、経済力、環境など、いろいろ想定される。また経済だけでなく、兵力などの軍事的適度人口まで規定されうることになってしまうだろう。

図表2-補論2-2　「適度人口」の概念モデル

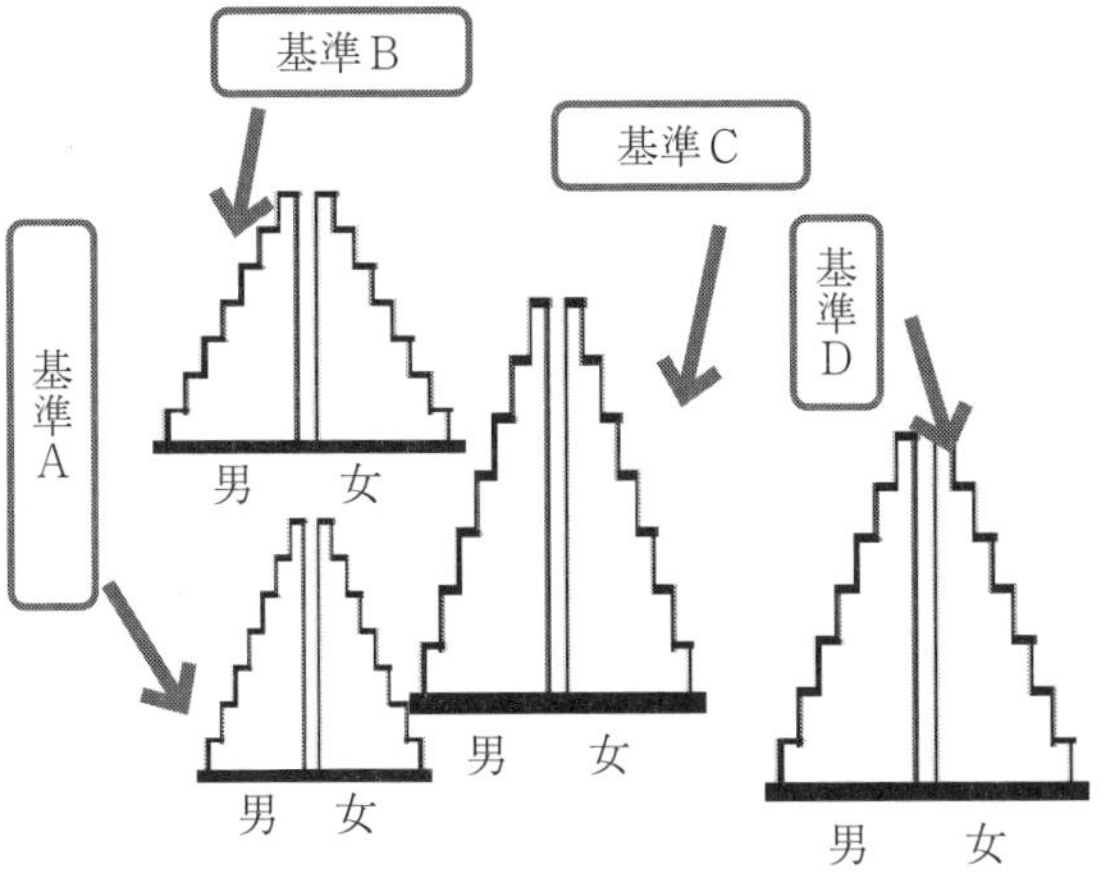

国際人口学会編の『人口学用語辞典』では、「適度人口」について、次のように規定している。

「人口規模と資源との関係を考えていくと、過剰人口および過少人口の概念に行きつく。これらの言葉は、一定の発展水準においてのみ定義される。それより大きい人口も小さい人口も利益をもたらさない場合に、それは適度人口であるといわれ、時には単に適度とも呼ばれる。生ずる利益は性格的に経済的なものであろうが、その場合それは経済的適度である」（一〇〇ページ）。

この規定では、経済的適度という意味において、つまり基準を経済的なものに限定して「適度」を規定しているわけである。

第Ⅱ部　人口問題と科学的社会主義

第Ⅱ部では、第Ⅰ部の現状分析をふまえたうえで、人口問題は、科学的社会主義にとってどのような理論的な意味を持っているのか。いい換えるなら、科学的社会主義の理論体系において人口問題はどのような位置を占めるべきなのか、について考えてみたい。

本書の「はじめに」で述べたように、日本では人口問題を科学的社会主義の立場から検討する理論的な研究が立ち遅れている。そのために、第Ⅱ部での考察も、科学的社会主義の基本的命題に立ち戻って、あらためて「人口問題とは何か」、その位置づけについてかなりの紙幅を割くことになる。

人口問題は、人間生命の生産と再生産の問題であり、それは個々の人間にとっては、人間存在としての基本的権利の問題である。その意味では、「私たちが問うべきなのは、地球上の人口が多すぎるのか、少なすぎるのかではなく、一人ひとりが性と生殖に関する自己決定権を含め、基本的人権を行使する手段を持っているかどうかなのです」（国連人口基金『世界人口白書』二〇二三年版）という指摘は、きわめて重要な耳を傾けるべき提起である。科学的社会主義の立場から付け加えるなら、人口問題にとって二一世紀の資本主義が問われているのは、性と生殖に関する自己決定権を含め、基本的人権を行使する手段が保障される社会になっているかどうか、ということである。

第3章　人口問題と唯物史観

第3章では、マルクスとエンゲルスの唯物史観に関わる基本的命題を整理しながら、唯物史観の立場から人口問題をとらえる視点を検討する。そのために、本章の前半の第1節〜第3節では、唯物史観の基本的命題を人口問題との関わりで整理して、後半の第4節で、その人口論的意味を検討し、最後の第5節で、唯物史観の立場から二一世紀の人口問題の課題を展望する。

第1節　唯物史観と人間――人類史の科学

唯物史観は、人類の歴史と社会の構造と発展について、マルクスとエンゲルスが唯物論の立場から解明した科学的社会主義の基礎的理論である。いい換えるなら、唯物史観は、人類史を科学的にとらえるための方法である。

(1)マルクスの唯物史観の定式――前提としての人間、人類社会

マルクスは、『経済学批判』(一八五九年)の「序言」の中で、唯物史観の定式として知られる命題を、次のような文章で書き始めている。

「人間は、彼らの生命の社会的生産において、一定の、必然的な、彼らの意志から独立した諸関係を、すなわち、彼らの物質的生産諸力の一定の発展段階に照応する生産諸関係を受け容れる。これらの生産諸関係の総体は、社会の経済的構造を形成する」(『資本論草稿集』③二〇五ページ)。

この命題で留意すべきなのは、全体の主語(主体)が「人間」であり、「彼ら(=人間)の生命の社会的生産」から出発していることである。人間生命の社会的生産こそが唯物史観の出発点であるということに留意しておく必要がある。

さらにマルクスは、この定式の最終部分で、次のように述べている。

「大づかみにいって、アジア的、古典古代的、封建的および近代ブルジョア的生産様式を経済的社会構成が進歩していく諸時期としてあげることができる。ブルジョア的生産諸関係は、社会的生産過程の最後の敵対的形態である。敵対的というのは、個人的敵対という意味ではなく、諸個人の社会的生活諸条件から生じてくる敵対という意味である。しかしブルジョア社会の胎内で発展しつつある生産諸力は、同時にこの敵対の解決のための物質的諸条件をもつくりだす。したがって、この社会構成

でもって人類社会の前史は終わる」（同前）。

ここでマルクスが述べている「経済的社会構成の進歩」の諸段階については、様々な論争があるが、その議論については、ここでは立ち入らない。ここでは、そうした社会構成の歴史的展開の主体として「人類社会」が措定されていること、唯物史観の主体は、人間であり、人類社会であるということを確認しておきたい。この二つの系列（人間生命と人類社会）の発展として人類史をとらえることが唯物史観の前提である。

（2）人類の歴史の前提①――「人間そのものの生産と再生産」

マルクス、エンゲルスは、人類の歴史を究極的に規定する要因の一つとして、人間そのものの生産と再生産をとらえていた。

エンゲルスは、いわば「マルクスの遺言の執行」としてマルクス死去の翌年（一八八四年）に出版した『家族、私有財産および国家の起源』の中で、次のように述べている。

「唯物論的な見解によれば、歴史を究極において規定する要因は、直接の生命の生産と再生産とである。しかし、これは、それ自体さらに二種類のものからなっている。一方では、生活資料の生産、すなわち衣食住の諸対象とそれに必要な道具との生産、他方では、人間そのものの生産、すなわち種の繁殖がそれである。ある特定の歴史的時代に、ある特定の国の人間がそのもとで生活をいとなむ社会的諸制度は、二種類の生産によって、すなわち、一方では労働の、他方では家族の発展段階によって、制約される」（ME全集㉑二七ページ、「家族、私有財産および国家の起源」一八八四年初版の序文）。こうした唯物史観の基本的立場は、マルクスとエンゲルスの初期の共同労作「ドイツ・イデオロギー」（一八四五〜四六年）において、すでに明確にされていた。

「あらゆる人間歴史の第一の前提はいうまでもなく生きた人間的諸個体の現存である。したがって最初の確認されるはずの事実はこれらの個体の身体的組織とそこから当然出てきているこれらの個体と爾余の自然との間柄である。われわれはもちろんここでは人間そのものの自然的身体的性質のことを論じるわけにはいかないし、また人間が当面している自然諸条件、すなわち地質学的、山水誌的、風土的その他の諸状態のことに筆を進めるわけにもいかない。あらゆる歴史記述は、これらの自然的諸基礎と、歴史の流れのなかでの人間の行動によるそれらの変更から出発しなければならない」。「この生産は人口の増加とともにやっと始まる。人口の増加はそれはそれでまた諸個人相互間の交通を前提とする。この交通の形態はまた生産によって条件づけられている」（ME全集③一六〜一七ページ、「ドイツ・イデオロギー」）。

この引用の最後の部分で、「人口の増加」と「諸個人相互間の交通」が前提とされていることに留意しておきたい。

（３）人類の歴史の前提②――「人間の生存のための物質的条件の生産と再生産」

エンゲルスが『家族、私有財産および国家の起源』で述べているように、人類の歴史の前提のもう一つは、「生活資料の生産、すなわち衣食住の諸対象とそれに必要な道具との生産」である。生活手段の生産と生産手段の生産、物質的生産が人類史のもう一つの前提である。マルクスは、先に引用した唯物史観の定式の冒頭の文に続いて、次のように述べている。

「これが実在的土台であり、その上に一つの法的かつ政治的な上部構造がそびえ立ち、そしてこの土台に一定の社会的意識諸形態が照応する。物質的生活の生産様式が、社会的〔social〕、政治的および精神的生活過程一般の条件を与える」（『資本論草稿集』③二〇五ページ）。

ここまで唯物史観の前提についての基本的命題を引用してきた。唯物史観の前提が人間の生命であり、人間の物質的条件の生産であり、そのための社会的生産力と生産諸関係であると捉えられていることを確認しておこう。

第2節　唯物史観と自然——人間と自然の物質代謝

（1）自然史と人類史

マルクスとエンゲルスが一八四〇年代に「ドイツ・イデオロギー」において、人類史の進化と発展の歴史理論としての唯物史観を確立したころは、地質学において地球史、生物学において進化論が確立する時代でもあった。

マルクスとエンゲルスは、一九世紀の地質学の発展を地球の歴史の「進化と発展」を解明する自然科学としてとらえた。地質学がダーウィンの進化論の確立と絡み合いながら生成・発展する過程に注目しつつ、人類史の「進化と発展」の法則としての唯物史観を確立したのであった。

エンゲルスは、晩年に執筆した「『共産党宣言』一八八八年英語版序文」の中で、唯物史観の成立について、次のように述べている。

「私の考えでは、この命題（唯物史観の命題——引用者）は、ダーウィン学説が生物学のためにはたしたのと同じ仕事を歴史のためにはたすべき使命をもつものであるが、われわれは二人とも、一八四五年の数年まえから、だんだんとこの命題に近づいていた。（中略）一八四五年の春に私がブリュッセルでマルクスと再会したときには、彼はこの命題を完成していて、私が右に述べたのとほとんど同じくらい明瞭なことばで、私に語ってきかせたのであった」（ＭＥ全集④五九八ページ）。

科学的社会主義の歴史観としての唯物史観は、自然の進化と発展、自然についての歴史観を前提としていたのであり、けっして人類が自然を超越した「人間至上主義」に立ったものではなかった。※

※　イスラエルの歴史家ユヴァル・ノア・ハラリは、人類が狩猟採集時代から農業革命を経て、今から五〇〇年前から始まった科学革命によって、「物理と化学と生物学の無言の法則を解読した人類は、今やそれらを好き勝手に操っている」（『ホモ・デウス』河出書房新社、二〇一八年、一二三ページ）として、次のように「人間至上主義者」を批判する。

「農業革命が有神論の宗教を生み出したのに対して、科学革命は人間至上主義の宗教を誕生させ、その中で人間は神に取って代わった。有神論者が神を崇拝するのに対して、人間至上主義者は、人間を崇拝する」（ハラリ前掲書一二五ページ）。

しかし、こうしたハラリの「人間至上主義者」への批判は、唯物史観に関してなら、まったくの的外れである。唯物史観は、「人間至上主義者」の立場から人類史をとらえようとしているわけではない。

人類社会の発展を自然史過程としてとらえる視点は、初期マルクスの「経済学・哲学草稿」ですでに明記されていた。マルクスは、その中でこう述べている。

「『人間らしい人間』の欲求が人びとの欲求となることこそが求められているので、人類史の全体はそのための準備の歴史、そこへ向かう発展の歴史なのだ。人類史とは、自然史の——自然が人間となる歴史の——現実的な一部分だ」（長谷川宏訳『経済学・哲学草稿』光文社古典新訳文庫、一六〇ページ）

唯物史観が「経済的社会構成体の発展を一つの自然史過程と考える」（マルクス）ことができるのは、人類史も自然史も連続した時間軸のなかで「進化と発展」の法則的過程を共通のものとしているからである。唯物史観は、こうした自然と人類の一体的な歴史発展の法則的把握なのである。

（2）人間と自然の物質代謝

唯物史観は、人類史を自然と切り離してとらえるのではなく、人間を自然の物質代謝の過程にあるものとしてとらえようとする。マルクスは、『資本論』の「労働過程」の中で、次のように述べている。

「労働は、まず第一に、人間と自然とのあいだの一過程、すなわち人間が自然とのその物質代謝を彼自身の行為によって媒介し、規制し、管理する一過程である。人間は自然素材そのものに一つの自然力として相対する。彼は、自然素材を自分自身の生活のために使用しうる形態で取得するために、自分の肉体に属している自然諸力、腕や足、頭や手を運動させる。人間は、この運動によって、自分の外部の自然に働きかけて、それを変化させることにより、同時に自分自身の自然を変化させる。彼は、自分自身の自然のうちに眠っている諸力能を発展させ、その諸力の働きを自分自身に服属させる」(②三一〇ページ、原書一九二ページ)。

コロナ禍を契機に、人間と自然の物質代謝のあり方も、「外なる自然」との関係だけでなく、「内なる自然」をも含めた、人間と自然のより深い共生関係を築く課題として、とらえ直す必要があることをあらためて明らかにした。人間による「外なる自然」との物質代謝は、もっぱら人間の生産活動、とりわけ生産的労働が主導的な役割を果たす。これに対して、人間による「内なる自然」との物質代謝は、もっぱら人間の消費活動とケア労働(医療、介護、福祉、保育などの対人関係の労働)が主導的な役割を果たす。

「外なる自然」との物質代謝を媒介する人間の生産的労働は、人間労働の成果を生産手段として蓄積することによって、自然の生産力を労働の社会的生産力に転換して、人類の文明を築き上げる原動力になってきた。そのために、人間が生産活動(生産的労働)を通じて取り結ぶ生産諸関係は、社会の経済的土台を構成してきた。人間社会を研究する経済学が、なによりもまず人間の生産活動(生産的労働)、生産諸関係を研究対象としてきたのは、そのためである。

しかし、「内なる自然」との物質代謝を媒介する人間の消費活動とケア労働は、人間自身をたえず再生産する生命活動であり、高度に発展する文明を享受し進化させるための人間生命の再生産、人間の肉体的、精神的能力を絶えず開発・進化させる活動である。ここで、人間の生命活動・消費活動とケア労働という場合、文化・芸術活動、学術・教育活動、スポーツ・体育、旅行・娯楽・趣味などを含む、広範な人間活動の全体を意味している。それらは、人間の全面的発達にとって、生産的労働とともに、不可欠な活動である。なお、個々の人間の消費活動は、マルクスが『資本論』で強調している「全体的に発達した個人」のための基本的条件である。それはまた、社会主義革命における「生産手段の共同占有」を基礎とする「個人的所有の再建」という課題とも深くかかわっている。

コロナ禍のもとで、医療、介護などのケア労働や教育・文化活動の重要性、エッセンシャル・ワーカーの果たしている役割にあらためて光があてられつつあるのは、コロナ禍を契機に、人間の「内なる自然」との物質代謝の意義にあらためて気づかされたからである。その意味では、コロナ禍は、単なる〝災い〟だけではなく、人類の文明発展の新たな契機をもたらしてもいるといえるだろう。※

※　人間の「外なる自然」と「内なる自然」との物質代謝の問題については、拙著『「人新世」と唯物史観』（本の泉社、二〇二二年）で詳しく論じておいた（同書、第2章）。

第3節　唯物史観と社会的生産力――構造、矛盾、変革

唯物史観の基本的命題を人口問題との関わりで探究するためには、人間の社会的生産力の概念について

の正確な理解が前提になる。そこで、社会生産力の構造、矛盾、変革について、詳しくみておくことにしよう。

（1）富の基本源泉としての総人口、社会的生産力の発展と人口

マルクスは、マルサスが人口増大を貧困の原因とみたのとは正反対に、人口増大を富の源泉とみるペティの「人口理論」を経済学の基本に据えていた。※

※　ウイリアム・ペティ（一六二三～一六八七年）は、主著『租税貢納論』（一六六二年）や「政治算術」（一六九〇年）などにより、近代の経済学と統計学の創始者の一人とされている。マルクスは、ペティを高く評価し、『資本論』の中でも、たびたびペティを引用している。たとえば、第1章「商品論」の中で労働価値説を説明する際に、「労働は富の父で、土地はその母である」というペティの文章を引いている。

マルクスは、『資本論草稿集』の中で、「わが友ペティは、マルサスとはまったく別の『人口理論』を持っている」として、ペティの『租税貢納論』から、次の一節をノートしている。

「人民の少数であることは本当の貧乏である。そして、八〇〇万の人民がいる国は、同じ面積で少数しかいない国よりも二倍以上富んでいるのである」（『資本論草稿集』⑨四八四、四八六ページ、傍点はマルクス）。

マルクスがペティを超えていたのは、ペティのように単純に人口の増大を富の源泉と見たのではなく、

歴史的な社会的生産力の発展とともに、より少ない人口でより多くの富を生産できるようになることを明確にしたことだった。

「剰余労働のいっさいの形態にとって必要なことは、人口の増大である。第一の形態※のためには労働人口の増大が必要である。第二の形態のためには人口一般の増大が必要である。というのは、第二の形態は科学の発展等々を必要とするからである。ともあれ人口はここでは富の基本源泉として現れるのである」（『資本論草稿集』②五九三ページ）。

※　ここでマルクスのいう「第一の形態」とは、労働日の延長などによる絶対的剰余価値の生産、「第二の形態」とは、社会的生産力の上昇による相対的剰余価値の生産のことを指している。

さらにマルクスは、「生産的労働と不生産的労働との区別」に関連して、「剰余価値学説史」の中で、次のように述べている。

「一国は、その生産的人口が総生産物に比較して少なければ少ないほど富裕である。……その国は、生産物の量が同じならば、不生産的人口に比べて生産的人口が少なければ少ないほど、より富裕である。というのは、生産的人口が相対的に少ないということは、労働の生産性の相対的な程度を表わす別の表現にほかならないはずだからである」（『資本論草稿集』⑤三五四ページ、「剰余価値に関する諸学説」）。

図表3-3-1　「労働の生産力」の構造

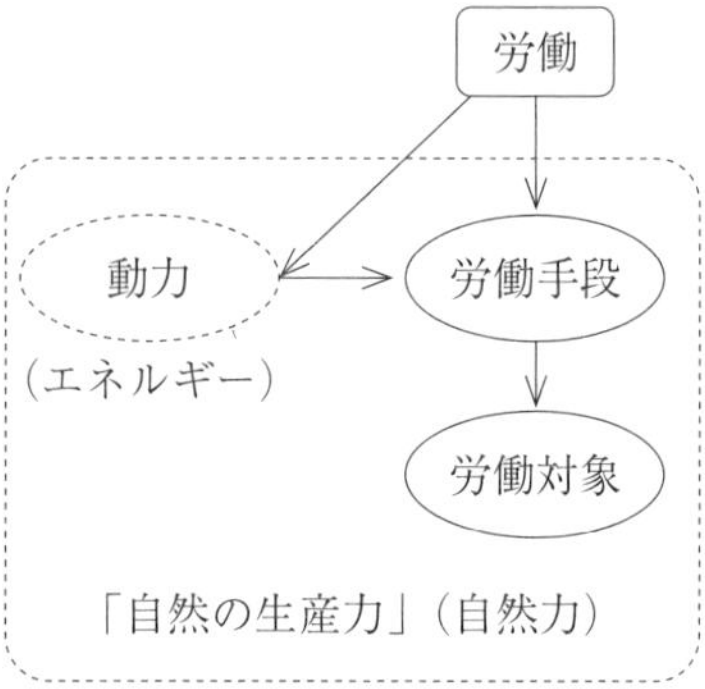

【解説】上の図は、生産手段（労働手段と労働対象、動力）が「自然の生産力」（自然力）に支えられ、条件づけられていることを表している。しかし、自然は、「労働の生産力」の根源的な条件ではあるが、自然それ自体が即時的に「生産力」であるわけではない

（2）社会的生産力の構造

最近の気候危機をめぐる議論の中で、「人類はすでに膨大な生産力を発展させてきたために、自然を破壊し地球環境の危機や異常気象を起こすまでになってきている」、「もはや生産力の発展そのものにストップをかけるべきだ」という主張がある。また同様の趣旨から『資本論』以後の晩年のマルクスは、「生産力至上主義」の唯物史観の立場を放棄した、などという主張までなされている。こうした議論は、「生産力」という概念についての誤った理解をもとにしている。

生産をするのは、人間の活動であり、「生産力」という概念は、あくまでも人間の生産的労働による「生産力」である（図表3―3―1）。マルクスが『資本論』でいうように、「生産力は、もちろんつねに、有用的具体的労働の生産力であり」、「生産力は労働の具体的有用的形態に属する」（①八五ページ、第一章「商品」、原書六〇～六一ページ）。マルクスは「自然の生産力」という表現もしているが、その意味は、人間を媒介せずに、自然それ自体が「生産力」を有するという意味ではない。

もちろん、人間は素手で生産するわけではない。また個々の人間がバラバラで生産するわけでもない。人間は、個々の人間が分業による協業を行い、労働手段を使い、労働対象に働きかけて社会的に生産する。

労働手段と労働対象は、「自然力」で支えられている。こうした「労働の社会的生産力」の構造は、『資本論』第一巻第三篇第五章の「労働過程論」のなかで解明されている。※

※　マルクスのいう「自然力」「自然の生産力」の意味について述べておく。マルクスは、『資本論』の中では、「自然力」「自然の生産力」という言い方をかなり頻繁に行っているが、それは、次のような場合である。

①たとえば「水力」「電力」「原子力」「体力」「腕力」「眼力」などと同じような意味で、「自然力」という表現をしている。それは、人間や自然が他を動かす作用のもとになる力を潜在的に保持しているという意味である。自然それ自体が自律的に生産する能動的な力を持っているという意味ではない。

②マルクスは、人間にとっての自然の恵み、人間の生産活動への自然の寄与、生産の自然諸条件という意味で「自然の生産諸力」という表現を使っている。この場合も、自然それ自体が「生産力」であるという意味ではない。自然は、あくまでも人間が生産活動を行うさいの諸条件（労働手段や労働対象の源泉）であるという意味である。

③マルクスは、「労働の生産力」そのものを「自然の生産力」と呼んでいることがある。「人口の増大は、それにたいして支払われることのない労働の自然力なのである。このような観点からすれば、われわれは社会的力をも自然力とよぶのである。社会的労働の自然力とはすべて、それ自体としては歴史的産物である」（『資本論草稿集』①五二三ページ、「『要綱』資本に関する章」）。しかし、この場合でも、「自然的諸条件の恵みは、つねに剰余労働の、したがって剰余価値または剰余生産物の可能性を与えるにすぎないのであって、その現実性を与えるのでは決してない」と強調している。

④マルクスは、「自然の無償の生産力」という言い方をしていることもある。そこでいう「無償の」は、②で述べた「人間の生産活動への自然の寄与」に、新たな人間労働や新たな資本（費用）を追加す

る必要がないという意味である。つまりただで人間が行う生産に役立つという意味である。

(3)「労働の生産力」の「資本の生産力」への転化

マルクスが『資本論』の中で繰り返し書いているように、本来は「人間労働の属性」である生産力は、資本主義社会のもとでは、生産手段を資本が所有することによって、資本の支配・管理のもとに置かれ、あたかも「資本の生産力」であるかのように搾取強化と自然破壊の手段になるようになった。資本が労働手段と労働対象を所有・支配して、労働過程が資本の指揮のもとで行われ、すべての労働生産物が資本によって取得されるからである。

資本の支配する生産過程のもとでは、自然諸力や科学を利用することによる社会的生産力も、同じように「資本の生産力」として現れるようになる。その過程は、人類社会において、「資本の生産力」の危険性を満面開花させることになった。

(4)「資本の生産力」の危険性――人間と自然との物質代謝を破壊する

本来は「人間労働の属性」である生産力が、資本主義社会のもとでは、社会的生産手段を資本が所有することによって、あたかも「資本の生産力」であるかのように現れ、利潤追求のために利用されるため、自然を破壊する手段になっている。現代の「資本の生産力」の野放図な発展は、地球環境を破壊し、異常

図表3-3-2　「資本の生産力」の危険な特徴

1．巨大化した機械制大工業によって自然・地球を無秩序・無計画に改造する危険性
　○巨大コンビナートなどによる海岸埋め立て、自然破壊
　○大工業、交通革命・モータリゼーションなどによる大気汚染、エネルギー浪費CO_2排出と地球温暖化による気候危機
　○巨大都市・巨大建造物、農山村・漁村の衰退
　○「高度消費文化」、大量消費・使い捨て。生物資源の乱獲
2．物質と情報を際限なく分割して自然の原理を無秩序・無計画に改造する危険性
　○核エネルギーの兵器応用、未完成の原発技術の利用
　○化学肥料、薬品などの過度の利用による土壌汚染、河川・海水汚染。薬害
　○デジタル技術の情報処理の乱用による人間の精神的活動への影響
3．生命の原理を無秩序・無計画に倫理なく操作・改造することの危険性
　○遺伝子操作による人間の生命活動への倫理なき関与
　○ AI（人工知能）の軍事利用。倫理なき応用

気象を恒常化するなど、危機的な段階にきている。

しかも、「資本の生産力」の危険な特徴は、ただ自然破壊だけではない。図表3―3―2に整理したように、人間と自然の正常な物質代謝を攪乱《かくらん》し、広範囲にわたっている。資本主義的生産様式の発展は、資本による労働の搾取と土地（自然）支配の際限なき増大によって、人間と自然の物質代謝の攪乱を拡大再生産する過程でもあった。「資本の生産力」の危険性を総体的にとらえておくことが必要である。

（5）「資本の生産力」の三つの規定的条件と民主的規制の可能性

資本主義のもとでの「資本の生産力」は、次の三つの条件に規定されている。
A　資本による生産手段所有の条件（「資本の生産力」の根拠）
B　資本による利潤（剰余価値）獲得の条件（「革新的生産手段」を採用する条件）
C　「労働の生産力」の技術的条件（「生産技術」を現実に開

発・実現する条件）

これらのうち、Aは、体制転換（＝資本主義的生産関係の止揚）によって、本来の「労働の生産力」に取り戻される。それと同時に、Bの条件も消失する。しかし、Cは体制転換によって同時的（即時的）に解決されるものではない。その意味では、Cは歴史貫通的である。だが、歴史貫通的といっても、その意味は、歴史的規定性からまったく無縁であると理解すべきではない。「資本の生産力」のもとでの生産技術の開発・利用のあり方は、資本主義的生産諸関係の影響を強く受けるからである。

「資本の生産力」が「労働の生産力」の技術的条件（上述のC）を内実としていることは、資本主義のもとでも、「資本の生産力」への民主的規制の可能性があることを意味している。「資本の生産力」は、「労働の生産力」の資本主義的な形態であり、「生産力の実体」は、資本主義のもとでも「労働の生産力」であるからである。労働者が資本に抗してストライキなどの手段でたたかうならば、「資本の生産力」は機能しない。

「資本の生産力」への民主的規制の可能性は、資本主義のもとでの気候危機、地球環境危機を阻止する国際的運動の重要性、危機打開の可能性を示している。

（6）生産力の発展と生産関係の発展の弁証法的関係——社会変革の法則

マルクスは、経済学の対象と方法について述べた「経済学批判序説」の中で、次のようなメモを書いている。

「生産力〈生産手段〉と生産関係という諸概念の弁証法。その限界が規定されるべきであるところの、そして実在的区別を止揚しないところの一つの弁証法」（『資本論草稿集』①六三ページ）。

ここでいう「弁証法」の意味は、前述の『経済学批判』の「序言」における唯物史観の定式の中で、生産力と生産関係が相互に規定し合いながら発展していく関係を指している、と解釈することができるであろう。「序言」の次の一節である。

「（人間は）物質的生産諸力の一定の発展段階に照応する生産諸関係を受け容れる。これらの生産諸関係の総体は、社会の経済的構造を形成する」。「社会の物質的生産諸力は、その発展のある段階で、それらがそれまでのその内部で運動してきた既存の生産関係と、あるいは同じことの法的表現に過ぎないが、所有諸関係と矛盾するようになる。これらの諸関係は、生産諸力の発展諸形態からその桎梏に逆転する。そのときから社会革命の時期が始まる。経済的基礎の変化とともに、巨大な上部構造全体が、徐々にであれ急激にであれ、変革される」（『資本論草稿集』③二〇五ページ）。

物質的生産諸力と生産諸関係（社会の経済的構造）との相応関係は、古い社会経済構成体の革命的変革による新しい社会経済構成体が生成する法則的論理を示している。しかし同時にそれは、資本主義的な社会経済構成体の内部における生産力と生産関係の相互に規定しあっている関係をも示していると考えてよいだろう。

なぜなら、「一つの社会構成は、それが十分包容しうる生産諸力がすべて発展しきるまでは、けっして没落するものではなく、新しい、さらに高度の生産諸関係は、その物質的存在条件が古い社会自体の胎内で孵化されおわるまでは、けっして古いものにとって代わることはない」（『資本論草稿集』③二〇六ページ）からである。つまり、生産力と生産関係の弁証法的相応関係は、革命的社会変革を説明するだけではなく、資本主義社会の生成・発展・没落（新しい社会への移行）の全過程にわたって働き続けているからである。

このように資本主義社会における生産力の発展と生産関係の発展が相互に規定しあっている関係をとらえることは、資本主義のもとでの人口動態の法則的な理論としての「疫学転換の理論」や「人口転換の理論」を唯物史観の立場からとらえ直すために重要な示唆的意味を持っている。

ここまでは、人口問題と唯物史観との関連をとらえるための前提として、唯物史観の基本的な命題を確認してきた。とりわけ「社会的生産力」の概念について、その構造、矛盾、変革について詳しすぎるぐらい論じたのは、先に述べたように、とりわけ一方では「マルクスは生産力至上主義者であった」などという誤った理解があり、他方では経済学における生産力の概念の理解についての混乱があると思われるからである。しかし、「社会的生産力」の変動は、人口変動を論ずる上では欠かせない基礎的な概念であり、その正確な理解が求められる。

次の節から、人口学が提示している「疫学転換の理論」と「人口転換の理論」を唯物史観の視点からとらえ直してみたい。

第4節「人口転換の理論」と唯物史観

（1）「疫学転換の理論」と唯物史観

唯物史観の前提が人間であり、人類社会であるということからすれば、人間個体の生命のあり方、その寿命（生命の長さ）の条件を人類史的な視野で考察する疫学の理論、とりわけ人間生命の条件の歴史的発展を研究する疫学転換の理論は、唯物史観にとっても、深く関わっている。先に見たように（第2章補論1）、疫学転換は、感染症の蔓延《まんえん》を克服することによって、人間の寿命を延伸させてきた。狩猟採集時代に二〇～四〇歳だった平均的寿命は、第二の疫学転換によって三〇～五〇歳へ、さらに第三の疫学転換によって五〇歳を超えるようになってきた。

人類の長寿革命は、人口増加の重要な要因をなしてきたが、それは人間社会の富の発展を支える条件を形成してきた。マルサスの主張とは反対に、「人口の増大は富の基本源泉」（マルクス）であるからである。

疫学転換理論を提示したオムランは、その論文の中で、工業社会へ移行する過程で死亡率が急減する第二の転換、および第三の転換の場合は、医療技術・医療研究の要因よりも先行して社会経済的要因が影響を与えたことを強調している。

「疫学的転換の西洋及び西側諸国の場合には、死亡率の減少は、社会経済的要因によって決定された」。「社会経済的、政治的、文化的決定要因には、生活水準、健康習慣、衛生と栄養が含まれる」（オムラン論文。※訳文は筆者による）。

※　オムラン論文の出典は第I部第2章（補論1）を参照（一四〇ページ）

とりわけ食糧増産については、土地所有制度の変革や農業生産力の発展という社会革命（農業革命）を背景としていた。

さらに、オムランは、論文の中で、「疫学的転換と社会経済的変化との相互作用」という章を設けて、社会経済的変化が死亡率に大きな影響を与えるのと同時に、死亡率の変動は労働力の構成や労働生産性への影響を通じて、社会経済の発展に大きな影響を与えると強調している。

(2) 疫学転換の理論と人口転換の理論の関係

第I部第2章では、疫学転換の理論と人口転換の理論を、それぞれ個別的にとりあげたが、ここであらためて、この二つの理論の関係をみておく。

図表3―4―1は、疫学転換理論と人口転換理論のカバーする領域を重ねて示したものである。疫学転換理論は、人間の死亡率の要因を疫学という視点からとらえたものであるが、過去の全人類史をカバーしている。これに対して、人口転換理論は、出生率と死亡率の両面をカバーしているために、人口動態の要因を総体的にとらえることができるが、近代以降に時期は限定されている。

第2章第1節では、「人口転換」の第Ⅰフェーズから第Ⅱフェーズへの移行の内実は「多産・少死」時代から「少産・少死」時代への移行であると述べた。そして、この移行を主導した出生率の動向・要因について考察した。そのため、第2章第1節～第3節では、死亡率の低下は歴史的前提としておいた。

唯物史観との関わりで人口動態の法則として「人口転換の理論」をとらえる際には、いくつかの留意すべきことがある。次に、唯物史観と「人口転換の理論」とのかかわりについて、人口転換の三つのフェー

図表3－4－1　疫学転換理論と人口転換理論の関係

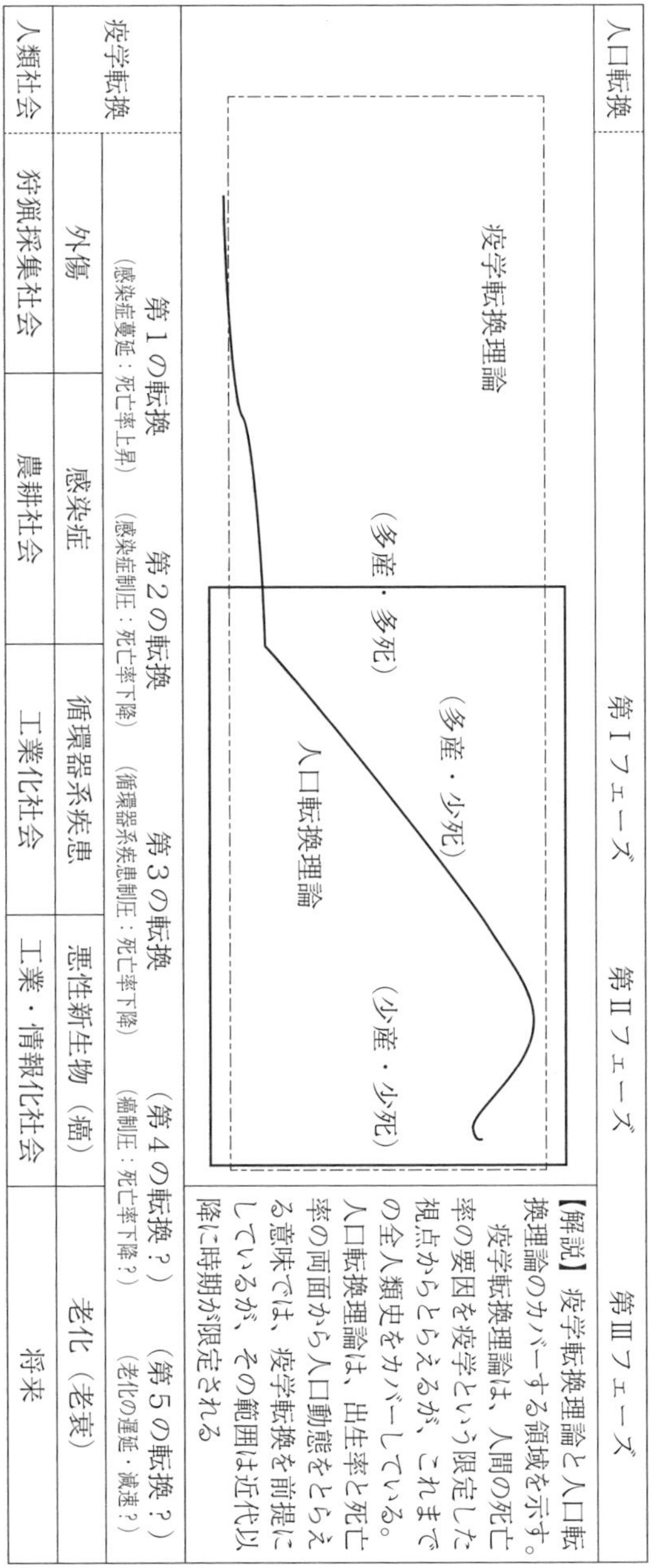

人口転換
第Ⅰフェーズ
第Ⅱフェーズ
第Ⅲフェーズ
疫学転換理論
（多産・多死）
（多産・少死）
人口転換理論
（少産・少死）
【解説】疫学転換理論と人口転換理論のカバーする領域を示す。
疫学転換理論は、人間の死亡率の要因を疫学という限定した視点からとらえるが、これまでの全人類史をカバーしている。人口転換理論は、出生率と死亡率の両面から人口動態をとらえる意味では、疫学転換を前提にしているが、その範囲は近代以降に時期が限定される
疫学転換
第１の転換
（感染症蔓延：死亡率上昇）
第２の転換
（感染症制圧：死亡率下降）
第３の転換
（循環器系疾患制圧：死亡率下降）
（第４の転換？）
（癌制圧：死亡率下降？）
（第５の転換？）
（老化の遅延・減速？）
外傷
感染症
循環器系疾患
悪性新生物（癌）
老化（老衰）
人類社会
狩猟採集社会
農耕社会
工業化社会
工業・情報化社会
将来

ズに即して、その特徴をみていこう。

(3) 資本主義の生成・発展と「人口転換」の第Ⅰフェーズ

資本主義社会における社会発展の法則的な展開(政治改革、経済改革、社会改革)をもとに、人口動態の法則的な展開としての「人口転換」をとらえると、何が見えてくるだろうか。

図表3―4―2は、「人口転換」の概念的なグラフに社会発展の概念的な展開を重ね合わせてみたものである。図を見ればわかるように、「人口転換」の前半部分、第Ⅰフェーズの時期は、資本主義的社会発展の展開と相互促進的な関係にある。

資本主義的生産様式は、封建的生産様式の胎内で発展した生産力が封建的生産諸関係と矛盾し、階級対立が激化して政治革命が起こる。ブルジョアジーは政治的な支配権を確立することによって、産業革命を推進して、新たな生産力を飛躍的に発展させる。そうした政治変革と経済改革を進めながら、同時に教育・文化などの社会改革も行われる。

こうした生産力の発展を土台として、政治改革、経済改革、社会改革が連続的に行われるのが資本主義的な社会経済構成体の発展法則である。もちろん現実の歴史過程は、それぞれの民族的、歴史的な諸条件によって複雑に異なっている。欧米日などの先行的に発展した資本主義諸国の間でも、それぞれの歴史的民族的な違いがあるし、発展途上の諸国においては、さらに大きな違いがある。しかし、ここでは、そうした具体的な歴史過程を検討するのが目的ではないので、とりあえず社会発展の法則的な傾向を確認しておけばよい。

政治改革に続く土地・農業革命、産業革命、社会・文化革命が進むとともに、感染症制圧による死亡率低下（疫学転換）が起こり、人口が増加していく。そして人口増加は加速度的に発展して、ついには人口爆発といわれるような急増の局面を迎える。資本主義の生産力の発展と生産関係の発展に伴って、疫学転換（第二段階）による多産・多死→多産・少死による人口増大に拍車がかかるのである。ここまでが「人口転換」の前半の時期（第Ⅰフェーズ）である。

しかし、こうした人口爆発の時期は永遠に続くわけではない。人口転換の後半の時期が始まる。この時期には、人口動態としては、多産・少死の時期から少産・少死の人口横ばい期、あるいは人口減少期（第Ⅱフェーズ）である。出生率が人口置換水準を下回るようになり、少子化の傾向が現れるようになる。

（4）二一世紀の資本主義と「人口転換」の第Ⅱフェーズ

人口転換の第Ⅱフェーズは、人類史の社会発展の上からは、どのようなことを表しているのか？

この時期は、唯物史観でいえば「社会の物質的生産諸力

図表3-4-2　「人口転換」と社会発展

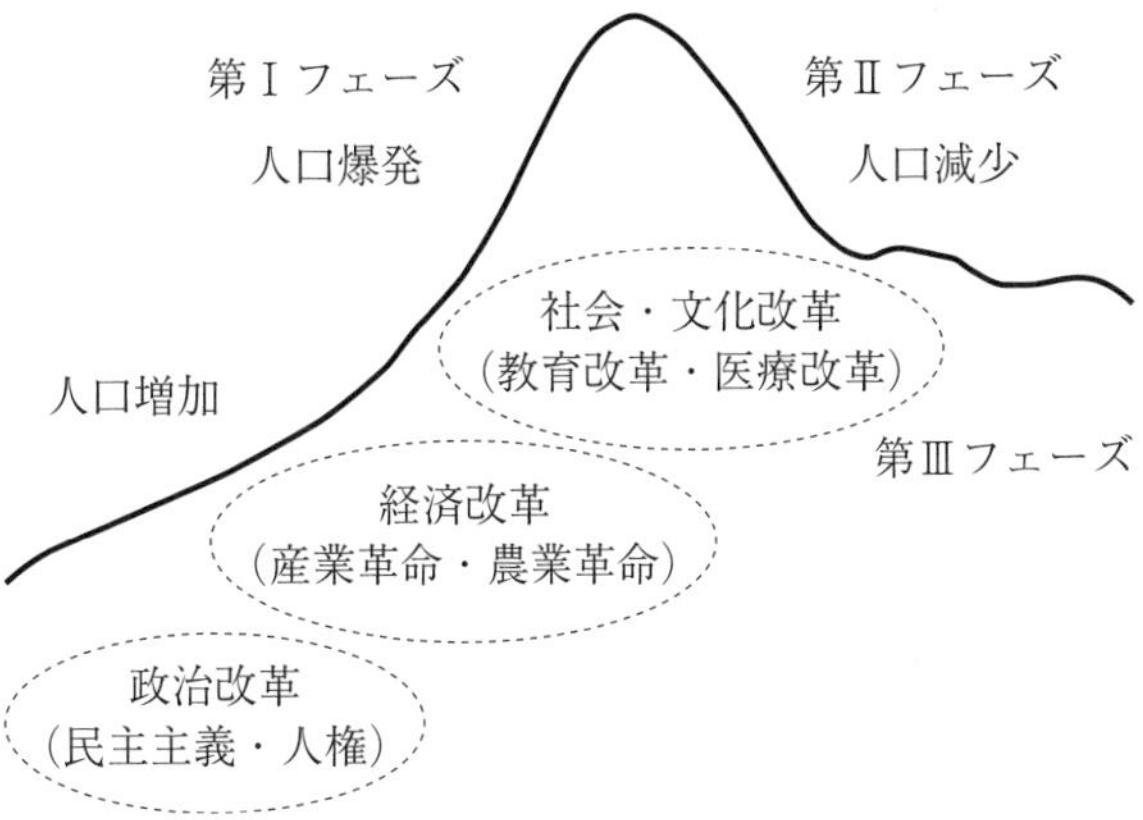

【解説】「人口転換」は、社会発展と深い関係がある。とりわけ、「人口転換」の第Ⅰフェーズにおいては、政治改革、経済改革、社会・文化改革の発展によって、急激な人口増大がもたらされた

は、その発展のある段階で、それらがそれまでその内部で運動してきた既存の生産関係と……矛盾するようになる」（マルクス、『資本論草稿集』③二〇五ページ）という局面、つまり生産諸関係が「生産諸力の発展諸形態からその桎梏に逆転」（同前）し始めた時期だといえるのではないだろうか。いい換えれば、資本主義的生産様式が社会発展の上向的な時期から下向的な時期へ入り始めていることを表しているといえるのではないだろうか。

社会発展の結果としての少子化傾向は、一見すると、現代社会の相反する二つの特徴を示しているかのように見える。一面では、少子化傾向は、子どもを産み育てたくても、様々な社会的な条件の困難によって、それができないという社会の歪《ゆが》み、矛盾を表している。たとえば、低賃金、長時間労働、不安定な雇用などの劣悪な働く条件、出産や子育て、教育に必要な経済的負担、医療や介護などの社会保障の不備などなど、総じて社会の矛盾が少子化傾向の根源にあるかのように見える。

他面では、少子化傾向は、社会進歩による人権の発展、とりわけジェンダー平等の実現による女性（およびカップル）の生む権利の自由の保障を前提としている。そのために、たとえば家父長的家族制度の抑圧からの女性の自立が少子化傾向をもたらしているかのように見える。また、女性の働く権利の拡張が少子化傾向に拍車をかけているかのように見える。

こうした少子化傾向の背景の二つの側面は、いずれも少子化の原因であるかのように見えるが、決してそうではない。社会発展史の立場から見るならば、前者の社会的な矛盾の拡大こそが、少子化傾向の真の原因であると見るべきである。唯物史観の立場から言えば、人類の歴史の前提は「人間そのものの生産と再生産」であり、人間労働による生産力の発展、「人口こそ富の基本源泉」である。

その意味では、人口の急速な減少は社会発展にとっては、けっして望ましいことではない。それは、資本主義という経済社会構造が築きあげてきた文明時代が限界に達し、新たな次の文明社会へ移行する時期を迎えつつあることの表れである。人類社会を衰退に導く少子化傾向は、そうした資本主義文明の時代の弔鐘が鳴り始めたことを示している。

とはいえ、人類史的な長い目で見ると、少子化傾向、「人口減少」社会は、必ずしも十分な経験的な情報があるわけではない。二一世紀の中盤から後半へかけての今後の世界人口の動態を注視しておくことが求められる。その場合に、参考にすべきなのは、人口学の統計的方法による将来人口推計がどのような人口動態を予測しているかの問題である。

(5) 資本主義文明の危機と「人口転換」の第Ⅲフェーズ

「人口転換」の第Ⅲフェーズとは、「人口転換」の第Ⅱフェーズ、すなわち「少産・少死」の人口動態が長期化し、出生率が人口置換水準を下回り続けて「人口減少」社会に入ってから後もなお出生率の低下＝「少産」傾向が継続して進行する局面のことを指している。世界的な人口減少の傾向は、資本主義時代に発展してきた文明社会の体制的危機をもたらす要因になる。

筆者は、かつて、ある研究会の報告のなかで、二一世紀資本主義の世界史的位置について、次のように述べたことがある。

「世界史的にみると、資本主義は、一六世紀のマニュファクチュアの時代から産業革命を経て自由競争の産業資本主義の時代に入り、そのころから急激に発展して二〇世紀に入り、独占資本主義段階を迎えます。二〇世紀の後半以降、ケインズ経済学による『修正資本主義』の経済政策が出てくる頃から、しだいに資本主義から次の社会への移行期に入りつつあるのではないか、と思われます」。「現代の資本主義は、資本活動の舞台そのものが終幕の時期を迎えているのですが、ではそのまま自然に資本主義は衰退し、消滅していくかというと、そう簡単ではない。資本主義という社会制度は、強固な国家機構やイデオロギー装置によって頑強に守られています。その延命力はひじょうにしぶとい。ですから、新しい社会へ移行するためには社会革命を推進する主体が必要です。移行期に入ったといっても、社会変革の主体が形成されないと移行は進まないわけです。二一世紀の資本主義は、移行期を迎えながら、社会変革の主体形成が立ち遅れているという、体制移行期に特有な独特の歴史的な時代に入ってきていると思われます」(二〇一九年五月一三日、NPOかながわ総研主催の研究会での報告。後に拙著『「人新世」と唯物史観』二〇二二年四月、第4章に収録)。

さらに、この報告の中では、社会変革の主体の形成が遅れているために、二一世紀の資本主義の危機が深まり、様々な「劣化」現象が広がっていると指摘した。そこでは明示しなかったが、先行資本主義諸国――とりわけ欧州と日本――における「少子化傾向」の長期化による「人口減少」社会も、資本主義の「劣化」の象徴的表れといえるだろう。

「少子化」の基礎にあるのは、出生率が人口置換水準を割り込んで、人口が縮小再生産の軌道に入っているということである。この軌道のまま進むならば、最終的には、人口はゼロになるであろう。第2章第3節で紹介したワシントン大のクリストファー・マレー保健指標評価研究所長の警告――「出生率が回復しなければ『いずれ人類は消滅する』」(一二〇ページ)は、そのことを指している。

少子化が長く続き、それを人口学界で「第二の人口転換」ととらえる動きがあることの背景には、人類史上で未曽有の生産力の上昇を成し遂げ、それを基盤として築きあげた資本主義文明がそれ自体の内部的な矛盾によって限界にきていることを示している。

(6)第Ⅲフェーズの特徴——過渡的な時代のパラドックス

科学的社会主義の人口政策の二つの契機(①人間の生命の生産・再生産、人権の尊重と人口政策、②人類社会の発展と人口政策)は、相互に深く関わりあっている。①による人権の発展は、②の社会発展を促進し、逆に②の社会発展は、①の人権の発展を促進する。逆に、戦争や反革命の嵐が吹き荒れて、社会が反動的な体制に逆行するときには、人権も踏みにじられて暗黒時代となる。戦争は、「超過死亡」(excess mortality:第2章補論2、一五六ページ)による人口減少の最大の原因の一つである。

この人口政策の二つの契機(人権思想の発展と社会発展)は、長期的な視点で見れば相互に促進しあうのであるが、歴史発展の過渡的な時期には一時的にパラドックスが発生することもある。ここでいうパラドックスという意味は、本来は促進し合う二つの契機が矛盾する関係にあるかのように見えることである。

こうした意味でのパラドックスの事例としては、たとえば、資本主義制度が封建制度の社会的なくびきを破って生成してくるときに発生したことがある。この時代には、かつての身分制にがんじがらめに縛られていた農奴制が崩壊して「二重に自由」な労働者階級が大量に生まれてきた。マルクスは、『資本論』

のなかで、次のように述べている。

「ここで、自由な、と言うのは、自由な人格として自分の労働力を自分の商品として自由に処分するという意味と、他面では、売るべき他の商品をもっておらず、自分の労働力の実現のために必要ないっさいの物から解き放されて自由であるという意味との、二重の意味で、自由な、ということである」（②二九五ページ、原書一八三ページ）。

ここでマルクスの言う、「二重の自由」という意味は、労働力という商品の特性について述べているので、基本的には資本主義時代を通じて当てはまるのであるが、封建制社会から資本制社会への移行の過渡期には、とりわけ「二重の自由」のパラドキシカルな現象が鋭く現れてくる。つまり、身分制という遅れたくびきから解放されるという意味では人間が勝ち取った「自由」であるとともに、生活手段である「土地」から切り離され、自分の労働力以外には生存の条件をすべて失っているという意味での「自由」、労働者が失業したら絶対的貧困に陥る「自由」である。

こうした資本主義の生成期の人権と社会発展とのパラドキシカルな関係と似たような状況が、二一世紀の今、人権思想の発展とそれを支えるべき社会的条件の立ち遅れによって起こっているといえるだろう。

第5節　二一世紀の人口問題と新しい民主主義的な社会変革

最後に、二一世紀の人口問題を、人類が今直面しているコロナ・パンデミックとの関連で考えてみたい。人類の歴史をふりかえってみると、感染症パンデミックは、社会制度自体の弱点をあぶりだし、社会変革の契機となってきた。たとえば、中世の黒死病（ペスト）パンデミックは、封建社会から近代資本主義社会への移行を促進するという歴史的役割を果たした。

世界を震撼させた二一世紀のコロナ・パンデミックは、これから資本主義の運命に、はたして何をもたらすだろうか。

(1) コロナ・パンデミックと社会発展の新しい胎動

今回のパンデミックの世界史的な意味を考える時にも、それがもたらしている様々な影響を、ただ一般的に「解釈する立場」からではなく、社会制度の弱点を「変革する立場」から検討することが必要である。では、実際に、コロナ・パンデミックの苦難を経験するなかで、どのような「社会変革の契機」が生まれているか。パンデミックがはじまって以後、三年余を振り返ってみると、コロナ後の世界の「社会進歩のための新しい胎動」として、いくつかの動きがある。たとえば、次のような契機である。
第一　エッセンシャル・ワーカーの役割。――世界的に最低賃金引き上げの運動の発展
第二　分配・再分配の意義。――国際課税原則の一〇〇年ぶりの改定（最低税率）
第三　〝行き過ぎたグローバリゼーション〟の限界。――自国産業、地域経済の復興
第四　デジタル化社会の課題。――巨大IT企業の活動への規制。新たなルール
第五　〝行き過ぎた「株式資本主義」への反省〟。――SDGsへの関心
第六　感染症と地球環境・気候危機の関連。――COP26：二一世紀末に一・五度内に
第七　世界の若者たちの意識の変化――新しい社会をめざす変革への関心

もちろん、こうした新しい胎動は、社会変革の運動が大きく発展しないならば、決して実現しないだろう。そして、国民的な運動が組織的に大きく発展するためには、科学的社会主義の理論的な発展が必要である。

(2) 二一世紀の新しい民主主義的な社会変革のために

筆者は、かねてより二一世紀の資本主義社会が世界史的に陥りつつある体制的危機を打開していくためには、一九世紀には想定されていなかったような新しい社会変革の理論として「新しい民主主義革命」が必要であると主張してきた。そして、こうした「新しい民主主義革命」のかかげる社会変革のために、次のような課題をあげてきた。

①核戦争の阻止・核兵器の廃棄
②地球環境・気候危機の打開
③ジェンダー平等社会、多文化共生社会の実現
④反独占、再分配革命（産業・労働の民主的改革）
⑤金融機構への民主的規制と財政の計画的再建
⑥デジタル社会の社会的ルールと教育・文化改革
⑦民主的な選挙制度による民意を反映する議会政治の実現

こうした社会変革の課題を実現するためには、徹底的に民主的な政府を樹立して、国家権力を転換することが必要になる。その意味で、革命的変革である。

しかし、こうした課題を推進することは、まだ資本主義的生産様式を社会主義的に変革することをめざすものではない。だが、かつての一八世紀～一九世紀の土地制度改革を中心的課題とした市民革命（ブルジョア民主主義革命）とは、その性格が大きく発展している新しい民主的社会変革である。現代社会で暮らす圧倒的多くの国民が賛成できる課題である。その意味で「二一世紀型の新しい民主主義革命」といってよいだろう。

ところで、上述のような「二一世紀の新しい民主主義革命」の諸課題の中で、人口問題――とりわけ少子化傾向の克服は、どのように位置付けられるのか。この点については、次の四つのことを指摘しておきたい。

一つには、人口問題は、掲げた七つの課題のすべてと関わっていることである。たとえば、第一に掲げ

た核戦争の阻止は、文字通り、大量虐殺から人命を救うという意味で人口問題そのものである。第二のパンデミックや気候危機も、このまま放置すれば人類が絶滅する問題である。第三のジェンダー平等社会の実現は、少子化にストップをかけるためにも有効である。第四、第五、第六の経済社会の民主的な改革は、家族の貧困をなくし、すべての国民が豊かで文化的な生活を送れるようにするためであり、それは少子化対策の要になる。最後の（第七の）政治の改革は、すべての民主主義的改革を持続的に推進し、実現を保証するものである。このような意味で、七つの課題を推進することは、人口問題と深く関わっている。

二つには、人口問題は、国際的レベル、国家的レベル、地域的（自治体的）レベルというように、様々なレベルでの取り組みがなされてきたし、二一世紀においても、各レベルでの対策が行われるであろう。本書では、このうち国際的レベルについては第Ⅱ部で国連の取り組みをとりあげ、国家的レベルについては、日本の課題として第Ⅰ部で、具体的にとりあげてきた。このように、人口問題は、多様な政策主体によって取り組まれてきたが、資本主義時代に中心となるのは、国家的な人口政策である。なぜなら、資本主義社会においては、社会変革にとって国家の役割が決定的な意味をもつからである。

三つには、少子化傾向の克服のための、すべてのレベルの取り組みは、革命的な社会変革の以前でも、現存の資本主義国家体制のもとで、改良的な対策として実施され、部分的な成果を漸次的に実現することができる。改良的な改革の積み重ねによっても前進することができるということである。「人口問題」は、本来的に「人間の問題」であり、人間の権利の問題である。それは、「個としての人間の自由」であると同時に、「人類社会のあり方」の問題である。逆にいえば、社会変革があれば、直ちに解決するという問題でもない。人間存在のあり方と、社会のあり方の両方の問題だからである。

四つには、第4節で述べたような意味で、人権思想の発展とそれを支えるべき社会的条件の遅れ、そのパラドキシカルな関係によって「少子化」傾向が続く問題である。これは、資本主義という社会制度そのものが新たな変革の時代を迎えていることの表れといってもよいだろう。しかし、その場合に留意すべきことは、少子化傾向にストップをかける社会変革は、直ちに資本主義的生産様式から社会主義的生産様式への移行を意味するものではないということである。新しい民主主義的な社会変革が課題となっているのである。

＊

唯物史観は、単に人類史を「解釈する立場」からとらえる歴史観ではない。人類社会の発展をめざす「変革の立場」からの実践的な歴史観である。その意味で、二一世紀の唯物史観にとっては、現代資本主義を変革する社会変革の理論として、「新しい民主主義革命」の理論的探究が必要になっている。

世界を見ても、日本を見ても、すでに資本主義は長期的な発展の見通しを失ってきている。とりわけ欧米日の発達した諸国では、資本主義の劣化が、政治、経済、社会（文化・思想）の各分野で深まり、時代閉塞感が強まっている。こうした二一世紀資本主義の現状を見る時、人類社会が未来社会へ向けて発展するためには、「新しい民主主義革命」の理論的探究が必要になっている。

「新しい民主主義革命」の〝新しい〟という意味については、とりあえず次の五つの特徴をあげておこう。

第一に、一九世紀のマルクス、エンゲルスの時代には想定されていなかったという意味での、科学的社会主義の「革命理論」としての「新しさ」である。

第二に、革命の戦略的課題としては、かつてのブルジョア民主主義革命（市民革命）のように土地制度改革ではなく、先にあげたような複数の民主的な諸課題を掲げていることである。

第三に、「資本の生産力」の暴走を抑えるとともに、デジタル技術などの新たな生産力の発展段階にふさわしい「民主主義の新しい発展」を確立する革命だということである。

第四に、「新しい民主主義革命」を推進する変革主体の新しさである。とりわけ、変革主体としての女性の役割、高齢者層の役割、新たな「市民」層の形成が注目される。

第五に、民主主義的変革によって解決すべき諸課題の国際的な性格である。もとより、科学的社会主義の理論と運動は、本来的にインターナショナルなものであるが、二一世紀の世界では、いっそうそれが鮮明になってきている。核戦争、感染症、気候危機、ジェンダー平等、多文化共生社会などすべて人類共通の課題であるが、それは生産力（インターネットなどの情報技術）の性格の面からも言えるであろう。

ふり返ってみると、二〇世紀後半にも、様々な新しい社会変革の理論の探究が行われたことがあった。社会主義への移行のあり方をめぐって、理論的な探究と論争が行われたこともあった。ソ連型「社会主義」とは異なった道の模索もなされてきた。しかし、そうした探究は、いずれも理論的に中途半端なまま、完結していない。

旧ソ連邦が崩壊してからすでに三十数年を経た今、科学的社会主義の理論活動は新たな創造的な発展が求められる時代を迎えている。人口問題に取り組むことは、二一世紀の科学的社会主義の理論的発展にとって、避けて通れない課題の一つである。

第4章　人口問題と経済学

『資本論』は人口問題を考えるためにも理論的基礎となるが、人類史を視野に入れた「広義の経済学」の立場から人口問題を研究するためには、『資本論』で解明された資本主義の経済法則をもとにしつつも、それにとどまらずに「理論の拡張」が必要となる。こうした立場から、第4章では、マルクス経済学の立場から人口問題に取り組むための問題提起を試みてみたい。

人口問題の経済学的研究のためには、『資本論』の「理論の拡張」が必要だということは、『資本論』の理論体系の修正が必要だということではない。筆者が考えている「理論の拡張」とは、『資本論』の理論を土台として、二〇世紀以降の人口問題の新しい展開を分析することによって、経済学として新たに必要となる理論を追加して「理論の拡張」をはかるということである。※

※なお、経済学における「理論の拡張」の意味については、拙著『「人新世」と唯物史観』（本の泉社、二〇二二年）で、より詳細に説明したので参照いただきたい（同書一一六～一一七ページ）。

第1節　人口問題と経済学の対象と方法

（1）経済学の研究対象と人口学の研究対象――「形式人口学」について

経済学は、人間に関する科学、人間社会に関する科学である。人口学も人間と人間社会を対象とするので、経済学と人口学の研究対象は重なっている。ただし、人間も人間社会も多様な総合的な存在なので、経済学も人口学も、それぞれ人間社会の様々な側面の中の一部を研究対象にする。

経済学の主たる研究対象は、「生産関係、すなわち財・サービスの生産・流通・分配・消費に際しての人と人との関係」である。経済学は、人間や社会の物質的な条件を研究対象とするという意味で、社会科学や歴史科学の中で、きわめて重要な役割をもっている。マルクスは「ブルジョア社会の解剖は経済学のうちに求められなければならない」と述べている。前章の第1節で述べたように、唯物史観は、人間の生産と再生産を前提としているが、その場合の「生産と再生産」は、経済学のもっとも基礎的な概念である。

人口学は、様々な科学的な知見からなる総合的な科学である。自然科学、社会科学、人文科学などにまたがる隣接的なテーマを扱うために、諸科学との協働によって発展してきた。それぞれの分野ごとに、経済人口学、地域人口学（人口地理学）、社会人口学、生物人口学、歴史人口学、文化人口学、などと呼ばれている（図表4―1―1）。

こうした各分野の人口学とともに、人口に関わる共通の統計的な研究を行う「形式人口学」がある。形式人口学は、人口の数、構造、変動、地域分布などを統計学の方法で分析し、また実態調査や分析を行うとともに、様々な人口モデルを使った人口推計も行う。経済学などの諸科学から接近するときの人口問題に関わる統計データは、形式人口学から得ることができる。

図表4‐1‐1　人口学の構成

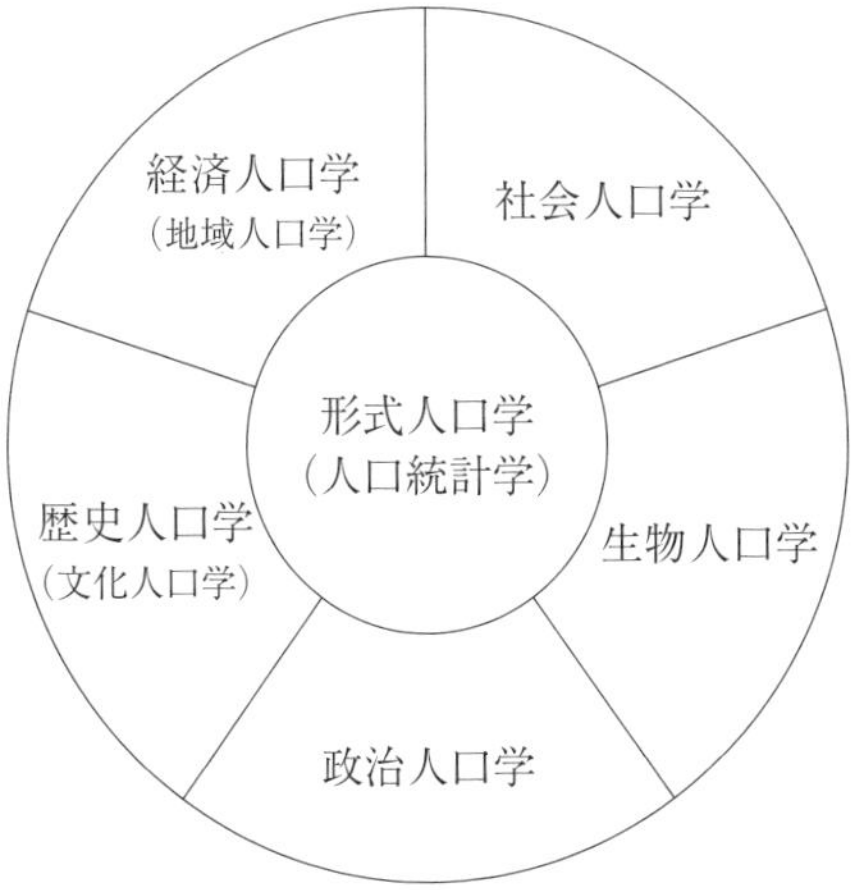

（2）経済学の方法と形式人口学

経済学と人口問題の関連については、マルクスは、経済学の方法について述べる中で、次のように説明している。

「われわれがあるあたえられた一国を経済学的に考察するばあいには、われわれはその国の人口、その人口の諸階級への配分、都市、農村、海洋、さまざまの生産部門、輸出入、年々の生産と消費、商品価格、等から始める。／実在的なものと具体的なものから、つまり現実的な前提から、したがってたとえば経済学では、社会的生産行為全体の基礎であり主体である人口から始めることが、正しいことであるように見える。しかしこれは、もっとたちいって考察してみると、まちがっていることがわかる。人口は、もし私が、たとえばそれを構成している諸階級を除外するなら、一つの抽象である。この諸階級も、もし私が諸階級の存立する基礎となっている諸要素を知っていなければ、これまた空語である。たとえば賃労働、資本などがそれである。賃労働や資本は、交換、分業、価格などを想定している。たとえば資本は、賃労働がなければ、価値、貨幣、価格などがなければ、無である。したがって、もし私が人口から始めるとしても、それは全体についての混沌とした表象であるにすぎず、もっとたちいった規定をあたえることによって、私は分析的に、だんだんとより単純な諸概念を見いだすようになろう。表象された具体的なものから、だんだんとより希薄な抽象的なものに進んでいって、ついには、もっとも単純な諸規定に到達してしまうであろう、そこからこんどは、ふたたび後方への旅が始められるべきであって、最後にふたたび人口に到達するであろう。だがこんどは、全体についての混沌とした表象としての人口にではなく、多くの諸規定と諸関連からなるゆたかな総体としての人口に到達するであろう」（『資本論草稿集』①四九ページ）

このマルクスの説明の中で、「人口は、もし私が、たとえばそれを構成している諸階級を除外するなら、一つの抽象である」という時の「抽象的な人口」を研究対象にして、その統計的な特徴――人口数、構造、変動、地域分布などを分析するのが「形式人口学」にあたるといえるだろう。われわれが一般的に人口問題という時は、「形式人口学」が提供する人口データのことをイメージしているといってもよいだろう。しかし、そういう「抽象的な人口」の表象で終わるのでなく、経済学的な考察を行ってから最後には「多くの諸規定と諸関連からなるゆたかな総体としての人口に到達する」ことができるのである。

第2節　経済法則と人口法則の接点

（1）商品と使用価値

周知のように、『資本論』は次の文章から始まる。

「資本主義的生産様式が支配している諸社会の富は、『商品の巨大な集まり』として現われ、個々の商品はその富の要素形態として現われる。したがって、われわれの研究は、商品の研究から始まる」（①六五ページ、原書四九ページ）。

経済学の基礎範疇《はんちゅう》である「商品」は、何らかの種類の人間的欲求を満たす外的対象、すなわち人間にとっての使用価値としてとらえられる。経済学の出発点において、人間の存在が前提されており、人口問題との接点がここから始まるのである。

（2）人間労働による商品の生産――労働価値説

商品の分析は、使用価値から「価値」の分析へ進む。

「そこで、諸商品体の使用価値を度外視すれば、諸商品体にまだ残っているのは、一つの属性、すなわち労働生産物という属性だけである」（同前七一ページ、原書五二ページ）

商品の価値の実体は「人間的労働力の支出の単なる凝固体以外のなにものでもない」（同前）という意味で労働価値説が確立する。そして労働価値説は、人間的労働力の存在、労働する人間、生産者としての人間の存在を前提としており、これもまた経済学と人口問題との接点である。

（3）労働力の商品化。剰余価値と労働力人口。資本の生成・発展

資本主義社会では、資本家は、人間の労働力を商品として購入し、生産・流通過程に投入することによって、利潤（剰余価値）を獲得する。

「われわれが労働力または労働能力と言うのは、人間の肉体、生きた人格のうちに存在していて、彼がなんらかの種類の使用価値を生産するそのたびごとに運動させる肉体的および精神的諸能力の総体のことである」（②二九二ページ、原書一八一ページ）。

「労働力の商品化」を前提とする剰余価値の法則は、資本の生成・発展の基本法則である。「労働力の商品化」によって、人間は賃労働者となり、人口は具体的な階級的規定性をもってとらえられるようになる。「労働力人口」は、経済学のもっとも基礎的な範疇である「生産と再生産」の前提であり、それは経済学と人口問題のもっとも重要な接点となる。

（4）資本蓄積・拡大再生産と人口法則

資本蓄積過程において、資本主義的生産様式に固有な人口法則として「相対的過剰人口の累積的形成」が定立される。

「労働者人口は、それ自身によって生み出される資本の蓄積につれて、それ自身の相対的過剰化の手段をますます大規模に生み出す。これこそが、資本主義的生産様式に固有な人口法則であって、実際に歴史上の特殊な生産様式はいずれも、その特殊な、歴史的に妥当する人口法則をもっているのである」（④一一〇一ページ、原書六六〇ページ）。

この人口法則の発見は、マルサス人口論を根本から批判する理論的基礎となった。そして、この「労働者人口」に関わる「資本主義に固有な人口法則」の発見は、経済学と人口問題の接点をゆるぎないものとした※。

※　マルクスの人口理論全体における「相対的過剰人口の累積的形成の法則」の意義については、本書第Ⅲ部第6章第5節でとりあげる（本書三三四ページを参照）。

（5）商品、資本の移動と人の移動

一六世紀に世界商業と世界市場が形成されるとともに「資本の近代的生活史」が始まったということは、

マルクスが『資本論』で一貫して主張したことである。世界商業と世界市場の発展は、同時に人の移動が地球規模で始まったことでもあった。

『資本論』のなかでは、移民について言及した篇や章は多い。たとえば、アイルランドからの人口の急減と移民の増大について詳細に分析している。

さらに『資本論』第一巻第七篇第二五章「近代的植民理論」では、次のように述べている。

「移民の流れは、イギリス領の諸植民地から合衆国へと方向を変えられただけのことであった。……一方では、年々歳々アメリカに向けて追い立てられる巨大な途切れることのない人間の流れが、合衆国の東部に停滞的な沈澱を残すことになる。というのは、ヨーロッパからの移民の波は、西部への移民の波が彼らを一掃しうるよりも急速に東部の労働市場に人間を投げ込むからである」（④一三四九～一三五〇ページ、原書八〇一ページ）。

資本主義の発展は、国際的な人の移動をもたらしただけではない。国内においても、農村から都市へ向けての巨大な人の流れをつくりだした。

「すべての発展した、商品交換によって媒介された分業の基礎は、都市と農村との分離である。社会の全経済史はこの対立の運動に要約されると言えるのであるが、ここでは、この対立については、これ以上立ち入らないことにする」（③六二一ページ、原書三七三ページ）。

「小土地所有が前提するのは、人口のはるかに圧倒的な多数が農村人口であって、社会的労働ではなく孤立した労働が優勢であるということであり、したがって富も再生産の発展も、再生産の物質的ならびに精神的諸条件の発展も、こうした事情のもとでは排除されており、したがって合理的な耕作の条件も排除されているということである。他方、大土地所有は、農業人口をますます減少していく最低限度にまで縮小させ、そしてこれに、諸大都市に密集するますます増大する工業人口を対置する」（⑪一四五二ページ、原書八二一ページ）

（6）経済法則と人口法則の接点としての「家族」「世帯」「家計」

「人口」は、個々の人間の数を集計したものであるから、人口を構成する最小単位は、一人ひとりの人間である。人間の生涯（出生から死亡まで）が人口統計の基本的な構成要素であることは、いうまでもない。形式人口学では、それらの人間の属性、たとえば「性」であるとか、「年齢」であるとか、「職業」であるとか、「居住地」であるとか、「国籍」であるとか、様々な属性に即して、人口の構造、動態、移動などを分析する。

しかし、人口構造や人口動態の要因は、孤立した人間、最小単位の個々バラバラの人間ではなく、「家族」である。孤立した個々の人間は、人口変動を起こすことはできないからである。たしかに、人間の「死亡」は、人間の一人ひとりに関わることであるが、しかし、人口変動の最大の要因である「出生」は、必ず男女二人の生殖行為がなければ成り立たない。一般的には、男女が結びついて家族を形成することが前提になる。その場合、国家的な婚姻制度として法制化された「家族」である必要はない。いわゆる婚外子、非嫡出子であっても、人口法則の「出生」としては、まったく問題はない。しかしその場合でも、何らかの形での男女の結びつきがなければ子どもは生まれない。

経済学にとっては、「家計」は重要な人間の生命・経済活動の基本的な単位である。たとえば「家計調査」「家計収入」、「家計消費」、「家計貯蓄」の問題などなどにおいて、家族単位の扱いがなされてきた。マルクスは、『資本論』の様々な篇や章の中で、家族の問題に言及している。

コラム　歴史的範疇としての「家族」

「家族」は、人類史において歴史的に生成・発展してきた範疇であり、それぞれの時代において家族の形態、機能も変化・発展してきた。

『資本論』では、「家族」それ自体を範疇的にとりあげた篇や章はない。これは、『資本論』の研究対象が「資本」であり、「賃労働」は、あくまでも「資本」との関わりにおいてだけとりあげられていることによるものであろう。資本の支配を脱した未来社会における自立した人間の出生や死亡などの人口動態、人口構造、人口法則を扱ってはいないからである。

なお、マルクスは、「経済学批判序説」のなかで、図表4―2―1のような興味深いメモを書き残している。この第四項目は、内容的には経済社会構成体の全体構造を表したものと読み取れるが、その最終項目に「家族諸関係」が位置づけられている。

この最終項目の「家族諸関係」として、マルクスがどのような内容を想定していた

図表4-2-1　「経済学批判序説」第4項目の「家族」

4．生産。生産諸手段と生産諸関係。
生産諸関係と交易諸関係。生産諸関係と交易諸関係とにたいする関係での国家諸形態と意識諸形態。法律諸関係。家族諸関係

のかは定かではない。しかし、「家族」の問題を重視していたことだけは明らかであろう。※

※　人口問題の基礎範疇としての「家族」については、拙著『人口減少社会」とは何か』の第9章でかなり詳しく述べておいた。

第3節　人口構成の構造と経済の構造

(1) 人口構造と経済構造の相互作用

人口構造と経済構造の関連については、いくつかの接近方法がある。最初に、人口ピラミッド（人口構成）と経済の構造との関連を考えてみよう。

ある国の総人口は、男女の構成、年齢別の構成、職業別・産業別の構成、地域別の構成、国籍別の構成など、様々な異なった集団から成り立っている。そのうちで最も基本的な男女別、年齢別の構成を積み重ねて表示したものを「人口ピラミッド」と呼ぶ（第1章第2節、四五ページ）。

こうした人口ピラミッドを、経済の構造と対応させてみると、人口構成の構造と経済構造とは深く関連していることがわかる。相対的に高齢者層の比重が大きくてピラミッドの上部がふくらんでいる人口構成では、年金、医療、介護などの費用、その財源が必要な経済であることは明らかである。生産年齢人口

図表4-3-1　人口構造と経済構造

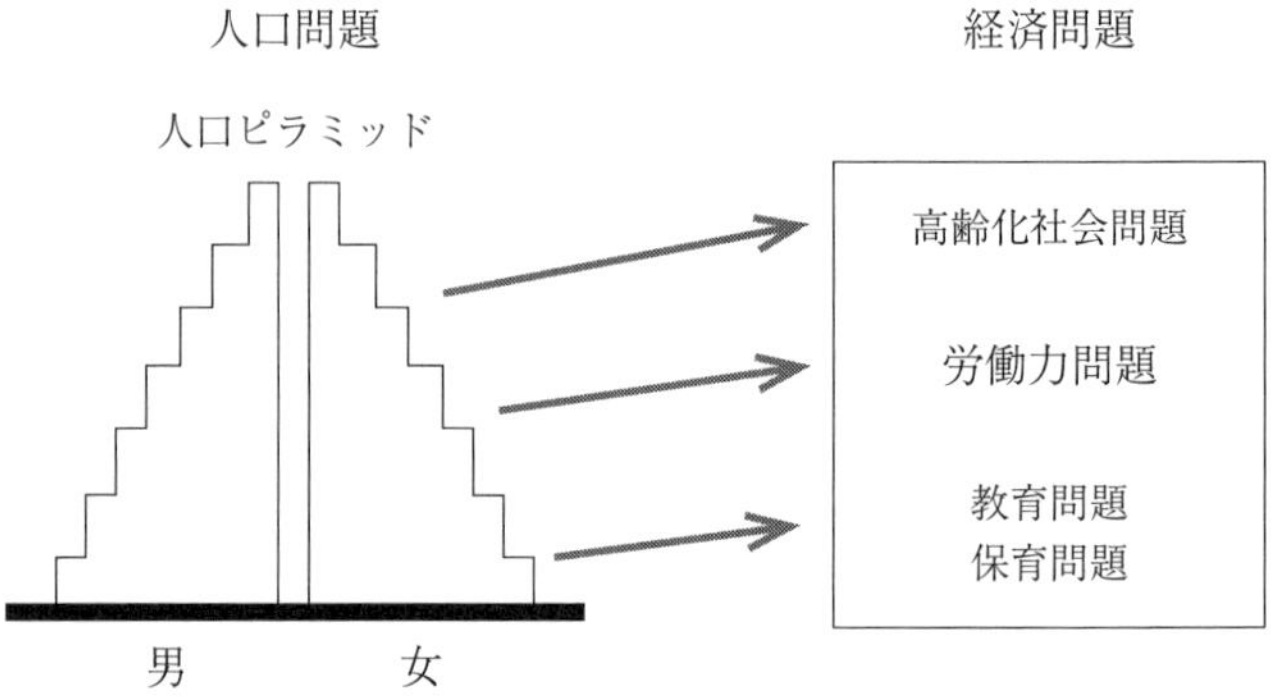

（一五～六四歳）が大きい場合は、一般的に労働力が豊富であるから、経済成長には有利な人口構成である。出生率が高い場合、人口ピラミッドのすそ野が大きく広がっている、いわば富士山型の人口構成の場合は、育児や教育などに力を入れなければならない（図表4―3―1）。

こうした意味での人口構成の年齢別の構造と経済の構造との関わりは、とくに高齢者の割合、人口構成におけるその比重の持つ意味が経済的には大きいので、「高齢化社会」（国連の指標では、高齢者の比重＝七パーセント以上）、「高齢社会」（同、一四パーセント以上）、「超高齢社会」（同、二一パーセント以上）と呼んでいる。ちなみに、日本はすでに二〇〇七年から、「超高齢社会」となっている。

人口構成の構造が経済の構造に反映されるだけでなく、経済の構造が人口構成に強い影響を及ぼすこともある。その端的な例は、産業や金融の都市集中が人口の地域構成の過密・過疎をもたらすことである。人口の地域構成は、年齢構成のような自然増減ではなく、経済活動による人口の地域的な流出入による社会的増減によるものであるから、社会的経済的条件の変化によって大きく変動する。こうした人口の地域構成の変動も、戦後日本の資本主義が「過密・過疎」の問題として経験してきたことである（図表4―3―2）。

図表4-3-2　人口の「過密・過疎」と「工業」の都市集中

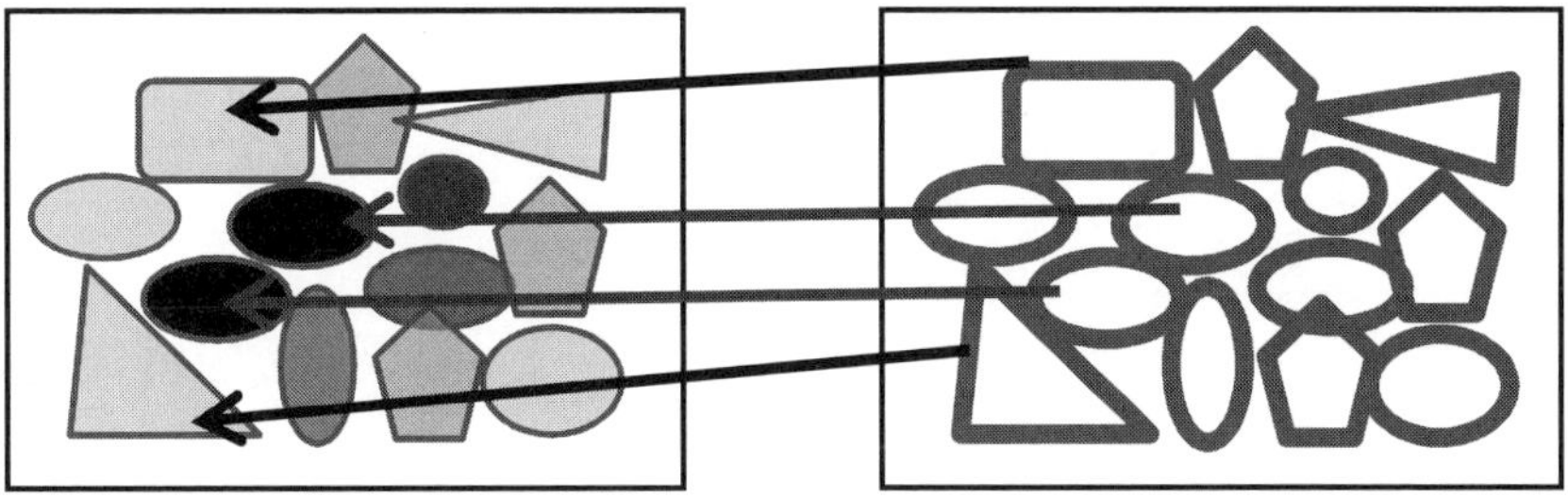

(2) 人口問題と経済問題の関係——六層構造で考える

人口問題と経済問題の全体的な関係を考えてみると、六つの階層に分けてとらえることができる。図表4—3—3は、その六層の構造を一覧できるように示したものである。この図を見ながら、それぞれの階層にそって、簡単に説明しておこう。

〈第一層＝総人口〉これは、説明の必要もないほど明らかである。総人口という場合は、国勢調査では、三カ月以上国土内に住んでいる全人口を指す。外国から移住してきた人はもちろん、外国籍の人も含む※。

※　国勢調査の総人口の中に外国籍の人を含めるようになったのは、二〇〇五年からである。

日本では、五年おきに行われる国勢調査で総人口の様々な特性が示される。総人口の増減は、出生率や死亡率、移民などで変動し、人口動態統計で示される。一定の時点での人口構成（いわゆる人口ピラミッド）などが重要な研究対象になる。また、長期的な未来の人口の変動は、将来推計人口として、国勢調査の後で定期的（五年ごと）に推計される。

〈第二層＝生産年齢人口〉一五歳から六四歳までの生産年齢人口は、総

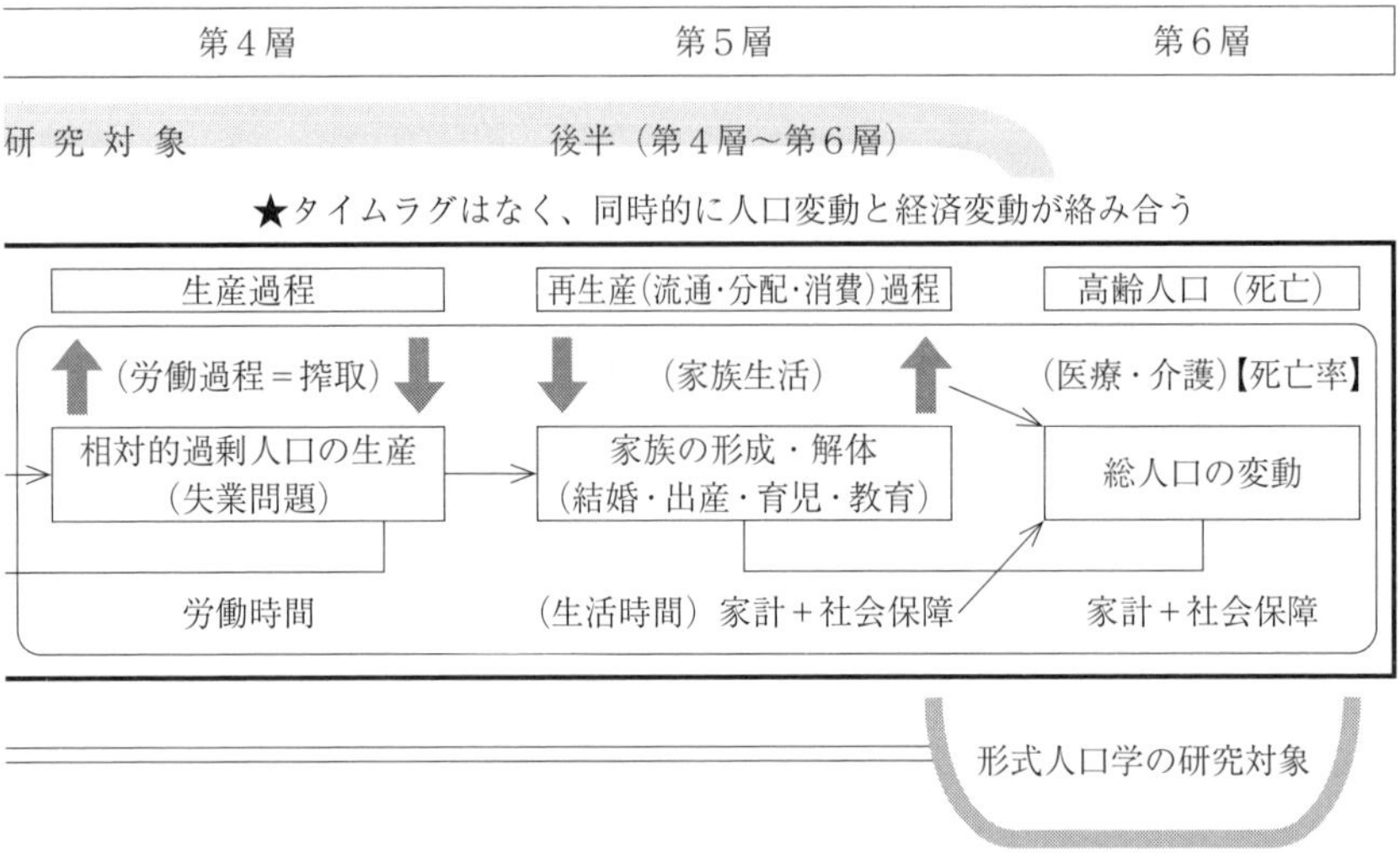

人口の一部をなしているが、総人口の変動要因である出生数は、出生率の変動から一定のタイムラグを経て波及してくる。経済学は、何よりもまず現在の経済問題、経済情勢を解明することに力を入れるから、現在の生産年齢人口には労働力の源泉として関心をもつ。総人口と生産年齢人口との間のタイムラグの存在は、人口問題と経済問題の間の連携を疎遠にする隙間にもなっている。しかし、長期的な経済問題を考えるためには、経済学は人口論の研究と密接に連携する必要がある。

〈第三層＝労働力市場〉資本主義においては、労働力が商品として労働力市場で売買される。労働力市場で雇用と賃金の水準が決まるとともに、失業者も生まれる。第二層の雇用可能な人口（雇用を求める求職者数）は、資本主義的生産様式のもとでは、資本の投資額の規模によって現実に利用される雇用者数が決まるために、その差は就職できない失業者となり、失業問題が発生する。

〈第四層＝生産・流通過程〉第四層の生産過程では、労働市場で雇用された労働者が実際に生産過程で労働して商

図表4-3-3　人口・雇用・経済の6層構造

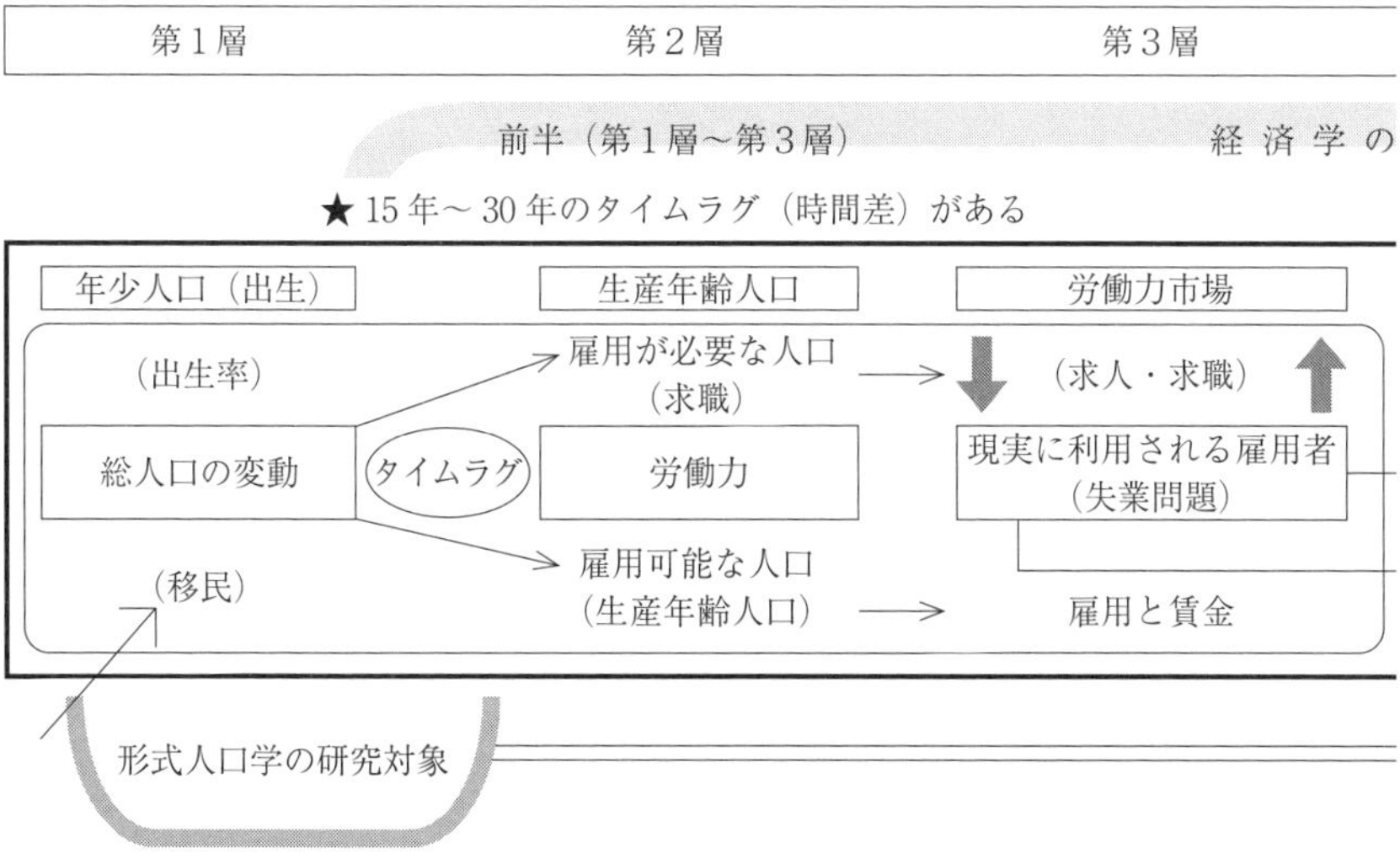

品・サービスを生産することによって、剰余価値を生み出す。そして労働者の労働によって生産された剰余価値が資本家の手で資本に転化して蓄積されていく。この生産過程＝資本蓄積過程こそ資本主義のエンジンであり、経済成長の最深部の動因である。そして、資本蓄積によって生産力が急速に発展し、その過程で相対的過剰人口が累積的に生産される。マルクスは、このメカニズムを経済学的に解明し、資本主義に固有の人口法則として措定した。資本主義における人口問題研究の核心に据えられるべき法則である。

〈第五層＝労働力の再生産過程〉第五層は、労働者が家庭を持ち、家族とともに生活し、子どもを生み、育てて、新しい人口を構成していく過程である。経済学的な言い方をすると、労働力の再生産過程である。

〈第六層＝高齢人口〉第六層は第一層の「出生率」に対応して「死亡率」を規定し、総人口の自然増減を左右する要因となる。高齢人口の増大は、社会のあらゆる分野に変化をもたらすため、独自に解明すべき経済学の課題となっている。

第五層と第六層は、次の総人口を形成していく条件であるという意味では、第一層とは円環のようにつながっている。図では、横に直線的に描いてあるが、より実態的には円環として描いた方がよいだろう。

さて、このように六層に分けてみたときに、人口学がもっぱら研究対象とするのは、第一層、第二層、第六層だと見てよいだろう。これに対して、経済学の研究対象は、主に第三層、第四層、第五層である。それらの変動は第一層の総人口、第二層の生産年齢人口に大きな影響を及ぼす。その意味では、経済学は、人口学と連携しながら、六つの階層のすべての変動に関心をもつことが必要だといえる。とりわけ、二〇〇〇年、五〇年、一〇〇年という長期、超長期の経済変動の未来を展望するときには、総人口の変動は重要な規定的要因となる。

なお、マルクスの『資本論』は、第一巻では、資本の生産過程（図の第三層と第四層）を解明し、第二巻では、資本の流通・再生産過程（図の第五層）を主たる研究対象としている。とりわけ、マルクスは「資本の生産過程」において、資本主義的生産様式に固有な人口法則、相対的過剰人口の累進的生産の法則を解明している。しかし、マルクス、エンゲルスは、『資本論』以外の著作では、図の第一層、第二層に関わる人口問題についても、深い分析・論究をしている。※

※　マルクス、エンゲルスの人口問題についての全体的な研究は、本書の第Ⅲ部第6章で行う。

（3）生産年齢人口の労働力人口への影響

人口問題を経済学的な視点から検討する際には、もっとも基礎的な概念として「生産年齢人口」と「労働力人口」との区別と関係を明確につかんでおくことが前提となる。この点については、本書でも繰り返し述べてきた（四八ページの図を参照）。

「生産年齢人口」は、総人口を単純に年齢だけを基準に三区分したうちの一五〜六四歳の年齢階層である。その中には、就学中の高校生・大学生、就労していない人、病気療養中の人々なども、すべて含まれている。

「労働力人口」は、一五歳以上で、労働する能力と意思をもつ者の数である。より具体的にいえば、一五歳以上の人口のうち就業者（休業者も含む）と失業者の合計を指している（ここで、就業者と失業者との統計的な線引きは各国ごとに異なり、日本の場合は失業者の範囲をきわめて小さくするように定義しているが、本章では、この点には立ち入らない）。

このように、「労働力人口」には、「生産年齢人口」に含まれる専業主婦や学生は含んでいないが、そのかわり六五歳以上の就労している人たちは年齢がどれほど高齢でも、すべて含んでいる。そのために、「生産年齢人口」にくらべると、「労働力人口」はより流動的であり、経済政策や社会政策によって増大したり減少したりする。四八ページの図に示したように、「生産年齢人口」のうちで就労していない人がパートなどで就労すると「労働力人口」は増大する。また六五歳以上の高齢者が新たに就労すると、「生産年齢人口」には変化はないが、「労働力人口」は増加する。また、「労働力人口」の中には、いま仕事がなくて失業している人も含んでいる。

政府の「労働力調査」の統計で、「労働力率」を計算するときには、（労働力人口÷一五歳以上人口）となっている。この計算式では、一〇〇歳の高齢者も含めて一五歳以上のすべての人々を労働力になる可能性のある人と見なしていることになる。

（4）失業問題と産業予備軍――相対的過剰人口の累積的生産

資本主義的な生産様式と人口問題との関係を考えるときには、マルクスが発見した「相対的過剰人口の累積的形成の法則」＝「資本主義のもとでの固有の人口法則」をとりあげる必要がある。

マルクスの「相対的過剰人口の累積的形成の法則」は、資本主義のもとでなぜ失業問題が深刻な社会的問題になってきたのか、しかもどの国でも、どの時代でも共通な、解決しがたい難題になってきたのか、という問題を、見事に科学的に解き明かした。その基本点を要約して示すと、次のようになる。

資本蓄積の進行は、生産力の飛躍的発展をもたらし、資本構成の質的変化つまり資本の技術的構成の変化を反映する有機的構成の高度化をもたらす。そのさいに、総資本の増大につれて、可変資本も絶対的にも増加するが、その増加率は、不変資本に比べるとはるかに小さくなる。労働に対する需要は、加速度的、累進的に、減少する。その結果として、資本の中位の価値増殖欲にとっての余分な労働人口、すなわち相対的過剰人口が法則的に生産される。この相対的過剰人口は、現実の人口増加には制約されないで、いつでも雇用可能な労働力、つまり産業予備軍となる。産業予備軍は、資本蓄積に伴う産業循環によって吸収と排出を繰り返しながら、資本の中位の価値増殖に対して相対的な過剰人口として資本主義の実存条件となる。

図表4―3―4は、米国のマルクス経済学者のポール・スウィージーが著作『資本主義発展の理論』

（一九四二年）の中で、資本主義の生産過程での労働力の需給関係をポンプによる水の流れにたとえて示したものである。わかりやすいので、この図を借りて説明すると、上の長方形の箱の部分が生産過程で、下の丸い部分が産業予備軍（つまり相対的過剰人口）の貯水池に当たる。左側からAの新規求職者（就労希望者）が参入してくると、就職できた者は上の箱の生産過程に入る。しかし、Bの就職できなかった者は、下の丸い産業予備軍の貯水池に入る。上の生産過程の箱と下の産業予備軍の貯水池とはつながっていて、CとDの労働者が絶えず吸引と反発を繰り返して、生産過程と貯水池の間を行き来しているのである。生産力の発展に伴って、新たな生産技術が導入されると、たえずCがDより多くなって（C＞D）、産業予備軍（相対的過剰人口）が累進的に形成される。

図表4-3-4　産業予備軍の模式図（スウィージー）

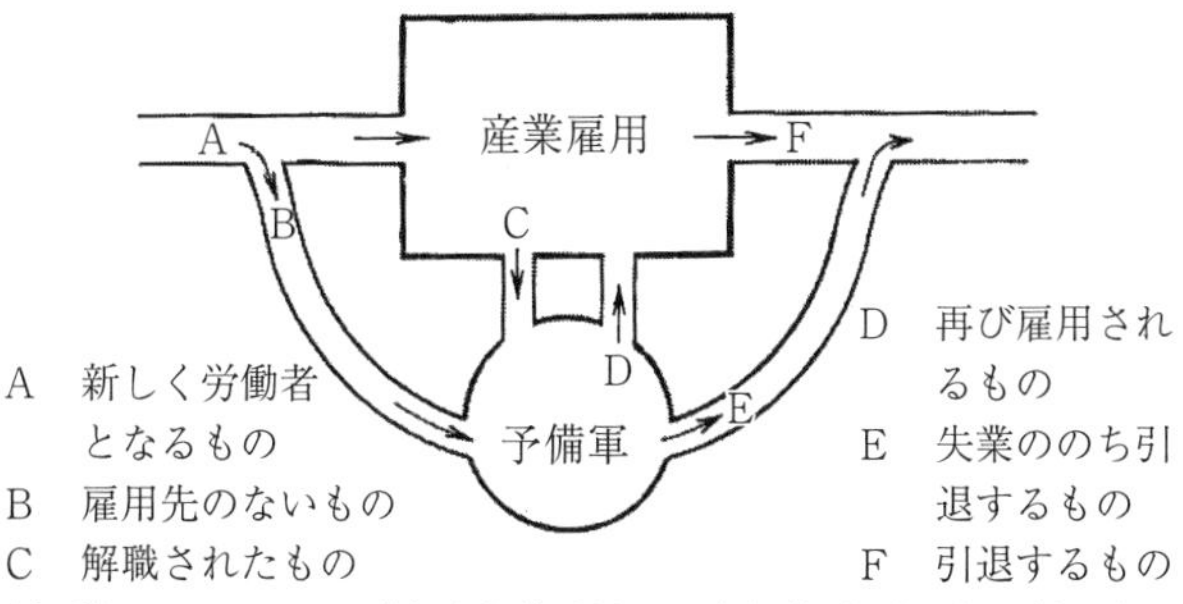

（出所）スウィージー『資本主義発展の理論』（都留重人訳、新評論、1967年）

（5）高齢社会と有効需要の変動への影響

人口の変動は、労働力人口の変化や生産過程での就業者・失業者（相対的過剰人口）の形成という生産過程（供給サイド）への影響だけでなく、個人消費や政府消費、住宅投資や民間設備投資、公共投資などの投資過程（需要サイド）へも大きな影響を与える（図表4―3―5）。

図表4-3-5　人口変動と経済変動の関連

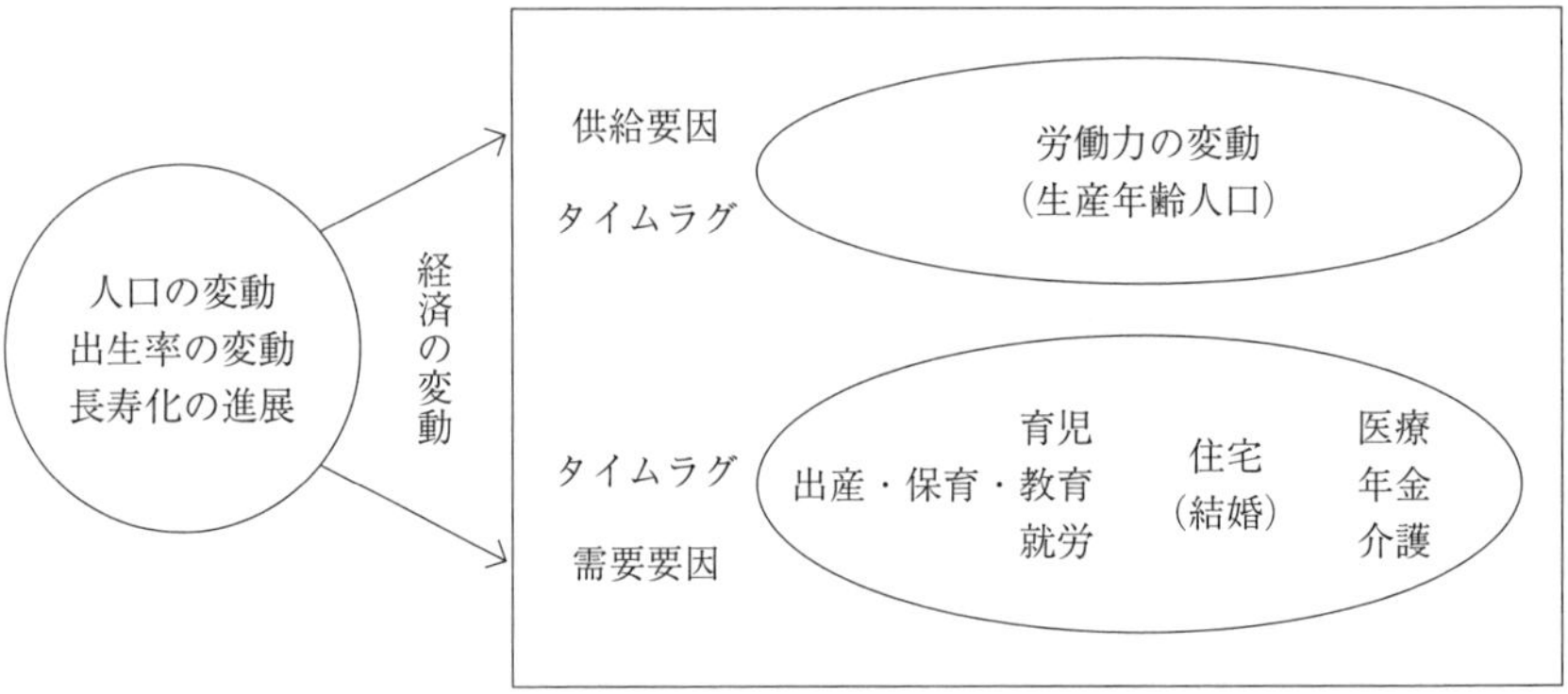

消費過程への影響は、生産過程への影響とは別な意味で、なかなか複雑である。生産過程への影響は、労働力人口という要因の変動に限られていたが、消費過程への影響は、人口の年齢構成の各階層の消費需要のすべての要因から成っているから、それだけ複雑になるのである。

産業資本主義の時代には、人口が急速に増大して「年少人口」と「生産年齢人口」の比率が高まっていったから、勤労世帯の家計消費、中でも衣食住や保育、教育などの消費が基本だったが、二〇～二一世紀の資本主義のもとでは、とくに欧米日の発達した資本主義国のもとでは、「高齢社会」における消費需要の変化が大きくなっている。

(6) 人口の社会的増減の拡大
――グローバル時代の人口の国際移動

これまでは、人口の変動を自然増減（出生率と死亡率）だけを考えてきたが、人口の増減には、もう一つ社会的増減がある。人口の社会的増減については、すでに第Ⅰ部でも、基本的な意味は説明したので、ここでは、指摘するだけにとどめておこう。

第4節　人口の変動と経済社会の変動のタイムラグ

「タイムラグ」（time lag）の言葉としての意味は、「ある現象の反応がすぐに起こらず、遅れて起こる際の時間のずれ」（『大辞林』）のことである。ちなみに、lagという英語は、動詞では「のろのろ歩く」ということである。※

※　ついでに調べると、海外へ飛行機で行った時の「時差ボケ」は、英語ではJet lag（飛行機ボケ）という。たしかに、船に乗って、相当時間をかけて海外へ行った場合は、「時差ボケ」にはならないのかもしれない。

(1) 社会経済変動と人口変動とのタイムラグ（時間軸のズレ）

人間社会の経済活動は、様々な産業分野、職種によって再生産の期間は異なっている。一回の再生産に数十年かかる林業のような分野もあれば、数日で製品を完成させる工業分野もある。そこで、社会的再生産においては、自然の周期性の度量単位である一年が経済活動の統一的な回転期間となっている。この一年という回転期間は、地球の公転による季節変動を基礎としており、それを単位に一年ごとの暦がつくら

れ、その暦に基づいて人間社会の活動が行われている。※

※　社会的再生産活動の回転期間の統一的基準が一年であることについて、マルクスは、「この度量単位の自然的基礎は、資本主義的生産の母国である温帯のもっとも重要な土地果実が年々の生産物である、ということにある」（⑥二五二ページ、原書一五七ページ）と述べている。

しかし、人間が出生してから死亡するまでの期間は一年ではない。個人によってまちまちであるが、現在の日本の平均寿命でいえば、八〇年を超えている。また一人の女性が誕生してから、次の世代の人間を新たに出産するまでの期間――人間の再生産期間は、二〇年前後から五〇年前後までの幅広い期間がある。いずれにしても、人間社会の一年単位の再生産期間と人間の再生産期間とには、かなり長期間の時間差（タイムラグ）がある。この経済変動と人口変動とのタイムラグは、経済学において人口変動の影響を考える際の重要な要因である。

（2）複雑なタイムラグの発生

人口変動と経済問題とのタイムラグは、いろいろな経済問題によって異なってくる。たとえば、ある年の出生率（期間出生率）が急に上昇して、新しく生まれた赤ちゃんが一挙に一〇〇万人も増えたとする。すると、すぐにゼロ歳児保育などの入所希望者が増えてくるだろう。この間のタイムラグはほとんどないわけである。しかし、小学校への入学は六年後になるので、六年間のタイムラグがある。年金を受給するようになるのは六〇年～六五年後であるから、相当のタイムラグがある。しかも、一〇〇万人のうちには年金受給年齢までに亡くなる人もいるだろうから、死亡率などの影響も重なり、複雑な「タイムラグ」になる。

人口変動と経済問題のタイムラグは、とりあげる問題によって一律ではなく、いろいろと異なっている。しかし、人口の数は、その年（あるいは、その月）に生まれた出生者数と、その年（その月）に亡くなった死亡者数を差し引いた増減によって定まる（ここでは、とりあえず人口の海外からの移出入を除いて考える）。

出生数は一度決まったら、その同世代の人数は増えることはない。約一〇〇年の間に死亡者の数に伴って、次第に減少するだけである。死亡率にあまり変動がなくて一定だと仮定すると、出生率によって人口の変動が決まることになる。つまり出生率を与件とすると、一〇〇年後ぐらいまでの各年の人口ピラミッドの形態を、ある程度推定することができる。

このような人口問題の独特の性格は、人口問題と経済問題のタイムラグについて、二つの特徴をつくりだす。

①人口変動の経済問題への影響のタイムラグは、先に述べたように保育、労働力、年金など、問題によって異なり、時間の流れとともに大きくなっていくが、短期的には、人口構成には急激な変動はない。そのために、短期的な経済分析のためには現在の瞬間の人口構成を与件として（人口の将来的な変動は考慮せずに）扱うことができる。

②長期的な経済分析においては、人口変動の影響は与件としてではなく、経済変動の内的な要因として、扱うことが必要になる。なぜなら、人口の変動とともに、経済の変動への影響は強くなってくるからである。その場合、総体的にみると、人口変動の経済変動への影響は時間の流れとともに大きくなる傾向がある

る。図表4―4―1は、人口の変動と経済の変動のタイムラグの状態を時間の流れにそって示したものである。つまり、経済の長期的な変動を研究するときには、人口変動の影響を組み入れて考えることが不可欠になる。たとえば、一〇〇年後に人口が半分に減少していくとすれば、それは経済の姿を大きく変えることになるだろうからである。

図表4-4-1　人口変動と経済変動のタイムラグ

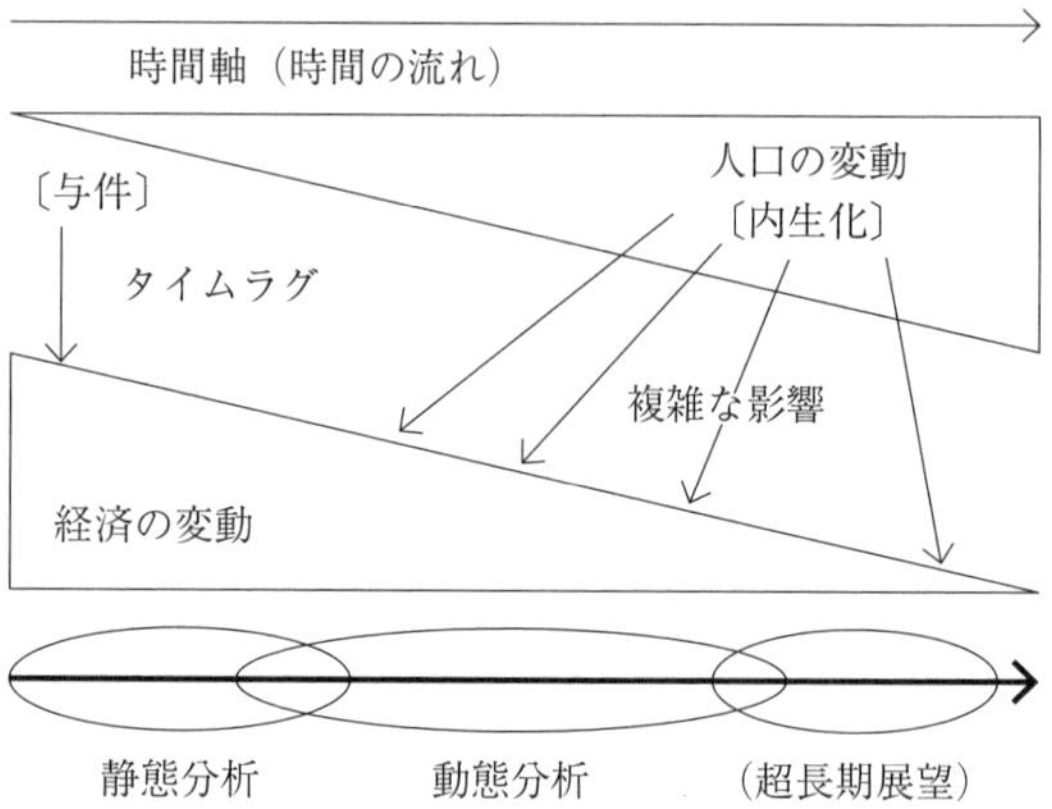

（3）タイムラグによる需給ミスマッチの拡大

人口問題と経済問題のタイムラグは、資本主義社会の歴史的な条件を捨象して抽象的に考えるなら単純な時間的なずれとしか見えないが、市場経済・資本主義経済の競争社会の条件のもとでは、想像を超える社会的な混乱や矛盾を生むことがある。

たとえばその一つの例が出生率の低下に伴う産科医や産科病院の減少の問題がある（この問題は、すでに本書の第1章〔四〇ページ〕でとりあげたのだが、たいへんわかりやすい事例なので、ここでもう一度振り返っておきたい）。

もし、出生数の減少に見合って、それと一定の比率を保って産科医療の条件が縮小するだけなら、地域的な偏在などの問題は別として、社会的総数においては、それほどの不足は生まれないであろう。しかし、資本主義の無政府的な競争条件のもとでは、数年先、数十年先を見越して、現在の産科医希望者が減少することが起こる。同じようなことは、小児科においても起こるであろう。周知のように、産科医にしても小児科医にしても、医療従事者は長い教育と経験が求められる専門的職業である。短期間にミスマッチを調整することはできない。「タイムラグ」は、机上のミスマッチ以上に拡大していくであろう。

たとえば産科医や小児科医の極端な不足である。これについては、将来の産科や小児科医療の対象となる新生児・幼小児の数が傾向的に減少していくことが予想されているもとで、長い訓練機関を必要とし、その間の費用の回収のために長期のキャリアを必要とする専門医のなり手が少なくなるのは当然である。さらに現状の人手不足から生ずる専門医の過酷な勤務状況を見れば、現在極めて劣悪な勤務状況で、しかも将来に縮小が予想される分野に若い人が進もうとしないのは当然である。

(4) 人口変動と税制・社会保障制度（所得・資産の再分配過程）への影響

資本主義は、産業資本主義の時代には、「安価な政府」などという言葉も生まれたように、国家は、戦争や治安維持のための軍隊や警察などに主要な力を入れ、国家（政府）の経済過程への介入は制約されていた。しかし、資本主義が独占段階に入るとともに、税制や社会保障制度などによる所得再分配の機能が大きな役割を果たすようになった。

戦後日本の社会保障制度の場合、敗戦直後の人口の急増期には、失業者と貧困者の増大に対する緊急援護と生活基盤の整備（いわゆる「救貧」）に対処するのが中心課題だったが、戦後の復興期をへて、「高度成長」期の一九六〇年代には、国民皆保険・皆年金と社会保障制度の確立（いわゆる「救貧」から「防貧」）へ重点を移した。しかし、一九七〇年代以降に人口構成の高齢者の比率が高まり高齢化社会（高齢者比率七・一パーセント）に入るとともに、医療保険、年金保険の財政膨張にたいする制度見直しが行われるようになった。さらに一九九〇年代以降は、歴代自民党政権は「少子・高齢社会」への対応として社会保障制度改革を推進してきた。

「少子・高齢社会」の進行に伴う税制や社会保障制度への影響という点では、人口の長期的推計に基づく財政収支の安定的な制度設計が重要な課題になる。人口の長期的な変動を前提とした経済過程の長期的展望を持つことが再分配の諸制度にとっても不可欠になってくる。その際に重要なことは、「少子・高齢社会」への対応ということで、「逆マルサス主義」的な安易な国民負担強化・給付削減の道を選ばないことである。第1章で述べたような「逆マルサス主義」の罠に陥らないようにする必要がある。

とりわけ「少子・高齢社会」について重要な問題は、人口ピラミッドの上方になればなるほど、女性の比率が大きくなることである。これらの増大する高齢女性は、年金、介護、医療などの社会保障給付も劣悪である。高齢女性が抱える貧困には、日本社会のジェンダー不平等の歪《ゆが》みが凝縮されて表れている。

第5節　人口減少と再生産過程

本書の第I部第1章の最後に、「『人口減少』社会においても、個別の経営主体（家計や企業）の経済活動を市場における自由競争にゆだねるなら、『合成の誤謬《ごびゅう》』が起こって、いわば『過少生産恐慌』が起こる可能性がある」と述べ、「マルクス経済学の再生産論の立場からの『人口減少』社会の経済理論が必要になっている」と述べておいた。人口減少問題を社会的再生産過程の中でとらえることは、マルクス経済学としては、新しい理論的課題である。

（1）『資本論』における「縮小再生産」論

マルクスは、『資本論』第三巻の中で、資本主義社会においては、労働者階級の消費を、「多かれ少なかれ狭い限界内でしか変化できない最低限に引き下げる」と述べている（⑧四一九ページ、原書二五四ページ）。しかし、経済恐慌は、こうした労働者階級の「過少消費」によって起こるのではなく、資本家階級による生産の無制限的発展、過剰蓄積によって起こると主張している。

また、原料などが高騰したときには、資本の流動資本が不足して、再生産全体が縮小することもおこりうるとも述べている。

「……ここでふたたび、原料の価格における上昇が全再生産過程を縮小させ、または阻害しうることが明らかになる。それは、商品販売から得られた価格が商品のすべての要素を補塡するには足りないため、すなわち、右の価格が〔生産〕過程をその技術的基礎に適する規模で続行することを不可能にし、その結果機械の一部分だけが作業させられるか、もしくは機械全体が通常の時間いっぱい作業することができないようになるためである」⑧一九一ページ、第三巻第一篇「剰余価値の利潤への転化、および剰余価値率への転化」第六章「価格変動の影響」、原書一一九ページ)。

このように『資本論』では、原料不足による縮小再生産の可能性は論じているが、労働力不足による再生産の縮小は想定されていない。資本主義社会のもとでは、労働市場には資本蓄積に必要な労働力は産業予備軍(相対的過剰人口)として存在しているからである。

「人口減少」社会における労働力の減少による再生産の縮小は、『資本論』では想定されていなかった問題であり、『資本論』の資本蓄積・再生産論を、理論的に「拡張」することが必要になる。

(2) 資本蓄積・再生産論の「理論の拡張」

「少子化・人口減少」社会との関わりでは、『資本論』の資本蓄積・再生産論の「理論の拡張」は、次の三つの方向で必要になっている。

一つは、相対的過剰人口形成の理論を閉鎖的な国内経済のもとでの人口法則として捉えるのでなく、グローバルな労働人口の移動を前提とする人口法則として「理論的に拡張」することである。

もともと、『資本論』は閉鎖的な国内経済を前提したものではないが、再生産論（とくに再生産表式論）においては国際貿易などの対外関係は捨象されている。したがってまた、相対的過剰人口の形成も国内における労働力市場が前提となっている。しかし、今日では、多くの国で、労働力の国際的移動を抜きにしては労働力市場は成り立たなくなっている。相対的過剰人口の形成もグローバルな視野で考えることが必要になっているのである。この点は、第Ⅲ部で、マルクスの相対的過剰人口の理論の現代的意義を考察する際に詳述する（本書第6章第5節、三三四ページを参照）。

二つには、再生産過程の範囲を物質的再生産だけではなく人間の再生産をも包摂できるように「理論の拡張」をはかることである。この点に関連して、第1章でも紹介した日本学術会議の提言「『人口縮小社会』という未来」（二〇二〇年）は、次のように述べている。

「改めて『持続可能な社会』という観点から『働くこと』を捉え直すと、これまでの日本社会は収入につながる『生産』活動での労働が主要な働き手であり、家族ケアに代表される『再生産』活動は軽視されてきた。しかし極めて重要な『いのちの再生産』のためには、家族、国家および市場という3つのセクターがそれぞれに重要な役割を担っている。三つのセクターが再生産コストを分担し、生産労働と再生産労働の両方を含めた労働の適切な再配置がなされるように、注意深く社会システムの再構築を行うことが重要である」。「そのためには、社会科学の再編成も必要である。『経済』の概念を拡張し、家事労働などの不払い労働や国家による福祉を含むようにすることを、フェミニスト経済学は提唱してきた。『働くこと』を『生産労働』以外にも拡大し、『働くこと』を再定義した上で、それを前提にして社会制度を再構築する必要がある。『再生産』を『経済』から切り離して家族という私的領域に任せてきた従来のあり方を見直し、保育や介護に代表される家事労働や国家による福祉を『経済』の概念に含めて検討がなされることが必要である」(同提言九ページ)。

こうした提言は、マルクス経済学の再生産の理論にも適用できるだろう。従来から、マルクス経済学においても、「サービス労働」の評価をめぐって、様々な議論が行われてきた。こうした議論もふまえながら、再生産論の「理論の拡張」が求められる。

三つには、物質的再生産の領域については、市場経済のもとでの縮小再生産についての資本蓄積・再生産過程の「理論の拡張」である。いま二つめに挙げたように再生産の範囲を広げたとしても、そのことによって、物質的再生産の意義がなくなるわけではない。人間の生産と再生産も物質的な条件があってこそ初めて可能であり、その独自の意義を解消することはできないからである。

この意味での資本蓄積・再生産論の「理論の拡張」については、文字通り創造的な探究が求められるのであるが、その際に、次のようなマルクスの指摘は、たいへん示唆的だと思われる。

「摩滅の補填とも、また維持および修理の労働ともまったく異なるのが、異常な自然現象、火災、洪水などによる破壊にたいする保険である。これは、剰余価値からまかなわなければならないものであり、剰余価値からの控除をなすものである。また、社会全体の立場から考察すれば、偶然や自然力によって引き起こされる異常な破壊の埋め合わせに生産諸手段を自由に使用できるようにしておくためには、恒常的な過剰生産、すなわち現存する富の単純な補填および再生産に必要であるよりも大きな規模での生産が――人口の増加はまったく度外視しても――行なわれなければならない」(⑥二八五ページ、第二巻第二篇「資本の回転」第八章「固定資本と流動資本」第2節「固定資本の、構成諸部分・補填・修理・蓄積」、原書一七八ページ)。

このマルクスの指摘に注目するのは、異常な自然現象などで生産が縮小することを想定して「社会全体の立場から」の「保険」が必要だということである。つまり市場の自由競争に任せるのでなく、将来のリスクを計算することによる「社会的な保険」が必要だという考え方である。

本書では、「少子化・人口減少」が予想されるもとで、個々人が「市場原理」による自由競争で経済活動を行うなら、予期せざる「合成の誤謬」による失敗を招くことを、産科医の不足問題を例にとりあげてきた(第1章四〇ページ、本章二三四ページ)。「少子・人口減少」社会のもとでは、市場の自由競争に任せるのでなく、社会的立場からの計画的な指針が不可欠になるといえるだろう。「人口減少」社会においては、資本主義を前提とするとしても、総合的で長期的な「社会経済計画」を策定することが不可欠である。この点については、すでに第1章で提起したので、繰り返さない(八二ページを参照)。

(3)ケース・スタディ――植民地アイルランドの人口減少経済のマルクスによる分析

マルクスは、『資本論』第一巻第七篇第二三章第五節「資本主義的蓄積の一般的法則の例証」の最後の「f　アイルランド」の中で、当時のイギリスの植民地であったアイルランドの人口減少経済の分析を詳細に行っている。

ここでのマルクスの分析の中心は、人口減少のもとでも、資本蓄積の法則が貫いていることを論証することである。つまり、人口減少のもとでも、「残留して過剰人口から解放されたアイルランドの労働者」にとっても「相対的過剰人口が、こんにちでも……同じように大きいこと、労賃が同じように低く、労働の苦しみが増したこと」（④一二二六ページ，原書七三二ページ）、「人口の減少とともに、地代と借地農業利潤は持続的に増加した」（④一二二二ページ、原書七三一ページ）ことなどである。

しかし、こうした分析の目的と視点の限界はあるなかでも、人口減少による耕地面積や農業生産物の大幅な減少など、資料をあげて克明に分析している。さらに、国内市場の縮小に伴う小売商人や小営業者への影響を指摘している。

「最後に、人口減少は、資本主義的生産の発展した国におけるような破壊的結果を招くことはないとはいえ、国内市場に絶えずはね返らずにはおかない。移住がこの国でつくり出す空隙は、地方的な労働需要をせばめるばかりでなく、小売商、手工業者、小営業者一般の収入をも収縮させる」（④一二二七ページ、原書七三三ページ）。

補論　近代経済学と「少子化」の経済分析

最後に、人口学と近代経済学との関係を、「少子化」問題の経済分析の事例について紹介しておこう。

現代の資本主義諸国の人口政策、とりわけ「少子化」対策の基礎には、近代経済学の人口理論があるため、

その研究が必要になるからである。※

※　近代経済学と「少子化」の経済分析については、本書では第Ⅲ部第7章、第8章でとりあげるので、ここでは簡潔な紹介にとどめる。

（1）新古典派経済学における人口問題

ブルジョア経済学においても、古典派経済学や二〇世紀前半の新古典派経済学においては、人口の再生産と生活資料の再生産の問題とは区別して、それぞれ独自の要因に基づいて変動するものと考えられてきた。とくに「人口の再生産」の領域は、ミクロ経済分析で扱うことは無理だと考えられてきた。そのために、人口要因はマクロ経済学の長期動態論（「経済成長論」）の中でのみ内生変数として扱われていた。

そこでは、一般的にいえば、親が子どもを持つという選択は、子どもから得られる利便・便益と子育てや教育にかかる経済的・心理的費用とのバランスによって選択される。子どもを持つことの喜び、家庭生活の幸福、さらに子どもの成長への期待（精神的・経済的な利益）、老後の趣味など、もろもろの「効用」と、子どもを産み、育てるための出費、教育費など、もろもろの「費用」、この関係によって合理的選択がなされるということは、やはり一般論としては「効用と費用の関係」である。

しかし、こうした抽象的な一般論をさらにモデル化して、出産や結婚などの行動原理、選択の理論にまで踏み込むことはできなかった。たとえば、「子どもを持つことは喜びだ」としても、所得が増えれば、それに比例して子どもを増やすかといえば、そうはならない。出産や結婚などの行動は、単純な「効用」と

「費用」の相関関係として、数学的なモデルを使ってとらえることは無理だと考えられていた。人口に関わる問題は、ミクロ的な経済分析の俎上にのせるには、あまりにも人間的すぎるとみられていたわけである。

(2) ケインズ経済学と「成長理論」における人口問題

新古典派経済学は人口（労働力）を与件としてとらえ、均衡理論や経済成長論を展開した。新古典派の「経済成長モデル」の根本的な欠陥は、生産関係＝分配関係における敵対的性格が経済成長にもたらす内在的な矛盾をとらえていないことであった。「新古典派成長モデル」は、経済成長の量的な変動（安定成長、均衡成長など）を数学的なモデルを使って解析することに終始し、資本蓄積＝再生産過程の矛盾の累積・発現（恐慌や不況など）をとらえる動学的な理論は含んでいなかった。

ケインズは、人口問題に深い関心を持っていたが、やはり「雇用可能な人口の規模」を与件として、もっぱら「現実に利用される雇用人口の規模」が「有効需要の原理」によって決まることを解明した。このような人口問題の扱いは、短期的な人口変動が経済に与える影響の問題であり、長期的な人口変動を内在的要因とした「経済成長論」ではなかった。

ケインズ以後の経済学においては、静学的なケインズ理論を動学化する「経済成長理論」が積極的に展開されてきた。ハロッド＝ドーマー成長モデルやソロー＝スワンの「新古典派成長モデル」では、労働力（人口）の変動が経済成長の基本的な要因とされており、人口問題を経済理論の中に組み入れようとしたものであった。

（3）シカゴ学派の人口理論の形成
──「出生力の経済分析」「子ども〈質〉」概念、家計生産の「機会費用」概念、「人的資本」理論、教育経済学、労働経済学の発展

人口に関わる問題はミクロ経済分析にはなじまないという「新古典派」の考え方に大きな転換をもたらしたのは、ゲーリー・ベッカー（シカゴ大教授、一九三〇～二〇一四年）が一九六〇年に発表した「出生力の経済学」（An Economic Analysis of Fertility）という短い一篇の論文だった。ベッカーは、それ以後、子どもの〈質〉という概念の導入、家計生産に「機会費用」という概念の導入などなど、家計や結婚など、家族の行動に関わる経済分析をミクロ経済学の応用として行うシカゴ学派の「家族理論」を形成・発展させた。

ベッカーの家族理論は、それまでのブルジョア経済学（新古典派経済学）に大きな影響を与え、出産、育児、結婚などの人口現象をミクロ経済分析の手法で扱う「経済人口学」を確立させた。さらにベッカーらのシカゴ学派は、家族の経済分析だけでなく、人間行動のあらゆる分野にミクロ経済分析の方法を応用する「人的資本」理論も発展させた。「人的資本」理論は、教育分野に適用されると「教育経済学」、労働分野に適用されると「労働経済学」を発展させることになった。※

※　ベッカーの家族理論は、今日の資本主義諸国の「少子化対策」の理論的背景となっている。この点については、本書第Ⅲ部第８章で検討する。

第5章　人口政策の考え方

人口問題は、子どもを産むかどうかという個人（カップル）の選択、基本的人権に関わっており、国家が数値目標をかかげて出生率を上げたり下げたり簡単にできるものではない。安易にそうすべきものでもない。「少子化対策」も、広い意味での「人口政策」（population policy）と考えるなら、その前提として、そもそも「人口政策」とはなにか、それはどうあるべきなのか、人口政策についての科学的社会主義の考え方を整理しておく必要がある。

第1節　人口政策の一般的な意味——人口学研究会編『現代人口辞典』の規定をもとに考える

まず人口学界において、人口政策はどのように扱われてきたのか、その一般的な意味を概観しておこう。

(1) 人口政策の抽象的な意味

「人口政策」という言葉には、どこか胡散臭い、危険な感じが伴っている。それは、これまでの長い人類の歴史の中で、「人口政策」の名のもとで、様々な〝非人道的な国家政策〟、人権を無視した政策がとられてきたことの苦い記憶があるからである。

しかし、一般的にいえば、人口政策という用語自体に〝非人道的な国家政策〟という意味が含まれているわけではない。手元の国語辞典や百科事典では、人口政策の意味は、次のように説明されている。たとえば『広辞苑』(岩波書店、第六版)では「出生の奨励や抑制、集中した人口の分散など、人口に関する政策」とある。また、『スーパー大辞林』(三省堂、電子版、第三版、二〇〇七年)では、「人口動向を調整するために政府が行う政策。人口増加に対する家族計画の普及、出生率低下に対する育児支援体制など」となっている。『世界大百科事典』(第二版、平凡社、一九九八年)では、もう少し詳しく、次のように説明している。

「狭義には、出生、死亡、人口移動のような人口現象に影響を与えることを意図した公共政策のことをいう。広義には、なんらかの経済的・社会的変化によって生じた人口現象に対する政策、たとえば人口急増市町村での義務教育児童のための学校施設増設などの文教政策などをも含めていう」(執筆者=黒田俊夫)。

これらの国語辞典や百科事典の説明では、あまりにも一般的、抽象的すぎるので、人口政策の内容に踏み込んで、その意味を明らかにしているわけではない。そこで、国連人口委員会の要請で国際人口学会が編集した『人口学用語辞典』（英語版第二版、日本人口学会訳、一九九四年、厚生統計協会）によると、人口政策は、次のように定義されている。

「人口政策は、人口変動の趨勢《すうせい》に影響を与えるよう当局によってとられた一連の方策、あるいはそのような方策の基礎として提供された原理である。人口増加、人口成長率の加速、あるいは現実の、または切迫した人口減少あるいは人口減退（depopulation）を防止するために企てられた人口増加主義的（populationist）政策と、人口成長の抑制もしくは人口増加率を減ずるための人口抑制（population control）政策とが区別される。前者の中では、出生率を高めようとする出生増進（pronatalist）政策がとりわけ重要である。出生増進政策とは対照的に、出生の頻度を減じようとする出生抑制（antinatalist）政策がある。人口政策はまた、人口の分布に影響を与えようとする人口再分配政策（population redistribution policy）を含んでいる」（同書一〇五～一〇六ページ）。

（2）人口学における人口政策の概念

日本の人口学者による人口学研究会編『現代人口辞典』（原書房、二〇一〇年）をみると、人口政策の項目は、佐藤龍三郎国立社会保障・人口問題研究所部長（当時）の執筆によって、かなり詳しい規定がなされている。人口学研究者による人口政策の基本的認識を確認するために、その全文を引用して、人口政策の特徴を考えてみることにしよう（後述する説明のために、筆者の責任で文節ごとに番号を付しておく）。

人口政策

「①現在または将来の人口規模、年齢構造、人口分布などを経済社会的により有利な状態に変えることを目的として、出生、死亡、移動などの人口過程に対して直接または間接的に政府が介入しようとする意図またはそのような行為をいう。

②ただし死亡については、寿命を短縮する政策はありえず、寿命を伸ばす方向の政策のみありうるが、これは公衆衛生政策とみなされ、一般に人口政策の範疇《はんちゅう》には含まれない。したがって人口政策といえば、出生力に関する（上昇、低下）政策と、人口移動（国際、国内）に関する政策が主たるものである。歴史的には人口の量のみならず『質』に関心が向けられ、人口増加政策に加えて優生政策が論じられたこともあった。

③なお、人口に関連した政策であっても、直接間接を問わず人口に作用することを意図した政策（人口作用的政策）と人口変動の結果に対する対応策（人口対応的政策）は概念上区別される。後者、たとえば人口急増に対応して住宅建設を促進するなどの政策は『人口対策』であり、人口政策には含まれない。すなわち、人口作用的政策のみが人口政策であり、人口に影響を与えることを意図しない社会・経済政策やその他の公共政策は（たとえ、結果的に人口に影響を及ぼしたとしても）人口政策に含めないのが一般的である。

④しかし、人口抑制の見地から夫婦の子ども数に制限を設ける中国の人口政策のように、政府が人口過程に直接かつ明示的に介入することはむしろまれであり、政府が積極的に人口に作用する意図を

明示することは今日の民主主義国ではあまりみられない。この点を考慮すると、結果として人口に影響を与える可能性のあるすべての政策を広義の人口政策として視野に入れることも現実的といえよう。

⑤また先述の人口作用的政策と人口対応的政策との区別もつねに明白とは限らない。そこで、これらの政策すべてを含めて広い意味での人口関連政策（population related policy）と見ることもできよう。

⑥さらにいえば、人口政策は『人口問題』の認識を前提とするが、『人口』問題は単独で存在するというよりも、つねに経済開発、社会開発、人間開発などその時々の開発（development）の諸課題と不可分であり、すなわち『人口・開発』問題として存在しているといえる。その意味では、『人口政策』というよりも『人口開発政策』（population and development policy）というとらえ方がより包括的と考えられる。

⑦いずれにしても、人口に関する政策と他の一般の公共政策（経済政策、社会政策、教育政策など）との大きな違いとして、人口政策は格段に倫理性と総合性が問われるということがある。人口政策は結婚、出産、移動といった個人の自由とプライバシーに密接に関わる領域に踏み込むものであるだけに、その正当化（理由付け）には相当な根拠が必要である。また政策の影響（将来の人口規模、年齢構造、移民の割合など）は少なくとも数十年単位の長期的視点で見通す必要がある。したがって、直接、間接にわたる政策手段の検討と政策の評価にあたっては多くの公共政策の総点検を要するといえる」（同書一四六～一四七ページ）。

このように、佐藤龍三郎氏の人口政策の説明は、全体で七つの節から成っており、様々な角度から人口

政策の規定がなされている。そこで、次項では、いま少し立ち入って人口政策の意味を考えてみよう。※

※　なお日本人口学会編『人口大事典』（培風館、二〇〇二年）では、第八部人口政策で一〇九ページにわたって、詳細な人口政策の解説がなされている。本章では、コンパクトに人口政策の特徴が規定されている上述の人口学研究会編集による『現代人口辞典』の規定をもとに考えることにする。

(3) 人口政策の特徴

前項で引用した人口学の立場からの人口政策の解説を、これらの番号を付した文節の規定にそって、若干の解釈を加えながらみていこう。

①もっとも一般的な人口政策の規定――人口政策の目的と対象……『現代人口辞典』の人口政策の規定の①の部分は、もっとも抽象的・一般的な人口政策の説明であり、これが前述の「国語辞典」などで採用されている人口政策の意味である。留意すべきことは、人口現象への政策的介入の「目的」としては、「人口規模、年齢構造、人口分布」の三つの項目、政策的介入の「対象」としては、「出生、死亡、移動」の三つの項目があげられていることである。

②過去の「優生政策」は、今日では含めない……②は、①の後段で規定した政策的介入の「対象」としての「出生、死亡、移動」についての補足的な説明がなされ、「死亡」を除く「出生」と「移動」が主たる政策対象になるとしている。

さらに②で注目すべきことは、補足的な説明として、「歴史的には人口の量のみならず『質』に関心が向けられ、人口増加政策に加えて優生政策が論じられたこともあった」（傍点は引用者）と、過去形で「優生政策※」をあげていることである。この過去形での表現には深い意味が込められていると思われる。過去形で「優生政策」に言及していることは、裏返しに言えば、「今日では、優生政策は人口政策には含めない」と解釈して読むことができるだろう。※

※　人口政策の名で行われた「優生政策」の事例としては、ドイツのナチス時代の人種政策がある。ナチス政権は、断種法を制定し、この法律のもとで、ゲルマン民族至上主義と反ユダヤ主義政策を強行し、法律施行後の初年度だけで五万六〇〇〇件以上の断種を強行した。ナチス時代の「優生学」による人口政策は、人種的理由を根拠に六〇〇万のユダヤ人を虐殺し、数万のドイツ人障害者をガス室に送った。しかし優生思想は、ナチスだけでなく、二〇世紀の資本主義諸国では広く敷衍《ふえん》していた。人類が優生思想を人口政策から完全に放逐したのは二〇世紀末のことである。この点については後述する（二七三ページ）。

③〜⑥「人口作用的政策」「人口対応的政策」「人口関連政策」「人口開発政策」……③から⑥までは、人口政策の範囲について、狭義、広義の区別をしながら、概念的な説明がなされている。

③では、まず「人口作用的政策」と「人口対応的政策」の区別がされているが、これは「少子化」問題についていえば、「少子化」を是正するために出生率を上げる政策と、「少子化」による「人口減少」から生まれる様々な現象に対応する政策の区別ということになるだろう。

④では、「人口作用的政策」の範囲は、間接的に影響を与える政策を含めると「広義の人口政策」として、きわめて広くなるということである。

図表5-1-1　「人口政策」の範囲

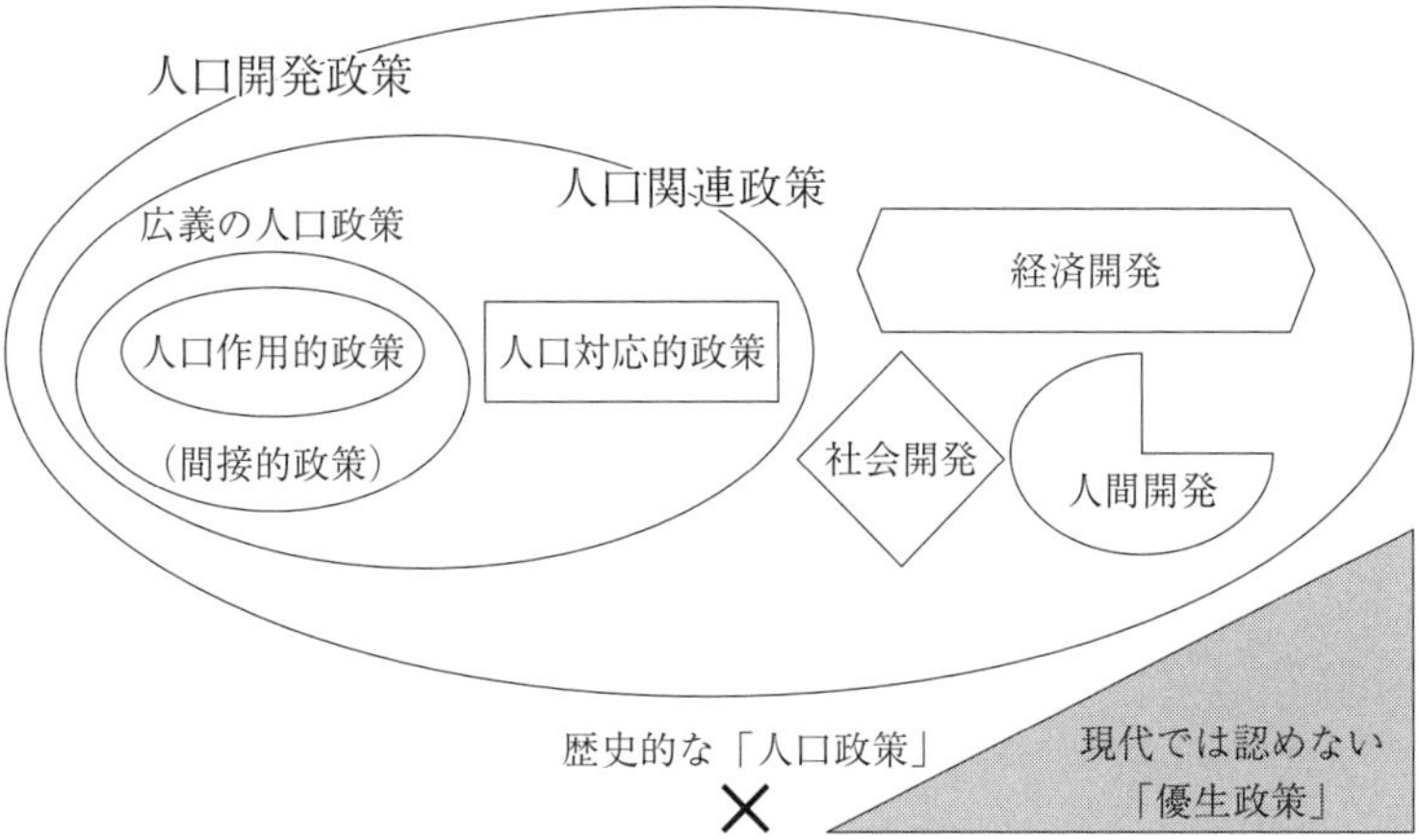

さらに、⑤では、「人口作用的政策」と「人口対応的政策」との区別をとりはらうなら、すべてが「人口関連政策」となり、さらに「人口開発政策」にまで広げてとらえることもできるとしている。

⑥では、「経済開発、社会開発、人間開発などその時々の開発（development）の諸課題と不可分」であるとしている。ここでいう「開発」とは、第二次世界大戦後の国連による途上国政策のなかから発展してきた政策的概念で、国連の様々な活動の分野で使われている（「経済開発」「人間開発」「社会開発」などの概念については、近代経済学の「人的資源」「人的資本」の概念とも密接に関連している）。

③～⑥の区別にそって人口政策の概念的な範囲を図に示すと、図表5―1―1のようになる。この図からも一覧できるように、人口政策の範囲は、その定義の仕方によって狭くも広くもとれる漠然とした特徴をもっている。それはいい換えれば、人口の増減は様々な要因によって規定されるために、多様な政策手段によ

る総合的なものになる傾向があることを表している。

⑦人口政策は、格段に「倫理性」が問われ、「総合性」と「長期的視点」が求められる……最後の⑦では、人口政策の特徴である「倫理性」「総合性」「長期的視点」が挙げてある。この三つの特徴は、人口政策を論ずる上できわめて重要な論点である。このうち「長期的視点」については、本書では、すでに第4章の中で、人口問題と経済問題のタイムラグ（たとえば人口構造の変動が経済構造に影響をもたらしてくるには、かなり長期のタイムラグを伴う）の問題や人口動態のモメンタム（慣性）の問題として、ある程度触れてきた。しかし、人口政策の「倫理性」と「総合性」については、とりあげてこなかった。

人口政策の備えるべき「倫理性」と「総合性」と「長期性」をもっともよく示しているものが、第Ⅰ部第一章でとりあげたリプロダクティブ・ヘルス／ライツという考え方だと思われる。第Ⅰ部では、人口政策の国際的な基準として、リプロダクティブ・ヘルス／ライツを前提にしてきたが、その人口政策としての内容的な意味、特徴については述べることができなかった。

リプロダクティブ・ヘルス／ライツは、邦訳のとおり、性と生殖に関する健康と権利を表しており、それ自体は具体的な政策的な内容を示すものではない。それは、人口政策を推進するための基本的な人権を表している。このように本来は健康と権利に関わる概念が、なぜ人口政策の国際的基準としての意義を持っているのか、次に節をあらためて考察しておこう。

第2節　人口政策の国際的基準――リプロダクティブ・ヘルス／ライツ（ＳＲＨＲ）の確立

（1）人口政策の国際的到達点――一九九四年の国際人口開発会議

子どもを産む産まない、子どもの数、出産の時期や間隔などは、「少子化」対策の名で国によって上から定められるものではない。それは、すべてのカップル（女性と男性）、すべての個人が、自由にかつ責任をもって決定でき、そのための情報と手段を得ることができる権利であり、その権利――リプロダクティブ・ヘルス／ライツ（ＳＲＨＲ）※は、国連での合意と国際法に基づいた基本的人権の一つである。

※　ＳＲＨＲ　“sexual and reproductive health and rights”（性と生殖に関する健康と権利）の略語。reproduction（生殖）のみならずsexual（性）の健康と権利にも力点が置かれている。セクシュアル・ヘルス／ライツは、リプロダクティブ・ヘルス／ライツに含まれるとして省略される場合が多い。

一九九四年の国際人口開発会議（ＩＣＰＤ、カイロ会議）で提唱されたＳＲＨＲは、一九九五年の第四回世界女性会議（北京会議）でも採択文書に明記された。北京会議では、妊娠、出産は、女性の問題であるだけではなく、性と生殖に関する男女の平等な関係、同意、共同の責任であり、権利であることが広く認識され、とくに男性の性に関する役割と責任も強調されることとなった。以下、国連人口基金の「人口白書」の解説などを参考に、SRHRの基本思想を整理しておこう。

リプロダクティブ・ヘルス／ライツは、人間の生殖システムおよびその機能と活動過程のすべての側面において、単に疾病、障害がないというばかりでなく、身体的、精神的、社会的に完全に良好な状態にある権利を指している。したがって、リプロダクティブ・ヘルス／ライツは、すべてのカップル（女性と男性）が安全で満ち足りた性生活を営むことができ、生殖能力を持ち、子どもを持つか持たないか、いつ持つか、何人持つかを決めることができる自由を意味する。すべてのカップルと個人が、自分たちの子どもの数、出産間隔、出産する時期を自由にかつ責任を持って決定でき、そのための情報と手段を得ることができるという基本的権利である。

生命の誕生、生命の生産は、人間にとって重要な男女共同の大事業である。女性は妊娠して産む性である。しかし、生殖、即ち、妊娠することは、男女の同等の責任であるべきで、そのためには正しい性の知識が必要になる。

リプロダクティブ・ヘルス／ライツは、女性には妊娠・出産をコントロールできる権利、基本的人権としての「女性の自己決定権」があることを意味する。また、男性にも、子どもを持つ権利と自由があることを意味する。さらに、男性には、「女性の権利を守る義務」と「子どもの権利を守る義務」も課せられる。男性が女性と子どもを守る義務を果たすためには、ワーク・ライフ・バランスの保障、経済的・社会的・政治的条件が必要である。

生殖作用（リプロダクション）即ち妊娠は、男性にも責任のあることであるが、妊娠するのは女性だけであり、出産・授乳も女性特有の機能である。したがって、女性は男性とは異なる健康上の問題に直面する。女性には、思春期には初経があり、その後は毎月の月経についてのトラブル、胎児を育てる子宮には、子宮内膜症、子宮筋腫、子宮がんの発生、乳がんの問題などが起こってくる。また、望まない妊娠で人工妊娠中絶にいたれば、身体も心も傷つくし、それが更年期障害の誘因になることも稀ではない。リプロダクティブ・ヘルスは、性の問題、思春期の問題、妊娠、出産、中絶、避妊、不妊、性感染症、更年期障害の問題などを克服し、女性が生涯にわたって健康を保持する権利を有することを意味する。

このように女性の生涯の健康を保障することは、男女のカップルの共通の課題であり、社会全体で保障しなければならないのである。リプロダクティブ・ヘルス／ライツを貫いているのは、こうした考え方である。

(2) リプロダクティブ・ヘルス／ライツの特徴――従来の家族計画・母子保健との違い

リプロダクティブ・ヘルス／ライツの考え方そのものは、これまでの家族計画・母子保健の中でも部分的には指摘されてきたことである。では、従来の家族計画・母子保健とリプロダクティブ・ヘルス／ライツの考え方とは、どこが違っているのか。以下、研究者の解説をもとに、その違いを要約しておこう。

①リプロダクティブ・ヘルスは、一五～四九歳の生殖可能な年齢層の女性の健康だけではなく、生涯にわたる幅広い健康を指す。また、女性は単に子どもを産む期間だけ健康に留意していればよいというのではなく、人間として、生活周期の視点で健康管理をする重要性を指摘するものである。

②リプロダクティブ・ヘルスは、従来縦割りの行政構造の中で孤立して対処されていた家族計画・母子

保健と性感染症・ＨＩＶ／エイズを含む他の生殖に関する健康問題とを連携させた包括的なアプローチを目指すものである。

③従来の家族計画プログラムでは、男性のニーズ・役割・責任および若者の特別なニーズについて適切に対処しているとはいいがたい。リプロダクティブ・ヘルスの活動では、これらの問題に対して十分な配慮をすることが要求されている。また、他のリプロダクティブ・ヘルスの分野においても（たとえば、性感染症やＨＩＶ／エイズなど）男性の役割と責任について言及している。

④リプロダクティブ・ヘルスは、家族計画に関する個人とカップルの権利、とくに家族計画の方法を選ぶ権利を掲げている。現在は、個人とカップルに家族計画の手法を選ぶ機会がまったく与えられていないか、与えられていても不十分もしくは不適切な場合が多い。リプロダクティブ・ヘルスは、個人とカップルが家族計画を利用する権利と個人にとって適切と思われる家族計画の方法を選ぶ権利、さらにはその権利を享受できるようなヘルスケアと情報の充実を保障することをうたっている。

⑤リプロダクティブ・ヘルスは、女性に対する暴力が大きな健康問題となると指摘している。とくに、強姦、性的虐待、人身売買および強制売春、女性の性器切除を含めた有害な伝統的慣行は、「性と生殖」の権利に関わる女性への暴力である。また、女性の身体的のみならず精神的健康に悪影響を及ぼす暴力に対処することもリプロダクティブ・ヘルスの重要な課題といえる。

（出所）佐藤都喜子「リプロダクティブヘルス／ライツ：性的自己決定権へ向けて」（『開発とジェンダー：エンパワーメントの国際協力』国際協力出版会、二〇〇二年）、ＪＩＣＡリプロダクティブヘルス資料などをもとに筆者が要約した。

ここまで詳しく紹介したように、リプロダクティブ・ヘルス／ライツ（ＳＲＨＲ）は、二〇世紀における人口政策の発展の到達目標として、人間生命の生産・再生産に関する健康と権利を明確にしたものである。

唯物史観は、過去の人類史の発展を自然史的な方法で、すなわち生産力と生産関係の弁証法的な発展によって説明するだけでなく、二一世紀の人類社会の発展方向を、いい換えれば人類史の前史から本史への発展方向を示すものでもある。それは、人類の発展方向と人間の成長と発展の展望を示す歴史観である。国際的な人口政策におけるリプロダクティブ・ヘルス／ライツへの発展は、唯物史観にとっても新たな理論的発展の契機を与えてくれているように思える。

第３節　科学的社会主義と人口政策の考え方

人口政策についての科学的社会主義の考え方は、唯物史観における人類史の発展の二つの系列（第３章、一七九ページ参照）にそって整理すれば、次のようになるであろう。

（1）人間の生命の生産・再生産と人権の尊重

人間の生命の生産と再生産は、すべての人間が人（ヒト）としてもつ基本的人権である。人口政策は、何よりもまず基本的人権を尊重し、その発展をはかるという視点を基本に据えなければならない。こうした立場から考えるなら、国際的な人口政策の基準としてのリプロダクティブ・ヘルス／ライツ（ＳＨＲＨ）は、科学的社会主義の立場からの人口政策として基本に据えられなければならない。

先に述べたように、ＳＨＲＨという考え方は、二〇世紀前半の「人口爆発」にたいする国際的な議論の到達点としてついに獲得された人口政策の国際的基準である。しかし、すでに一九世紀において、科学的社会主義の理論の創始者としてのマルクスとエンゲルスは、人口問題についての政策的な議論をするとき、それを人権の問題としてとらえるべきことを一貫して強調していた。

たとえばエンゲルスは、カール・カウツキーがマルサス理論に同調する著作（『人口増加の社会の進歩に及ぼす影響』）を発表した際には、カウツキーへあてた手紙（一八八三年二月一〇日）で、一般的には避妊による出産抑制を否定するものではないが、「それは夫と妻とのあいだの、またせいぜい家庭医とのあいだの、私事だということ」（ＭＥ全集㉟三七七ページ）を強調し、だから、人口過剰を抑制するという目的のために避妊を強制してはならないと主張した。

こうした立場は、エンゲルスが一八四七年に執筆した『共産主義の原理』の中で、より広く家族関係のあり方の問題として、次のように言明している。

「問　共産主義の社会秩序は、家族にどんな影響をおよぼすであろうか？

答　それは、男女の関係を、社会が干渉する必要のない、当事者だけが関係する純粋に私的な関係にするだろう。この社会でこれができるのは、私的所有をなくし、子供を共同で教育し、またそれによって、これまでの結婚の二つの基礎、すなわち私的所有によって妻が夫に従属し、また子供が両親に従属することをなくしてしまうからである」（ＭＥ全集④三九四ページ、「共産主義の原理」）。

（2）人類社会の発展と人口動態

人類の歴史のもう一つの前提は、人間の生活手段の生産と生産手段の生産であり、物質的生産力の発展である。

人類社会の発展が、生産力と生産関係の弁証法的な発展によって推進されてきたことは、唯物史観によって解明された社会発展の法則である。この社会発展が人類の人口変動に大きな影響をもたらしてきたこと、とりわけ資本主義的生産様式のもとでの生産力の発展、すなわち産業革命、農業革命、疫学革命（医療・公衆衛生の変革）などによって急激な人口転換をもたらしてきたことは、すでに第Ⅰ部第２章で詳細に説明してきた（本書九二ページ～九五ページ）。

また、先に本章では、「人口学界では人口政策はどのように扱われてきたのか」、その一般的な意味を概観しておいた。そこで述べたように、人口政策では、格段に「倫理性」が問われ、「総合性」と「長期的視点」が求められる。「倫理性」が問われるとは、まさに人口政策においては、人権を尊重し、その発展をはかるという視点が必要だからである。「総合性」と「長期的視点」が求められることは、人口増大の抑制や人口減少の対策として、目先の「出生率」の引き下げ・引き上げを目標に掲げた人口政策では長期的には効果がないということである。政治・経済・社会の全体的な発展、根本的な社会の進歩、平和で民主的な社会を形成することこそが必要なことを意味している。

図表5-3-1　日本の社会発展と人口増の経過

時代		万人
縄文時代（前期）		10.6
BC5～AD3	弥生時代	59.5
725	奈良時代	451.2
1150	平安時代	683.7
1600	慶長5年	1227.3
1721	享保6年	3127.9
1868	明治元年	3402.4
1900	明治33年	4384.7
1925	大正14年	5973.7
1945	昭和20年	7214.7
1950	昭和25年	8320.0
1960	昭和35年	9341.9
1970	昭和45年	10372.0
1980	昭和55年	11706.0
1990	平成2年	12361.1
2000	平成12年	12692.6
2010	平成22年	12805.7
2020	令和2年	12614.6
2070	2023年推計	8700.0
2120	長期推計（中位）	4973.3
2120	長期推計（低位）	3482.7

（出所）国立社会保障・人口問題研究所『人口統計資料集』（2017年版）、人口推計（2023年）

このことは、過去の社会発展と人口増大の歴史を振り返ってみると確認できる。

日本の社会の歴史的発展と人口の推移を見てみよう（図表5―3―1）。日本の総人口は、縄文時代（前期）には、せいぜい一〇万人程度だったと推定されているが、弥生時代に入ると六〇万人程度に急増した。さらに、奈良時代、平安時代に入ると、四〇〇万人～七〇〇万人程度にまで一〇倍程度に増えている。中世に入り、戦国時代をへて関ヶ原の戦いの慶長年間には一二〇〇万人程度に達している。さらに江戸時代に入ると、幕藩体制のもとで新田開発や食糧生産が増大するとともに、人口は着実に増加して徳川八代将軍吉宗の享保改革のころには三〇〇〇万人を超えていた。つまり、日本社会の発展とともに、人口はかなり急速に二倍~三倍~数倍へと増加してきたのであった。

第4節　日本の人口転換、第Ⅲフェーズの特徴

これまでは、科学的社会主義の立場から人口政策の一般的なあり方を見てきた。こうした人口政策の視点から、あらためて日本の人口問題の現状をみておこう。

(1) 日本の出生率回復のハードルは高い

国連の将来人口予測では、予測の本文(Prospects2022)では、現在の低出産率の諸国でも、いずれ出生率は回復すると楽観的な見通しを述べながら、他方では、予測の方法論の解説(Methodology Report)では、「低出生率の罠仮説」(low fertility trap hypothesis)に陥っている国もあると述べている。

こうした一見矛盾するかのような記述は、基本的な予測としては、低出産率諸国も、いずれ回復するという見方をしながらも、一部の限定された諸国――「出生率の上昇を経験的に示す兆候がなく、出生率の低い状態が長期間続いた国」の場合は、「低出生率の罠仮説」に陥っているということであろう。

では、長期にわたって低出生率、少子化傾向が続いている日本の場合は、「低出生率の罠仮説」が当てはまるのであろうか。それとも、いずれ日本は出生率は回復すると予測されているのであろうか。

第Ⅰ部第1章で見たように、日本の出生率は、人口置換水準（二・〇七）を一九七四年（二・〇五）に割り込んでから二〇二二年までの四八年間に何度も前年より上昇したことがある。たとえば、一九八二年から八四年にかけて、二〇〇六年から一五年にかけてなどなどである。このような経過からすれば、日本は国連予測の基準では、「出生率が低下しはじめてから後、五年間で少なくとも二回連続してリバウンドしていること」にあてはまる。つまり、日本は「低出生率の罠仮説」には、必ずしもあてはまらないことになる。

しかし、日本の場合の現実は、出生率回復のハードルは高いといわざるを得ない。すでに、これは、第Ⅰ部第1章で検討したとおりである。

（2）過渡的時代のパラドキシカルな矛盾

第Ⅰ部第1章の第4節では、政府・財界の「少子化対策」批判という視点から、「なぜ人口が減少しているのか」――「少子化」の原因分析が現象的であると指摘した。そして、戦後日本資本主義のあり方、「資本」の活動のあり方が「少子化」を促進している根底にあると述べた。また、財界の「少子化対策」の提言が「人口減少の最大の原因は『未婚率の上昇』にある」と分析しておきながら、「未婚率の上昇」の原因である雇用や賃金、暮らしや子育てなどの劣悪な労働・生活条件をつくり出してきた財界・大企業の責任についての自覚や反省がまったく感じられないと糾弾した。

こうした現実の政治的、経済的、社会的な検討を前提にして、さらに長期的な視点に立って考えるなら、日本資本主義が「人口転換」の第Ⅲフェーズに入るとともに陥っている、人権思想の発展と社会発展との間のギャップによるパラドキシカル（逆説的）な矛盾があると思われる。

人口政策の二つの契機（人権思想の発展と社会発展）の間でパラドックスな矛盾が発生することについては、すでに第3章第4節「『人口転換の理論』と唯物史観」でとりあげてきた。日本の長期化する少子化傾向の背景には、こうした人口問題としてのパラドックスな関係があると思われる。

（3）「女性の自立」と「女性の貧困」――どう突破するか

こうした過渡的な時代に起こるパラドックスに注目するのは、現代社会で起こっている「女性の貧困」の意味をとらえるために重要だからである。ジェンダー平等を求める運動の発展によって女性の自立的な意識が高まり、家父長的なジェンダー不平等な家族関係が解体されていくこと、こうしたそれ自体は社会進歩の進行と、現実の社会的経済的な条件の立ち遅れとの乖離、そこから新たな「女性の貧困」が深まるという、このパラドキシカルな関係が、とりわけ若い世代の女性を苦しめている。現代の日本で新しく生まれつつある「女性の貧困」のメカニズムにも、それ自体は社会進歩であり、決して後戻りしてはならない女性の自立意識の高まりと、遅れた性的役割分業観、「女性労働の家族依存モデル」のなし崩しの崩壊の狭間で生まれている現象、一見すると矛盾したパラドキシカルに見える社会現象といえるだろう。

こうした女性の自立と経済的条件との関係をきわめて象徴的に描いたものにイプセンの戯曲「人形の

家」（一八七九年）がある。裕福な弁護士の夫に庇護され、なに不自由ない家庭生活を捨てて、自立した人間として生きる道を選んだノラの苦悩である。

こうしたパラドキシカルに見える状況を打開する方向は、女性の自立、ジェンダー平等をめざす運動をいっそう発展させること、それを支える社会的・経済的・政治的な仕組みを確立していく以外にない。とりわけ「女性差別社会」の根源にある日本政治の歪《ゆが》みを改革すること、旧来の男女の性的役割分業観に基づく賃金の男女差別、雇用差別などの労働法制の改革、選択的夫婦別姓などを一刻も早く実現するための民法の改正、一人親世帯への経済的支援など深刻な「女性の貧困」を改善するための政策的措置、また国連の女性差別撤廃委員会や国際機関から厳しく指摘されてきた課題の実現など、政治のはたすべき役割が決定的に重要である。

第5節　二一世紀の人類と人口政策

人口政策に求められる倫理性、総合性、長期性は、科学的社会主義のめざしている社会発展の立場でもある。マルクスとエンゲルスの活動した時代は、「人口転換」の第Ⅰフェーズの時代であり、二一世紀の今日とは人口史的な環境は大きく異なっていた。しかし、彼ら二人は、人間の全体的な発達を保障する人類社会の進歩こそが、人口問題を解決する方向であることに確信をもっていたと、筆者は考えている。

エンゲルスは、将来の共産主義社会における人口問題について、カウツキーへあてた手紙（一八八一年二月一日）の中で、次のように述べている。

「人間の数が多くなりすぎて、その増加を制限しなければならないほどになるという抽象的可能性は、たしかに存在します。だが、いつか共産主義社会が、すでに物の生産を管理しているように、人の生産を管理する必要があると思うようになるとすれば、まさにその社会こそ、そしてその社会だけが、困難なしにそれをやりとげる社会でしょう」。「そのためにいつ、どのように、どんな手段をもちいようとするかは、その社会の人々のきめる問題です。私は、彼らにそのことにかんして提案したり助言したりする権限が私にあるとは思いません」（ＭＥ全集㉟一二四ページ）。

いまエンゲルスに、二一世紀の人口転換の第Ⅲフェーズの時代の人口政策のあり方を尋ねたとしたら、やはり同じように「その社会の人々のきめる問題です。私は、彼らにそのことにかんして提案したり助言したりする権限が私にあるとは思いません」と答えるに違いないだろう。

本書では、現代日本の人口問題を分析した第Ｉ部第1章第5節で、「いま日本で真に必要なことはなにか」という問いについて、《「人口減少」社会で、すぐにとりかかるべき課題》と《長期的視点に立って、資本主義の民主的変革を進める課題》に分けて、具体的な政策提起をしておいた。また、現代世界の人口問題を分析した第2章第5節では、「リプロダクティブ・ヘルス／ライツを実現する課題」と「国境を越えた人類社会を形成する課題」を提起しておいた。人口問題を唯物史観の視点からとりあげた第Ⅱ部第3章では、最後の第5節で、二一世紀世界の人口問題の解決方向として、「新しい民主主義的な社会変革」のための七つの課題を提起しておいた。

さらに第Ⅱ部第5章では、人口政策の基本は人権の問題であり、人権としてのリプロダクティブ・ヘルス・ライツは、人類が様々な国際的経験を得て、ついに到達した人口政策の基準であると指摘した。

人口政策を考えるさいに大事なのは「人口が多すぎるか、少なすぎるか」を問うことではない。個々の人間（およびカップル）が子どもを産む権利を社会的に十分に保障されているかどうか、人権の視点から社会のあり方を問うことなのである。筆者が本書の全体を通じて繰り返し主張してきたことは、そのことである。

これらの本書の各所で提起してきた課題はすべて、科学的社会主義と人口政策の考え方を筆者なりに具体化したものである。

補論1　人口政策と移民政策

ＩＬＯ（国際労働機関）は、移民などの労働者の権利と労働条件を保護するために、重要な条約や勧告を採択している。このうち一九四九年に採択された条約第九七号（移民労働者に関する条約）は、一九三九年の「移民労働者条約」を改正したもので、各国政府に、次のことを義務づけている。

①出入国に関する法令・規則・労働条件・その他の情報をＩＬＯ事務局等に提供する。
②移民労働者を援助する施設や医療施設を維持する。

③労働条件・宿泊設備・社会保障・その他に関して内外人均等待遇を行う。
④移民労働者の所得及び貯金の一部を移民の希望するように移送するのを許可する。
⑤移民労働者が入国後にかかった疾病や傷害のため、職業を遂行できなくなった場合、当事者の希望する場合以外には出身地に送還されない。
⑥この条約は、国境労働者・自由職業に従事する者・芸術家の短期間の入国・海員には適用されない。

この移民条約と勧告が採択されたのちにも、一九五五年に移住労働者保護（低開発国）勧告（第一〇〇号）、一九五八年の差別待遇（雇用及び職業）（第一一一号）条約、一九六二年に均等待遇（社会保障）条約（第一一八号）が採択されたが、その後も、不正かつ秘密裡の労働力取引が多くの国で多発した。そこで、移民に関わる悪弊を除去するために、補足する条約として移民労働者（補足規定）条約（第一四三号）と移民労働者勧告（第一五一号）が同時に採択された。その中で、移民労働者の機会及び待遇の均等、社会政策（家族の同居、移民労働者の健康保護、社会サービス）、雇用、住居などについて細かく定めている。ただし、国民的利益のために必要な場合は、限られた種類の雇用・職務に就く機会の制限は許されている。

ＩＬＯの移民労働者の条約・勧告を前提として、国連は一九九〇年の総会で「全ての移住労働者及びその家族の構成員の権利の保護に関する国際条約」を国際人権条約の一つとして採択している。しかし、日本を含む先進諸国は、「移住労働者の増加による国内の失業や治安の悪化などを懸念」していまだに批准していない。

日本は、戦前の一九二二年に採択された移民統計に関する勧告（勧告一二）を批准しているだけで、現在有効な条約第九七号と条約第一四三号、条約第六六号と勧告第一五一号を批准していない。日本で求められることは、移民労働者に関するILO第九七号、第一四三号等の条約をまず批准したうえで、賃金ダンピングが起きることがないよう日本の最低賃金制度を抜本的に改善することなど、日本の賃金水準を下回る安価な労働力としての受け入れができない仕組みを、国民的な合意形成のもとで早急に構築していくことである。

国内法である労働基準法でも、第三条の（均等待遇）で次のように規定している。

「第三条　使用者は、労働者の国籍、信条又は社会的身分を理由として、賃金、労働時間その他の労働条件について、差別的取扱をしてはならない」。

この条項からみても、日本の外国人労働者の扱いはまったく違反している。「技能実習生」だから労働者ではない、などという口実は国際的に通らない。日本の戦後の外国人労働者の扱いは、国際的な基準にも明確に違反している。日本ではこれまで長い間、「移民」としての外国人労働者の定住を拒否し、サイドドアから労働力としてだけ外国人を受け入れてきた。しかし、二一世紀の日本では、急激な「人口減少社会」が訪れつつあるもとで、あらためて「移民政策」のあり方が問われている。

日本経団連は、「日本型移民政策」と称して、「とくに労働力不足が予想される分野（製造業、建設業、運輸業、農林水産業、介護等）」を中心に、「二〇二〇年代から二〇三〇年代の二〇年間にかけて毎年一〇万人ずつの外国人材の受入れ・定住を実行」すべしなどと具体的な数字まで示して提言している。

日本の外国人労働者問題は、その人権無視、劣悪な労働条件にたいして国際社会から厳しい批判を受けてきた。海外から移住してきた人々が日本で働く条件、住宅や社会保障、家族と暮らす社会的条件、子どもの教育の条件などを十分に整備しないまま、「日本型移民政策」などの名目による安価な労働力対策としての移民のなし崩しの拡大は、産業・企業の現場や地域社会・暮らしの現場で、さまざまな軋轢《あつれき》を生むことが懸念される。先に第1章第5節で述べたように（八六ページ）、外国人労働者の移入を無原則なやり方でなし崩しに増やすのではなく、真に多文化共生社会を実現する立場から、国際基準に基づく「移民基本法」を制定することが必要である。

コラム　移民と難民の定義

移民は、一般に、労働を目的に国境を越えて移住することを意味するのに対して、難民は、対外戦争、民族紛争、人種差別、宗教的迫害、思想的弾圧、経済的困窮、自然災害、飢餓、伝染病などの理由によって国を強制的に追われた人々を指している。

移民の定義……狭義には、国籍国とは異なる国に、永住を前提として移住する者、またはそうした行為をいうが、単に移住する者またはその行為を指す場合もある。日本では永住を目的とする移住に限定して用いられる場合が多い。一国を基準として見た場合、国外に移住していく人々（emigrant）またはその行為（emigration）を「出移民」、自国に移住してくる人々（immigrant）またはその行為（immigration）を「入移民」と呼ぶ（『現代人口辞典』の「移民」の定義を参考に要約）。

移民の類型には、①国家権力の介入との関わりで、強制移民、半強制（契約）移民、自発的移民、②生活基盤のあり方から、一時的（出稼ぎ）移民、恒久的移民、③移民の動機から、植民、労働力移動、難民、頭脳流出などがある。

国際移住機関（ＩＯＭ＝International Organization for Migration）……世界的な人の移動（移住）の問題を専門に扱う一九五一年に設立された政府間委員会の国際機関（国際連合総会オブザーバー資格）。加盟国は一六二カ国（二〇一五年一二月現在）、日本は一九九三年加盟。

難民の定義……「難民の地位に関する条約」によると、①人種、②宗教、③国籍もしくは特定の社会的集団の構成員であること、または④政治的意見を理由として迫害を受けるおそれがあるために、国籍国の保護を受けることができない人のこと。難民の申請者は、受け入れ国の定める手順に従って申請を行い、難民に該当すると判断されること（難民認定）によって条約難民となる。また広義には、紛争や自然災害などのために国籍国を離れざるを得ない人を指し、政治難民（亡命者）、環境難民、宗教難民、経済難民などと呼ばれる場合もある（『現代人口辞典』の「難民」の定義を参考に要約）。

国連難民高等弁務官事務所（ＵＮＨＣＲ＝The Office of the United Nations High Commissioner for Refugees）……一九五〇年に設立された国際連合の難民問題に関する機関。一二五カ国、六四〇〇万人を支援中。

補論2　人口政策に関わる若干の論点

人口政策は、倫理性、総合性、長期的視点が求められると指摘した。そのために、人口政策に関わる問題は広範な分野にわたり、人類史の中では、様々な間違いや失敗も繰り返してきた。また人口政策に関わる論点での意見の違いから、政治的な論争や対立も生んできた。そこで、最後に五つの問題をとりあげて、人口政策の難しさについて見ておこう。

1　優生思想――（日本）優生保護法の制定と廃止（母体保護法への改定）

本章第1節（二五二ページ）で述べた通り、優生思想は、ナチス・ドイツのユダヤ民族抹殺という狂気的な政策だけでなく、二〇世紀前半の世界で広範な支持を得ていた人口政策だった。

日本でも、一九四〇年に、ナチス・ドイツの「遺伝病子孫防止法」をモデルに国民優生法が制定され、優生思想の導入によって、国民素質の向上、兵力のための人口増加を目的として、不妊手術や人工妊娠中絶の規制を行った。

敗戦後は、一九四八年に優生保護法に改められたが、特定の障害・疾患を有する人にたいして不妊手術（優生手術）を強制した。同法では、母体保護の見地から一定の要件下での中絶・不妊を合法化した。一九九六年に優生保護法から母体保護法へ改正され、強制手術に関わる条項は削除された。しかし、この間に、約二万五〇〇〇人が不妊手術を強制された。

不妊手術を強いられた人々への謝罪や補償について、日本政府は「当時は合法だった」という論理で対応してこなかったが、二〇一八年にようやく国と都道府県で保管している資料を公表した。二〇二二年に大阪高裁、東京高裁がそれぞれ、強制不妊手術を違憲だとして国の賠償責任を認めた判決を出した。二〇一九年四月には、被害者に一律三二〇万円を支給する一時金支給法が施行されたが、同法の改正も必要である。

優生保護法の歴史の特徴は、日本国憲法の制定後にもかかわらず、特定の障害や病気のある人の尊厳と人権を踏みにじり、偏見と差別を助長する旧法の制定に、行政府と立法府が一致して邁進《まいしん》したことであった。この歴史の教訓を忘れてはならない。

2　宗教思想と「中絶禁止」問題

米国では、人工中絶を含む女性の自己決定権をめぐって、長期にわたって論争と政治的たたかいが続いている。米国では、各州ごとの州法で女性が中絶を選択する権利を認めるかどうかを決めている。一九七三年に、米連邦最高裁判所は、中絶を選択することを憲法上の権利として認める判決を下した。ところが二〇二二年六月二四日に、同じ最高裁が、この判決を廃棄する新たな判決を行った。それを契機に、保守的な共和党の知事と議会が支配する南部一一州では、中絶禁止の州法の復活を進めている。

米国のアフリカ系女性たちの運動からは、一九九四年に「リプロダクティブ・ジャスティス」（生殖における公平さ）の実現というスローガンも生まれた。米国の中絶禁止の政治潮流の背景には、米国建国以来のキリスト教右派の宗教的勢力の根強い影響がある。

3　中国の「一人っ子政策」

「一人っ子政策」（中国語：一家一孩政策、一胎化政策）とは、中国における人口抑制のための産児制限政策である。一九七九年から二〇一四年まで、一組の夫婦につき子どもは一人までとする計画生育政策が実施された。二〇一五年から二〇二一年までは、一定の条件のもとで一組の夫婦につき子ども二人までとなった。二〇二一年五月には中国共産党が一組の夫婦が三人目の子どもを出産することを認める方針を示し、同年八月に法案が可決され、中国の出産に関する規制は四二年ぶりにほぼ正常化された。

「一人っ子政策」は、その目的や効果の如何にかかわらず、SRHRの立場にはまったく反する人口政策である。こうした異常な人口政策の結果、二一世紀中盤以降、中国は急激な「人口減少」社会に入り、それが長く続くことになる。

4　生殖補助医療

「生殖補助医療」は、人工授精や体外受精などの生殖技術を用いて子どもを授かろうとする不妊治療の総称である。「国際専門団体の集計によると、二〇一七年には世界七九か国の約三〇〇〇のクリニックで三三万人近くの子が生殖補助医療により生まれている。なかでも日本はもっとも多く生殖補助医療を行う国の一つで、二〇一九年（令和一）には年間の出生数が六万人を超え、累計では七〇万人を超えた」（以上のデータの出所は、『日本大百科全書（ニッポニカ）』による）。

日本では、二〇二二年四月から、人工授精等の「一般不妊治療」、体外受精・顕微授精等の「生殖補助医療」について、保険適用されることとなった。これは、日本生殖医学会が行っている生殖補助医療の有効性などのエビデンスの評価に基づく「生殖医療ガイドライン」を踏まえたものである。

5　ＬＧＢＴＱ＋の権利と人口問題※

※　ＬＧＢＴＱ＋とは、Lesbian（レズビアン）、Gay（ゲイ）、Bisexual（バイセクシャル）、

Transgender（トランスジェンダー）、Questioning（クエッショニング）、Queer（クィア）の頭文字をとった略語。性的マイノリティの人びとの権利を表すときに使われる。クィアは、既存の性の概念やカテゴリに属さない人たちの総称。

保守的政治家たちは、ＬＧＢＴＱ＋、性的マイノリティの人々の権利を確立することは、人口政策と矛盾すると攻撃する。しかし、こうした見方は、人口政策の立場からも、基本的に間違っている。先に第２章第５節（一三一ページ）で、『世界人口白書』（二〇二三年）を紹介しておいたが、同白書では、リプロダクティブ・ヘルス／ライツの立場に立った人口政策においては、ＬＧＢＴＱ＋の人々の権利の確立が重要であると指摘している。

リプロダクティブ・ヘルス／ライツ（ＳＲＨＲ）は、単に一五～四九歳の生殖可能な年齢層の女性の健康と権利だけではなく、幼児期や高齢期の女性を含む全生涯にわたる幅広い健康と権利を指している。社会は、子どもを産む期間だけの女性の健康に留意していればよいというのではない。人口政策において重要なことは、出生率を上げたり、下げたりするために社会は何をすべきかではなく、人間の生きる権利、基本的人権を発展・確立するために、社会は何をすべきか、なのである。あらゆる人々が人間として尊重され、生きていける社会を実現することこそが、人々が希望する子どもを安心して産み育てることができるようになるのである。

第Ⅲ部　人口学説史

第Ⅲ部では、人口問題についての学説史の中から、三つの人口学説を選んで、それらの理論の形成過程を整理して、それぞれの意義を考察する。いずれも、現代の人口問題を考えるために不可欠な理論的示唆と方法的基準を与えてくれるからである。

第6章のマルクスとエンゲルス、第7章のケインズ、第8章のベッカーは、それぞれ一九世紀、二〇紀前半、二〇紀後半に、人口学説史のうえで重要な理論的な活動をした人々である。

筆者が彼らの人口学説に注目するのは、ただ歴史的な時代の代表という意味だけではない。四人の立脚する理論的な立場が大きく異なるにもかかわらず、それぞれが人類の「人口転換」の歴史の上で異なった時期に生きて、それぞれの時期に問われた人口問題の課題に正面から取り組もうとしたからである。

すなわち、マルクスとエンゲルスの人口理論は、人口転換の第Ⅰフェーズの時期、ケインズの人口理論は、第Ⅰフェーズから第Ⅱフェーズへの移行の時期、ベッカーの人口理論は、第Ⅱフェーズから第Ⅲフェーズへの移行の時期、というように、それぞれが「人口転換」の異なった時期の課題のもとで人口問題に真摯に取り組んだ人口学説であった。その意味で、それぞれの理論的な違いにかかわらず、深く研究されるべき今日的意味があるのである。

第6章　マルクス、エンゲルスと人口問題

第6章の課題は、マルクスとエンゲルスの全著作文献の中から「人口問題」に関する言及部分を拾い出して検討・整理し、その理論的な含意を探究することである。こうした研究の目的、方法、出典などについて、あらかじめ簡単に説明しておこう。

1　研究の目的

周知のごとく、マルクスは『資本論』の中で、資本主義的蓄積過程において相対的過剰人口が累積する必然性とその意義を解明し、それを「資本主義的生産様式に固有な人口法則」として措定した。マルクス、エンゲルスの人口理論といえば、だれでもまず頭に思い浮かべるのは、『資本論』第一巻第二三章の中の次の一節であろう。

「労働者人口は、それ自身によって生み出される資本の蓄積につれて、それ自身の相対的過剰化の手段をますます大規模に生み出す。これこそが、資本主義的生産様式に固有な人口法則であって、実

際に歴史上の特殊な生産様式はいずれも、その特殊な、歴史的に妥当する人口法則をもっているのである。抽象的な人口法則というものは、人間が歴史的に介入しない限りで、動植物にとってのみ存在する」(④一一〇一ページ、原書六六〇ページ)。

いうまでもなく、「相対的過剰人口」の理論は、マルクス、エンゲルスの人口理論の核心部分に位置している。しかし、マルクス、エンゲルスの「人口問題」への言及は「相対的過剰人口論」にとどまるものではない。マルクス＝エンゲルス全集(いわゆるヴェルケ版)や『資本論草稿集』をひもとくならば、「人口問題」への言及はきわめて多岐にわたっており、様々な注目すべき理論的な指摘が数多く含まれている。第6章は、それらの中で、とくに今日的視点からみて重要だと思われる文言に焦点をあてながら、論点ごとに整理して若干の解説的注釈を付してまとめたものである。

2　研究の方法

研究の方法について、若干の留意点を述べておこう。

マルクス・エンゲルス全集(五四冊。以下、ME全集と略記)と『資本論草稿集』(九冊)をもとに、「人口」「人口問題」「人口法則」「移民」「マルサス主義」「生命」「出生」「死亡」など、人口に関わる用語を検索した。検索の方法は、ME全集については、基本的に大月書店の「マルクス・エンゲルス全集online」の事項検索を利用し、『資本論草稿集』については、各巻末(大月書店の邦訳版では、第二巻、第三巻、第九巻の巻末)の事項索引を利用した。

検索の結果、八〇〇以上の該当箇所があることがわかった。これらの中には「人口問題」とは直接には関係ないところや、重複している箇所も多いので、それらを整理すると、約四〇〇カ所に絞られた。それらをもとに、内容的に重要な部分をさらに選別して一〇〇カ所に整理した。それが本書の末尾に付した一覧表（①『資本論』、②「資本論草稿集」、③マルクス、エンゲルスの他の著作、④書簡）である。

このようにして収集したマルクス、エンゲルスの文章を、その内容にそって一五の項目に整理・編集したものが第4節である。マルクス、エンゲルスの文章を読者が直接に読んでいただくために、彼らの著作からの引用が多くなることをお断りしておきたい。また、すでに第Ⅱ部「人口問題と科学的社会主義」でも、マルクス、エンゲルスの理論的命題をかなり引用したので、重複する文章も多いが、ご了解いただきたい。

なお、本書末尾の文献一覧表では、便宜的に通し番号を付して一〇〇カ所としてある。その中には、一方では、数行の短い部分もあるが、他方では、数十ページにわたる（たとえば「相対的過剰人口」を扱った『資本論』第二三章第三節、第四節は新版で二九ページにわたる）部分も、同じように「一カ所」として数えてあるので、この一〇〇カ所という数値自体には、特別の意味はない。マルクスとエンゲルスの「人口問題」への言及がきわめて数多いということだけを確認しておけばよい。

3　考察の順序と構成

本章の内容と順序は次のとおりである。第1節では、マルクス、エンゲルスの「人口問題」への言及の全体的な特徴を概観する。第2節では、マルクス、エンゲルスの「人口問題」への関心の歴史的、理論的な背景を簡潔に整理する。第3節では、一九世紀の人口論の焦点になっていたマルサスの人口論に対するマルクスとエンゲルスの批判をとりあげる。第4節、第5節では、マルクス、エンゲルスの「人口問題」の内容をテーマごとに整理して、それらの理論的な含意を検討する。まず第4節では、一五項目のテーマについて、できるだけマルクス、エンゲルスの文章そのものを引用しながら、マルクス、エンゲルスの「人口問題」の全体像を示すことを試みる。第5節では、「相対的過剰人口」論に絞って、「資本主義的生産様式に固有な人口法則」という規定について、あらためてその意義を確認する。最後に「むすびにかえて」として、マルクス、エンゲルスの「人口問題」研究の今日的な意義を考える。

4　引用文の出典

本稿におけるマルクス、エンゲルスの文献からの引用文の出典は以下の通りである。

（1）ＭＥＧＡ（メガ）（Marx-Engels-Gesamtausgabe）の発刊によって、かつてのマルクス・エンゲルス全集（Marx Engels Werke〔ヴェルケ〕）は、マルクス・エンゲルス著作集（ヴェルケ）と呼ばれるようになっているが、本稿では、このヴェルケ版の大月書店邦訳版を使い、「ＭＥ全集」と表記する。

（2）ただし『資本論』については、読者の便宜のために、引用は新日本出版社の『新版　資本論』（全一二冊）から行い、その巻数と該当ページを（①～⑫□ページ）と記した。『資本論』については、原書（ディーツ社のヴェルケ版）のページ数も記してある。

（3）「資本論草稿」については、すべて邦訳版『資本論草稿集』（全九巻、大月書店）からの引用であり、一覧表も、邦訳巻の該当ページを記してある。

（4）引用の文章の中で、「人口問題」を考えるうえで重要だと思われる部分を太字にしておいた。太字部分は、すべて引用者の責任でそうしたものである。なお、傍点は、原文のものである。

第1節　マルクス、エンゲルスにとって人口問題は終生の関心事であった

（1）マルクス、エンゲルスの「人口問題」への最初の言及

マルクス、エンゲルスの「人口問題」への言及は、その理論活動の最初の時期から始まっている。ME全集第一巻には、エンゲルスが『独仏年誌』第一号に発表し、のちにマルクスが「天才的なスケッチ」と評した初期の労作「国民経済学批判大綱」（一八四四年）が収録されているが、その中では、早くも当時の「人口問題」の核心に迫る論究が行われている。

「革命の世紀である一八世紀は、経済学をも変革した。……経済学は、私的所有の正当性をうたがってみようとは夢にもおもわなかった。だから新しい経済学は、半歩前進にすぎなかった。……こうして、経済学は、博愛的性格をおびるようになった。……この偽善的な博愛とは反対にマルサスの人口理論を生みだしたが、この理論は、かつて存在したもののなかでもっとも粗野で野蛮な体系であり、人間愛とか世界市民とかいったあの美辞麗句をすべて打ち倒した絶望の体系であった」（ME全集①、五四四ページ）。

同じME全集第一巻に収録されている、マルクスの「論文『プロイセン国王と社会改革――一プロイセン人』にたいする批判的論評」（一八四四年）の中では、次のように論じている。

「そもそも極貧状態というものは、マルサスの以下の理論に従えば、永遠の自然法則なのだ。『人口はたえず生活資料を上回る傾向にある以上、慈善は一つの愚行であり、貧困を公けに奨励することである。だから国家にできることは、貧困を成行きにまかせて、せいぜい貧困者の死をたやすくさせることだけである。』」「こうしてイギリスは、貧困の原因を、人口はつねに生活資料を上回るほかはないという自然法則のなかに見ている」（ME全集①四三五、四三八ページ）

こうした「人口問題」への関心は、マルクスとエンゲルスは生涯もち続けていた。別掲の一覧表からも察せられるとおり、マルクス、エンゲルスの「人口問題」への言及は、ほぼME全集の全巻にわたっており、様々な時代に、様々な角度から、「人口問題」にかかわる論点を論じている。

(2) マルクスの一八五〇年～五三年の「ロンドン・ノート」における「人口問題」の探究

マルクス、エンゲルスの「人口問題」研究の過程を時系列にそって考察するときには、マルクスが一八五〇～五三年にロンドン到着直後に行った膨大な抜粋ノート（二四冊の「ロンドン・ノート」〔Ⅰ～XXIV〕）の存在を忘れることはできない。

この「ロンドン・ノート」は、MEGA第Ⅳ部の第七巻～第一〇巻に収められることになっており、すでに現在（二〇二三年八月時点）までに、そのうち第九巻までが刊行されている。その第九巻の「ロンド

図表6－1－1　マルクスの「ロンドン・ノート」の人口問題抜粋

	抜粋著者	抜粋文献	MEGA ページ	『資本論』での引用箇所 *(斜字は「資本論草稿集」)*
1	ジョセフ・タウンゼント	『救貧法に関する一論』(1786、再刊 1817)	215-218	③621 (373)、④1127~1128 (676)【*②709*】
2	ジョセフ・タウンゼント	『スペイン旅行記. 1786-1787』(1791)	219	④ 1130 (677)
3	ジョセフ・タウンゼント	『救貧法に関する一論』(続き)	220	
4	ロバート・ウォリス	『古代および近代の人口』(1753)	221-223	③ 621 (373)【*⑥ 165~166*】
5	デヴィッド・ヒューム	『政治論集』	224-225	(注1)
6	T・R・マルサス	『人口の原理』(初版) (1798)	226-229	③ 621 (373)、④ 1075~1079 (644) ⑨ 684 (409)、⑪ 1213 (684) 【*④ 322. ⑥ 156~166*】(注2)
7	ジョージ・パーベス	『グレイ&マルサス』(1818)	230-234	(注3)
8	W・T・ソーントン	『過剰人口とその救済策』(1846)	235-247	②298 (185)、472 (286)、④1253 (746)
9	トマス・ダブルディ	『真の人口法則』(1842)	250-252	④ 1320 (784)
10	W・P・アリソン		253-255	(注4)
11	アーチボルド・アリソン	『人口の原理』(1840)	256-275	(注5)
12	アーチボルド・アリソン	『人口の原理』(続き)	318-320	

（注１）ヒュームの貨幣論、利子論からの引用は多いが、人口論からの引用はみあたらない。

（注２）マルサスからの引用は多数あるが、主なものだけあげる。（注３）パーベスからの引用はみあたらない。

（注４）（注５）２人のアリソンについては、エンゲルスが「国民経済学批判大綱」で多く引用している。

抜粋著者について

○タウンゼント（Townsend, Joseph　1739-1816）
イギリスの牧師、地質学者、社会学者。人口論を展開し、マルサスがそれを継承した

○ウォリス（Wallace, Robert　1697-1771）
スコットランドの長老派の僧。人口と食糧との関係に関してのちのマルサスと同様の論理を展開し、ヒュームと論争した

○ヒューム（Hume, David　1711-1776）
イギリスの哲学者。主観的観念論者。歴史家。経済学者としては重商主義に反対。貨幣数量説の代表者

○マルサス（Malthus, Thomas Robert　1766-1834）
イギリスの聖職者、経済学者。貧困の原因を労働者の増大に帰する人口論を発表。リカードに反対

○パーベス（Purves, George）

○ソーントン（Thornton, William Thomas　1813-1880）
イギリスの経済学者。過剰人口対策としての移民計画に反対。マルクスは『資本論』で高く評価している

○ダブルディ（Doubleday, Thomas　1790-1870）
イギリスの政論家、経済学者、ブルジョア的急進主義者。マルサスの敵

○アリソン（Alison, Dr. William Pulteney　1790-1859）
エディンバラ大学医学教授、トーリー派

○アリソン（Alison, Sir Archibald　1792-1867）
イギリスのブルジョア歴史家，経済学者、トーリー派

ン・ノート」(XIII)には、マルサスの『人口の原理』(一七九八年の初版)をはじめ、マルクスが『資本論』や「資本論草稿」で引用している人口論関係の著作文献の抜粋が約一〇〇ページにわたって収められている。たとえば、ロバート・ウォリス『古代および近代の人口』(一七五三年)、W・T・ソーントン『過剰人口とその救済策』(一八四六年)、トマス・ダブルディ『真の人口法則』(一八四二年)、アーチボルド・アリソン『人口の原理』(一八四〇年)などである(なお、第九巻には、「人口問題」と深く関わる「植民」関係の文献からの抜粋も収録されている)。図表6―1―1は、これらの「ロンドン・ノート」(MEGA第IV部第九巻)の中の「人口問題」の文献と『資本論』「資本論草稿」の引用との関連を示したものである。

マルクス、エンゲルスの「人口問題」への関心は、その後も続いていくのであるが、「ロンドン・ノート」を執筆した時期の集中的な研究が重要な画期をなすものであったことは間違いないだろう。

(3)「人口問題」の探究は、地代論、労働力価値=賃金論、剰余価値論、資本蓄積論などの理論展開を促迫した

マルクス、エンゲルスが「人口問題」についての探究をすすめたことは、当時の階級闘争の最大の焦点の一つであったからであるが、その理論的・イデオロギー的たたかいに勝ち抜くためには、ブルジョア的経済理論を根底から批判することが必要だった。先に見たように、生成しつつあったブルジョア経済学の実践的な結論としてマルサスの「人口論」が一世を風靡《ふうび》していたのであるから、その批判は、マルサスの経済理論の全体系にわたって行うことが求められたからである。

先に掲げたエンゲルスの「国民経済学批判大綱」自体が、マルサスの「人口論」批判のための経済学の

体系的展開の必要性を提起したものであったが、反面教師としてのマルサス「人口論」について、エンゲルスは次のように述べている。

「マルサスの理論はまったく必要な通過点であって、これがわれわれを無限に前進させたのである。われわれは、総じて経済学のおかげでそうなったように、この理論のおかげで土地と人類との生産力に注意をはらうようになったし、この経済学上の絶望を克服してからは、人口過剰にたいする恐怖を永久にもたないようになったのである」（ＭＥ全集①五六四ページ）。

エンゲルスは、引き続いて執筆した『イギリスにおける労働者階級の状態』（一八四四年）では、その観点をいっそう鮮明にしている。

またマルクスも、のちに一八六一～六三年の「資本論草稿」（「剰余価値学説史」）の中で、次のように述べている。

「マルサスの唯一の功績は、ブルジョア経済学の貧弱な調和説に対立して、まさに、不調和を鋭く強調していることである。それはけっして彼が発見したのではないが、しかし、あらゆる場合に、彼は、それを牧師らしい自己満足的な皮肉をこめて、固執し、潤色し、宣伝するのである」（『資本論草稿集』⑥一六五ページ）。

こうして、マルクス、エンゲルスのマルサス批判を中心とする「人口問題」の探究は、全体にわたるブルジョア経済学批判を通して、『資本論』に結実するマルクスの地代論、労働力価値＝賃金論、剰余価値論、資本蓄積論などなどの創造的な理論展開を促迫することになった。それは、マルクスが後に「経済学の方法」（本章第４節の（２））として述べているように、「人口問題」は、経済諸現象の出発点に位置しており、その「混沌たる表象」としての人口から分析を下降させることによって、諸階級、賃労働、資本、交換、分業、価格、価値などの諸範疇《はんちゅう》へ到達していくからであり、「人口問題」の解明は、必然的に経済学体系の理論を展開することに連動していたのである。

第2節　歴史的、理論的背景――「人口転換」と貧困の原因をめぐる人口論争

(1) ヨーロッパにおける人口の激増――産業資本主義と「人口転換」

マルクスとエンゲルスが「人口問題」を探究した時代――一九世紀は、ヨーロッパ諸国においては産業資本主義が確立期に入り、各国で人口の急激な増大が始まっていた。後に人口学によって「人口転換」と名付けられる時代を迎えていた。

先に本書第Ⅰ部第2章で述べたように、ヨーロッパの人口は、一四世紀から一五世紀にかけて、ペストの大流行と百年戦争の影響で一時的に急減したが、一六世紀から資本主義的生産様式の生成とともに、次第に加速度的な人口増加の時代に入っていた。イギリスの場合は、ペスト流行前の一三四〇年には五三〇万人だった人口は、一五〇〇年には四〇〇万人にまで減少したが、その後は一六〇〇年―四六〇万人、一七〇〇年―九三〇万人、一八〇〇年―一五九〇万人へと急増していった（図表6―2―1）。これは、マニ

ユファクチュアの時代から産業革命を経て産業資本主義が確立する時代にあたっている。こうした資本主義的生産様式の発展は、資本蓄積に伴う富と貧困の格差を拡大させ、労働者階級の状態の悪化と深刻な社会問題を発生させることになった。

（2）「人口問題」は一九世紀の階級闘争の最大の焦点の一つだった

エンゲルスの最初の理論的な著作「国民経済学批判大綱」で、「もっとも粗野で野蛮な体系」「絶望の体系」と特徴づけたマルサスの人口論は、匿名で発表された初版（一七九八年）以来、当時のブルジョア社会から圧倒的な支持を受け、その後、三〇年間に第六版まで版を重ねた。このマルサスの人口論は、資本主義の搾取制度がもたらす貧困の原因を、労働者階級自身の責任による「過剰人口」、幾何級数的な人口増に帰することによって、資本主義体制を弁護し、当時の進歩思想を攻撃するものだった。

図表6-2-1　イギリスの人口の長期推移

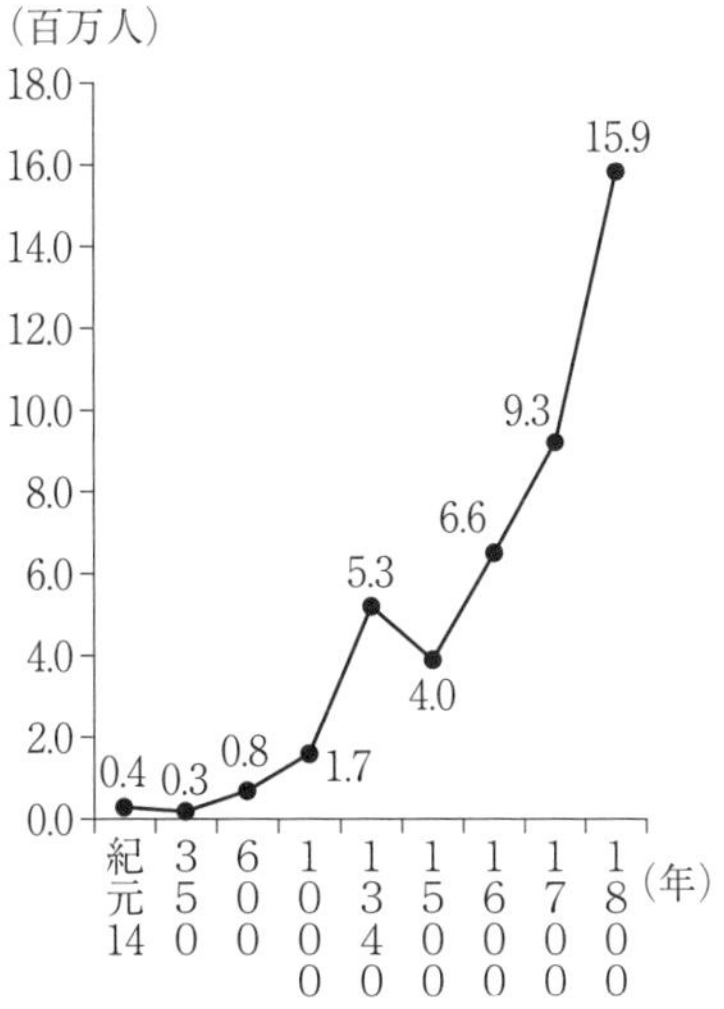

（資料）社会保障・人口問題研究所「人口統計資料集」（2014年版）

　こうして「人口問題」は、一八世紀末から一九世紀前半にかけて、当時の階級闘争の最大の焦点の一つになった。エンゲルスは、「国民経済学批判大綱」に引き続いて執筆した『イギリスにおける労働者階級の状態』（一八四四年）の中で、「マルサスの人口理論」を、「プロレタリアートにたいするブルジョアジーのもっともあからさまな宣戦布告」(ME全集②五一九ページ)と位置づけて、次のように述べている。

「この理論は、現在、生粋のイギリスのブルジョアがすべて愛用する理論であって、しかも実際まったく当然なことである。というのは、この理論は、イギリスのブルジョアにとってもっとも安楽な寝椅子であり、そのうえ現存の諸関係からみて、まったく正しいところをたくさんもっているからである。……だが、博愛的なブルジョアジーが、このことを労働者に教えこもうと全力をあげて努力しているにもかかわらず、現在のところでは、その見込みはすこしもないのである。プロレタリアは、むしろ勤勉に働く手をもった自分たちこそ必要なものであって、なにもしない金持の資本家諸公のほうが、もともと無用なものである、ということに気づいたのである」(ME全集②五一九〜五二〇ページ)。

(3) 貧困の原因をめぐる人口論争

マルサスが一七九八年に労働者の貧困の原因は、人口の増大が食糧生産を大幅に超えるからであるという『人口論』初版(『人口の原理について』)を発表してから、一九世紀のヨーロッパでは人口論争の旋風が吹き荒れることになった(図表6―2―2)。

マルサスが副題に「将来の社会の改善に役立つように、ゴドウィン氏、コンドルセ氏、およびその他の方々の論考に触れつつ、論じる」と明記しているように、マルサス自身意識して当時の社会進歩の思潮に

図表6-2-2　マルクスの人口論の理論的背景──19世紀の人口論争

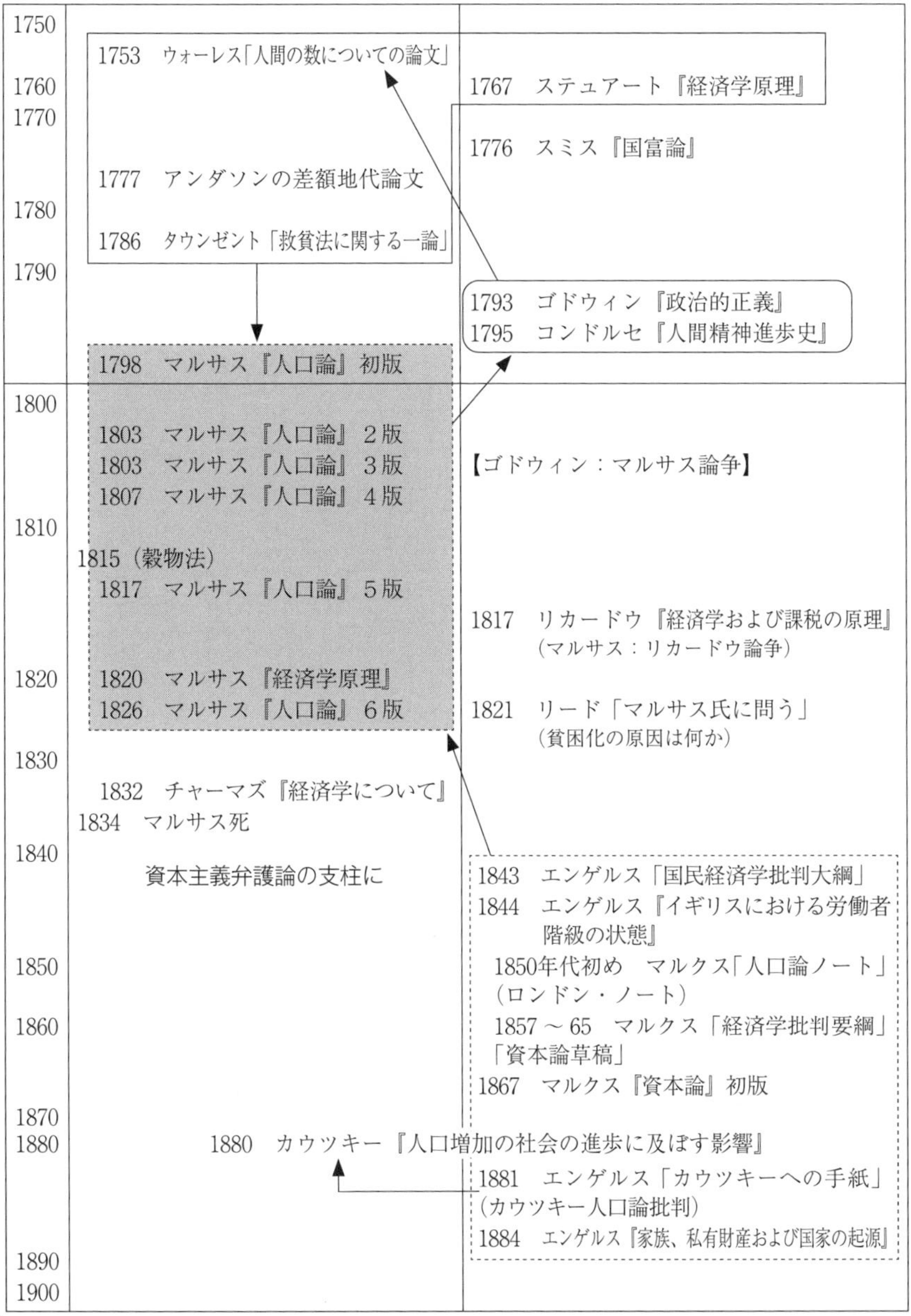

1750		
1760	1753　ウォーレス「人間の数についての論文」	1767　ステュアート『経済学原理』
1770		1776　スミス『国富論』
1780	1777　アンダソンの差額地代論文	
	1786　タウンゼント「救貧法に関する一論」	
1790		1793　ゴドウィン『政治的正義』
		1795　コンドルセ『人間精神進歩史』
	1798　マルサス『人口論』初版	
1800	1803　マルサス『人口論』2版	
	1803　マルサス『人口論』3版	【ゴドウィン：マルサス論争】
	1807　マルサス『人口論』4版	
1810	1815（穀物法）	
	1817　マルサス『人口論』5版	1817　リカードウ『経済学および課税の原理』
		（マルサス：リカードウ論争）
1820	1820　マルサス『経済学原理』	1821　リード「マルサス氏に問う」
	1826　マルサス『人口論』6版	（貧困化の原因は何か）
1830	1832　チャーマズ『経済学について』	
	1834　マルサス死	
1840	資本主義弁護論の支柱に	1843　エンゲルス「国民経済学批判大綱」
		1844　エンゲルス『イギリスにおける労働者
		階級の状態』
1850		1850年代初め　マルクス「人口論ノート」
		（ロンドン・ノート）
1860		1857～65　マルクス「経済学批判要綱」
		「資本論草稿」
		1867　マルクス『資本論』初版
1870		
1880	1880　カウツキー『人口増加の社会の進歩に及ぼす影響』	
		1881　エンゲルス「カウツキーへの手紙」
		（カウツキー人口論批判）
1890		1884　エンゲルス『家族、私有財産および国家の起源』
1900		

たいする正面攻撃の役割を買って出たものであった。とりわけその初版は、「人口の原理」という〝理論的装い〟をとりながら、人口は幾何級数的に増大するが、食糧生産は算術級数的にしか増加しないという、きわめて単純明快な論理で、しかも歯切れ良い平易な文体で記述されていた。マルサス「人口論」は、資本主義的搾取が社会的矛盾を本格的に拡大しつつあった時代に、資本主義体制弁護の守護神として、「人間の進歩を求めるいっさいの熱病のすばらしい撲滅剤」（マルクス）として、当時のブルジョア世界から拍手喝采で迎えられ、マルサスは一躍時代の寵児《ちようじ》となった。

マルクス、エンゲルスの理論活動は、まさにこうしたイデオロギー状況のなかで一八四〇年代に開始されたのであり、両者にとってマルサス「人口論」批判が大きな課題として位置づけられたのは、きわめて当然な流れであったといっていいだろう。しかし、マルサスの〝理論〟そのものは、「（先行者たちの）盗作以外のなにものでもなく、自分で考えた命題はなに一つ含んでいない」（マルクス）という代物にすぎなかった。マルクス、エンゲルスは、マルサス批判を通じて、当時の喫緊のイデオロギー闘争の課題にこたえつつ、それにとどまらずに、「人口問題」についての科学的見解を展開した。そこで、われわれも、マルサス批判を超えた地平に見えてくる、マルクス、エンゲルスの科学的な人口理論の広大な眺望を探究しなければならない。

第3節　マルサス人口論への根本的批判

すでに第1節、第2節でも、マルサス「人口論」に対するマルクス、エンゲルスの批判的な論及を繰り返しとりあげてきた。ここでは、それを前提として、より根本的な理論的なマルサス批判を見ておこう。

(1) マルクスのマルサスの方法論への批判
――「歴史的に規定された人間の自然諸法則」としての人口法則

マルサスの「人口論」を批判するにあたり、マルクスは、マルサスの方法そのものを根底から批判した。次に掲げるマルクスの指摘は、マルクスの人口論の方法を探究するうえで、きわめて示唆的な理論的内容を含んでいるので、少し長くなるが、その関連する部分の全文を引用しておこう。

「このマルサスの理論は、二つの面から見て重要である。すなわち、第一に、彼は資本の残忍な表現を与えたからであり、第二に、彼はあらゆる社会形態のもとに過剰人口の事実があると言い張ったからである。……彼の見解は徹頭徹尾誤っており子供じみているが、こういうことになった理由は、(一) 彼が、経済的発展のさまざまの歴史的段階における過剰人口を同じ種類のものと見なし、過剰人口の独自の区別を理解せず、だからまた、この非常に複雑で変化に富む諸関係を、愚かにもたった一つの関係に、しかも、一方での人間の自然的繁殖と他方での植物（すなわち生存手段）の自然的繁殖とが、一方は幾何級数的に、他方は算術級数的に進行する二つの自然的な数列として対峙している、というような関係に還元している、ということである。このように、彼は歴史的に異なった諸関係を、純粋に空中から釣り上げられた、自然諸法則にも歴史諸法則にももとづかない一つの抽象的な数関係に転化するのである。……歴史のなかでかれが目のあたりにしているのは、人口は非常にさまざまな諸関係のなかで生起し、過剰人口もまったく同様に歴史的に規定された関係であって、数によって、あるいは生活手段の生産性の絶対的限界によって規定されているのではけっしてなく、一定の生産諸条件によって措定された諸限界によって規定されている、ということである。……マルサスこそ、人口諸運動のこの規定された歴史的諸法則を捨象する者である。これらの法則は、たしかに人間の自然の歴史〔Historia〕だから自然的諸法則ではあるが、ただし、規定された歴史的発展にもとづいた人間の自然諸法則なのであって、それは、人間自身の歴史的過程によって「条件づけられた」、規定された生産諸力の発展を伴っているのである。マルサスの言う人間は、歴史的に規定された人間を捨象しているのだから、彼の脳味噌のなかにしか存在しない。だからまた、この自然的なマルサス的人間に対応する幾何級数的な繁殖法も同様である。……だからこそ、歴史のなかで、それぞれの段階の人口ならびに過剰人口の諸条件、しかも内在的諸条件をなすものが、マルサスにあっては、人口がマルサス的形態で発展するのを妨げてきた一連の外的抑制として現われるのである。人間が自らを歴史的に生産し再生産するさいの諸条件が、マルサスの被造物であるマルサス的自然人の再生産の制限として現われるのである。……彼は、人間の繁殖過程の内在的な、歴史的に変化する諸限界を外的な諸限界に転化させ、自然の再生産の外的な抑制を繁殖の内在的な諸限界または自然的諸法則に転化させているのである。……（二）……（以下略）……」（『資本論草稿集』②三三一～三三三ページ、「『要綱』資本に関する章」）。

(2) 動植物と人間の違い――ダーウィンがマルサスを誤解したこと

さらにマルクスは、マルサスが「一方での人間の自然的繁殖と他方での植物（すなわち生存手段）の自然的繁殖とが、一方は幾何級数的に、他方は算術級数的に進行する二つの自然的な数列として対峙している」ことについて、チャールズ・ダーウィンの『種の起源』を引いて、次のように批判している。

「ダーウィンは、彼のすぐれた著書において、自分が、動植物界のうちに『幾何』級数を発見することによって、マルサスの理論をくつがえしたことに気づかなかったのである。マルサスの理論は、まさに彼が、ウォリスの言う人間の幾何級数的増加を動植物の空想的な『算術』級数的増加に対立させるということにもとづいている」（『資本論草稿集』⑥一六六ページ、「剰余価値に関する諸学説」）。

マルクスは、ちょうど上述の引用部分を執筆していたと思われるころ、つまり一八六二年六月一八日付のエンゲルス宛ての手紙で、「ダーウィンをもう一度読んでみたが、彼が、自分は『マルサスの』理論を動植物にも適用するのだ、と言っているのはおもしろい。あたかも、マルサス氏にあっては、その説が動植物には適用されないで、ただ動植物とは反対に人間だけに――幾何級数をもって――適用される、ということが核心だったのではなかったかのように」（ＭＥ全集㉚二〇三ページ）と書いている。

なお、ダーウィンがマルサスの「人口論」を誤解して受け入れたことについては、マルクスも、エンゲルスもたびたび批判しているが、エンゲルスの次の指摘は重要である。

「人類社会と動物社会とのあいだの本質的な差異は、動物はせいぜい拾集するだけなのに、人間は生産する、ということです。このただひとつの、とはいえ重大な差異だけからみても、動物社会の法則をそのまま人類社会に移すことは不可能です」（ME全集㉞一四〇ページ、一八七五年一一月一二日「エンゲルスのラヴーロフへの手紙」）。

このラヴーロフへの手紙は、ラヴーロフ著の論文「社会主義と生存闘争」にたいする意見を求められたことにたいする長い論評の一部である。この手紙の中で、エンゲルスは、六点に整理して意見を述べているが、その第一項目の冒頭で、「私は、ダーウィンの学説のうち進化論は受けいれます」が、生存闘争論は「不完全な表現」として批判している。ちなみに、このラヴーロフへの手紙は、科学的社会主義の人類史観、唯物史観についての解説として重要な文献である。

（3）晩年のエンゲルスの批判――歴史がマルサスの誤りを実証した

エンゲルスは、一九世紀後半の世界的な農業革命によって、食糧が増産されるようになり、マルサスの人口論の誤りは歴史の現実によって実証されたと述べている。エンゲルは、その死の数カ月まえの一八九五年一月九日にロシアのニコライ・ダニエリソーンに送った手紙で、次のように書いている。

「マルクスは、マルサスの人口理論を補足したけれども、反論はしなかった、というストルーヴェ氏の主張はどういう意味なのか、理解できません。（『資本論』――引用者）第一巻第二三章への注七五に書かれているマルサスについての記述は、だれがみても誤解の余地のないはずのものです。そのうえ、マルサスの理論の補足などということを、今日問題にする人がありうるということは、理解に苦しむところです。この理論の前提には、人口が生活資料を圧迫する、という仮定があるのですが、実際には、今日、ロンドンの小麦価格は一クォーターあたり二〇シリングで、一八四八年から一八七〇年までの平均価格の半分以下なのです。つまり、一般に認められているように、今日人口は生活資料を消費しきれないで、逆に、生活資料によって圧迫されているのです！　また、ロシアの農民が本来自分で消費すべき穀類をやむなく売却しているのは、けっして人口の圧迫によるものではなく、収税吏や地主や富農《クラーク》等々の圧迫によるものです」（ME全集㊴三二六ページ）。

マルクスもまた、世界史的な工業革命が引き起こす農業革命を予知して、すでに一八六〇年代に『資本論』第一巻第一三章「機械と大工業」の最終節（第一〇節）「大工業と農業」の中で、次のように述べていた。

「大工業が、農業およびその生産当事者たちの社会的関係に引き起こす革命は、もっとあとになってはじめて述べることができる。ここでは、二、三の結果を先取りして簡単に略述するだけで十分である」。「農業の部面において、大工業は、それが古い社会の堡塁《ほうるい》である『農民』を破滅させ、彼らを賃労働者と置き換える限りにおいて、もっとも革命的に作用する」（③八七九～八八〇ページ、原書五二七～五二八ページ）。

マルクスは、「農業革命」については、この第一〇節の前の第七節でも、「綿業恐慌」とのかかわりで、次のように言及している。

「機械経営の主要所在地に即した新しい国際的分業がつくり出され、それが、地球の一部を、工業を主とする生産地である他の部分のために、農業を主とする生産地に変えるのである。この革命は、農業における諸変革と連関しているが、この諸変革については、ここではこれ以上論じない」（③七九一ページ、原書四七五ページ）。

マルクスが、第一巻では農業革命に言及しながらも、「（農業革命については）もっとあとになってはじめて述べることができる」「ここでは……略述するだけで十分である」と筆を止めた、その「あと」にあたる部面の一つが第三巻第六篇の「地代論」であった。エンゲルスが、第三巻の「地代論」の中で、世界的な「農業革命」に触れたのは、まさに第一巻でのマルクスの〝留保〟を念頭に置いていたであろうことは、想像に難くない。

エンゲルスは、マルクスが第一巻では予知しつつ、簡単にしか触れなかった世界的な農業革命、食料の増産について、マルクスの遺稿を編集した『資本論』第三巻第六篇第三九章「差額地代Ｉ」に、次のような補注を追加している。

「（注三三〔a〕〔こうしたプレーリー地方〔合衆国の大草原――引用者〕またはステップ地方〔シベリア、アジア、アフリカの大草原〕の耕作の急速な増大こそ、最近では『人口が食糧を圧迫する』というはなはだ有名なマルサスの命題を笑い草にするばかりか、その反対に、食糧が人口に加える圧迫を力ずくでも解決しなければ農業が、また、農業とともにドイツが破滅するという、大地主たちの嘆きを生み出したのである。しかし、こうしたステップ、プレーリー、パンパス〔アルゼンチンの大草原〕、リャノス〔南アメリカのオリノコ川流域の大草原〕などの開拓は、やっと着手されたばかりである。したがって、それがヨーロッパ農業におよぼす変革的作用は、これから先、これまでとはまったく違うほど強く感じられるであろう。――F・エンゲルス」（⑪二二三ページ、原書六八四ページ）。

この（注三三〔a〕）の中で、エンゲルスが触れているように、一九世紀後半には、一八世紀後半からの産業革命による大工業の発展が農業へも波及し、世界史的な農業革命が起こりつつあった。エンゲルスは、こうした農業革命の歴史的展開が工業諸国の食糧事情を変えることによって人口事情や階級関係に新たな変化をもたらし、「マルサスの命題を笑い草にする」ことになったと述べているのである。

付論　サミュエル・リードのマルサス批判

サミュエル・リード（Samuel Read：一七七九～一八五五年）は、一八世紀後半から一九世紀前半にかけて、ちょうどD・リカードウやT・R・マルサスとほぼ同時代に活動したイギリスの古典派経済学者の一人である。リードは、「人口問題」の経済学的な学説史をたどるうえでは欠かすことのできない古典派経済学者である。とりわけマルサスの「人口の原理」を古典派経済学の立場から、徹底的に批判した人物の一人として重要な位置を占めている。※

※　日本でも、マルサス研究の一環として、リードの研究がなされている。たとえば、森下宏美『マルサス人口論争と「改革の時代」』（日本経済評論社、二〇〇一年）が参考になる。

リードは、General Statement of an Argument on the Subject of Population, in Answer to Mr. Malthus's Theory（一八二一年）の中で、当時、大ベストセラーになっていたマルサスの『人口の原理』を厳しく批判した。リードは、その中で、労働者階級の貧困の原因は「政府の失敗」によるものであって、労働者階級が子どもをつくりすぎて人口過剰になったためではない、つまり「人民の失敗」ではない、と主張した。そして、マルサスに対して、次のように厳しく迫った。

(What caused the excess? …… Was it, in short, the fault of the government or the people? — Let Mr. Malthus, if he pleases, answer this question too.)

「過剰人口の原因は何なのか？　人民の失敗なのか、政府の失敗なのか？　マルサス氏よ、この質問にも、きちんと回答せよ」。

筆者は、これまで現代日本の「少子化対策」が効果をあげてこなかった原因を解明するために、「政府の失敗」、「財界の失敗」、「社会の失敗」というとらえ方をしてきたが、これは、リードのマルサス批判論文の示唆による。

筆者が初めてサミュエル・リードのことを知ったのは、イギリスの碩学、エドウィン・セリグマン（一八六一〜一九三九年）の『忘れられた経済学者たち』（平瀬巳之吉訳、未来社、一九五五年）の中で、サミュエル・リードを高く評価している記述を読んでからだった。セリグマンは、リードについて、「主要な点では保守的で正統的な経済学者」であったが、古典的分配論の弱点への「鋭い批判家」として評価しつつ、マルサス批判との関わりでは、「人口増加力は奢侈《しゃし》と洗練との結果弱まり減ずる」という「近代生物理論を先取する学説を初めて提起」した人物であったと述べている。

ちなみに、マルクスの『資本論』や「資本論草稿集」(とくに、その中の「剰余価値学説史」)をひもといても、リードへの言及はまったくない。「新メガ」でマルクスの「資本論草稿」、「マンチェスター・ノート」、「ロンドン・ノート」などをめくってみても、リードの名前は出てこない(筆者の見落としかもしれない)。

第4節　マルクス、エンゲルスの人口理論の眺望(諸論点の整理)

マルクス、エンゲルスの「人口問題」への言及は、様々な文献に分散しており、きわめて多岐な論点を含んでいる。そこで、本節では、マルクス、エンゲルスが、時に因り、折に触れて言及している「人口問題」についての記述を一五の論点に整理し、できるだけ彼ら自身の文言を引用しながら、各論点ごとに見ていくことにする。

(1)人類の歴史の前提としての「人間そのものの生産と再生産」

マルクス、エンゲルスは、人類の歴史を究極的に規定する要因の一つとして、人間そのものの生産と再生産をとらえていた。エンゲルスが晩年に、いわば「マルクスの遺言の執行」(エンゲルス)として書き上げた労作『家族、私有財産および国家の起源』（一八八四年）でいう「家族」とは、まさに「直接の生命の生産と再生産」の場をさしている。

「唯物論的な見解によれば、歴史を究極において規定する要因は、直接の生命の生産と再生産である。しかし、これは、それ自体さらに二種類のものからなっている。一方では、生活資料の生産、すなわち衣食住の諸対象とそれに必要な道具との生産、他方では、人間そのものの生産、すなわち種の繁殖がそれである。ある特定の歴史的時代に、ある特定の国の人間がそのもとで生活をいとなむ社会的諸制度は、二種類の生産によって、すなわち、一方では労働の、他方では家族の発展段階によって、制約される」（ME全集㉑、「家族、私有財産および国家の起源」一八八四年初版の序文、二七ページ）。

この唯物史観の立場は、マルクスとエンゲルスの初期の共同労作「ドイツ・イデオロギー」（一八四五～四六年）において、すでに明確にされていた。

「あらゆる人間歴史の第一の前提はいうまでもなく生きた人間的諸個体の現存である。したがって最初の確認されるはずの事実はこれらの個体の身体的組織とそこから当然出てきているこれらの個体と爾余の自然との間柄である。われわれはもちろんここでは人間そのものの自然的身体的性質のことを論じるわけにはいかないし、また人間が当面している自然諸条件、すなわち地質学的、山水誌的、風土的その他の諸状態のことに筆を進めるわけにもいかない。あらゆる歴史記述は、これらの自然的諸基礎と、歴史の流れのなかでの人間の行動によるそれらの変更から出発しなければならない」。「この生産は人口の増加とともにやっと始まる。人口の増加はそれはそれでまた諸個人相互間の交通を前提とする。この交通の形態はまた生産によって条件づけられている」（ME全集③一六～一七ページ、

「ドイツイデオロギー」)。

(2) 人口論の方法――経済学体系における「人口」の位置

マルクスは、一八五七年ごろに執筆した「経済学批判要綱の序説」で、経済学における「人口問題」の位置づけについて、次のように述べている。

「われわれがあるあたえられた一国を経済学的に考察するばあいには、われわれはその国の人口、その人口の諸階級への配分、都市、農村、海洋、さまざまの生産部門、輸出入、年々の生産と消費、商品価格、等から始める。

実在的なものと具体的なものから、つまり現実的な前提から、したがってたとえば経済学では、社会的生産行為全体の基礎であり主体である人口から始めることが、正しいことであるように見える。しかしこれは、もっとたちいって考察してみると、まちがっていることがわかる。人口は、もし私が、たとえばそれを構成している諸階級を除外するなら、一つの抽象である。この諸階級も、もし私が諸階級の存立する基礎になっている諸要素を知っていなければ、これまた空語である。たとえば賃労働、資本などがそれである。賃労働や資本は、交換、分業、価格などを想定している。たとえば資本は、賃労働がなければ、価値、貨幣、価格などがなければ、無である。したがって、もし私が人口から始めるとしても、それは全体についての混沌とした表象であるにすぎず、もっとたちいった規定をあたえることによって、私は分析的に、だんだんとより単純な諸概念を見いだすようになろう。表象された具体的なものから、だんだんとより希薄な抽象的なものに進んでいって、ついには、もっとも単純な諸規定に到達してしまうであろう。そこからこんどは、ふたたび後方への旅が始められるべきであって、最後にふたたび人口に到達するであろう。だがこんどは、全体についての混沌とした表象としての人口にではなく、多くの諸規定と諸関係とからなるゆたかな総体としての人口に到達するであろう」（『資本論草稿集』①四九～五〇ページ、「『要綱』への序説」）。

ここでのマルクスの説明は、何ら注釈の必要がないほど明快である。こうした方法論的な立場から、同じ「序説」の後半部分で、マルクスは、「人口理論」の経済学体系における位置について、次のような構想を記している。

「編別区分は、明らかに、次のようになされるべきである。すなわち（一）一般的抽象的諸規定、……（中略）……（二）ブルジョア社会の内的編成をなし、また基本的諸階級がその上に存立している諸範疇。資本、賃労働、土地所有。……（中略）……（三）ブルジョア社会の国家の形態での総括。自己自身にたいする関連での考察。『不生産的』諸階級。租税。国債。公信用。人口。植民地。移民。（四）生産の国際的関係。国際的分業。国際的交換。輸出入。為替相場。（五）世界市場と恐慌」（『資本論草稿集』①六二ページ、「『要綱』への序説」）。

この経済学体系の編別プランは、マルクスの経済学の研究と叙述の進展によって、必ずしもそのままの形では実現しなかったのであるが、いずれにせよ「人口」を経済学的な範疇の課題として位置づけていたことはまちがいない。「資本論草稿集」の中では、「人口理論」の位置づけに関する言及がたびたびなされている。以下、そのいくつかをあげておこう。

「労働時間が個々の労働者の労働日としてではなく、ある不定労働者数の不定労働日として考察される場合には、ここにいっさいの人口関係がはいってくるのであり、だからこそ、人口にかんするもろもろの基礎理論〔die Grundlehren der Population〕も、利潤、価格、信用、等々についてのそれらと同じく、資本のこの最初の章に含まれているのである」（『資本論草稿集』②二一六ページ、「『要綱』資本に関する章」）。

「同じ法則は、すでに前提されている資本にたいする、人口の――そしてとくにそのうちの労働する部分の――増大の割合として、端的に表現される。――しかしこの表現は、のちに、人口理論のところで考察すべきである」（『資本論草稿集』②五六〇ページ、「『要綱』資本に関する章」）。

「（「生きた労働と交換される資本部分が総資本と比べて減少する」などの関係についての記述のあとで――引用者）……この関係もまた、蓄積理論および人口理論〔Accumulations-und Populationstheorie〕のところではじめて詳細に研究されるべきである」（『資本論草稿集』②五八三ページ、「『要綱』資本に関する章」）。

（3）富の基本源泉としての人口――ペティの「人口理論」

マルクスは、ペティについて、「資本論草稿集」の中で、「わが友ペティは、マルサスとはまったく別の『人口理論』を持っている」として、ペティの『租税貢納論』から、次の一節をノートしている。

「人民の少数であることは本当の貧乏である。そして、八〇〇万の人民がいる国は、同じ面積で少数しかいない国よりも二倍以上富んでいるのである」（『資本論草稿集』⑨四八四、四八六ページ、傍点はマルクス）。

マルクスは、マルサスの人口論とは正反対に、人口増大を富の源泉とみるペティの「人口理論」を経済学の基本に据えている。マルクスがペティを超えていたのは、ペティのように単純に人口を富の源泉と見たのではなく、歴史的な生産力の発展とともに、より少ない人口で多くの富を生産できるようになることを明確にしたことであった。

「剰余労働のいっさいの形態にとって必要なことは、人口の増大である。第一の形態※のためには労働人口の増大が必要である。第二の形態のためには人口一般の増大が必要である。というのは、第二の形態は科学の発展等々を必要とするからである。ともあれ人口はここでは富の基本源泉として現われるのである」（『資本論草稿集』②五九三ページ）。

※　ここでマルクスの言う「第一の形態」とは、労働日の延長などによる絶対的剰余価値の生産、「第二の形態」とは、生産力の上昇による相対的剰余価値の生産のことを指している。

「一国は、その生産的人口が総生産物に比較して少なければ少ないほど富裕である。……その国は、生産物の量が同じならば、不生産的人口に比べて生産的人口が少なければ少ないほど、より富裕である。というのは、生産的人口が相対的に少ないということは、労働の生産性の相対的な程度を表わす別の表現にほかならないはずだからである」（『資本論草稿集』⑤三五四ページ、「剰余価値に関する諸学説」）。

「人口の増加が分業や協業などの増大を可能にすることによって、労働の生産力を増大させることについては、まだ考慮に入れていない。人口の増大は、それにたいして支払われることのない労働の自然力なのである。このような観点からすれば、われわれは社会的力をも自然力とよぶのである。社会的労働の自然力とはすべて、それ自体としては歴史的産物である」（『資本論草稿集』①五二三ページ、「『要綱』資本に関する章」）。

（4）歴史における「人口問題」――異なった社会における人口法則

マルクスとエンゲルスは、資本主義のもとでの「人口問題」だけでなく、人類史の生成とともに始まる「人口問題」にも、様々な著作の中で論及している。

たとえば、エンゲルスの『家族、私有財産および国家の起源』では、全巻にわたって原始社会や古代社会の「人口問題」についての言及がみられる。また、エンゲルスの『ドイツにおける革命と反革命』ではヨーロッパの封建社会における「人口問題」（人口減少問題）がとりあげられている。

マルクスは、「資本論草稿集」の中で、異なった社会における人口法則について、次のように述べている（本節の（12）も参照）。

「異なった社会的生産様式には、人口の増大と過剰人口〔Übervölkerung〕とについての異なった諸法則が存在する。……したがって過剰人口は、社会的生産のある段階では、ほかの段階では存在しないようなものでありうるし、またそれがもたらす結果はさまざまでありうる。たとえば、海外に派出された古代〔ローマ〕人植民者は過剰人口であった。すなわち彼らは、その物質的な所有基盤

〔Eigenthumsbase〕すなわち生産諸条件のうえでは、同じ空間のなかで生き続けることができなかったのである。……民族の大移動をもたらした過剰人口は、これはまたこれで、別の諸条件を前提している。以前のすべての生産諸形態にあっては、生産諸力の発展が取得の土台なのではなくて、生産諸条件（所有諸形態）への一定の関わり〔Verhalten〕が生産諸力にとっての前提された制限として現われ、またこの関わりがひたすら再生産されなければならない。だから、あらゆる生産諸力の発展を概括的に含んでいる人口の発展は、なおのこと一つの外的制限を眼前に見いださなければならず、それゆえに、制限されるべきものとして現われなければならないのである。共同体組織〔Gemeinwesen〕の諸条件は、一定の人口量としか両立できない。他方、人口の制限は、生産諸条件の特定の形態の拡張可能性によって措定されているのであって、この拡張可能性に従って変化する、つまり収縮もすれば拡大もする――だから、狩猟民族のもとでの過剰人口はアテネ人のもとでとは異なり、アテネ人のもとでのそれはゲルマン人のもとでとは異なっていた――のである以上、同時にまた、人口が増大する絶対的比率も、したがって過剰人口と人口との比率も、同じ拡張可能性に従って変化するのである。だからこそ、特定のある生産基礎〔Productionsbasis〕のうえに措定されている過剰人口は、適合的な人口がそうであるのと同様に、一定なのである。過剰人口と人口とを一緒にしたものが、特定のある生産基礎が生みだすことができる、そも人口なるもの〔*die* Population〕である。この人口が自己の制限を超えてどの程度まではみ出すのかは、この制限そのものによって与えられている、――あるいはむしろ、この制限を措定している同じ根拠によって与えられている」（『資本論草稿集』②三二九～三三〇ページ、「『要綱』資本に関する章」）。

（5）産業資本主義と労働者人口の増大①――「絶対的総人口」と「労働人口」の区別

マルクスは、資本主義のもとでの人口を論ずるさいに、「絶対的な総人口」と生産過程における「労働人口」を区別している。

「資本のもとで賃労働者として労働する人口の数、あるいは市場にある労働能力の数は、絶対的人口が増大しなくても、あるいは労働者人口が絶対的に増大しない場合でさえも、増大することがありうる。たとえば、労働者家族の構成員である妻たちや子供たちが資本に使われることを強制されるならば、そしてそれ以前はそうでなかったのであれば、労働する人口の絶対数が増加しなかったのに、賃労働者の数は増加したのである」（『資本論草稿集』④二九四ページ、「絶対的剰余価値」）。

「どちらの場合にも賃労働者の数が増大しているが、それは一方の場合には絶対的な労働者人口が増大せずに、他方の場合には絶対的な総人口が増大せずに生じたこと……（後略）」（『資本論草稿集』④二九五ページ、「絶対的剰余価値」）。

（6）産業資本主義と労働者人口の増大②――マニュファクチュアと人口増大

マルクスは、『資本論』や「資本論草稿集」の中で、資本主義的生産様式の生成期において人口増大のはたす役割について、たびたびとりあげている。

「社会内部の分業、およびこれに照応する特殊な職業領域への個人の拘束は、マニュファクチュア内部の分業と同じく、相対立する〔二つの〕出発点から発展する。一家族の内部で、さらに発展すると一部族の内部で、自然発生的な分業が、性や年齢の相違にもとづいて、すなわち純粋に生理学的な基礎の上で発生するが、この分業は、共同体の拡大、人口の増加、またとりわけ、異なる部族間の衝突や一部族による他部族の征服とともに、その材料を拡大する」。（③六一九ページ、「第一二章　分業とマニュファクチュア」、原書三七二ページ）

「マニュファクチュア内部の分業にとっては、同時に使用される労働者の一定数がその物質的前提をなすのと同じように、社会内部の分業にとっては、人口の大きさとその密度——この密度は、この場合、同じ作業場における密集の代わりをする——とが物質的前提をなす。とはいえ、この人口密度は相対的なものである。交通手段の発達している相対的に人口の希薄な地方は、交通手段の発達していない、より人口の多い地方よりも、稠密《ちゅうみつ》な人口をもっているのであって、この意味では、たとえばアメリカ合衆国の北部諸州は、インドよりも人口が稠密である」（③六二二ページ、「第一二章　分業とマニュファクチュア」、原書三七三ページ）。

（7）産業資本主義と労働者人口の増大③——「労働力の再生産」の特徴

資本主義的生産様式の生成・発展は「産業革命」をもたらし、産業資本主義を確立させたが、それは、労働者階級の増加を中心とする総人口の急激な増大をともなった。先に第2章で見たように、人口の激増は歴史的に明らかな事実であったが、その基本的要因は、「産業人口をできるだけ増やそうとするのは、資本の傾向である」（マルクス）からであった。産業資本主義のもとでの人口増大のメカニズム――産業資本の資本蓄積にとっての「労働力の再生産」の意味について、マルクスは、次のように説明している。

「労働力と引き換えに譲渡される資本は生活手段に転化され、この生活手段の消費は、現存する労働者の筋肉、神経、骨、脳髄を再生産して、新しい労働者を生み出すために役立つ。だから、絶対に必要なものの範囲内に限れば、労働者階級の個人的消費は、資本によって労働力と引き換えに譲渡された生活手段の、資本によって新たに搾取されうる労働力への再転化である。それは、資本にとってもっとも不可欠な生産手段である労働者そのものの生産および再生産である。したがって、労働者の個人的消費は、それが作業場や工場などの内部で行なわれようと外部で行なわれようと、労働過程の内部で行なわれようと外部で行なわれようと、資本の生産および再生産の一契機であ（る。）……労働者はその個人的消費を自分自身のために行なうのであって、資本家のために喜んで行なうのではないということは、事態になんのかかわりもない。たとえば、役畜の食べるものは役畜自身が享受するからといって、役畜の消費が生産過程の必要な一契機であることには変わりはない。労働者階級の不断の維持と再生産は、資本の再生産のための恒常条件である。資本家はこの条件の実現を、安心して労働者の自己維持本能と生殖本能にゆだねることができる」（④九九五ページ、「第二一章　単純再生産」、原書五九七～五九八ページ）。

マルクスは、「資本論草稿集」の中では、「労働力の再生産」の具体的な特徴について、より立ち入って詳しく論じている。とりわけ重要なことは、資本主義のもとでの生産力の増大によって、かりに平均賃金の価値が低下する場合でも、「労働者の再生産規模の拡大」を可能とすると指摘していることである。

「諸資本は人口よりも急速に蓄積される。それにともなって賃金〔Salair〕が上昇する。……労働者が結婚し、〔子供の〕生産に拍車がかけられ、あるいは彼の子供の暮しがよくなり、早死しなくなる、等。要するに人口が増大する」(『資本論草稿集』①四四二ページ、「『要綱』資本にかんする章」)。

「このようにして労働者数は、たとえ総人口が不変のままでも相対的には増大する。しかし、資本は人間の数を、なによりもまず労働者階級を、絶対的にも増加させる。人口の絶対的増加が――だからいま右に述べたような作用〔Operationen〕は度外視して――可能なのは、より多くの子供が生まれるだけでなく、彼らのより多くが成長する、つまり労働可能な年齢まで養育されうる場合に限られる。資本の支配下における生産諸力の発展は、年々生産される生活手段の量を増加させ、それらを非常に安くするので、たとえ平均労賃の価値が低下するとしても、つまりそれが表わす、物質化された労働時間の量が減少するとしても、平均労賃は、労働者の再生産規模の拡大を見込んだものになりうるのである」(『資本論草稿集』④四八六ページ、「相対的剰余価値」)。

さらにマルクスは、労働者階級の生活状態の悪化にさえ、人口増大の要因が含まれているとして、次のように述べている。

「他方では、資本が労働者階級に押しつける生活状態、すなわち密集させられ、他のあらゆる生活の楽しみから遠ざけられ、もっと高い社会的位置に到達できる展望やある種の礼儀作法を保っていける展望をまったく欠き、生活全体に内容が無く、作業場では両性がごちゃまぜになっており、労働者自身は孤独である、という状態、――これらすべてが〔労働者を〕早婚に駆りたてる。必要な見習い期間は短縮され、またほとんど完全に廃止され、子供たち自身が生産者として登場する年齢が早められ、したがって彼らを養育しなければならない期間も短縮されるのであって、これらの事情が人間生産を加速する刺激を強めているのである。もろもろの世代からなる労働者の平均年齢が下がれば、市場にはいつももろもろの短命な労働者世代が大量に溢れ、しかもたえず増加することになるが、それらはすべて、資本主義的生産が必要としているものなのである」（『資本論草稿集』④四八六〜四八七ページ、「相対的剰余価値」）。

「人口理論について正しい唯一のことは、次のことである。すなわち、資本の発展は、人口の再生産がそこでは動植物と同じように、消極的抑制以外になんの限界もないような状況に、大量の人口を投げ込むということ、がそれである。貧乏な人間は、普通の状態にある労働者よりも急速に再生産される——なぜなら、貧乏な人間の再生産の諸条件はごくわずかであるからである。貧困は蔓延《まんえん》する。動物世界におけるとまったく同じように、階級が低ければ低いほど、貧乏の再生産はそれだけ大量である」（『資本論草稿集』⑨四七四ページ、「相対的剰余価値」）。

マルクスは、『資本論』第三巻では、産業循環の繁栄期における労働者状態の変化とのかかわりでの人口増大について、次のように述べている。

「繁栄期は、労働者のあいだの結婚を促し、また子孫の大量死亡を減少させたであろう。このような事情は——たとえそれがどれほど人口の現実の増加を含むことができるとしても——現実に労働する人口の増加を決して含みはしないが、しかし資本にたいする労働者たちの関係においては、まるで現実に機能している労働者たちの総数が増加したかのように作用する」（⑧四三七〜四三八ページ、原書二六五ページ）。

マルクスの時代には、まだ「人口転換」の理論は生まれていなかったのであるが、マルクスは、「人口転換」第Ｉフェーズの人口急増のメカニズムを、様々な角度から解明しようとしていることがわかる。ただし、労働者階級の貧困化がかえって労働者人口の増大に拍車をかけるという人口動態は、第Ｉフェーズに特有な歴史的な現象であり、二一世紀には当てはまらない命題といわねばならない。マルクスがマルサス批判の中で明らかにした人口法則の特質――「歴史的に規定された人間の自然諸法則」を想起することが必要である。（本章第3節（1）を参照）。

（8）産業資本主義と労働者人口の増大④――「相対的過剰人口」の作用

マルクスは、資本蓄積過程で、必然的に、累進的に、生産される「相対的過剰人口」の形成こそ「資本主義的生産様式に固有な人口法則」と規定している。この「相対的過剰人口」論については、後に第5節であらためて見ることにするので、ここでは、前項で述べた「労働者階級の絶対的増大」のメカニズムと「相対的過剰人口」のメカニズムとの相互関係についてだけ述べておこう。この点について、マルクスは、『資本論』第三巻の中で、次のように述べている。

「資本主義的生産過程は、本質的に同時に、蓄積過程である。……しかし、蓄積そのもの、および、それとともに与えられる資本の集積は、それ自身、生産力の増加の一つの物質的手段である。しかし、生産諸手段のこの増大には、労働者人口の増大が含まれている。すなわち、過剰資本に照応する、しかも全体としてはつねにこの資本の需要をも超える労働者人口、したがって過剰労働者人口の創出が含まれている。過剰資本の、それによって指揮命令される労働者人口を超える一時的超過は、二重の仕方で作用するであろう。それは、一方では、労賃を高騰させることによって、したがって労働者の後継世代を激減させ絶滅させる諸影響を緩和し、結婚を容易にすることによって、労働者人口をしだいに増加させるであろうが、しかし、他方では、相対的剰余価値を創造する諸方法（機械の採用および改良）を使用することによって、さらにはるかに急速に人為的な相対的過剰人口を創出するであろうし、この相対的過剰人口は、それはまたそれで——というのは資本主義的生産では貧困が人口を生み出すから——実際の急速な人口増加の温室にもなるのである。だから、資本主義的蓄積過程——それは資本主義的生産過程の一契機にすぎない——の本性からは、資本に転化されるはずの生産諸手段の総量の増大は、それに照応して増大し過剰でありさえする搾取可能な労働者人口をつねに手もとに見いだす、という結果がおのずから出てくる」（⑧三七五〜三七六ページ、原書二二八〜二二九ページ）。

ところが、植民地においては、絶対的人口の増大にもかかわらず、相対的過剰人口の生産は進まなくなる。植民地における「相対的過剰人口の法則」の特殊な作用について、マルクスは、『資本論』第一巻の最終章（第二五章）の「近代的植民理論」のなかで、次のように述べている。

「資本主義的生産の大きな長所は、それが賃労働者を賃労働者として絶えず再生産するばかりでなく、資本の蓄積に比例してつねに賃労働者の相対的過剰人口を生産するというところにある。こうして、労働の需要供給の法則は正しい軌道のうえにすえられ、賃銀の変動が資本主義的搾取に適合する制限内に拘束され、そして最後に、必要不可欠な資本家への労働者の社会的従属が確保される。……

しかし、植民地ではこの美しい妄想はずたずたに引き裂かれてしまう。そこでは多くの労働者が成人としてやってくるので、絶対的人口は母国でよりもはるかに急速に増加するが、それでもなお労働市場はいつも供給不足である。労働の需要供給の法則はこなごなに砕かれてしまう。一方では、旧世界が、搾取に飢え、禁欲を求める資本を絶えず投げ込んでくる。他方では、賃労働者としての賃労働者の規則的な再生産が、まったく手に負えず、一部は克服もできない障害にぶつかる。まして、資本の蓄積に比例する過剰な賃労働者の生産などとは！」（④一三四二～一三四三ページ、「第二五章　近代的植民理論」、原書七九六～七九七ページ）。

（9）都市への人口の集中――農村からの人口移動、人口分布の不均衡

資本蓄積とともに都市でプロレタリアートが増大すると、農村部から都市部への人口の移動と集中が起こる。資本主義の発展にともなう人口増大は、こうした人口分布の不均衡を拡大し、どの国でも人口の過密・過疎が同時的に起こるようになる。

「われわれはさきに、プロレタリアートが機械の採用によって、どのように発生したかを見た。工業の急激な膨張は人手を必要とした。労賃は上昇した。そしてその結果、労働者の群は農業地区から都市に移動した。人口は急速に増加した。そして、ほとんどすべての人口増加は、プロレタリア階級の増加によるものであった」（ＭＥ全集②二四四ページ、「イギリスにおける労働者階級の状態」）。

「資本主義的生産様式が農耕人口を非農耕人口に比べて絶えず減少させるということは、資本主義

的生産様式の本性に根ざすことである。なぜなら、工業〔狭義のIndustrie〔広義の「産業」にたいする〕〕においては、可変資本に比べての不変資本の増大は、可変資本の――相対的には減少するとはいえ――絶対的増大と結びついているからである。これにたいして、農業においては、一定の地片を利用するために必要な可変資本は絶対的に減少するのであり、したがって可変資本は、新たな土地が耕作される限りでのみ増大しうるのであるが、このことがまた、非農業人口のさらに大きな増大を前提するのである」（⑪一一五四ページ、「第三巻第六篇第三七章　緒論」、原書六五〇ページ）。

⑽　人口減少問題①――大ブリテンの農業プロレタリアートの分析

これまでは、産業資本主義のもとでの労働者人口の増大の問題を見てきた。歴史的な統計からも明らかなように、人口増大こそが、産業資本主義の時代の基本的傾向であるのだが、この時期でも、「人口減少」問題がなかったわけではない。マルクスは、「人口減少」という現象も、産業資本の資本蓄積のもとで起こることを、①農業プロレタリアートの「人口減少」、②アイルランドの「人口減少」、という二つの事例をもとに、『資本論』第一巻第二三章「資本主義的蓄積の一般的法則」の第五節の中で詳細に分析している。まず、①農業プロレタリアートの事例からみていこう。

「穀物法の廃止〔一八四六年〕は、イングランドの農業に大きな衝撃を与えた。きわめて大規模な排水、畜舎飼いおよび秣《まぐさ》の人工栽培の新方式、機械式施肥装置の採用、粘土地の新処理、鉱物性肥料の使用増、蒸気機関およびあらゆる種類の新しい作業機などの使用、より集約的な耕作一般が、この時代の特徴をなしている。……男女両性およびあらゆる年齢層の本来的農耕民について言えば、その数は、一八五一年の一二四万一二六九人から、一八六一年の一一六万三二二七人に減少した。それゆえイギリスの戸籍本署長官が『一八〇一年以来の借地農場経営者および農村労働者の増加は農業生産物の増加〔……〕と決してつり合っていない』と正しく述べているが、この不均衡は、最近の時代には――すなわち、農耕面積の拡張、より集約的な耕作、土地に合体されて土地の耕作に充てられた資本の未曽有の蓄積、イングランド農業史上に類例を見ない土地生産物の増加、土地所有者の地代収入の激増、および資本主義的借地農場経営者の富の膨脹、これらのことと手をたずさえて、農村労働者人口の積極的な減少が進んだ最近の時代には、もっとはるかに顕著である」（④一一七八～一一八〇ページ。原書七〇五～七〇六ページ）。

マルクスによる「農業プロレタリアートの人口減少」の分析は、「相対的過剰人口」の形成の分析と一体的に行われている点に、その最大の特徴がある。そこから、マルクスは、次に見るように、「同じ場所であるのに労働不足と労働過剰とが同時に起こるという矛盾に満ちた」関係をとらえている。こうした現象は、局部的には、農業分野だけでなく工業分野でも起こりうることであり、資本主義的生産の一般的な矛盾として見ることができるだろう。

「都市への絶え間ない移住、借地農場の集積や耕地の牧場への転化や機械〔の使用〕などによる農村における絶え間ない『人口過剰化』、および、〝小屋〟の取りこわしによる農村人口の絶え間ない追い立ては、歩調をそろえて進行する。その地域の人間が少なくなればなるほど、そこの『相対的過剰人口』はそれだけ大きくなり、雇用手段におよぼす過剰人口の圧迫はそれだけ大きくなり、そこの居住手段を上回る農村民の絶対的過剰がそれだけ大きくなり、したがって村々では、局地的過剰人口、および、このうえなく悪疫を引き起こしやすい人間詰め込みがそれだけひどくなる。散在する小村と市場町とにおける人間群衆の稠密化は、農村一帯での強制的な人間過疎化に照応する。農村労働者たちの数的減少にもかかわらず、しかも彼らの生産物量の増大にともなって進む、農村労働者の不断の『過剰化』は、農村労働者の受救貧民的貧困のゆりかごである。彼らが受救貧民になる可能性が、彼らを追い立てる動因であり、彼らの住宅難の主要原因なのであって、この住宅難が彼らの最後の反抗力をくじき、彼らを地主および借地農場経営者のまったくの奴隷にしてしまい、その結果、労賃の最低限が彼らにとっての自然法則として固定するのである。他方、農村は、その絶え間ない『相対的過剰人口』にもかかわらず、同時に人口過少となっている。このことは、都市、鉱山、鉄道工事などへの人間流出があまりに急激に進行する場所で局地的に見られるばかりでなく、収穫期にも、また春や夏の、非常に手間をかけ集約的なイングランドの農業が臨時労働者を必要とする数多くの時期中にも、いたるところで見られる。農村労働者は、農耕上の中位の要求にたいしてはつねにあまりにも多すぎるのであり、例外的または一時的な要求にたいしてはつねにあまりにも少なすぎる。それゆえ、公式文書には同じ場所であるのに労働不足と労働過剰とが同時に起こるという矛盾に満ちた苦情が見いだされるのである。一時的または局地的労働不足は、労賃の騰貴を引き起こすのではなく、女性および児童を農耕に強制的に引き入れ、労働年齢を絶えず引き下げる。女性および児童の搾取の余地が大きくなると、そのこと自体がまた、男性農村労働者を過剰化しその賃銀を押し下げる新たな手段となる。イングランドの東部では、この〝悪循環〟のみごとな成果——いわゆる労働隊制度（ギャング・システムまたは徒党システム）――がさかんに行なわれている」（④一二〇四～一二〇五ページ、原書七二〇～七二一ページ）。

(11) 人口減少問題②――アイルランドの人口減少問題

アイルランドの「人口減少問題」については、マルクスとエンゲルスは、様々な機会に、様々な著作で分析している。たとえば、『資本論』第一巻第一三章「機械と大工業」では、次のように述べている。

「アイルランドでは、一八四五年以来ほとんど半減した人口を、アイルランドの地主とイングランドの羊毛工場主諸氏との要望に正確に照応する程度にまで、さらにいっそう削減しようとする過程が、なおこの瞬間にも進行している」（③七七八ページ、原書四六七ページ）。

マルクスがアイルランドの人口減少問題を、深く全面的に分析しているのは、『資本論』第二三章「資本主義的蓄積の一般的法則」の中の「第五節　資本主義的蓄積の一般的法則の例証　f　アイルランド」においてである。この項は邦訳（新版）で三〇ページ近くにわたっており、「アイルランド経済論」という独立論文といってもよいほど、よくまとまっている。マルクスは、まず冒頭で、アイルランドの人口減少の統計的実態を確認することから分析を開始している。

「アイルランドの人口は、一八四一年には八二二万二六六四人に増加したが、一八五一年には六六二万三九八五人に、一八六一年には五八五万三〇九人に減少し、一八六六年には五五〇万人という、ほぼ一八〇一年の水準まで減少した。この減少は一八四六年の飢饉の年から始まったのであって、その結果アイルランドは、二〇年足らずのうちに人口の5/16以上を失った。一八五一年五月から一八六五年七月にいたるアイルランドの移民総数は一五九万一四八七人にのぼり、そのうち一八六一―一八六五年の最後の五年間の移民は五〇万人以上であった。居住家屋数は、一八五一―一八六一年に五万二九九〇戸減少した。一八五一―一八六一年に、一五―三〇エーカーの借地農場の数は六万一〇〇〇だけ増加し、三〇エーカー以上のそれは一〇万九〇〇〇だけ増加したが、その一方、すべての借地農場の総数は一二万減少した。したがってこの減少は、もっぱら一五エーカー以下の借地農場の絶滅すなわちそれらの集中のせいであった」（④一二一五～一二一六ページ、原書七二六ページ）。

「飢饉は一八四六年にアイルランドで一〇〇万人以上の人間を、それもまったく貧乏人だけを殺した。この飢饉は、この国の富にはいささかも損害を与えなかった。その後の二〇年間の、そしていまなお絶えず増加しつつある人口流出は、たとえば三〇年戦争とは違って、人間と同時にその生産諸手段を激減させはしなかった。アイルランドの天才は、貧民をその貧困の舞台から数千マイルも遠方に神隠しするまったく新たな方法をあみだした。アメリカ合衆国に移住した移民たちは、残留者の旅費として故郷に毎年それなりの金額を送っている。今年移住する一団は、いずれも次の年、他の一団を呼び寄せる。こうして移住は、アイルランドにとっては費用いらずで、その輸出業中のもっとも有利な部門の一つをなす。最後に、移住は一つの組織的過程であって、この過程は、一時的に人民大衆のなかに出口の穴をあけるのではなく、出生によって補われるよりも多くの人間を毎年そこから汲み出して、絶対的人口水準を年々低下させるのである」（④一二二五～一二二六ページ、原書七三一～七三二ページ）

「人口減少は、多くの土地を廃耕地にし、土地生産物をはなはだしく減少させ、また、牧畜面積の拡大にもかかわらず、若干の牧畜部門では絶対的減少を引き起こしたのであって、その他の部門で生じた進歩も、絶え間ない後退によって中断させられ、ほとんど語るに値しないものであった。それにもかかわらず、人口の減少とともに、地代と借地農業利潤は持続的に増加した――もっとも借地農業利潤は地代ほど恒常的に増加しなかったが。その理由は容易に理解できる。一方では、借地農場の合併と耕地の牧場への転化とにつれて、総生産物のより大きな部分が剰余生産物に転化した。総生産物が減少したとはいえ、その一部分をなす剰余生産物は増加したのである。他方で、この剰余生産物の貨幣価値は、その数量よりもいっそう急速に増加した――それは、最近二〇年このかた、とりわけ最近一〇年このかた、イングランドにおける肉、羊毛などの市場価格が騰貴した結果である」（④一二二二ページ、原書七三〇～七三一ページ）。

「したがって、ここでわれわれの眼前で大規模に展開されている過程は、正統派経済学にとっては、貧困は絶対的過剰人口から生じるのであって、人口減少によって均衡が回復されるとする、彼らのドグマを実証するのにこれ以上望みえないようなすばらしい過程である。これこそは、マルサス主義者によってあのようにひどく賛美された一四世紀なかばのペストとはまったく異なる重要な実験である」（④一二二四ページ、原書七三一ページ）。

「残留して過剰人口から解放されたアイルランドの労働者にとってどのような結果が起こったか？相対的過剰人口が、こんにちでも一八四六年以前と同じように大きいこと、労賃が同じように低く、労働の苦しみが増したこと、農村における困窮がふたたび新たな危機の切迫を告げていること、これが結果である。その原因は簡単である。農業における革命が、移民と歩調を合わせて進んだことである。相対的過剰人口の生産が、絶対的人口減少よりも急歩調で進んだ」（④一二二六ページ、原書七三二ページ）。

「したがって、就業の不安定および不規則、労働停滞のくり返しおよび長期化――相対的過剰人口のこれらすべての徴候が、救貧法監督官の報告書のなかでは、いずれもアイルランドの農業プロレタリアートの苦難として登場する。イングランドの農村プロレタリアートの場合にも、同じ現象に出会ったことが想起される。しかし相違は、工業国であるイングランドでは、産業予備〔軍〕は農村で補充されるのにたいして、農業国であるアイルランドでは、農業予備〔軍〕が、放逐された農村労働者の避難所である都市で補充されることである。イングランドでは、農業の過剰人員は工場労働者に転化される。アイルランドでは、都市に駆逐された人々は、他方で同時に都市の賃銀を圧迫しながら、依然として農村労働者であり、仕事をさがしに絶えず農村にもどされる」（④一二三二ページ、原書七三六ページ）

(12) 人口統計の分析――様々な社会の「移民」による人口減少

マルクスは、「人口問題」を経済学上の理論問題としてとらえるだけではなく、現実の人口の実態を示す「人口統計」をたんねんに分析して、様々な問題を解明している。その分析の結果は、『資本論』などに利用されているが、とりわけ見逃すことができないのは、一八五一年八月から六二年二月にかけて十数年にわたってニューヨーク・デイリー・トリビューン紙に寄稿した時事論文の中に、「人口統計」についての興味深い分析が含まれていることである。たとえば、次の四つの論文は、「人口問題」の研究にとって欠かせない内容となっている。

①「強制移民――コシュートとマッツィーニ――亡命者問題――イギリスの買収選挙――コブデン氏」（一八五三年三月二二日付）（ME全集⑧五二六ページ）。

②「戦争問題――イギリスの人口および貿易統計――議会情報」（一八五三年八月二四日付）（ME全集⑨二四二ページ）。

③「労働問題」（一八五三年一一月二八日付）（ME全集⑨四五九ページ）。

④「人口、犯罪、極貧」（一八五九年九月一六日付）（ME全集⑬四九一ページ）。

これらの論文の中で、マルクスは政府の「人口統計」を引用しながら、「最近発表された人口調査報告は、大ブリテンの人口が緩慢ではあるがたえず減少していることを示している」として、その原因が海外移民にあることを解明している。そこでマルクスが挙げている人口移動の関係を示す数値を表に表すと図表6―4―1のようになる。この表でわかるように、「出生にたいする海外移民の超過」＝三万六一五九人が人口減少となって現れているのである（以上は、上記の論文②より）。

マルクスは、論文①「強制移民……」では、移民による人口変動の意味について、古代社会における移民と、当時のイギリス資本主義における移民との根本的な性格の違いについて、詳しく論じている（本節の（4）も参照）。

「ギリシアやローマのような古代国家では、植民地を周期的に建設するというかたちでの強制移民が、社会機構の正規の構成部分になっていた。これらの国家の体制全体は、人口数を一定限度にかぎることのうえにきずかれていた。この限度をこえたりすれば、古代文明自体の条件が危うくなったのである。だが、なぜそうだったのか？　これらの国家では、物質的生産に科学を応用することは全然わからなかったからである。文化を維持するためには、どうしても人口が少ないままでなければならなかった。さもないと、苦しい肉体労働をやるほかはなく、そうなれば自由な市民も奴隷に変わってしまうだろう。生産力が足りなかったために、市民階級の数を一定の割合に保つほかなく、その割合をやぶるわけにはいかなかった。強制移民が、ただ一つの救済策であった。

未開人をかりたててアジアの高原地域から古代社会に侵入させたものも、これと同様に生産力にたいする人口の圧力であった。ただこの場合には、同じ原因が違ったかたちで作用した。未開人の状態をつづけるためには、彼らは少数の状態をつづけるほかはなかった。彼らは遊牧と狩猟と戦争をこととする種族だった。その生産方法は、現在の北アメリカのインディアン種族の場合と同じように、ひとりひとりが広い面積の土地をもつことを必要とした。彼らの数がふえると、彼らはたがいに他人の生産領域をけずりとった。それゆえ過剰な人口は、古代および近代のヨーロッパ諸民族をつくりあげたあの冒険的な大移住運動を企てざるをえなかった。

図表6-4-1　大ブリテンの人口減少

死亡数	107,861
出生数	158,718
出生の純増加	50,857
出生の死亡にたいする推定超過数	79,800
海外移民数	115,959
出生増加にたいする海外移民数の超過数	36,159

（出所）マルクス「戦争問題―イギリスの人口および貿易統計―議会情報」（ME 全集⑨、244ページより）

けれども現代の強制移住の場合は、事情は全然反対である。この場合には、生産力が不足だから過剰人口が生まれるのではない。生産力が増大したために、人口を減らすことが必要になり、過剰分を飢えや移民によって一掃するのである。人口が生産力を圧迫するのではなくて、生産力が人口を圧迫するのだ」(ME全集⑧五二八〜五二九ページ)。

ところで、マルクスは、先に本節の第2項のなかで掲げておいた「経済学批判体系」の篇別プランの(三)で、「人口」に続けて「植民地。移民。」と書いていた。マルクスが『トリビューン』論文で論じている論点は、その先取り的な分析材料にあたるといってもよいだろう。

なお、『資本論』の中には、次のような記述もある。

「大工業諸国における労働者の絶え間ない『過剰化』は、促成的な移住と諸外国の植民地化とをすすめ、こうした諸外国は、たとえばオーストラリアが羊毛生産地に転化したように母国の原料生産地に転化する。機械経営の主要所在地に即した新しい国際的分業がつくり出され、それが、地球の一部を、工業を主とする生産地である他の部分のために、農業を主とする生産地に変えるのである。この革命は、農業における諸変革と連関しているが、この諸変革については、ここではこれ以上論じない」(③七九一ページ、原書四七五ページ)。

(13) 資本主義における人口抑制――エンゲルスのカウツキー批判

マルサスは、私有財産制と資本主義の搾取制度を前提として、人口増を抑制するために、労働者階級にたいして、結婚の延期や生殖本能の「道徳的抑制」を要求した。こうしたマルサスの主張に対しては、マルクスとエンゲルスは厳しく批判した。マルクスは次のように述べている。

「マルサス主義者や経済学者の全理論は、要するに労働者は子供をつくらないことによって需要を減少させる可能性をもっている、ということにほかならない」。「労働者階級全体が子供をつくらない決心をするというような、できもしないナンセンスは論外である。それどころか、彼らの状態は、性的衝動を主たる享楽とし、しかもそれをかたよって発展させる。

ブルジョアジーは、労働者の生活を最低限に切り下げたのち、なお労働者の再生産行為をも最小限におしとどめようとしているのである」(ME全集⑥五二一、五三六ページ、「賃金」)。

しかし、マルクス、エンゲルスは、一般的な意味で、資本主義のもとでの避妊などによる産児調整を頭から否定したわけではなかった。エンゲルスは、カウツキーがマルサス理論に同調する著作(『人口増加の社会の進歩に及ぼす影響』一八八〇年)を発表した際に、カウツキーへあてた手紙(一八八三年二月一〇日)で、次のように述べている。

「三、四年まえには、あなたは、焼きたてのほやほやのマルサス主義者として、人為的な方法で人口を制限することの必要を説いています。というのは、そうしないとやがてわれわれはみなもはや十分には食えなくなるからだ、というわけです。ところが、いまやあなたは、ヨーロッパで自給されるもののほかにさらにアメリカの食料生産の余剰までも食い尽くすだけの人口はとうてい存在しない、ということを論証しているのです」。「こういうわけで、渇望されるものは、パンではなくて、広く推奨されるシュヴェムヒェン〔避妊具〕なのでしょう。じっさい、このことは、この方法や別の方法が、ブルジョアの家庭では、子供の数と収入とを釣り合わせるためや、ひんぱんな分娩によって妻の健康を害したりしないようにするために、大いに有効でありうる、ということをけっして妨げはしないのです。ただ私が固執するのは、それは夫と妻とのあいだの、またせいぜい家庭医とのあいだの、私事だということ（私自身もこのような場合には、あなたが『ラチボルスキの方法』※と呼んでいるものを推奨したことがありました）、そして、わがプロレタリアは相変わらずたくさんのプロレス〔子孫〕によって彼らの名を辱しめないだろうということだけなのです」（ME全集㉟、三七六～三七七ページ）。

※ ラチボルスキー（一八〇七～一八七一年）はポーランドの医者で、避妊法を推奨した。一八三〇～三一年のポーランド蜂起に参加、蜂起鎮圧後は、フランスに亡命した。

ここでは、エンゲルスは、マルサス主義者としてのカウツキーがかつては「過剰人口」を論じていたのに、いまや逆に「食料過剰」を論ずるという自己矛盾に陥っていると皮肉っている。同じ趣旨のことを、二年前のカウツキーへの手紙（一八八一年二月一〇日）でも言及しているが、それは後述する本節の⒂「未来社会の過剰人口と人口抑制」（三三二ページ）でとりあげることにする。ここでは、手紙の後段で、エンゲルスは、人口過剰を抑制するために国家が避妊を強制するのではなくて、家庭の経済的事情や女性の健康上の観点から避妊を自主的に選択することの有効性について言及していることに注目しておこう。

コラム　カウツキーの人口論について

ここでは、マルクス、エンゲルスの人口理論を理解することに役立つと思われることに限定して、カウツキーの人口論について簡単に注釈しておこう。

カール・カウツキー（Karl Kautsky　一八五四～一九三八年）は、マルクス、エンゲルスより三〇歳以上も若い世代で、二一歳の青年時代に社会民主党に入党し、一八八三年にはドイツ社会民主党系の理論誌《ノイエ・ツァイト Die Neue Zeit》を創刊するなど、エンゲルスからは理論家としての将来を期待されていた。とりわけエンゲルスは、マルクス死後、カウツキーを理論的後継者の一人として扱い、『資本論』に関する書簡集（七一六通）に取り入れられたエンゲルスからカウツキーへの手紙は三五通もある。カウツキーは、エンゲルスが生きていたころまで（一八九五年）は、第二インターナショナルの指導者の一人として、ベルンシュタインの修正主義理論を批判していたが、エンゲルスの没後、とりわけ一九一〇年代に第一次世界大戦が勃発するころから、ローザ・ルクセンブルクらと袂を分かって右寄りの路線をとるようになり、一九一七年のロシア革命を批判し、レーニンからは「背教者カウツキー」と厳しく断罪されることになる。

エンゲルスは、カウツキーの理論活動には、かなり危惧《きぐ》をもちながら、粘り強く接していたようである。当時の社会民主党の指導部へあてた手紙では、カウツキーのことを評して「彼はいつも副次的な観点を多く持ちすぎている」と「懸念」を述べている。また、「生来の衒学者《げんがくしゃ》かつ穿鑿屋《せんさくや》」の「空論家」などと辛辣な評価もしている。

エンゲルスがカウツキーの理論への懸念をもっとも感じた典型的な事例がカウツキーのマルサス主義的な「人口理論」であった。カウツキーは、前述の一八八〇年の著作をエンゲルスに批判されてからは、人口問題について論ずることはなかったが、エンゲルスの死後、第二インターの右翼的な立場に転換してから、ふたたび人口問題に立ち戻って『自然と社会における増殖と発展』（邦訳の表題『マルキシズムの人口論』一九一〇年）を発表した。この著作では、かつてのマルサス主義の立場は「若気のあやまち」と自己批判しながらも、マルクス主義の理論体系には人口問題が欠如しているという自説を再び主張している。そして、その欠落している部分を体系的に埋めるために、人口問題の生物学的な要因と社会経済的な要因との統一的な把握をすると主張している。それが表題の「自然と社会における増殖と発展」の意味である。ここでは、カウツキーの「人口論」の検討には立ち入らないが、参考のために、その目次構成をかかげておこう（図表6―4―2）。一言でいえば、カウツキーの人口理論は、マルクスが明らかにした人口法則の特質――「歴史的に規定された人間の自然諸法則」を理解できなかったことを示している。

図表6-4-2　カウツキーの『マルキシズムの人口論』の目次構成

内容	ページ数
訳者序文	2
第１章　人口過剰と人口過少	18
第２章　自然界と社会	8
第３章　食物範囲	15
第４章　自然界における平衡	26
第５章　自然界における革命と平和	21
第６章　食物の算術級数的増加と収穫漸減	20
第７章　食物範囲の延長	27
第８章　自然界に於ける平衡の破壊	14
第９章　家畜の病弱と森林荒廃	10
第10章　科学と労働	21
第11章　芸術と自然	20
第12章　原始人の人口問題	24
第13章　文明人の人口問題	41
第14章　農業と資本主義	40
第15章　農業と社会主義	19
第16章　人口増殖と社会主義	22
第17章　人種の改良	14
合計	362

（出所）松下芳男訳、新潮社（1927年）『マルキシズムの人口論』

(14) 資本主義の搾取強化の将来と人口衰亡問題

マルクスは、資本主義のもとでは、たえざる過剰人口が生みだされ、「相対的過剰人口」の形成こそが「資本主義固有の人口法則」であるとしたが、同時に、将来において資本の搾取欲が際限なく放置されていく場合には、「人類の退化」や「人口の減少」という事態も生まれうると指摘している。それは、『資本論』第一巻第八章「労働日」における、次の一節である。

「一般に経験が資本家に示すものは、絶えず続く過剰人口、すなわち資本の当面の増殖欲に比較しての過剰人口である――とはいえ、この過剰人口の流れは、発育不全な、短命な、急速に交替する、いわば未熟のうちに摘み取られる代々の人間から形成されているのではあるが。もちろん、経験は、他面では、歴史的に言えばやっときのう始まったばかりの資本主義的生産が、いかに急速にかつ深く人民の力を生命の根源でそこなってしまったか、産業人口の退化が、もっぱら農村から自然発生的な生命要素を絶えず吸収することによっていかに緩慢にされるか、また農村労働者さえも――自由な空気にめぐまれ、最強個体のみを繁栄させる〝自然淘汰の原理〟が彼らのあいだで実に全能の力をもって支配しているにもかかわらず――すでにいかに衰弱しはじめているか、を賢明な観察者に示している。自分を取り巻いている労働者世代の苦悩を否認する実に『十分な理由』をもつ資本は、その実際の運動において、人類の将来の退化や結局は食い止めることのできない人口の減少という予想によってては少しも左右されないのであって、それは地球が太陽に墜落するかもしれないということによっては少しも左右されないのと同じことである。どの株式思惑においても、いつかは雷が落ちるに違いないということはだれでも知っているが、自分自身が黄金の雨を受け集めてそれを安全な場所に運んだあとで、隣人の頭に雷が命中することをだれもが望むのである。〝大洪水よ、わが亡きあとに来たれ！〟これがすべての資本家およびすべての資本家国家のスローガンである。それだから、資本は、社会によって強制されるのでなければ、労働者の健康と寿命にたいし、なんらの顧慮も払わない。肉体的、精神的萎縮、早死、過度労働の責め苦にかんする苦情に答えて資本は言う――われらが楽しみ（利潤）を増すがゆえに、われら、かの艱苦《かんく》に悩むべきか？　と。しかし、全体として見れば、このこともまた、個々の資本家の善意または悪意に依存するものではない。自由競争は、資本主義的生産の内在的な諸法則を、個々の資本家にたいして外的な強制法則として通用させるのである」（②四七〇～四七一ページ、原書二八四～二八六ページ）。

(15) 未来社会の過剰人口と人口抑制

最後に、未来社会、共産主義社会における「人口問題」について、エンゲルスがカウツキーへあてた手紙（一八八一年二月一日）の中で述べていることを挙げておこう。

「人間の数が多くなりすぎて、その増加を制限しなければならないほどになるという抽象的可能性は、たしかに存在します。だが、いつか共産主義社会が、すでに物の生産を管理しているように、人の生産を管理する必要があると思うようになるとすれば、まさにその社会こそ、そしてその社会だけが、困難なしにそれをやりとげる社会でしょう。いますでにフランスや低地オーストリアで自然発生的に、計画性なしに発展している一結果を、こういう一社会で計画性をもって達成することは、私にはそれほど困難とは思われません。いずれにせよ、そのためにいつ、どのように、どんな手段をもちいようとするかは、その社会の人々のきめる問題です。私は、彼らにそのことにかんして提案したり助言したりする権限が私にあるとは思いません。とにかく、おそらく、その人々は、われわれと同じほどに分別があることでしょう」（ME全集㉟一二四ページ）。

エンゲルスは、こう書いた後で、次のように、かつて「国民経済学批判大綱」の中で書いた一節を自ら引用している。

「ちなみに、私は一八四四年にすでにこう書きました（『独仏年誌』、一〇九ページ）。『たとえマルサスが完全に正しい場合でさえ、この（社会主義的）改革に即座に着手しなければならないであろう。というのは、この改革だけが、またこの改革によってあたえられるべき大衆の教養だけが、マルサス自身過剰人口にたいする最も有効で最も簡単な解毒剤であると述べている、生殖本能の道徳的抑制を可能にするからである。』」（ME全集㉟一二四ページ）。

エンゲルスは、ここでは、未来社会の合理的、計画的な管理という角度から、「人口問題」についての管理の可能性を述べているのであるが、ここでは触れていない、もう一つの視点――未来社会における家族や結婚のあり方については、すでに一八四七年に執筆した「共産主義の原理」の中で、次のように述べている。

「問　共産主義の社会秩序は、家族にどんな影響をおよぼすであろうか？

答、それは、男女の関係を、社会が干渉する必要のない、当事者だけが関係する純粋に私的な関係にするだろう。この社会でこれができるのは、私的所有をなくし、子供を共同で教育し、またそれによって、これまでの結婚の二つの基礎、すなわち私的所有によって妻が夫に従属し、また子供が両親に従属することをなくしてしまうからである」(ME全集④三九四ページ、「共産主義の原理」)。

二一世紀の今日、人類は人口政策の国際的基準としてリプロダクティブ・ヘルス/ライツ(SRHR)を掲げるようになっている。科学的社会主義の創始者たちが考えていた方向も、基本的にはSRHRがめざす方向と同じだったといってもよいだろう。

第5節　マルクスの「相対的過剰人口」論の今日的意義

前節では、マルクスとエンゲルスの「人口問題」に関する、様々な言及を検討して、それを一五の論点に整理してみた。しかし、こうした多岐にわたる諸論点を、ただ並列的にとらえるだけでは、マルクス、エンゲルスの「人口問題」の考え方をとらえることにはならないであろう。マルクス、エンゲルスは、「人口問題」の多様な側面をとらえつつも、「相対的過剰人口の形成」こそが「資本主義的生産様式に固有な人口法則」であると明確に規定しており、そこにマルクス、エンゲルスの人口理論の核心があるからである。

そこで、本節では、第4節で見たような一五の諸論点をふまえたうえで、あらためて「資本主義的生産様式に固有な人口法則」としての「相対的過剰人口または産業予備軍の累進的生産」とは何か、その意味について検討しておこう。

(1)「相対的過剰人口の累進的生産」の法則そのもの

「相対的過剰人口または産業予備軍の累進的生産」については、『資本論』第一巻第二三章「資本主義的蓄積の一般的法則」の第三節で、明快に規定されているので、ここでは、次に述べるような基本点さえ確認しておけば、あらためて詳しく解説する必要はない。

資本蓄積の進行は、生産力の飛躍的発展をもたらし、資本構成の質的変化つまり資本の技術的構成の変化を反映する有機的構成の高度化をもたらす。それは、科学・技術の応用による新技術の導入のための追加資本の投入や資本の集中によって飛躍的に加速され、それとともに、不変資本の可変資本にたいする比率は累進的に増大する。そのさいに、総資本の増大につれて、可変資本も絶対的にも増加するが、その増加率は、不変資本に比べるとはるかに小さくなる。

このような資本蓄積の法則的な運動とともに、労働に対する需要は、加速度的、累進的に、減少する。その結果として、資本蓄積とともに、資本の中位の価値増殖欲にとっての余分な労働人口、すなわち「相対的過剰人口または産業予備軍」が法則的に形成されるのである。

労働人口は、自らがつくりだした剰余価値=資本の蓄積によって、つねに相対的に過剰化されているのであって、労働者階級は自らの相対的過剰化の手段をたえず生産しているのである。この相対的過剰人口は、資本の増殖欲求による資本蓄積の前提となり、資本制生産の条件となる。そしてそれが現実の人口増加には制約されないで、いつでも雇用可能な労働力、つまり産業予備軍となる。産業予備軍は、資本蓄積に伴う産業循環によって吸収と排出を繰り返しながら、資本の中位の価値増殖にたいして相対的な過剰人口として資本主義の実存条件となる。

このように、産業循環の過程では、賃金の変動による労働力の需給法則が作用して、産業予備軍の吸収と排出が絶えず繰り返される。しかし、賃金の変動は基本的に「資本主義的搾取に適合する制限内に拘束」されているために、相対的過剰人口の累進的生産の法則は、産業循環の過程をとおして貫徹することになる。

これがマルクスのいう「資本主義的生産様式に固有な人口法則」である。では、そこでいう「固有な」とは、どのような意味なのか。

(2) 他の社会の人口法則との「基本的な種差」を表す「相対的過剰人口」

資本主義のもとでの過剰人口＝相対的過剰人口は、生産諸力の急激な上昇を前提とし、その結果であるとともに、その条件でもある。古代社会、封建社会にも過剰人口は存在したが、生産諸力の発展に規定づけられた過剰人口は、資本主義のもとでの「相対的過剰人口」だけがもつ固有の特質である。

マルクスが述べている通り（本章第4節の（4）、（12）を参照）、資本主義以前の社会における過剰人口は「生産力の不足」によって起こり、資本主義社会における過剰人口は「生産力の増大」によって起こる。そこに人口法則としての根本的な違い、基本的な種差、固有な性格がある。この資本主義における生産力の増大は、資本の剰余価値生産・資本蓄積の持続的な進行によるものであり、「相対過剰人口」は、まさに資本蓄積の対極で、一方では資本蓄積の条件として、他方ではその結果として、一体的に累積していく。ここに、「資本主義的生産様式に固有な人口法則」としての特質がある。

資本主義のもとでの「相対的過剰人口」は、累進的に形成されるという意味では、量的な規定性をもっているが、その前提になっているのは、生産諸力の発展に規定づけられた過剰人口であるという質的な規定性である。

産業循環の過程では、賃金の変動に伴って産業予備軍の吸収と排出が絶えず行われるために、相対的過剰人口の量的な規定もたえず変動している。したがって「累進的生産」という意味は、単純に直線的に量的に増大するということではない。急速に資本蓄積が進んで、投下資本全体が急増する場合には、可変資本も急増して産業予備軍が減少する場合もある。しかし、その場合であっても、生産諸力の発展によって質的に規定づけられた「相対的過剰人口の法則」は、基本的に貫いているのである。

（3）社会全体の総人口と「相対的過剰人口」

資本主義である限り、労働市場の場面では、資本蓄積とともに「相対的過剰人口」が累進的に生産されるのであるが、とはいえ、社会全体の総人口についていえば、資本主義のもとでも、さまざまな人口現象が起こりうる。ある産業部面では、特別な事情で「人手不足」が起こったり、またある地域では、急激な人口減少が起こったりする。

しかし、資本主義のもとでの様々な人口現象は、戦争とか大災害などの特殊な場合を除き、資本蓄積と生産力の発展のもとでの「相対的過剰人口の累進的生産」という固有の人口法則との関わりを持ちながら発現する。むしろ、様々な人口現象は、資本蓄積によってたえず生産される「相対的過剰人口」の作用によって規定されて、資本主義的な「人口問題」の矛盾を複雑にし、より困難なものにするのである。

その意味では、「相対的過剰人口」の累進的生産の法則は、資本主義的蓄積のもとでは、ただ労働人口だけでなく、社会の絶対的総人口をも規定する人口法則といわねばならないであろう。しかし、その規定の仕方は、マルクスが「人口問題」は、「非常に複雑で変化に富む諸関係」（『資本論草稿集』②三三一ページ、「『要綱』資本に関する章」）だと述べているように、その時々の歴史的諸条件によって変化し、一様ではない。「人口問題」の研究は、資本蓄積の具体的な分析を進めることと一体的に行わなければならないのである。

なお、社会の「絶対的総人口」と「相対的過剰人口」との関連については、本章第4節（8）でも触れたので、そこも参照していただきたい（三一四ページ）。

（4）産業資本主義確立期の資本蓄積の特質と「相対的過剰人口」

マルクス、エンゲルスが「人口問題」について様々な探究を行ったのは、歴史的には、資本主義が産業革命を経て産業資本主義として確立する一九世紀であった。これは、マルクス、エンゲルスの「人口問題」への言及を検討するさいには、その歴史的な条件として留意しておく必要がある。

この時代の資本蓄積は、「相対的過剰人口」の累進的生産をてことする労働者階級の貧困化の増大をつうじて「労働力の再生産」を促進し、総人口をも急激に増加させて「絶対的過剰人口」をもたらすという特質を持っていた。いい換えるならば、産業革命と産業資本確立期における歴史的な人口現象の特質は、「労働力の再生産」も「相対的過剰人口」の作用で加重されて、総人口の過剰化が進むという点にあった。マルクスが「資本は人間の数を、なによりもまず労働者階級を、絶対的にも増加させる」（『資本論草稿集』④四八六ページ、「相対的剰余価値」）という時、それは、こうした人口増大（「人口転換」）のメカニズムを指している。

しかし、こうした人口増大のメカニズムは、産業資本主義確立期の歴史的条件に規定された「労働力の再生産」に固有なものであり、資本主義のあらゆる時代をつうじて一般的な人口法則とみることはできない。それは、資本蓄積のあり方が、一九世紀から二〇世紀、二一世紀へと発展するとともに、一定の変容をとげてきているからである。もちろん、資本主義的な資本蓄積である限り、どのような時代であっても、生産力の発展に伴う「相対的過剰人口」の累進的生産という「資本主義的生産様式に固有な人口法則」は貫いている。しかし、「労働力の再生産」による労働者階級の総人口の変動は、資本主義の歴史的な発展とともに、より複雑な特徴を持つようになってきている。

こうした歴史的事情の一例として、マルクスは『資本論』の中でたとえば植民地では、絶対的人口の増大にもかかわらず相対的過剰人口の生産が進まない問題について、具体的にとりあげている。植民地では

「絶対的人口は母国でよりもはるかに急速に増加するが、それでもなお労働市場はいつも供給不足である。労働の需要供給の法則はこなごなに砕かれてしまう」からである。

(5) 歴史的に規定された「人間の自然諸法則」としての「人口法則」

マルクスは、マルサス批判をする中で、人口を規定する諸法則は、「人間の自然の歴史〔Historia〕だから自然的諸法則ではあるが、ただし、規定された歴史的発展にもとづいた人間の自然諸法則(である)」(第3節(1)項)、と述べている。

「人口問題」を探究する際の特殊な難しさは、歴史的に規定された「人間の自然諸法則」としてとらえなければならないことにある。人口の増減には、結婚や離婚、出生や死亡、寿命や健康、などによって規定される「自然増減」と、地域的な人口移動や国際的な移民によって規定される「社会増減」という両面がある。このうち、人口統計で重視されるのは、もちろん「自然増減」であり、「人口問題」がとりあげられる時には、つねに「出生率の低下」や「人口高齢化の進展」などが議論の中心となる。しかし、こうした「人口の自然増減」も歴史的社会的に規定された諸条件のもとで起こっているのである。「人口の自然増減」を規定する歴史的社会的条件を解明することこそ重要である。

いずれにしても、「人口問題」の探究は、マルクスが「人口は非常にさまざまな諸関係のなかで生起し、……歴史的に規定された関係」であり、「非常に複雑で変化に富む諸関係」と述べている通り、歴史的な具体的な諸条件の分析を抜きにして、単純に人口法則を適用して一律に解明することはできない。現実の歴史的時代に規定された個々の社会の「混沌《こんとん》とした表象」としての人口現象を具体的に分析することが不可欠なのである。

(6) 多国籍企業の資本蓄積の発展とグローバルな規模での産業予備軍の形成

二〇世紀の後半から、発達した資本主義諸国が「人口転換」の第Ⅱフェーズに移行するとともに、相対的過剰人口＝産業予備軍の現れ方には新たな特徴的な変化が見られるようになった。

二〇世紀後半以降の資本蓄積様式の特徴は、大資本が多国籍企業化して最適地生産・最適地調達・最適地販売のために、国境をまたいでグローバルに配置した生産拠点を前提に、最大利潤を求めて身勝手なリストラや資本撤収を行い、獲得した利潤の蓄積もタックスヘイブンを含めグローバルに分散・集中するやり方にある。こうしたグローバルな生産・流通・販売拠点の分散は、同時にまた、それぞれの国ごとに世界各地に産業予備軍が形成されることを意味する。多国籍企業にとっては、かつてのように一国の内部での労働市場と産業予備軍を前提とするのでなく、進出した各国で産業予備軍を形成しながら資本蓄積を進めるようになっている。

多国籍企業によるグローバルな規模での、過酷な資本蓄積の展開は、当然のことながら、労働者・国民の労働と生活に深刻な影響（貧困と格差）をもたらし、資本主義の矛盾を激しくしている。それは、米欧日の先進諸国においては、絶対的な人口減少（あるいは人口増大率の低下）が進む中での失業・雇用の危機の形態で現れている。その背景には、相対的過剰人口＝産業予備軍が、グローバルな規模で、多数の国々で形成されてきていることがある。

マルクスは、すでに一九世紀の資本主義のもとでも、「人口減少」と「相対的過剰人口」が併存しうることを当時の大ブリテンの農村やアイルランドにおいて、移民に伴う人口問題を分析するなかで指摘していた（本章第4節の（10）、（11）、（12）項を参照）。二〇世紀後半以降は、多国籍企業の資本蓄積様式の発展に伴って、こうした現象がよりグローバルな規模で起こっているといえるだろう。

（7）二一世紀の「人口減少社会」と「相対的過剰人口」

最後に、『資本論』における「相対的過剰人口」論は、いうまでもなく資本主義的生産様式のもとでの人口法則であるが、これを「広義の経済学」の立場からとらえ直してみるなら、産業予備軍としてだけではない新たな役割を持ってくる可能性が考えられるであろう。

「相対的過剰人口」は、資本蓄積による生産力の上昇の結果であり、労働生産性の上昇の結果を示すものである。それは、資本主義的生産様式のもとでは、資本の中位の価値増殖にたいする相対的な過剰人口（産業予備軍）として資本蓄積の実存条件となる。同時にそれは、労働者にとっては、資本の蓄積法則によって、失業と貧困の条件となる。

しかし、「相対的過剰人口」の前提である生産力の上昇、労働生産性の上昇は、資本主義的生産様式を超えた未来社会、あるいはそこへいたる移行期の経済体制のもとでは、失業と貧困ではなく、国民全体の豊かな生活と福祉の条件となりうるものである。その場合には、「相対的過剰人口」はその質的な意味を変えて、まったく別な性格の産業発展のための「労働力の供給源」に発展していくであろう。

また、いまだ資本主義的生産様式のもとであっても、何らかの理由で総人口が減少する社会においては、労働生産性の上昇の結果として、ある産業部門で余剰となった労働力人口は、国民本位の経済発展と労働者・国民の生活と福祉の向上のために新たな産業、新たな仕事に従事することが可能になるであろう。もちろんその場合には、民主的な国家による合理的で計画的な労働力の配分計画が前提となることはいうまでもない。またそれは、すべての労働者の労働条件の総合的な向上を保障するものでなければならない。

いずれにせよ、二一世紀の「人口減少」社会における「相対的過剰人口」の問題は、「広義の経済学」の立場から検討する必要があるが、それは本書の課題をはるかに超えているので、問題の指摘だけにとどめておくことにする。

第6章のむすびにかえて

一九世紀の産業資本主義確立期——「人口転換」の第Ⅰフェーズ期——という歴史的条件のもとでのマルクス、エンゲルスの「人口問題」についての言説の探究を通じて、二一世紀の現代資本主義のもとで生きるわれわれは、何を学ぶことができるのだろうか。

そもそも、資本主義にとって「人口問題」とは何なのか、どのような理論的な問題なのだろうか。第6章での直接の目的は、こうした課題に答えるために、マルクスとエンゲルスの人口問題についての言説を総体的に考察することであった。

特定の著者の特定の分野、題目の文章・語彙などを収集し、一定の方針で編集したものを「レキシコン」という。「ヘーゲル・レキシコン」とか、「シェイクスピア・レキシコン」とか、「マルクス経済学レキシコン」などがよく知られている。これになぞらえると、本稿は、さしずめ「マルクス、エンゲルスの『人口問題』レキシコン」とでもいうべきものであろう。もとより、すべての語句・文章を網羅しているわけではないので、「ミニミニ・レキシコン」である。こうした人口問題の研究自体、あまり先行研究がないので、かなり問題提起的な試論的な研究にとどまっている。だが、人口問題の理論的な指針を得るためには、どうしても、こうした「レキシコン」的な探究が必要だった。

しかし、筆者の最終的なねらいは、現代資本主義のもとでの「人口問題」を研究することである。現代の日本で、政府・財界の支配層が消費税増税や社会保制度改悪を強行する論拠には、日本社会の総人口が二〇五五年には八六〇〇万人※に減少し、二一世紀末の日本は「超人口減少社会」になるという「人口推計」がある。この「人口推計」は、国民意識にも深く浸透しており、そのために、これだけ急速に人口が減少し、「超高齢社会」になるとすると、社会保障費が膨張して財政再建ができないのではないか、ある程度の消費税増税はやむをえないのではないか、という「疑問」が広がっている。

ところが、「人口問題」については、マルクスが「経済学批判序説」の経済学の方法の中で述べている「人口問題」についての叙述のせいか、科学的社会主義の経済学の課題として本格的に取り上げられることがほとんどない。しかし、「人口減少」社会の問題がこれだけ政策的焦点となり、「逆マルサス主義」ともいうべき「人口論」が横行しているいま、あらためて科学的社会主義の立場からの「人口問題」の理論的な研究が必要だと思われる。

筆者の次の課題は、マルクス、エンゲルス以後の（つまり二〇世紀から二一世紀の）「人口問題」、とりわけ現代日本の「人口減少」問題を、科学的経済学の立場から検討し、それに対する政策的な対応を考察することである。

※　「二〇五五年には八六〇〇万人」という推計は、初出論文を執筆した時点で利用した「二〇一二年推計」によるものであり、最新の推計（「二〇二三年推計」）ではないが、文脈上そのままにしてある。

補論1　マルクスの「人口理論」をどのようにとらえてはならないか
――南亮三郎氏のマルクス理解に関連して

南亮三郎氏（一八九六～一九八五年）は、戦前戦後の日本の人口学界において指導的な役割を担った人物であり、『人口大事典』（平凡社、一九五七年）の編集委員長として、その序文を執筆している。南氏は、同書の中の「Ⅱ　人口学説史」の「5　マルクスおよびマルクス主義者の人口理論」の「（4）マルクスにおける増殖思想」において、「マルクスの産業予備軍の法則はマルサスの人口法則をば根底からくつがえしたものではない。かえってマルサスの増殖思想を根底としてその上に産業予備軍の法則は樹立されたのである」と論じている。

マルクスの人口理論を誤ってとらえる典型的な例として、日本における人口学の形成・発展において指導的な役割を果たした南亮三郎氏のマルクス理解の凝縮した一文として、この項を全文引用したうえで、批判的な評注を付しておこう。

《マルクスにおける増殖思想（南亮三郎）『人口大事典』より抜粋》

「すでにくわしく説明されたとおり、マルクスの人口理論は、資本制社会に現存する過剰人口そのものを否定するわけではなかった。彼はただ、この過剰人口の成立原因を資本の側に求め、資本制社会の絶対普遍の法則として労働者人口がたえず資本の作用によって産業過程から反撥《はんぱつ》されることを説いた。マルクスのこの見解が一九世紀における人口理論の発展にあらたなものをつけくわえたことは疑いがない。なぜならば、階級にわかれた近代の資本制社会の人口問題については、彼以前にシスモンディがある程度の観察をおこない、またさらにさかのぼってはマルサス自身もこのような階級社会では、人口問題はたんに人口と食物との関係としてでなく労働人口と実質賃金との関係として、あるいは労働人口と有効需要との関係としてあらわれるということは指摘していたのであるが、人口問題を資本の作用として説くという方向をマルクスほど徹底的に追及した人はなかった。労働人口と資本との運命的な関係はマルクスによってはじめて理論的にあきらかにされたといってよい。ただ問題は、資本制社会の過剰人口の説明は資本の作用としてのみつくすことができるか――いいかえればマルクスの理論はマルサスの理論を完全にとってかわることができるかという点にある。

これはマルクス人口理論の構造をめぐる一つの係争問題である。というのは、マルクスにあっては、労働者階級の過剰人口は彼ら自身の増殖からではなく、資本そのものの作用として造り出されるのであり、このようにしてそれは〝資本の転変常なき価値増殖欲のために、いつでも搾取しうるように準備された人間材料をば、現実的人口増殖の限度から独立して造り出す〟というのであった。しかしいったい、資本制生産の存立条件ともなり、前提ともなるといわれる労働者階級の過剰人口（＝産業予備軍）は、たんにこのような資本蓄積の過程中におこる反撥として、いわば消極的に造りだされるものだけで足りるであろうか。産業予備軍はマルクスにとって、現役労働者の急速な世代交替をたえず補給する新鮮にして厖大な人口源泉でなければならなかった。そのようなものとして産業予備軍が、ただ消極的に労働需要の収縮から職場外に投げ出された労働者のみから成立するというのは、理論的にも現実的にも、はなはだ心許ないことである。だからマルクスは、一応はそこから〝独立して〟考えを進めた〝現実的人口増殖の限度〟に、ほんとうは大きな期待をかけざるをえなかった。これすなわちマルクスにつぎのような言葉があるゆえんである。

〝労働者階級の不断の保存と再生産とはつねに資本の再生産のための不断の条件である。資本家はこの条件の成就を安んじて労働者の自己保存衝動と繁殖衝動とにゆだねることができる〟。

〝事実において、ただ出生および死亡の率のみならず家族の絶対的大きさが、賃金の高さと、いいかえればいくたの労働者部類が支配する生存資料の量と、逆比の関係に立つ、資本制社会のこの法則は野蛮人のあいだ、もしくは文明開化の植民者のあいだでは狂気という感じがするだろう。それは個体的に脆弱《ぜいじゃく》な、そしてはなはだしく追いつめられた動物種族の大量の生殖を思わせる〟。

われわれはここで、産業予備軍の立脚するほんとうの基礎につきあたるのである。労働者階級の〝自己保存衝動と繁殖衝動〟しかも貧困状態に駆りたてられてあたかも〝個体的に脆弱な、そしてはなはだしく追いつめられた動物種族の大量の生殖〟をおもわせるような激しい増殖、これこそはマルクスの産業予備軍につきざる源泉をあたえる根本である。少なくともマルクスは、このはげしい労働者階級の自然増殖という思想をみとめて、その思想のうえにたって資本の作用としての相対的過剰人口の累進的再生産を説きえたものとみられる。このとおりであるならば、マルクスの産業予備軍の法則はマルサスの人口法則をば根底からくつがえしたものではない。かえってマルサスの増殖思想を根底としてその上に産業予備軍の法則は樹立されたのであるといわなければならない。これは本稿の筆者が一九二六年（大正一五）の論文※で説きだして以来いまだにかわることのない考え方であるが、ヨーロッパの学界にいてはユリウス・プラッター Julius Platter が一八七七年の一論文でこのような着眼に先鞭をつけており、また今世紀においてはゾムバルト Werner Sombart が一九二七年の《高度資本主義》で言及したところである」（六三〜六四ページ）。

※　ここでいう一九二六年の論文は、『人口法則と生存権論』（同文館、一九二八年）に収録されている。

《著者の批判的評注》

南氏の主張点――「マルクスのはげしい労働者階級の自己増殖という思想」は「マルサスの増殖思想を根底としてその上に産業予備軍の法則は樹立された」ということは、二重、三重の間違いであり、南氏がマルクスの相対的過剰人口論の意味を理解していないことを示している。このことは、これまで本章（第4節と第5節）で引用してきたマルクスの数々の文言で明らかである。繰り返しになるが、あらためて、確認しておこう。

第一に、たしかに、一九世紀の産業資本主義のもとで、「事実として」の労働者階級の増殖についてマルクスはたびたび述べているが、それは決して「人口思想」としてではない。「労働者階級の自然増殖という思想」などとは、どこにもマルクスは述べていない。

すでに本書の第I部第2章で詳論したように、マルクスの時代は、西ヨーロッパが「人口転換」の第Iフェーズの真っただ中を経過しつつあった。『資本論』の時代的背景は、まさに労働者人口が急増を遂げつつある歴史的条件のもとにあった。マルクスが労働者階級の増殖を前提として相対的過剰人口の法則を論じたとしても、それは、「マルサスの増殖思想」などとはまったく無縁である。

マルクスは「事実として」、労働者階級の増殖について述べているが、同時に、資本の搾取強化が続くならば、「人類の将来の退化や結局は食い止めることのできない人口の減少という予想」（②四七一ページ、原書二八五ページ）さえありうることを述べている。単純な「増殖思想」などとはまったく逆である。

第二に、そうした「事実としての労働者階級の増殖」そのものが、資本の作用のもとで起こっているのである。マルクスは、労働者階級の「絶対的増大」も「労働者階級の自然増殖という思想」などではなく、「資本の作用」によって起こっていると強調している。マルクスは、こう述べている。

「人口理論について正しい唯一のことは、次のことである。すなわち、資本の発展は、人口の再生産がそこでは動植物と同じように、消極的抑制以外になんの限界もないような状況に、大量の人口を投げ込むということ、がそれである。貧乏な人間は、普通の状態にある労働者よりも急速に再生産される」（『資本論草稿集』⑨四七四ページ）。

この場合の「資本の作用」は二重の性格を帯びる。一つは「資本の文明化作用」とでもいいうるような、生産力の増大（生活手段の増大）をつくり出すことによって、人口増大の条件を飛躍的につくり出すからである。もう一つは、「資本の非文明化作用」とでもいいうるような「労働者階級の貧困化」がまた人口増大に拍車をかける面があったということである。

この労働者階級増大のメカニズムは、南氏の考えているような単なる「動物種族の大量の生殖」とは異なっている。それは、歴史的に規定された「人間の自然諸法則」であり、人間独自の人口法則にほかならない。

第三に、「マルサスの増殖思想を根底としてその上に産業予備軍の法則は樹立された」と南氏が見ていることは、「産業予備軍」の理論をまったく理解していないことを表している。マルクスが「相対的過剰人口」論で述べている「人口法則」は、絶対的人口の増減のいかんにかかわらず成立する点にこそ意味がある。だからこそ「産業予備軍」として機能するのである。

「資本のもとで賃労働者として労働する人口の数、あるいは市場にある労働能力の数は、絶対的人口が増大しなくても、あるいは労働者人口が絶対的に増大しない場合でさえも、増大することがありうる」(『資本論草稿集』④二九五ページ、「絶対的剰余価値」)。

南氏は、この絶対的人口の増減のいかんにかかわらず成立する「産業予備軍」の意味を理解できずに、それをマルサスの増殖思想の枠組みのなかでしかとらえきれないのである。

第四に、一九世紀の「人口転換」の時代、とりわけ「人口転換」の第Ⅰフェーズ、つまり人口急増の時代だったにもかかわらず、飢饉や移民のために人口が急減していたアイルランドの労働者階級の状態について、マルクスは「過剰人口から解放されたアイルランドの労働者にとってどのような結果が起こったか?」と問いかけて、次のように述べている。

「相対的過剰人口が、こんにちでも一八四六年以前と同じように大きいこと、労賃が同じように低く、労働の苦しみが増したこと、……相対的過剰人口の生産が、絶対的人口減少よりも急歩調で進んだ」(④一二二六ページ、原書七三二ページ)。

こうしたアイルランドの実態分析を通しても、「マルサスの増殖思想を根底としてその上に産業予備軍の法則は樹立された」などという南氏の主張は的はずれである。

第五に、労働者の絶対的人口の増大という人口法則のとらえ方からして、マルサス理論とマルクス理論とはまったく異質であり、両者を結合してとらえようとする南氏の考え方には根本的に無理がある。マルクスの場合は、絶対的な人口の増加も人間の単なる生物的な種の増大という自然法則なのではない。歴史的に規定された人間の自然諸法則の表れとしての人口増加なのである。

結局、南氏は、マルクスの「相対的過剰人口の法則」を理解していないだけでなく、マルクスが強調している「歴史的に規定された自然諸法則としての人口法則」の真意をとらえていないといわざるを得ない。マルクスは、そうした視点から、マルサス理論を根本的に批判しているのである(この論点については、第4節(1)項を参照)。

マルクスの人口理論についての誤った理解は、南氏だけではなく、人口学者の中では、かなり浸透しているのではないか、と懸念される。その意味で、南氏の主張に対する批判は、今日的な意義があると思われるのである。

補論2　エマニュエル・トッド『家族システムの起源』を読む

トッド『家族システムの起源』への関心

現代フランスの家族人類学者、エマニュエル・トッド（Emmanuel Todd　一九五一年〜）は、家族人類学という学術的な分野で注目される業績を上げるとともに、若い時から現代世界の諸問題について積極的な評論活動を行い、世界的なベストセラー著作を次々と世に送り出している理論家・文明評論家である。トッドは日本においてもよく読まれており、その著作はほとんど邦訳されている。

トッドが家族人類学者として世界中から注目されることになったのは、従来の通説――「原始社会の人類は集団婚に基づく大家族制であった」という通説に対し、トッドが家族理論の研究対象を歴史時代の世界の家族システムに据え直して、その歴史時代の多様な家族形態の起源を探究したところ、世界共通に一夫一婦制に基づく核家族であったという新しい家族論を提示しているからである。

本稿では、広範囲にわたるトッドの著作活動の全体像を簡略に紹介した後で、彼の代表作である『家族システムの起源：Ⅰユーラシア』（原著は二〇一一年、邦訳〔石崎晴己監訳〕は二〇一六年、藤原書店。図表6―補論2―1）の概要を紹介しながら、トッドの家族システム論の特徴と意義を考察する。

トッドの『家族システムの起源』を、いまなぜ読むのか？　同書にたいする筆者の関心の所在について、三点に整理しておこう。

第一に、理論的関心である。マルクス主義における家族理論は、Ｌ・Ｈ・モルガン『古代社会』（一八七七年）を基礎にしたエンゲルスの『家族・私有財産および国家の起源』（一八八四年）が通説的な理解となってきた。しかし、モルガン＝エンゲルスの家族論が発表されてからすでに一五〇年近くたっており、その間に人類学や家族史に関する実証的研究も積み重ねられてきている。トッドの家族システム論＝核家族起源論は、広範な実証的研究をもとにしており、理論的に、きわめて興味深いものがある。

第二に、現実的関心である。二一世紀の世界では、家族のあり様について、様々な新しい現象が現れてきている。たとえば、ＬＧＢＴの人権の確立と同性婚、資本主義社会における未婚の増加と少子化傾向、高齢社会における単身世帯の増大などなど、いずれも「人類にとって家族とは何か」の問題をあらためて問い直すことが求められている。

図表6-補論2-1　『家族システムの起源』

第三に、ジェンダー平等社会をめざすイデオロギー闘争への関心である。ジェンダー平等社会をめざす社会変革にとって、資本主義的搾取制度の問題とともに、家族のあり方の問題は避けて通れない課題である。とりわけフェミニズム理論の側から提起された家父長制家族の評価をめぐるマルクス主義批判に答えるためにも、家族の理論を探究することが必要である。

本稿は、こうした筆者の問題関心をもとにして、トッドの家族システム論を読んだ「研究ノート」である。※

※　筆者が「家族」問題の重要性にあらためて気づいたのは、少子化問題、人口問題を考える中でのことであった。その過程で、トッドの家族システム論に初めて接して、その研究の必要性を感じた。その点については、拙著『「人口減少社会」とは何か——人口問題を考える12章』（学習の友社、二〇一七年）で述べておいた（同書、一八八ページ）。

（1）トッドの理論活動の体系

先に述べたように、トッドの著作は、とりわけ日本においては、家族人類学の学術書と政治経済評論の時事的著作の両方とも、そのほとんどが邦訳されており、その数は、三〇冊近くにのぼる（図表6—補論2—2の項目は、邦訳書の表題）。

トッドの理論活動は、大きくとらえるなら、内容的には、三つの領域に分類することができる。それを一覧形式にまとめてみると、図表6—補論2—2のようになる。

Ａ：学術的理論活動——家族人類学の実証的、理論的な展開（図の左側）

Ｂ：家族人類史観による世界史解釈——主としてヨーロッパの近現代史の見直し（図の中腹部）

Ｃ：時事評論——その時々の政治経済現象を分析して見解を発表（図の右側）

トッドは一九七六年、弱冠二五歳の時に、旧ソ連の乳児死亡率の上昇を手掛かりにソ連崩壊を予測した著作『最後の転落——ソ連崩壊のシナリオ』を発表した。その後、一九八三年の『第三惑星——家族構造とイデオロギー・システム』と『世界の幼少期——家族構造と成長』（一九九九年に合本して『世界の多様性』という表題で再刊）で「B：家族人類史観」を体系的に展開し、さらに一九九〇年の『新ヨーロッパ大全』では、家族人類史観によってヨーロッパ近代の五〇〇年史を描いて見せた。それらの著作では、家族システム論と家族人類史観を一体的に論じていたが、二〇一一年の『家族システムの起源』では、家族システム論に焦点を絞って体系化している。

トッドは、こうした学術的研究によって獲得された独自の歴史観を分析ツールとして、世界で起こる様々な政治経済事象を考察し、旺盛な「C：時事評論」を行ってきた。米国の覇権国家批判、「新自由主義」批判、グローバリズム批判、EU（欧州連合）論、移民論、中東革命論、フランス論、ドイツ論、中国論、日本論などなど、ジャーナリズムの最先端の課題について精力的な発言を続けてきている。また、単行本として出版された著作のほかにも、その時々の世界的課題について、新聞、雑誌、テレビなどのインタビュー記事などを通して、積極的な発言を行っている。

ここでとりあげる『家族システムの起源』は、これらのトッドの著作活動の集大成ともいえる理論的大作である。トッドは、同書の序説の冒頭で「以下に示すのは、四〇年に及ぶ家族構造研究の成果と、二〇年以上も前から行なってきた家族類型の起源と分化についての調査の結果である」（一七ページ）と述べている。『家族システムの起源』では、家族人類史観そのものをあつかう章はないが、それを理論的に基礎づけようとしたものといえる。

図表6-補論2-2　トッドの理論体系の構図（家族人類学―歴史理論―時事評論）

A：家族人類学（歴史人口学）

1976（博士論文　ハンガリー旅行の後、3カ月で執筆）
「工業化以前のヨーロッパにおける7つの農民共同体」

家族システムの調査・研究の発展

B：歴史理論（家族人類史観）

1983
『第三惑星――家族構造とイデオロギー・システム』

1984
『世界の幼少期――家族構造と成長』

1999年に合本再刊
『世界の多様性――家族構造と近代性』

1990『新ヨーロッパ大全』
（欧州の500年史を人類学的基底から再把握）
（欧州の多様性を実証し、欧州統合の問題性を指摘）

C：時事評論（政経論書）

ソ連論	1976 『最後の転落』
フランス論	1981 『フランスの創建』 1988 『新たなフランス』 2013 『不均衡という病』 （原題・フランスの謎） 2015 『シャルリとは誰か』
アメリカ論	2002 『帝国以後』 2016 『トランプは世界をどう変えるか？』
西洋＆中東	2007 『文明の接近』
欧州統合批判 （ユーロ崩壊論） （ドイツ批判）	2016 『問題は英国ではない、EUなのだ』

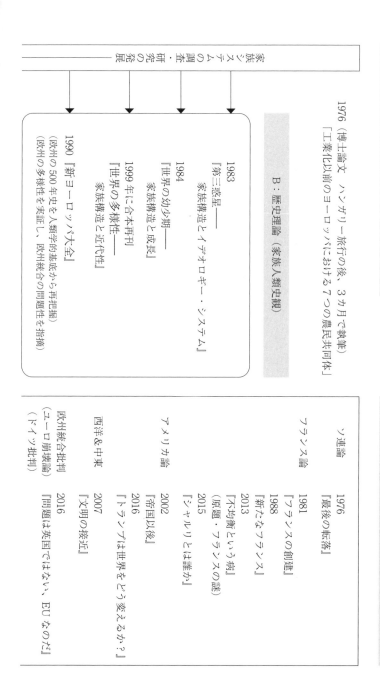

↓集大成

2011
『家族システムの起源』
第Ⅰ巻　ユーラシア

未刊
第Ⅱ巻　アメリカ、アフリカ、オセアニア

トッド理論の解説書（邦訳文献）

2001
『世界像革命―家族人類学の挑戦』

2015
『トッド　自身を語る』

2017
『エマニュエル・トッドで読み解く世界史の深層』

2020
『エマニュエル・トッドの思考地図』

移民論（欧州&中東・アフリカ）	1994『移民の運命』
中東革命論	2011『アラブ革命はなぜ起きたか』
グローバリズム批判（自由貿易批判）	1998『経済幻想』 2010『自由貿易は、民主主義を滅ぼす』 2011『自由貿易という幻想』 2014『グローバリズムが世界を滅ぼす』
民主主義論	2008『デモクラシー以後』
ドイツ論	2015『「ドイツ帝国」が世界を破滅させる』
日本論（日米関係）	2006『「帝国以後」と日本の選択』 2016『グローバリズム以後』
教育論	2020年『大分断―教育がもたらす新たな階級社会』

（注）時事評論は、執筆順でなく、テーマ別に列挙（2021年1月1日、筆者作成）

図表6-補論2-3　トッド『家族システムの起源』の目次構成

序説	人類の分裂から統一へ、もしくは核家族の謎	
第1章	類型体系を求めて	
第2章	概観——ユーラシアにおける双処居住、父方居住、母方居住	
第3章	中国とその周縁部——中央アジアおよび北アジア	
第4章	日　本	
第5章	インド亜大陸	
第6章	東南アジア	（以上：上巻）
第7章	ヨーロッパ——序論	（以下：下巻）
第8章	父系制ヨーロッパ	
第9章	中央および西ヨーロッパ——1　記述	
第10章	中央および西ヨーロッパ——2　歴史的解釈	
第11章	中東　近年	
第12章	中東　古代——メソポタミアとエジプト	
第Ⅱ巻に向けて——差し当たりの結論		

（注）日本語版への序文、原注、索引、参考文献、訳者解説などは略す

（2）『家族システムの起源』の構成

『家族システムの起源』は、邦訳書上下二冊で約一〇〇〇ページ近い大著である。本書は副題が「Ⅰ：ユーラシア」となっており（図表6—補論2—3）、本書に続いて、まだ公表されていない「Ⅱ：アメリカ、アフリカ、オセアニア」が予定されている。つまり、本書は全二巻で構成される予定の世界全体の『家族システムの起源』の前半部分にあたることになる。本書の構成上で留意すべきことは、次の諸点である。

第一に、本書の序説、第一章、第二章は、未刊の第二巻を含むトッドの『家族システムの起源』全体の理論的・実証的な方法を説明しており、また、下巻の末尾には第二巻を射程に置いた「差し当たりの結論」が置かれている。その意味で、本書は、単なる二巻本の前半部分というより、トッドの「家族システム」論の総論的な位置にあたるものとみなしてもよいだろう。

第二に、本書は、ユーラシアとして、アジア、ヨーロッパ、中東をとりあげているが、最初にアジアから分析を開始している。この点について、トッドは、ヨーロッパに比べて中国の歴史がはるかに長いこと、「中国の歴史の連続性」「年代記（史書）の存在」（二ページ）をあげている。ヨーロッパ中心主義をとらないという意味もある。

第三に、アジアでは、中国、日本、インド、東南アジアをとりあげているが、その中で日本に一章を当てていることが注目される。この点については、後述の（6）でとりあげるので、ここでは指摘しておくだけにする。

（3）『家族システムの起源』の研究対象と方法――モルガンの家族研究との違い

トッドの『家族システムの起源』を読む際に、まず留意するべきなのは、その研究対象と研究方法がモルガンの『古代社会』の場合とは大きく異なることである。

①「家族システムの起源」の研究対象……トッドが念頭に置いている「家族システム」とは、様々な家族集団の内部構造や類型のことである。ユーラシアにおいては、家族集団の分化によって多様な家族類型（家族システム）が形成・発展するのは、人類史的なスケールでいえばごく最近のことである。

「家族類型の分化の歴史を研究するとなると、時の闇の中に埋没せざるを得なくなる、ということではない」「ユーラシアでは、……農耕の出現より大幅に後になる。文字の発明よりも後なのだから、厳密な慣用的な意味で『歴史時代』と呼ぶことのできる時代が始まって以降のことになるのである」(五一ページ)。

したがって、トッドのいう「家族システムの起源」の「起源」とは、〝起源〟という文字から想定されるような、数万年、数十万年も昔の人類社会の曙までさかのぼる「家族の起源」という意味ではない。トッドの研究対象は、あくまでも人類の歴史時代における家族システムの類型的分析にある。モルガン『古代社会』とは研究対象が基本的に違うのである。

②研究方法——空間的対象を世界に広げ、時間的対象を歴史時代に絞る……トッドの家族システム論の方法的特徴は、世界全体を包括的にとりあげて、研究対象を歴史時代に絞っていることである。その点では、モルガンの家族研究がアメリカの先住民の家族形態をもとに、人類の古代社会を類推するという研究だったのにたいして研究方法も基本的に異なっている。

それぞれの各章内部の分析の方法では、順序として、まず存在する膨大な家族データに基づいて空間的に各地域の家族システムの類型的特徴が析出される。そのあとで、その地域特有の家族類型が形成されてきた歴史的過程を分析するという構成になっている。優先されるのは現時点での家族類型の地理的分布であり、「地理的分布の検討に歴史的データの検討を追加する」(一五五ページ)という方法になっている。

③婚姻形態と家族形態……モルガンの家族研究、それを引き継いだエンゲルスの家族研究は、婚姻形態の研究と一体になっていたのに対し、トッドは婚姻形態の研究と家族形態の研究とを相対的に区別してとらえている。

トッドは、家族システムの研究では、大胆な仮説を立ててそれを実証していくという方法で議論を進めていくのであるが、婚姻については、仮説を立てることに、きわめて慎重である。

もちろんトッドも、婚姻形態と家族形態とは密接に関連していることは認めているのであるが、モルガン＝エンゲルスの場合には、原始社会の家族形態が婚姻形態によって規定されるものとみているのにたいして、トッドの場合には、その逆に家族形態の発展によって婚姻形態が規定されるものとみている。

「家族システム――家庭集団の発展サイクルという厳密な意味における――の形成の年代が決定されることによって、婚姻関係の類型も視野に入れることが可能になる」（五五ページ）。

トッドは「原初的な家族システム」は、世界共通に核家族であったとみており、それは婚姻形態から見れば「一夫一婦制」であった。原初的な核家族のもとでは、「婚姻は、暗黙のうちに『単婚優位』の不変要素として、措定されている。実際上、単婚は最も頻繁なケースである」（一〇六ページ）。「一夫多妻制や一妻多夫制も、起源において支配的であった一夫一婦制からずっと後の発明物として現われる」（四五ページ）のである。

トッドは、一九世紀後半の人類学者たちが「原始人の世界は、放埒《ほうらつ》と、時には性的共産主義にさえゆだねられていた」などと主張したことに対し、「今日ではお笑い種《ぐさ》である」と一笑に付している。

（4）核家族――人類共通の「家族システムの起源」

トッドの『家族システムの起源』が世界的に注目される大きな理由は、繰り返し述べてきたように、家族システムの世界共通の原初的形態は核家族であり、ヨーロッパや日本は、その原初的な家族システムを基本的に保持しているという独自の核家族論を提示していることである。

①「原初的核家族」……まず留意すべきことは、トッドは「家族の原始的形態」というのではなく「家族システムの原初的形態」と述べていることである（邦訳書の用語上の区別である）。

原初的核家族とは、図表6―補論2―4で示すように、世界各地域で多様な家族システムの類型が形成される以前は世界共通に核家族であったということを意味している。それがトッドの『家族システムの起源』で探究した「起源的核家族」（＝原初的核家族）にほかならない。

②トッドの「核家族」論の基本的命題……トッドは、「起源的核家族」を、仮説的命題として、次のように定式化している。

「1　起源的家族は、夫婦を基本的要素とする核家族型のものであった。

2　この核家族は、国家と労働によって促された社会的分化が出現するまでは、複数の核家族的単位からなる親族の現地バンドに包含されていた。

3　この親族集団は、女を介する絆《きずな》と男を介する絆を未分化的なやり方で用いていたという意味で、双方的であった。

4　女性のステータスは高かったが、女性が集団の中で男性と同じ職務をもつわけではない。

5　直系家族、共同体家族その他の、複合的な家族構造は、これより後に出現した。その出現の順序は、今後正確に確定する必要があるだろう」（五一～五二ページ）。

③複数の核家族からなる「バンド」の存在……世界共通の家族システムの起源は核家族であるが、個々の核家族が孤立していたわけではない。「バンド」（band）という小規模の政治的・社会的単位に組織されていた。

図表6-補論2-4　世界各地域の「原初的核家族」から多様な家族類型へ

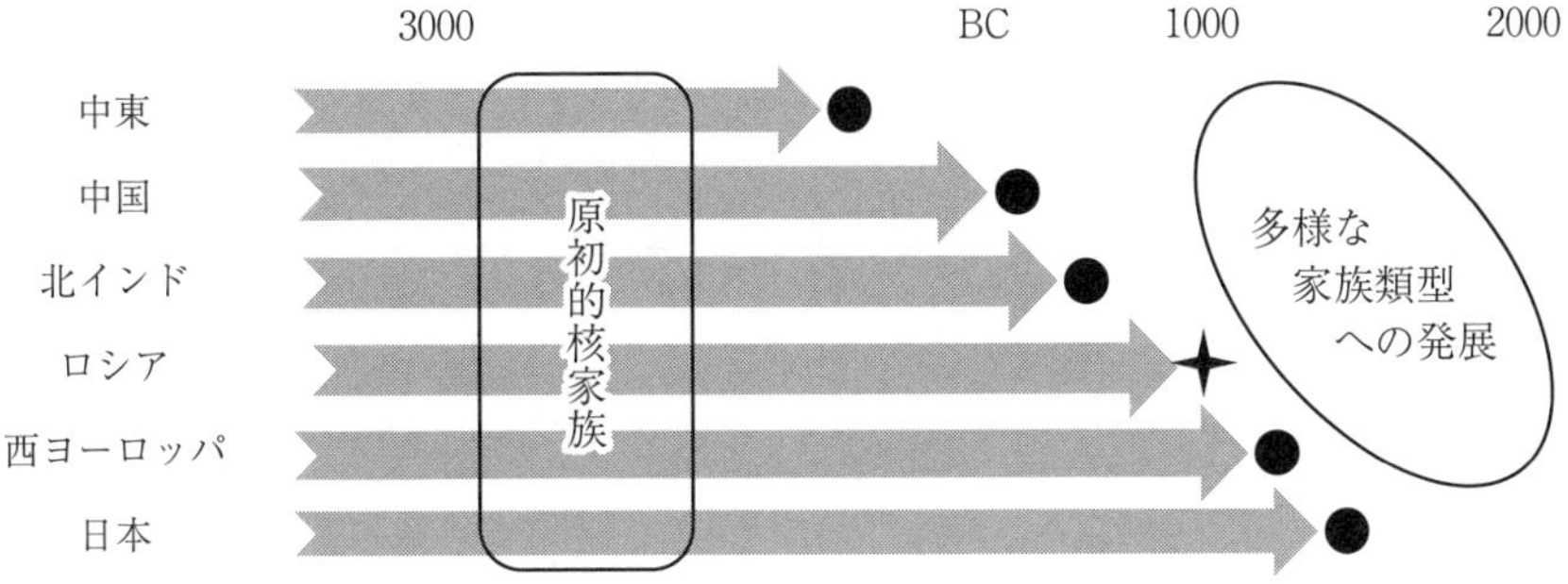

（注）●印は、父系制（長子相続制）の開始時期。✦印は、父系制（共同体家族性）の開始時期
（資料）『家族システムの起源』（797ページ）の図をもとに、筆者が作成

「原初的核家族は、つねにより広大な親族集団の中に包含されている。このもう一つの社会単位は、人類学者によって『バンド』とか『現地集団』と呼ばれるが、複数の核家族から構成され、構成要素たる核家族の数は、さまざまに変動する」（四二ページ）。「未開集団の核家族は、ある程度安定的な上位の次元の単位、現地バンドにつねに統合されている」（九七ページ）。トッドは、家族システムの実態研究においては、核家族論とバンド論の「同時に二つの分析のレベル」が必要だと強調している。

④「バンド」の「分化」によって原初的核家族からの多様な家族類型の形成……トッドは、人類の原初的家族形態は、親族の絆によって組織されたバンドに組み込まれた「一時的同居を伴う核家族」であったが、そこから出発して多様な家族形態に「分化」し、現在の直系家族や共同体家族という家族類型になったと述べている。

「原初の類型は、母細胞のように、すべての潜在性を内包している」。「それは、複数の夫婦の別居が増大し、一時的同居が消滅することによって、核家族的方向へと特殊化することができる。逆に、双方的か父方居住か母方居住の、安定した隣接関係の方へと進化し、やがては直系家族ないし共同体家族型の最終的な同居へと進化することもできる」(九七ページ)。

⑤父系原則の導入の三段階――多様な家族類型形成の規定的要因……トッドの家族システム論では、核家族内の親子関係、兄弟(姉妹)関係とともに、原初的な核家族がバンドに所属するさいの「父方居住」「母方居住」「双処居住」の違いが重要な要因となる。後述する一五の家族類型においても、その三つの居住要因が規定的な役割を果たすことになる。

「親族の未分化性(すなわち双方性)、父系性、母系性という概念は、双処居住、父方居住、母方居住という厳密に家庭的ないし家族的な概念よりはるかに広範な態度と実践の総体を参照しなければ、決められない。父系システムは、包括的で強力なイデオロギーを前提とするものであるが、そのイデオロギーは、母親よりも父親の方が生物学的に重要であるという見方や、男を介する財産の移転を特権化する遺産相続規則、クランのような政治的規模を備えた集団の存在、こういったものの中にとりわけ具現されている」(七七ページ)。

トッドは、ユーラシアの家族システムの発展過程では、父系原則の導入が三段階(①男性長子相続の台頭、②父方居住共同体家族、③女性のステータスの徹底的低下)で進行したこと、その速度の違いによって、多様な家族類型が生まれたと分析している。

(5) 家族システムの類型化と歴史理論への展開

『家族システムの起源』では、原初的核家族から発展した全世界の家族システムを一五の類型に分類し

（図表6—補論2—5）、それぞれの分布状態を地理的に明示した詳細な世界地図を描いている。

①主要な家族類型の特徴……一五の家族類型のうち、主要な類型の特徴をトッドの説明に基づいて要約しておこう。

図表6-補論2-5　『家族システムの起源』の15家族類型

1	（純粋核家族） 平等主義核家族	平等主義核家族	フランス （パリ盆地）
2	（純粋核家族） 絶対核家族	絶対核家族	イングランド
3	父方居住直系家族	直系家族	ドイツ 日本
4	母方居住直系家族		
5	双処居住直系家族		
6	父方居住共同体家族	共同体家族	ロシア 中国 ベトナム
7	母方居住共同体家族		
8	双処居住共同体家族		
9	父方居住統合核家族	統合核家族	
10	母方居住統合核家族		
11	双処居住統合核家族		
12	一時的父方同居［もしくは近接居住］を伴う核家族		
13	一時的母方同居［もしくは近接居住］を伴う核家族		
14	一時的双処同居［もしくは近接居住］を伴う核家族		
15	追加的な一時的同居を伴う直系家族		

（出所）『家族システムの起源』第１章の説明をもとに整理・要約して作成。類型の順序はトッドの説明と異なる

◎平等主義核家族（フランス、とくにパリ盆地など）

兄弟同士が「平等」の扱いになる。農具、工具、家畜、食器、家具、衣服などの財産は、兄弟に遺産として平等に分割される。「自由」と「平等」という共和主義の精神が発達した。

◎絶対核家族（イングランド、アングロサクソンなど）

絶対核家族の家庭の単位は、父、母、子の「核」からなり、親は子に、早い時期から独立を促す。親子の絆は強くなく、子も「自由」を保障される。兄弟同士で平等に遺産を分割する観念がないため、兄弟同士が独り占めを狙って争いあう。「自由」と「競争」の原理のもとで、あくまで個人が優先される。

◎直系家族（ドイツ、日本など）

直系家族は、農地、家という不動産の一子相続が原則で、跡取りは丁寧に教育され、結婚後も親と同居する。次男、三男は平等に扱われない。直系家族社会では、次男と三男が革命や反乱の分子となりやすい。

◎共同体家族（ロシア、中国、ベトナムなど）

兄弟たちはその父親のもとに全員同居し、服従する。兄弟が何人いても、結婚後もすべて親と同居して大集団になる。しかし、兄弟は平等である。この形態は戦争において有利である。しかし、強靭な権力を持っていた父親が亡くなると、またたく間に瓦解する。

②「家族人類史観」――家族類型を「人類学的基底」とみる……トッドは、世界のそれぞれの地域の住民の気質や心理、ひいては近現代におけるイデオロギーも、家族システムの型によって基本的に説明されうるとして、それを「人類学的基底」と呼んでいる。歴史の発展的な変化は、人口統計学的な「出生率」と「識字率」（教育）の変動によってとらえられると主張して、「家族人類史観」ともいうべき歴史観――家族の類型的特徴と出生率など人口統計学的な要因を基礎に据えて世界史を解釈する歴史観――を展開している。

このようにトッドは、家族システムと社会の上部構造、政治・イデオロギーの関係を示す独自の歴史観と世界史像を提示することによって、経済的要因を重視する考え方を「構造主義」と批判する。歴史を形成する人間を経済的な要因で規定するのではなく、世界史を「家族システムと家族変動の歴史」としてつかもうとするのである。

③「構造主義的思考様式」への批判

トッドは、「家族人類史観」の立場から、「構造主義的思考様式」を批判している。トッドの批判する「構造主義的思考様式」とは、「家族、親族、宗教、経済、教育、政治は、互いに照応し合い、互いにはまりあっている。これらの要素は一緒になって『社会構造』を構成する」(二七ページ)という社会観である。これは明らかにマルクス主義でいう「社会経済構成体」のことにほかならない。

トッドは、さらに「マルクスに言わせると、政治的闘争は、何らかの社会的闘争を反映しており、その社会的闘争は、何らかの特殊的な経済的対立の結果に他ならない、ということになる」(二八ページ)などと批判的に評し、それも「構造主義的思考様式」の表れと見ている。

トッドは、このように、唯物史観の社会構成論、社会発展法則論に対する批判的な立場をとっている。しかし、トッドの唯物史観批判はかなり不徹底である。たとえばトッドは、インタビューなどでは、マルクスの階級分析は有効であり、マルクスの『フランスにおける階級闘争』などは繰り返し読んで参照していると述べている。

(6) 日本の家族システム

トッドは、「日本語版への序文」の中で、「本書の中で章を割いて論じられているのは、いずれも大陸規模の地域であるのに対して、日本は唯一、一国規模で章が割かれている国である」と述べて、「私は本書を、フランスと日本という二重の読者層を念頭に置いて書いた」と強調している。

トッドが、このように日本を重視している理由の一つは、日本における家族史のデータ、家族システムの研究が充実していることが挙げられている。トッドは、速水融《あきら》、中根千枝、福武直《ただし》らの家族研究を批判的に利用しつつ、独自の家族システム研究の仮説と方法論に基づいて、日本の家族関連の資料を丹念に分析して、日本の家族システムの特徴を「日本型直系家族」と規定している。トッド自身の解説によると、「日本型直系家族」の特徴は、次のようなものである。

「ドイツと日本で支配的な直系家族は、父親の権威という原則と兄弟間の不平等という原則に基づく一子による遺産相続のシステムであるが、近代化への移行期という状況において自民族中心主義的な権威主義的イデオロギーならびに運動の発達を促進することになった」（一八ページ）。

トッドの「日本型」という特徴づけに関しては、たとえば日本の家族システムの歴史的な形成過程では、「父系原則の導入は、中国の威信によって可能になった」のだが、「中国的父系原則と日本的双方規定との間のある種の二元性」、「日本型直系家族が抱える、中央部形態と北東の変異体という二元性」など、さまざまな「異種混交的」な特徴が指摘されている。また、古代社会の女王卑弥呼や女性天皇、平安時代の源氏物語や枕草子などの王朝文学を分析して、支配階層と庶民階層の家族構造の違いや女性の地位について論じている。沖縄とアイヌについては、独自の項を設けて、それぞれの家族システムの特徴を分析している。

トッドの家族システム論を研究する意義について

本稿は、トッドの『家族システムの起源』の学術的な評価をすることが目的ではないし、また筆者にはその能力もないが、最後に若干の感想的意見を述べて、むすびに代えておこう。

①トッドの家族システム論の研究対象は、歴史時代とりわけ、近現代の家族構造の類型化と、その地域的特質、その歴史的変動の要因を解明すること、そのイデオロギーとの相関関係を解明することにある。歴史時代の家族システムが研究対象であるから、家族システムの類型化の分析方法は、膨大な文献資料を渉猟して、きわめて実証的で説得力もある。

②「家族システムの起源」という表題の意味は、人類史の曙の時代の「家族の起源」ということではない。現代の世界各地で多様化した家族類型を原初的にたどれば、世界共通に核家族に行き着くということである。しかし、そうした世界共通の家族システムが「原初的核家族（起源的核家族）」であったということの論証については、「言語学における周辺地域の保守性原則」と「家族形態の変化が周囲へ伝播するメカニズム」などの理論的仮説に基づいて、各章でその実証的分析が展開されている。だが論証はきわめて難解で、必ずしも説得的とはいえない。

③日本の歴史人口学の父といわれ文化勲章を受章した速水融（一九二九〜二〇一九年）は、トッドの大作『新ヨーロッパ大全』をめぐるトッドとの対談（二〇〇〇年六月一六日）を終えた後の感想として、次のように述べている。――「私は、トッドの著作に大きな刺激を受け、七〇〇ページ以上になるこの訳書を、一気に読んでしまった」「しばらくぶりに知的快感に浸った」。このように速水は、トッドの著作の魅力を高く評価しつつ、次のような指摘もしている。

「人口＝家族システムと農地制度を所与のものとし、イデオロギーまで説明可能とする彼の技法は、一面、鮮やかで、切れ味もいいが、多面、複雑な社会の仕組みを過度に単純化して解釈してしまう危険性も孕《はら》んでいる」（速水融「対談を終えて――エマニュエル・トッドの魅力」〔『エマニュエル・トッド：世界像革命』所収、一七三ページ〕）。

この速水の指摘に、筆者も同意する。トッドの「家族システム」の類型的研究それ自体は、きわめて興味深いが、それを「人類学的基底」として世界史解釈に展開することは性急すぎる感じがする。

④トッドの時事評論は、その新自由主義批判など、全体としては民主的・革新的な傾向がみられるのであるが、ときに首肯しがたい主張がなされることがある。それは、たとえば米中関係の国際政治に対抗して核廃絶を実現するためには「日本は核武装すべき」だという逆説的な提言（「朝日」紙インタビュー、二〇〇六年一〇月三〇日付）、トランプ米大統領（当時）の反グローバリズム政策への積極的評価（『文藝春秋』二〇二一年一月号）などに現れている。速水のいう「複雑な社会の仕組みを過度に単純化して解釈してしまう危険性」の事例ではないかと思われる。

⑤トッドは、バッハオーフェン『母権制』からモルガン＝エンゲルスにいたる原始社会の「母系制」論については、「歴史的幻想」（五〇七ページ）と厳しく批判している。では、ジェンダー平等の実現について、同じ資本主義国の中でなぜ大きな格差があるのか。トッドは、原初的な核家族が父系原則の導入に伴って多様な家族類型に変化するさいに、その第三段階で「女性のステータスの徹底的低下」が起こるのだが、西ヨーロッパや日本では、まだその第三段階には入っていないとみている。しかし、この見方は、ヨーロッパはともかく、日本については必ずしもあてはまらないのではないのか。

⑥トッドは、「家族人類史観」の立場から、マルクス主義の唯物史観を「構造主義」の名で批判しているが、トッドの主張の根拠は、家族類型とその発展様式は、社会の構造とは区別される独自の論理を持っ

ているということにつきるのであり、唯物史観を「経済決定論」に矮小化《わいしょうか》してとらえているように思える。先に見たように、トッドの唯物史観批判それ自体が不徹底なものであり、その批判は当たらない。

⑦家族の理論は、エンゲルスが物質的生産の要因とともに、人類の歴史を規定するもう一つの要因と指摘した人間自体の再生産に関わる、きわめて重要な課題である。トッドの唯物史観への批判は、従来の唯物史観の理論体系の中で、家族に関わる領域が、必ずしも十分に展開されていないことも関係している。モルガン゠エンゲルス以後も、家族史、人類学、歴史人口学、家族社会学などなど、家族についての様々な研究がなされているが、それらの達成を科学的社会主義の理論体系に吸収して、唯物史観の歴史理論を豊富に発展させることが求められる。トッドの家族理論は、そのための一つの手掛かりとなりうると思われる。日本では、トッドの時事的な政治評論はかなり読まれているが、トッドの家族理論の体系的な研究はあまりなされていない。科学的社会主義の立場からの家族理論の「理論の拡張」のためにも、『家族システムの起源』の本格的な検討が必要である。

参考　トッドとマルクス主義——トッド自身の解説による

エマニュエル・トッドのイデオロギー的立場について、とりわけマルクス主義との関係について、トッド自身がインタビューなどで解説していることを紹介しておこう。トッドの家族研究の理論的背景を知ることができるからである（※は筆者の注釈である）。

1　トッドは、若いとき、フランス共産党員であった

「私は、若い頃、共産党員でしたが、その私が共産党について非常に良い思い出を抱いているのは、そのせいです。フランス共産党は、モスクワにコントロールされるスターリン主義政党でしたが、文化的価値観、相互扶助の価値観を持っていました。それにフランスは、非常に文明化された民衆諸階層、労働者階級を擁していました」。「ですから、共産党には、本当に素晴らしい積極的な価値があったのです」（二〇一三年一二月七日のインタビュー）。

※　トッドは、共産党が本来的に持っている「積極的な価値」について、自分の活動の体験から二つのエピソードを紹介している。トッドは、共産党員の時代にハンガリーやソ連などを旅行して「共産主義」の実態を見聞した後で、その体制の崩壊を予言した『最後の転落』（一九七六年）を発表した。

2　マルクス主義は全体主義的な決定論。マルクス主義の予言は実現しなかった

「マルクス主義は決定論だとおっしゃいましたけれども、そのとおりだと思います。しかもそれは全体主義的な決定論だと思います。つまり経済の下部構造によって上部構造のイデオロギーが決定される」。「経済的なパラメーター、要するに経済的な下部構造からまずプロレタリアートの出現を導きだし、プロレタリアートは共産主義革命の担い手になる、という形で歴史の未来を予言したのですが、事柄はその予言どおりには実現されませんでした」（二〇〇〇年六月一六日、速水融との対談）

※　ここで、トッドが「全体主義的な決定論」と決めつけている「マルクス主義」とは、旧ソ連の「マルクス・レーニン・スターリン主義」であり、「共産主義」とは「ソ連型社会主義」のことを念頭に置い

ているといえるだろう。

3　マルクスの階級分析は有益だが『資本論』は「神学」に見えた

「私がこの本（一九七六年の『最後の転落』）を書いた当時、私にとってマルクス主義は二つの構成要素を持っていました。

第一は、歴史の中における階級分析で、その要素は、有益で本質的なものと、私はこれまでつねに考えて来ました。階級の対立、階級と国家の関係、こういった種類のものは、『フランスにおける階級闘争』と『ルイ・ナポレオン《ママ》・ボナパルトのブリュメール一八日』というマルクスの古典的な歴史研究著作の中に見出されます。私が階級関係、寡頭制、等々を分析している『最後の転落』の中には、こうしたものの痕跡がおそらく感じ取れるでしょう。しかし『デモクラシー以後』の中にも、さらに一層、その痕跡が見出せます。『デモクラシー以後』を書く前に私が最初にしたことは、『フランスにおける階級闘争』を読み直すことでした。

それに対して、『最後の転落』を書いていた当時、マルクス主義の第二の要素、すなわちマルクス経済学は、私から見ると、神学でした。私は『資本論』を開き、価値をめぐる議論は、形而上学だと思いました」（二〇一二年五月四日のインタビュー）。

4　今は『資本論』の研究が必要だと考えている

「もちろん今日、マルクス主義の『階級現象の分析』という構成要素の方は、私は保持し続けています。しかし今やマルクス経済学に、と言うよりはむしろ、経済のマルクス的批判に、興味を持つようになっています。なぜなら、資本主義の近年の変遷は、われわれを十九世紀の資本主義へと、はるかに個人主義的で、はるかに獰猛《どうもう》で、生活水準の低下を伴う、あの資本主義に連れ戻しているからです。今日、利潤率に取り憑《つ》かれた人たち、資本の蓄積の虜となった人たちが再び姿を現しています。マルクスが考えたような人間が、再びわれわれに混じって生きているのです。そこで今や私は、ついに真剣に『資本論』を読む態勢になっています。ですから今や私は、疎外現象と経済的・心性的自己破壊の現象の分析のゆえに、マルクス主義に関心を寄せるのです。こうしたことすべてを考えるには、マルクス主義を参照しなければなりません。ですからマルクス主義はその前途に素晴らしい将来を持っていると、私は考えます」（二〇一一年五月四日のインタビュー）。

5　マルクスは、生涯にわたって実存的モデルであった

「最後に、私の生涯のすべての時期にわたって、マルクスという人物は、一種、実存的モデルであったのだと、付け加えておきましょう。つまりマルクスがどんな種類の学者であったかということ、そして全面的に己の作品の中にアンガジュマン（政治参加、現実へ積極的に関与すること――引用者注）を行ないながら、大学からは全面的に自由であったそのあり方というものが」（二〇一一年五月四日のインタビュー）。

※（4）項と（5）項でのトッドのマルクスとマルクス主義に対する見解は、先の（2）項での主張とは異なり、旧ソ連の「マルクス・レーニン・スターリン主義」批判ではなく、本来のマルクスの思想と

理論を評価する立場に立っている。しかし、二〇一一年に『家族システムの起源』を執筆したころまでは、トッドは『資本論』の本格的研究はしていなかったことを率直に自認している。

引用文の出所　1、3、4、5は『トッド自身を語る』（藤原書店、二〇一五年）。2は『世界像革命』（藤原書店、二〇〇一年）

第7章　J・M・ケインズと人口問題

研究の目的、方法、出典について

第7章では、二〇世紀の最大の近代経済学者の一人であるジョン・メイナード・ケインズ（一八八三〜一九四六年）の人口問題についての理論的な認識の発展過程をたどり、とりわけ「人口減少」という新しい問題にケインズがどのように向きあったか、理論的な考察を試みる。ケインズの様々な論文や著作（講演や書簡を含む）の中の人口問題についての言及部分を全体的に概観し、その経済学的な意味を検討する。

1　研究の目的

現代資本主義において、「人口減少」と「少子化」問題は避けて通れない政治的、経済的、社会的な課題となっている。とりわけ経済学において、人口問題の探究は、今日の最重要な課題の一つといっても過言ではないであろう。

ケインズは人口問題についてのまとまった著作は残さなかった。しかし、彼はその生涯にわたる多数の時事的論文や理論的な著作の中で人口問題にたびたび言及していた。とりわけ主著『雇用、利子および貨幣の一般理論』(一九三六年。以下、本章では『一般理論』と略す)を発表した翌年の講演「人口減少の若干の経済的影響」(一九三七年)は、ケインズの人口問題への深い洞察が前提となっており、今日の「人口減少」問題を考えるうえでも、重要な示唆的な論点が含まれている。

一九世紀から二〇世紀にかけて、人類史の上で新しい経験となる人口動態の急激な変動=いわゆる「人口転換」(その意味は本書第I部を参照されたい)が起こった。この時代、すなわち一九世紀から二〇世紀前半のヨーロッパ諸国がまさに「人口転換」の渦中にあった時代に生きたケインズは、その「人口転換」にどのように対応したか。またケインズが主著『一般理論』でとりくんだ雇用問題は、「人口転換」とどのような理論的な関係にあるのか。これらの問題は、二〇世紀の「人口転換」と経済学との関わりをつかむうえで、また二一世紀の「人口減少」問題を考えるうえで、ぜひとも研究しておくべき課題だといえるであろう。こうした立場からケインズの様々な論文や著作(講演や書簡を含む)の中の人口問題についての言及部分を全体的に概観し、その経済学的な意味を検討してみたいのである。

2 研究の方法と出典

ケインズは、「人口問題」という表題を持つ著作は一冊も残していない。しかし、ケインズ全集をひもとくと、ケインズは、理論的活動の生涯にわたって、人口問題に深い関心を寄せていたことがわかる。ケインズが亡くなった直後に、米国のセイモア・ハリス編集で二五人の経済学者が執筆したケインズ追悼のための論文集＝『新しい経済学』全三巻（一九四七年。邦訳は日本銀行調査局訳、東洋経済新報社）が出版された。その第三巻の末尾の「ケインズ著作目録」に「人口」という項目があり、そこには九つの文献が挙げられている。※しかし、この目録は、表題に「人口」という語句を含む文献を集めたもののようなので、文献目録としては、あまり参考にならない。ケインズの場合、表題には「人口」と明示していなくても、内容的には人口問題を論じた重要な文献が多数あるからである。

※　セイモン・ハリス編集の「著作目録：人口」の九文献。

①書簡「両親のアルコール中毒の影響」JRSS、一九一一年
②論文「人口に関する一経済学者の見解」MGCRE、一九二二年八月一七日
③論文「ベヴァリッジの『人口と失業』への返書」EJ誌　一九二三年九月号
④論文「人口と失業」N&A誌、一九二三年一〇月六日
⑤論文「イギリスは人口過剰か？」NR、一九二三年一〇月三一日
⑥論文「人口と失業」EJ誌、一九二三年一二月号
⑦論文「人口と産児制限」N&A誌、一九三〇年三月二九日
⑧論文「人口と繁栄」Spectator　一九三七年二月一九日
⑨論文（講演）「人口減少の若干の経済的影響」Eugenics Review　一九三七年四月

ケインズの人口問題への言及文献のほとんどは、ケインズ全集（The collected writings of John Maynard Keynes　全三〇巻、英国王立経済学会編、一九七一～八九年。邦訳は東洋経済新報社）に収められている。したがって、ケインズの人口問題に関する文献をたどることは、全集の総合索引（第三〇巻に収録。邦訳は未刊）を利用して、根気よく全巻をあたっていけば比較的に容易である（ただし、ケインズ全集の邦訳は、

現在の時点〔二〇二三年八月〕では、全三〇巻のうち二六巻しか刊行されていないので、全集の英語版原本にあたる必要がある。なお、本稿における「全集」からの引用は、邦訳が既刊の巻は邦訳のページを、未完の巻は原文のページを示すことにする）。

ケインズ全集をもとに、ケインズの人口問題への言及文献を年代順に整理して、その主要なものを一覧できるようにしたものが本書巻末の「ケインズの『人口問題』についての言及文献の一覧」である。

3　時期区分——ケインズの人口問題への関心の変遷

付表のケインズの「人口問題」言及文献表を一瞥《いちべつ》するだけでも、ケインズの人口問題への関心がその生涯にわたっていたことがわかる。

単純な通しナンバーをつけると五〇カ所になるが、それらの内容にそって分類すると（前史をのぞけば）、次の四つの時期に分けてとらえることができる。

（前史）一九〇八年～一九一四年——初期の人口問題に関わる書評、講義録……この時期の重要な文献はケインズの人口問題の講義草稿であるが、これは全集には未収録であり、本稿ではとりあげない。※

（1）「帝国主義時代のマルサス主義者」……第一次世界大戦後（一九一九～一九二三年）

（2）人口問題から「失業・雇用問題」へ——ベヴァリッジとの論争を中心に……大恐慌の前（一九二三～一九二八年）

（3）『一般理論』における「有効需要」理論と雇用・人口問題——大恐慌のもとで（一九二九～一九三六年）

（4）「人口転換」とケインズ——講演「人口減少の若干の経済的影響」（一九三七年）

※　若きケインズがケンブリッジ・カレッジで「人口問題」の講義を行ったことがあり、その講義草稿が近年発見されて、Keynes on Population by J. F. J. Toye（Oxford Univ Pr on Demand、2000/9/14）に全文収録されている。

本章の考察の順序は、いま述べた四つの時期区分を前提としながら、ケインズの人口問題への認識の発展をたどって、その理論的な意義を検討する。

第1節　帝国主義時代のマルサス主義者

（1）一九世紀後半～二〇世紀のイギリスの「人口転換」

ケインズの生涯は、ちょうどイギリスの「人口転換」の第Ⅰフェーズ（人口増加率の上昇期）から第Ⅱフェーズ（人口増加率の低減期）に移行する時期にあたっていた。このことは、ケインズの人口問題への対応の仕方にも大きな影響を与えることになった。「人口転換」の変動が認識されるにつれて、ケインズの人口問題への対応も変化していったからである。これについては、次節以降、その具体的な内容に即してみていくことにする。

図表7－1－1　イギリスの総人口とその増加率の推移

	大ブリテン総計(1000人)
1801	10,501
1811	11,970
1821	14,092
1831	16,261
1841	18,534
1851	20,817
1861	23,128
1871	26,072
1881	29,710
1891	33,029
1901	37,000
1911	40,831
1921	42,769
1931	44,795
1941	
1951	48,854
1961	51,284
1971	53,979

増大率（10年間、％）	
1801 ～ 1811	14.0
1811 ～ 1821	17.7
1821 ～ 1831	15.4
1831 ～ 1841	14.0
1841 ～ 1851	12.3
1851 ～ 1861	11.1
1861 ～ 1871	12.7
1871 ～ 1881	14.0
1881 ～ 1891	11.2
1891 ～ 1901	12.0
1901 ～ 1911	10.4
1911 ～ 1921	4.8
1921 ～ 1931	4.7
1931 ～ 1941	
1941 ～ 1951	
1951 ～ 1961	5.0
1961 ～ 1971	5.3

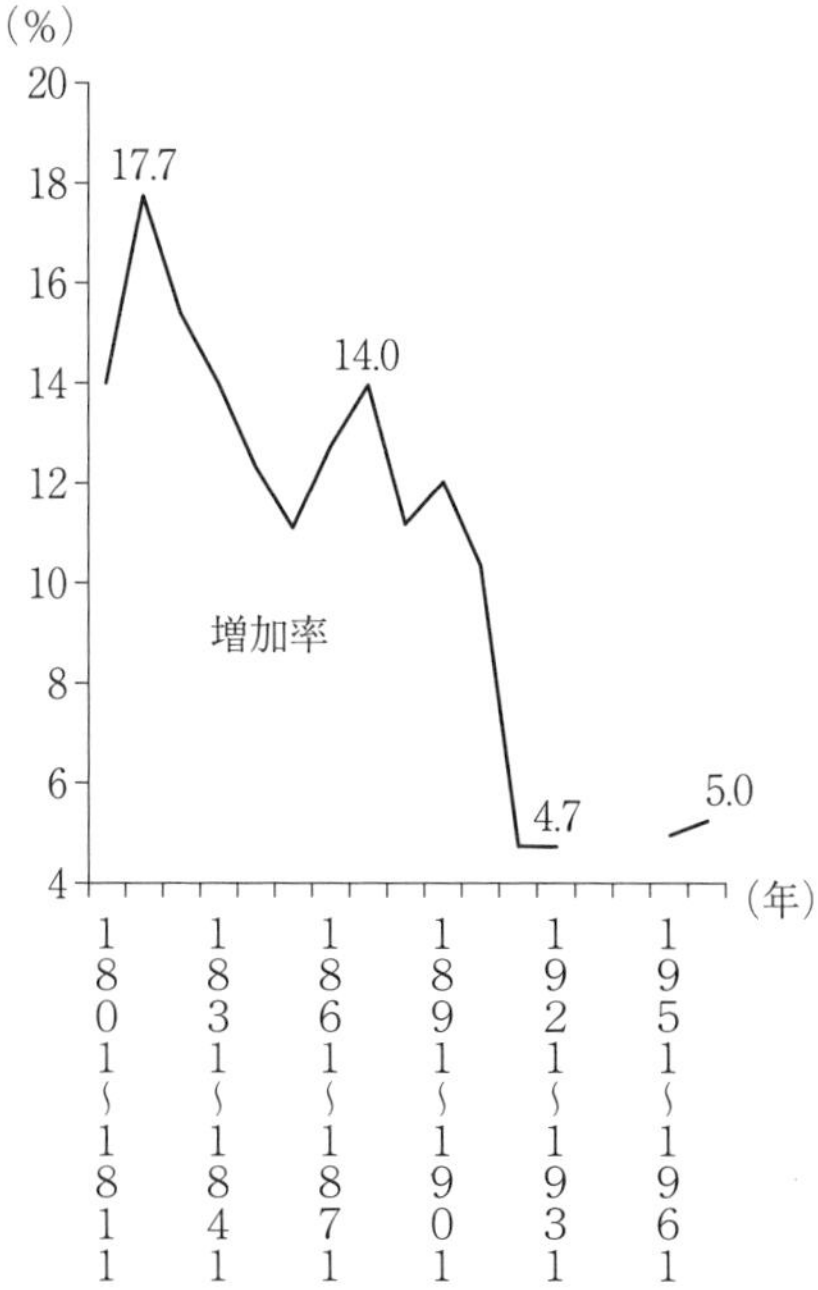

（出所）「マクミラン世界歴史統計」（Ⅰ）ヨーロッパ編

ちなみに、一九世紀に生きたマルクス、エンゲルスの時代（「人口転換」第Ⅰフェーズ）の人口問題が、すぐれて「人口増大問題」であったことについては、すでに第2章で詳しく論じたところである。

ケインズの人口問題についての言及を検討するにあたって、その歴史的な背景である、イギリスにおける総人口の推移と「人口転換」についてあらためて統計的に確認しておこう。

図表7―1―1は、イギリスで国勢調査が開始された一八〇一年から一九七一年までの総人口の推移を一〇年刻みで見たものである。一八〇一年に一〇五〇万人だったイギリスの総人口は一〇〇年後の一九〇一年には実に三・五倍の三七〇〇万人に増大している。

これは一〇年単位でみると一〇パーセントをはるかに超える増加率である。こうした近代における人口増大、とりわけ一九世紀における爆発的な人口増加は、いうまでもなく産業資本の確立による資本主義的な経済発展の結果であり、また人口増大は経済発展の条件でもあった。

ところが、二〇世紀に入ると人口増大率は低減しはじめ、一九一一〜二一年は四・八パーセント、一九二一〜三一年は四・七パーセントと、一九世紀に比べると半減している。これは、英国においても、「人口転換」が後半期に入りつつあることを表していた。一八八三年に生まれ、一九四六年に死去したケインズは、まさに「人口転換」の前半期から後半期へ旋回する歴史的な時代に生涯を送ったといえるだろう。

(2)「帝国主義時代のマルサス主義者」としてのケインズ

ケインズは、終生かわらぬマルサスの『人口論』とマルサスの『経済学原理』の信奉者であった。ケインズの経済学の理論的著作は、マルサスの影響を抜きには理解できないといってもよい。ケインズは評伝「ロバート・マルサス」の中で、マルサスの『人口論』について、次のように述べている。

「マルサスの『人口論』は若々しい天才の作品である」。「この本には、思想の進歩に偉大な影響を及ぼしてきた書物に伍しうるだけの資格がある」(ケインズ全集⑩一一七ページ)。

しかし、ケインズは、けっして単純なマルサス主義者ではなかった。一八世紀末〜一九世紀初頭の産業資本主義確立期のマルサスとは異なって、ケインズは一九世紀後半の急速な資本主義の発展によって、結果的に、マルサスが予想していたような大多数の国民の貧困は起こらずにすんだことをたびたび強調している。ここでは、単純なマルサス主義者ではない、いわば「帝国主義時代のマルサス主義者」ともいうべきケインズの特徴を、六つの視点から整理しておこう。

1　一九世紀の科学・技術と資本蓄積の発展によって、マルサスの予測通りにはならなかったこと

ケインズの人口論の第一の特徴は、一九世紀の急速な科学・技術の発展とそれをもたらした巨額な資本蓄積によって、マルサスの主張とは異なって、ヨーロッパ諸国民の生活水準が向上したことを強調していることである。

ケインズは、「世界の人口が著しく増加し、この人たちに住宅と機械を提供することが必要となっているにもかかわらず、ヨーロッパとアメリカにおける平均的な生活水準はおよそ四倍に引き上げられている」（ケインズ全集⑨三九一ページ、「わが孫たちの経済的可能性」）と述べている。つまり、マルサスが提起した人口法則――人口は幾何級数的増加、食糧生産は等比級数的増加という法則は、一九世紀にはあてはまらなかった、食糧生産もまた幾何級数的に増加したために、「一つの幾何的な比率が、もう一つの幾何的な比率を相殺」し、一九世紀の人類は、「種族の多産性を忘れることができた」（ケインズ全集②一五ページ）、いい換えれば、マルサスの予測は、一九世紀に関していえば、完全にはずれたとケインズは主張しているのである。

しかし、ケインズは、マルサスの人口法則を一般的に否定したわけではない。一九世紀的な科学・技術の発展と資本蓄積の増大が終了したために、二〇世紀初頭には、ふたたびマルサス的な人口急増による「不安定」が始まりつつあると考えていたのである。一九世紀に一時的に影をひそめていた「マルサスの

悪魔（=過剰人口）」が二〇世紀にふたたび出現しつつあると警鐘を鳴らしていたのである。

2 「帝国主義体制の不安定」の根源としての人口急増問題

ケインズが単純なマルサス主義者と区別される第二の特徴は、マルサスの『人口論』が産業資本主義期の労働者階級の貧困の原因を食糧生産を超える人口増大に求めたのにたいし、ケインズの場合は、当時の帝国主義世界体制の不安定の原因を人口増大に求め、第一次世界大戦の背景にも人口問題があると主張した点にある。

こうしたケインズの人口論の特徴を端的に示したものが一九一九年の『平和の経済的帰結』（ケインズ全集②）であった。同書には、「帝国主義時代のマルサス主義者」としてのケインズの主張の特徴が明確に現れている。ケインズは、『平和の経済的帰結』の最初の部分で、「戦争勃発時にヨーロッパの経済生活にすでに存在していた主な不安定要因」（ケインズ全集②八ページ）を説明するとして、まず冒頭の第一項で「人口」をあげ、とりわけドイツの人口急増問題が第一次世界大戦の深部の要因であったと強調している。

世界大戦を引き起こした国際関係の不安定の第一に人口急増問題を挙げたケインズは、大戦終了後も、やはり依然として欧州の根本問題は人口問題であると見ていた。ケインズは、『平和の経済的帰結』の第六章「条約後のヨーロッパ」のなかで、ヨーロッパの人口の急増によって、「われわれが直面している危険は、ヨーロッパ諸国の人口の生活水準が一部の人々にとっては実際の飢餓を意味する点（ロシアではすでに到達し、またオーストリアでもほぼ到達しかかっている点）にまで、急激に低下することである」（ケインズ全集②一七九ページ）と述べている。

3 「資本主義の危機」の根源としての人口急増問題

ケインズは、二〇世紀初頭の帝国主義的な国際関係における不安定の根源に人口問題があると見ていたが、それは同時に各国の国内における資本主義の危機の根源にも人口問題があることを意味していた。これが、ケインズの「帝国主義時代のマルサス主義者」としての第三の特徴といえるだろう。

「われわれの社会の不安定性のもっとも深いところにある原因は、その他のすべての経済的影響の背後に横たわっている人口問題である」（ケインズ全集⑰三六七ページ）。

こうした指摘は、ケインズ全集をひもとくと、一九二〇年代の著作の各所で、様々な機会、様々な場面で、繰り返されており、ケインズの思考の根底にあったことがうかがえる。ケインズがベルサイユ条約に反対した最大の理由も、敗戦国ドイツが国内の人口問題と巨額な賠償支払いとの矛盾をとうてい解決できないと見ていたからだった。

ケインズは、「歴史上の大事件は、しばしば人口成長の長期的変化や他の基本的経済要因に基づいている」（ケインズ全集②一〇ページ、「平和の経済的帰結」）と述べているが、当時のヨーロッパ最大の歴史的大事件であった一九一七年のロシア革命についても、その根源には人口問題があるとたびたび強調している。また、一九二五年にロシアを訪問したさいにモスクワで行った講演でも、革命後においてもロシアの最大の問題は人口問題にあると述べている。

4 人口増大と資本蓄積――『貨幣改革論』における論点の整理

ケインズが単純なマルサス主義者と区別される第四の特徴は、マルサスが「食糧生産の等比級数的増加の法則」をかかげたのにたいし、ケインズが資本主義はその時々の資本蓄積のあり方によって大きく変化し、食料を含む生活水準が人口増大を凌駕することが可能なことを明確に把握していたことである。

ケインズは、先に第一の特徴で見たように、一九世紀の資本主義発展の現実をふまえていたのだが、単にそれを歴史的な事実として確認しただけではなく、経済理論の問題としてとらえて、人口問題解決の方向を資本蓄積の政策的課題として提起したことである。

ケインズが一九二三年に発表した『貨幣改革論』では、人口問題を中心的にとりあげてはいなかったが、増大する人口に対応して生活水準を維持するためには資本蓄積の増大が必要であると、次のように述べている。

「この増大する労働者に、従来と同じ生活水準を与えるためには、増大する市場のみでなく、増大する資本設備を必要とする。われわれの生活水準を引き下げないためには、国家の資本は労働供給と同じ速度で増大しなくてはならない」（ケインズ全集④三〇～三一ページ）。

ケインズは、この時期には、資本蓄積のあり方の問題としてはとらえていたが、それ以上、資本蓄積論の中身にまで踏み込むことはできなかった。『貨幣改革論』においては、いまだ貨幣政策、貨幣改革の次元に理論的な視野が限られており、雇用の変動を含む資本蓄積の動態にまで理論的な考察が及んでいなかったからである。

5　国家的な「改良計画」の柱としての人口政策

ケインズを単純なマルサス主義者と区別する第五の特徴は、マルサスよりも徹底した国家的な「人口抑制政策」の必要性を提起していることである。

ケインズは、周知のように、後に一九三六年の『一般理論』によってブルジョア経済学にケインズ革命と呼ばれる大変革をもたらし、資本主義の改良主義的な政策体系の理論的基礎を確立したのであるが、国家的な「改良的計画」の必要性については、理論活動の最初の時期から主張しており、それは終生かわらぬケインズの一貫した立場であった（本章補論1を参照）。

こうしたケインズの「社会改良計画」においては、人口政策は非常に重要な位置を占めており、そのことを、ケインズは、その後の著作のなかで、たびたび強調している。それらの中で、ケインズは、人口抑制の方策についても、マルサス的な個々人の「道徳的、理性的動機」による出生率の引き下げに任せるのではなく、より集団的な方法をとる必要があると踏み込んだ提起もしている。

6　ケインズは、かなり早い時期から「人口転換」を予想はしていた

ケインズは、マルサス主義の影響下にあったために、二〇世紀に入ってから、ヨーロッパ社会では、現実には人口の増大率が急速に下がり始めていたことには、ほとんど関心をもっていなかったという説もある。しかし、必ずしもそうではない。ケインズは、すでに早い時期から、ヨーロッパ社会で「人口転換」の第Ⅱフェーズが起こりはじめていることを事実としては感づいていたようである。これが、ケインズを単純なマルサス主義者と区別する第六の特徴である。

ケインズは、一九二二年に執筆した長文の新聞論文「人口にかんする一経済学者の見解」（マンチェスター・ガーディアン・コマーシャル紙、一九二二年八月二日付）の中で、次のように述べている。

「……人口の絶対数は着実にますます増大することを意味している。このような事態が遅かれ早かれ終息しなければならないことは確実である。人口が増加する社会は、短期間もしくは長期間続くかもしれないが、それが永遠に続くことはありえない。そしてイギリスやヨーロッパのような特定の地域では、人口の増大は、世界全体の人口増大よりも短期間で終息するであろう」（ケインズ全集⑰六〇七〜六〇八ページ）。

ちなみに、この論文の書き出しの二ページは、同じ時期に「ケンブリッジ経済学叢書」の一冊として出版されたハロルド・ライト著 Population『人口』（一九二三年）の序言（ケインズが執筆）とほぼ内容は同じである。そして、ライトの執筆した『人口』の第六章は、まさに「人口転換」問題を扱っている（念のためにいえば、「人口転換」という用語が生まれるのは、もっと後の時代になってからのことなので、ライトが「人口転換」という用語を使っているわけではない）。同書に「序言」を寄稿しているケインズが、このライトの著作を読んでいないはずはない。少なくとも、この時期（一九二三年）までには、ケインズは、人口の増大率が低減しつつあること、「人口転換」第Ⅱフェーズが起こり始めていることを予感しつつあったのであろう。

7　社会主義と人口問題

以上、マルサスと区別されるケインズの「帝国主義時代のマルサス主義者」の特徴を六つの角度から考察してきた。最後に、六つの特徴のすべてに関わる論点として、ケインズが当時の社会主義者にたいする批判と人口問題を結び付けて論じている論点がある。ケインズは、社会主義にたいしては生涯をとおして対決的な立場をとっていたが、それは、人口問題にも現れている。

「……人口問題について正面から議論しないことは、その時代の単なる政治学よりもはるかに根本的な問題を生じる。人口問題の回避は、社会主義者の著作物や社会主義者的なユートピアの大半において共通して見られる。マルサスと彼の信奉者の時代以来、新しい社会計画を追い求める熱狂者たちは、人口問題を寛容な思想に冷水を浴びせるための主知主義者の策略とつねにみなしてきた。それにもかかわらず、人口問題の解決は、すべての国民にある最低限の生活水準を保証することを目指す、すべての社会計画にとってもっとも根本的なことである」(ケインズ全集⑰六一九～六二〇ページ、「論文・基底をなす諸原理」)。

第2節　人口問題から「雇用・失業問題」へ

ケインズの人口問題に対する探究を時系列に沿ってたどっていくと、一九二三年九月から一九二四年三月にかけて法律家・経済学者のベヴァリッジ※との間でかわした失業の原因をめぐる論争が重要な意味をもっていることがわかる。そこで、この論争からみていこう。

※　サー・ウィリアム・ベヴァリッジ（一八七九～一九六三年）は、ロンドン・スクール・オブ・エコノミクスの学長を一八年間も務め、早くから『失業論』（一九〇九年）を発表して注目されていた。英国政府の各種委員会の役職も歴任し、後にイギリスの社会保障制度の基礎を築いた「ベヴァリッジ報告」（一九四二年）で世界的にも知られている。

（1）「失業の原因」をめぐるケインズ＝ベヴァリッジ論争

ケインズ＝ベヴァリッジ論争は、当時の人々の関心を集め、新聞、雑誌もいっせいにとりあげた。論争は、約半年も続いたが、両者とも譲らず、結局、平行線のまま終わった。

この論争では、ケインズは、基本的には、本章の第1節で述べたような「帝国主義時代のマルサス主義者」としての立場を繰り返しており、新たな人口問題に関する認識の発展はみられない。

ケインズは、ベヴァリッジが主張するように当時の失業の原因は、経済的な原因（「調整不良」）によるものが大きいことを認めながら、しかし、それだけではない、過剰人口そのものが失業の原因になっていることもみる必要がある、と主張した。ケインズは、「マルサスの悪魔は恐ろしい悪魔である。……それはマルサスがゴドウィンの美しい夢想を攻撃したときと同じく、現在でもそうである」。「（ベヴァリッジのように）失業は必ずしも過剰人口のせいではない」といってすませることは「軽率である」（ケインズ全集⑲一二九ページ、「人口と失業」）と強調したのである。

ベヴァリッジが提起した「失業の原因」をどうみるかという問題は、ケインズのマルサス主義者としての立場を変えさせるものではなかったが、この論争を契機に、古いマルサス主義的な「過剰人口」だけでは説明できない「失業・雇用問題」として新たな経済学的な解明が必要だということをケインズに痛感させる契機になったということができるだろう。ベヴァリッジとの論争は、のちに『一般理論』へとむかうケインズの問題意識の原点になったと思われる。

ところで、ベヴァリッジが四年も前に発表されていたケインズの人口論(過剰人口論)を講演でとりあげたのは、当時のイギリスにおいて、失業問題が政治的な論争点になっていたからであった。イギリス国会でも、失業問題が議題に取り上げられ、一九二三年暮れの総選挙では、失業問題と保護貿易の問題が大きな争点となった。ケインズは、自由党の機関紙「ネイション」の社説を執筆して、保守党の首相のスタンレー・ボードウィンの政策(失業対策としての保護貿易主義への転換を主張)を厳しく批判する論陣を張った。

(2)「雇用可能人口の増大」としての失業問題

ケインズは、ベヴァリッジとの論争などを契機に、失業の原因を「過剰人口一般」で説明するのではなく、次第に「雇用可能人口」の増大問題としてとらえるようになりつつあった。ケインズは、ボードウィン首相を批判するなかで失業の原因に関連して、過剰人口が存在しているだけでなく、より具体的に、「二〇歳から六〇歳までの男性の数」が「失業者総数をはるかに超過した数」になっていることに留意する必要があると強調している(ケインズ全集⑰六一一ページ)。つまり、「過剰人口一般」の問題でなく、

「雇用可能人口の増大」の問題としてとらえることを強調したのである。

ケインズが失業の原因との関わりで、「雇用可能人口の増大」という問題を明確に打ち出したのは、文献的に確認される限りでは、一九二三年一月に行った「ナショナル・ミューチュアル生保会社の会長としての演説」の中でのことだった。そこでは、ケインズは、「現在の雇用者数は大戦前とほぼ同じですが、ということは一九一三年以来の雇用可能人口の大幅の増分のための仕事が現在では存在しない」という事実について、次のように述べている。

「……商工業の技術と知力の大きな改善がないならば、こういう条件の下では、周期的ブームの頂点以外では、われわれは雇用可能人口の全部を雇用することができるかどうか疑わしいのです」（ケインズ全集⑲八二ページ）。

このケインズの講演は、当時の多くの新聞が注目して記事にしてとりあげ、国会の討論でも引用されるようになった。その中には様々な誤解も含まれていたので、ケインズは、講演で述べた真意をあらためて確認するために「タイムズ」紙へ投書（一九二三年二月一四日）して、次のように説明している。

「……われわれは科学の進歩、資本蓄積および労働者と雇用主のそれぞれの機能における意欲と熟練の増大に助けられることを希望しうるとはいえ、労働年齢に達する若年者の数が、引退する老齢者の数を年に一〇万人から二五万人も上回りつづけるかぎり、遅かれ早かれ、知識、貯蓄、勤勉および熟練では追いつかなくなり、生活水準は下がるでしょう。それゆえに、失業問題は部分的にはすでに人口問題になっているというのが私が示唆することを意図したものであります」（ケインズ全集⑲八四ページ。傍点は引用者）。

ここで「失業問題は部分的にはすでに人口問題になっている」といっていることの中に、人口問題から「雇用・失業問題」へとケインズの思考が発展しつつあるが、まだ過渡的であったことが示されている。

(3) 二つの理論的契機――「人口問題のタイムラグ」と「有効需要理論の再発見」

ケインズの人口問題への思考が古いマルサス的な単純な「過剰人口論者」から『一般理論』における雇用問題の展開に至るためには、次のような二つの理論的な契機があった。

1 総人口と「雇用可能人口」の間の「タイムラグ」の発見

一つの理論的契機は、総人口と「雇用可能人口」とを区別してとらえたうえで、この両者には一定の「タイムラグ」(時間的ズレ)があるという認識である。逆にいえば、この「タイムラグ」があるから、両者を区別してとらえることが経済的には重要な意味をもつという認識である。

ケインズが、人口問題における「タイムラグ」の重要性を最初に指摘したのは、文献的に確認できる限りでは、ドイツの賠償問題をめぐってスウェーデンの経済学者クヌート・ヴィクセル(一八五一～一九二六年)との間でかわされた論争の中でだった。ヴィクセルがドイツの出生率の低下によって住宅建設の公共費用が削減可能なので、その浮いた資金は賠償金に回せると主張したのに対し、ケインズは、ヴィクセルあての手紙(一九二一年一〇月二六日)の中で、出生率の低下と住宅建設には「きわめて大きなタイムラグ」(ケインズ全集⑰三八五ページ)があるから、そうはならないと批判した。

さらにその後、ケインズが、人口問題における「タイムラグ」の問題を明確に意識し、その経済的重要性を強調したのは、一九二二年から二三年にかけて、マンチェスター・ガーディアン・コマーシャル紙に掲載した人口問題についての連続的な論文（「ロシアの人口問題」「人口にかんする一経済学者の見解」）の中でのことだった。これらの中で、ケインズは、人口問題における「タイムラグ」の重要性を、いろいろな角度から繰り返し論じている。

「新たな生命の誕生がその最大限の影響を社会に与えるまでには、その誕生という事実が発生してから何十年もの歳月が経過しなければならない。そしてひとたび不均衡が発生し、人口が絶対的に過剰となると、暴力的な手段に訴えて是正しない限り、均衡をふたたび回復するには、何十年もの長い歳月が経過しなければならない」（ケインズ全集⑰三一ページ）。

ここで、ケインズが「不均衡」といっているのは、たとえば人口増による住宅需要と住宅供給との間の不均衡などのことを指している。出生率の変動は、その時点で直ちに成人の人口増加を意味するのではなくて、「何十年もの長い歳月」の後に、成人が増加して、経済活動の人口が増加するということである。出生率の変動と、経済活動を行う人口（労働力人口）の変動との間には「タイムラグ」がある。こうした人口動態上の「タイムラグ」は、「労働供給の変化は、現在の状況とはほとんど無関係な諸力に依存している」ということを意味する。そしてまた「その結果生じる不均衡がどれほど大きくとも、それを補正する諸力は人命を実際に損失させるようなものでない限り、二〇年あるいはそれ以上の期間の間は、その影響力を発揮することはできない」（ケインズ全集⑰三二ページ）ということを意味している。こうした労働供給の独自の性格の認識は、のちに『一般理論』において、ケインズが古典派の雇用理論のうち労働供給に関わる第二の基本公準を放棄する決断の伏線ともなったと思われる（第3節で後述）。

さらにまた、こうした出生率の変動と労働力人口との間の「タイムラグ」の認識は、「現在から将来に向けての出生率いかんにかかわらず」、労働市場における労働供給の変動をとらえて、「資本は労働供給と同じ速度で増加する必要がある」（ケインズ全集⑰三三ページ）という政策的な課題に結びつく必然性があった。この課題は、出生率に関わる人口政策としてではなく、経済政策として雇用問題に取り組まねばならないことを意味していた。

2 マルサスの「有効需要」理論の再発見

いま一つの理論的契機は、マルサスの『人口論』ではなく、マルサスのリカードウ宛て書簡と『経済学原理』の研究による「有効需要」理論の再発見であった。ケインズ自身、『一般理論』のなかで展開した有効需要の理論による雇用問題の探究は、マルサスの再発見によるものであることを述べている。

ケインズがマルサスを「有効需要」の理論の創始者として明確にしたのは、ケインズが執筆した評伝「ロバート・マルサス」の中でのことだった。そこでは、ケインズはマルサスの一八〇〇年の匿名の小冊子『現時における食糧の高価格の原因に関する研究』をとりあげて、「マルサスのすぐれた常識的観念によれば、価格と利潤とは主として、彼が――けっして十分明確にではないが――『有効需要』という言葉で述べたあるものによって決定される」（ケインズ全集⑩一一九ページ）と述べている。

ケインズは、「有効需要」という用語については、一八一四年一〇月九日のマルサスのリカードウ宛ての次の手紙を引用している。

「私にはどうしても、『蓄積への欲求は消費しようとする欲求とまったく同じく有効に需要を引き起こすであろう』と言い、また『消費と蓄積とは等しく需要を促進する』というあなたのご意見に同意することはできません。それどころか、実を言いますと私は、あなたが一般に蓄積から生ずると認められるであろうと思われる利潤の低下に対して、生産費に比較して生産物価格が下落するということ、言い換えれば有効需要が減少するということ以外には、どんな理由をも知らないのです」（ケインズ全集⑩一三四ページ）。

以上のような二つの理論的契機（①総人口と「雇用可能人口」の間の「タイムラグ」の発見、②マルサスの「有効需要」理論の再発見）をもとに、ケインズは、マルサス的な「過剰人口論」から『一般理論』での「雇用・人口問題」へと飛躍していくことになる。それは節を改めてみていこう。

第3節　『一般理論』における「有効需要」理論と雇用・人口問題

ケインズの主著『一般理論』は、「有効需要」の理論を分析の基礎において、ケインズの失業・雇用理論を体系的に展開している。

(1) ケインズの「有効需要の原理」とは何か

『一般理論』で展開されている「有効需要の原理」は、ケインズの「失業・雇用問題」の到達点を理解するうえで、もっとも基礎的な考え方なので、最初に、その基本点を簡潔に整理しておこう。

(1) 一般的に貨幣的な裏付けのある需要(欲求)のことを有効需要という。いい換えれば、有効需要とは、市場で貨幣支出を伴う需要である。

(2) 有効需要の構成をみると、①消費支出、②投資支出、③政府の財貨・サービス支出、④輸出、から構成される。この中で、基本的なものは①と②である。こうした有効需要の構成は、今日でもＧＤＰ(国内総生産)統計の項目の構成に示されている。

(3) ケインズが批判した古典派理論では、一国経済において労働力や資本などの基本的資源はつねに完全に利用されているという仮定に基づいていた。これに対しケインズは、現実には経済資源は必ずしも完全には利用されていない、経済資源の利用水準によって生産水準が決まること、その利用水準は「有効需要の原理」で決まることを解明した。

(4)「有効需要の原理」とは、その期間(たとえば一年間)の国民経済の総生産量にあたる国民所得(国民純生産)が生産物にたいする「有効需要の総計」によって決定されるという理論である。

(5)「有効需要の総計」によって国民純生産(国民所得)が決まり、その国民純生産の規模が国民の総雇用量を決めるから、「有効需要の原理」は総雇用量の決定を説明する理論でもある。

（6）先に（2）で述べたように、有効需要は①消費支出と②投資支出で決まる（ここでは③と④は略して考える）。この場合、国民所得から①消費支出を除いた差額は「貯蓄」されるが、それがすべて②投資支出に回るわけではない。そこでケインズは、「貯蓄・投資の決定理論」を提起した。

（7）「貯蓄・投資の決定理論」とは、投資が貯蓄を下回る場合（投資＜貯蓄）は、国民所得水準は低下し、所得が減少すると、貯蓄も減少する。こうして所得は貯蓄が投資と等しくなるまで低下する。逆に投資が貯蓄を上回る場合（投資＞貯蓄）は、所得は貯蓄が投資と等しくなるまで上昇する。このように、結局、投資は投資と等しい貯蓄が生まれる点まで国民所得水準を変化させる。

（8）ケインズの「貯蓄・投資の決定理論」は、古典派の理論＝「利子率が投資と貯蓄を均衡させるという利子率決定理論」を批判して、有効需要が不足して不完全雇用（失業）の状態でも均衡が成立することを理論的に論証した。

（9）ケインズの「有効需要の原理」は、有効需要の不足によって失業という最も望ましくない形の資源の浪費が生じることを理論的に明らかにした。ケインズは、その解決策として「総需要管理政策」を提唱した。それは、①の消費を増やす減税・福祉政策、②の利子率引き下げによって投資支出を刺激する金融政策、③の政府の財貨・サービス支出を増加させる財政政策などの形をとる。

（2）「雇用可能な人口の規模」と「現実に利用される雇用人口の規模」

さて、『一般理論』における人口問題であるが、あまり多くの箇所でとりあげているわけではない。『一般理論』の原文の中で、populationという語句が使われているところは一四カ所あるが、そのうち「人口」という意味ではなく「人々」の意味で使われているところが二カ所あるので、「人口」としては、一二カ所使われていることになる。それらの箇所を一覧形式にまとめると図表7―3―1のようになる。

ケインズは、引用№1において、次のように述べている。

「また、利用可能な資源の量に関する問題も、雇用可能な人口の規模とか、天然資源の大きさとか、蓄積された資本設備という意味では、これまでにもしばしば記述的に取り扱われてはきた。しかし、なにが利用可能な資源の現実の利用を決定するかについての純粋理論が、とくに詳細に吟味されたことはほとんどなかった」(ケインズ全集⑦四ページ)。

ここでケインズは、「雇用可能な人口の規模」と「現実の利用」(=現実に利用される雇用人口の規模)とを区別している。この両者の差(雇用可能な人口の規模－現実に利用される雇用人口の規模)が失業者の規模を決めることになる。そして、ケインズは、この二つの「雇用人口」のうちの後者に関する「純粋理論」が必要だと主張しているのである。

前者の「雇用可能な人口の規模」を決める最大の要因は、出生率と死亡率であるが、とりわけ出生率に規定されて「雇用可能な人口の規模」が決まる。出生率は、人口問題の中心的テーマであり、その変動は人口政策の課題となる。しかし、出生率の変動が現実の労働市場に出現するまでには、先に見たように、一定の「タイムラグ」がある。「新たな生命の誕生がその最大限の影響を社会に与えるまでには、その誕生という事実が発生してから何十年もの歳月が経過しなければならない」(ケインズ全集⑰三二ページ)からである。

イント	原文
能な人口の規模、すなわちで使われている。	The question, also, of the volume of the available resources, in the sense of the size of the employable **population**, the extent of natural wealth and the accumulated capital equipment, has often been treated descriptively.
に及ぼす影響を論じている。の（注）として、一定の人口ている。「長期的定常的雇用期待が予想されていたという口増も予想のうちということ。	For example, a steady increase in wealth or **population** may constitute a part of the unchanging expectation.
に占める性格の違いを論じ宅の建設が将来の需要のの議論として、「将来、人口合」について述べている。	“What will you do,” it is asked, “when you have built all the houses and roads and town halls and electric grids and water supplies and so forth which the stationary **population** of the future can be expected to require?”
加が急ではない適切に運営を「準定常的な社会（準静	On such assumptions I should guess that a properly run community equipped with modern technical resources, of which the **population** is not increasing rapidly, ought to be able to bring down the marginal efficiency of capital in equilibrium approximately to zero within a single generation;
（準静的な社会）」を受けて、界効率がほとんどゼロにな好、人口、制度の変化だ	So that we should attain the conditions of a quasi-stationary community where change and progress would result only from changes in technique, taste, **population** and institutions, with the products of capital selling at a price proportioned to the labour, etc., embodied in them on just the same principles as govern the prices of consumption-goods into which capital-charges enter in an insignificant degree.
発明、土地開発、戦争など子率は5%と高かったが、界効率が達成されてきたこ、1919年の『平和の経済きた論点である。	During the nineteenth century, the growth of **population** and of invention, the opening-up of new lands, the state of confidence and the frequency of war over the average of (say) each decade seem to have been sufficient, taken in conjunction with the propensity to consume, to establish a schedule of the marginal efficiency of capital which allowed a reasonably satisfactory average level of employment to be compatible with a rate of interest high enough to be psychologically acceptable to wealth-owners.

図表7-3-1　ケインズ『一般理論』の中の“population”（人口）の使用箇所

No	全集版の頁	岩波文庫版頁	篇	章	テーマ	内容
1	4 （4）	上　8	第1篇　序論	第2章　古典派経済学の公準	労働力人口の規模	「労働力人口」 ここでは、雇用されること 「労働力人口の規模」という
2	48 (49)	67	第2篇　定義と概念	第5章　産出量と雇用の決定因としての期待	（注）富や人口の一定率の増加	「人口のゆるやかな増加」 この章では、期待の変化が雇 長期的な定常的雇用水準の の変化（増加）があってもよい 水準」の唯一の条件は、現 ことだけでよい。つまり、一定
3	106 (105)	147	第3篇　消費性向	第8章　消費性向(1)——客観的要因	将来、人口が横ばいになる場合	「人口が横ばい」 ここでは、消費と投資が総 ており、公共投資による道路 先取りであることにふれている が落ち着く（急増しなくなる）
4	220 (218)	309	第4篇　投資誘因	第16章　資本の性質に関するくさぐさの考察	人口増加が急でない社会	「人口増が急でない社会」 ここでは、現代的な技術と人 されている社会を想定して、 的な社会)」と規定している。
5	220 (218)	309	第4篇　投資誘因	第16章　資本の性質に関するくさぐさの考察	人口変化と社会	「準定常社会の人口変化」 ここは、前項の「準定常的な こうした社会においては資本の り、社会の変化と進歩は技術 けで起こると論じている。
6	307 (307)	下　78	第5篇　貨幣賃金と物価	第21章　物価の理論	19世紀の人口増大と発明	「19世紀の人口増大と発明」 ここでは、19世紀の人口増大 の歴史的な条件の下で、長期 それと両立する一定の資本の とが述べられている。ケイン 的帰結』いらい、繰り返し論し

少の時代へ入る」 口が増大から減少の時代へ変 いる。それは、資本の使用・損 くなるということだと思われる。	If, for example, we pass from a period of increasing **population** into one of declining population, the characteristic phase of the cycle will be lengthened.
」と「人口の減少」を対比	If, for example, we pass from a period of increasing population into one of declining **population**, the characteristic phase of the cycle will be lengthened.
の例外として」 クの増大を必要とすることを論 して、歴史的に賃金はたえず上 大が必要だったが、人口の増)、例外だったとしている。	Thus, apart altogether from progress and increasing **population,** a gradually increasing stock of money has proved imperative.
力」 不足」による「増大する人 検討をマルサスの手紙の引 、ここで「有効需要」論の ス」と表現している。	But if it be true that an attempt to accumulate very rapidly will occasion such a division between labour and profits as almost to destroy both the motive and the power of future accumulation and consequently the power of maintaining and employing an increasing **population,** must it not be acknowledged that such an attempt to accumulate, or that saving too much, may be really prejudicial to a country?
口圧力や市場獲得競争」 一つとして「人口圧」をあ 期からの持論である。	But, over and above this, facilitating their task of fanning the popular flame, are the economic causes of war, namely, the pressure of **population** and the competitive struggle for markets.
」 (第 24 章) において、「国 する」ことの関連事項として 。したがって、人口政策の	But if nations can learn to provide themselves with full employment by their domestic policy (and, we must add, if they can also attain equilibrium in the trend of their **population**), there need be no important economic forces calculated to set the interest of one country against that of its neighbours.

人々」の意味で使われてい	Is it true that the above categories are comprehensive in view of the fact that the **population** generally is seldom doing as much work as it would like to do on the basis of the current wage?
人々」の意味で使われてい	More recently, the theory has been advanced that it is bad harvests, not good harvests, which are good for trade, either because bad harvests make the **population** ready to work for a smaller real reward or because the resulting redistribution of purchasing-power is held to be favourable to consumption.

7	318 (318)	91	第6篇　一般理論の示唆するもの	第22章　景気循環に関する覚書	人口減少時代と景気循環の長さ	「人口が増大していた時代か この章では景気循環を論じており 化すると、循環の局面は長くなると 耗・陳腐化による平均耐用年数
8	318 (318)	91	第6篇　一般理論の示唆するもの	第22章　景気循環に関する覚書	人口減少時代と景気循環の長さ	上記と同じ文脈。「人口の して論じている。
9	340 (340)	123	第6篇　一般理論の示唆するもの	第23章　重商主義、高利禁止法、スタンプ付貨幣および過少消費理論に関する覚書	（注）人口増大の賃金と貨幣ストックへの影響	「人口が増大している場合を ここでは、賃金の上昇が貨幣ス じている。その賃金上昇の（注 昇してきたために、貨幣ストック 大のときには（賃金が低下する
10	363 (365)	160	第6篇　一般理論の示唆するもの	第23章　重商主義、高利禁止法、スタンプ付貨幣および過少消費理論に関する覚書	マルサスの手紙。増大する人口	「増大する人口を維持し雇用 ここでは、マルサスの「有効 口の雇用不足（失業）」の問 用によって行っている。ケイン 発見者としては、「後期のマ
11	381 (384)	191	第6篇　一般理論の示唆するもの	第24章　一般理論の誘う社会哲学——結語的覚書	戦争の原因としての人口増大	「戦争の経済的原因、すなわ ここでは、戦争の経済的原 げている。これは、ケインズの
12	382 (385)	192	第6篇　一般理論の示唆するもの	第24章　一般理論の誘う社会哲学——結語的覚書	戦争の原因人口趨勢の均衡	「人口趨勢における均衡の ここでは、『一般理論』の最 内政策によって完全雇用を 「人口趨勢の均衡」にふれてい 必要性を述べていると解される

populationが「人口」の意味で使われていないところ

13	7 (7)	上 12	第1篇　序論	第2章　古典派経済学の公準	人々	ここでは、populationは、 る。
14	330 (330)	下 109	第6篇　一般理論の示唆するもの	第22章　景気循環に関する覚書	人々	ここでは、populationは、 る。

（注）全集頁の（　）は邦語版の頁

これに対して、後者の「現実に利用される雇用人口の規模」には、「タイムラグ」はない。今現在の労働市場のあり方の問題であり、まさに現下の経済問題である。ケインズが『一般理論』で解明しようとしたものは、人口問題＝人口政策としての「雇用可能な人口の規模」の問題ではなくて、現実に利用される総雇用量の規模を決定する理論、すなわち「有効需要の原理」であった。

(3) 労働供給に関する古典派の雇用理論の第二公準の放棄

ところで、「雇用可能な人口の規模」に関していえば、いま述べたように、一定のタイムラグを伴いながら、出生率などによる総人口の変動とともに変動する。この「雇用可能な人口の規模」は、失業・雇用問題を規定する不可欠の条件であるが、この人口論的な課題については、ケインズは『一般理論』においては主要な研究の対象にしていない。

しかし、ケインズは、『一般理論』においては、第一篇「序論」第二章「古典派経済学の公準」において、「われわれは古典派学説の第二公準※を放棄して、厳密な意味における非自発的失業が可能であるような体系の動きを解明する」と宣言している。このことは、総人口の変動に伴う「雇用可能な人口の規模」を与件とするならば、有効需要の原理で決まる「現実に利用される雇用人口の規模」によって、非自発的失業が発生する可能性があるということである。

※ 「古典派学説の第二公準」(the second postulate of the classical theory)。労働供給は、実質賃金率の関数として変動するので「非自発的失業」は生まれないとみなす。

ケインズは、『一般理論』においては、人口問題を直接の研究対象にはしていないが、古典派学説の第二公準を放棄して、雇用理論のなかで「雇用可能な人口の規模」を与件として扱うことによって、失業・雇用理論における人口問題のもつ経済学的な意味を明確に位置づけているのである。

(4)「有効需要の原理」による一九世紀の雇用問題の解明

ケインズは、表の引用№6では、一九世紀の歴史的な経過として人口増大の問題を扱っている。これは一見すると、一九一九年の『平和の経済的帰結』以来、一貫して主張してきたマルサス的な人口論のように見えるが、決してそうではない。むしろケインズは、『一般理論』では、逆に人口増大にもかかわらず、「かなり満足な平均的雇用水準」がなぜ達成されたのか、その経済学的要因を解明しているのである。

ケインズは、次のように述べている。

「一九世紀においては、……かなり満足な平均的雇用水準が実現されたが、これは、人口の増大と発明の増加、新しい国土の開発、確信の状態、および平均(たとえば)一〇年ごとの戦争の勃発といった要因が、消費性向と結びついて、そのような雇用水準を生むだけの資本の限界効率表を確立するのに十分であったためであると思われる」(ケインズ全集⑦三〇七ページ)。

こうした指摘の前後では、ケインズは、過去の一五〇年間の歴史的な経過を振り返って、「標準利子率」が「平均的な雇用水準」を満たすものであったことを確認している。その際、「正常な流動性選好を満たすに足る貨幣量」と「賃金単位」が調整されて「平均的な雇用水準」を達成するのに十分なだけ投資が刺激されたのだと述べている。この時期には、賃金は上昇傾向にあったが、それに見合うだけの労働生産性も上昇した。このように、この時代は、利子率、貨幣量、賃金水準、生産性などの諸力の均衡の結果、物価が安定していたことを確認している。また、一九世紀の人口増大と技術の発明や戦争の影響による消費需要によって有効需要が拡大して、平均的な雇用水準を保障するだけの資本の限界効率を達成できたのだと述べている。その結果として、人口の増大にもかかわらず、「平均的雇用水準は完全雇用よりはかなり低かったが、しかし、革命的変革へと人を駆り立てるほど耐え難く低いものではなかった」のである（同前三〇八ページ）。

このように、ケインズは、『一般理論』では、人口の増大をもはや「絶対的過剰人口」の問題としてではなく、消費需要の増大による有効需要の拡大、そのもとでの平均的雇用水準の上昇の問題としてとらえているのである。

（5）『一般理論』における「有効需要理論の発展略史」

『一般理論』の「第六篇　一般理論の示唆するもの」の中に「第二三章　重商主義、高利禁止法、スタンプ付貨幣および過少消費理論にかんする覚書」という長い表題をつけた章がある。この章では、様々なテーマが複雑に錯綜して論じられているので、文脈をたどるのがなかなか難しいが、基本的な主題は、失業の原因を有効需要の不足に求める経済学説の歴史を簡潔にあとづけることである。つまり、「有効需要理論の発展略史（学説史）」である。

第二三章では、まず前半で「有効需要構成因のうち投資誘因」に関する理論の発展過程を述べた後で、後半では、「有効需要の構成要素のうち……消費性向の不足に失業の害悪が淵源しているという見方」について述べている。ケインズは、こうした見方も「決して目新しいものではない」としたうえで、こうした考えは長く忘れ去られていたが、「世紀があらたまり（一九世紀になり――引用者）、後期のマルサスにおいて、有効需要不足という考えが失業の科学的説明として確固とした地位を占めるに至るや、ふたたび日の目をみることになった」と述べている。

この章の後半では、マルサスのリカードウへの手紙やマルサスの『経済学原理』を引用している。そのマルサスからの数ページにわたる長い四つの引用文は、あの『人口論』のマルサスとは思えないような後期マルサスの文章である（表の№9）。

(6)「人口減少」への歴史的変化の時代認識

『一般理論』の人口問題への一二カ所の言及を全体としてみると、ケインズはすでに時代は「人口増大」の時代から「人口減少」の時代へ入りつつあることを認識しつつあったことがわかる。そのことが明確なのは、第六篇「一般理論の示唆するもの」第二二章「景気循環に関する覚書」の中で、次のように述べていることである（表の№7、8）。

「さて、恐慌においてなにが起こるかという問題に戻ろう。……こうして不況の初期には、（資本の――引用者）限界効率が無視しうるほど小さいか、あるいは負にさえなっている多くの資本がおそらく存在するであろう。しかし、その後、使用、老朽、陳腐化を通ずる資本不足によって、限界効率を上昇させるに十分なほどの明白な希少性の状態が生ずるまでの期間の長さは、一定の時代における資本の平均的耐用年数のある安定的な関数をなすであろう。もし時代の特徴が変れば、標準的な期間も変化するであろう。たとえば、もしわれわれが人口増加の時代から人口減少の時代に移るならば、景気循環のこの特徴的な面は長くなるであろう」（ケインズ全集⑦三一七〜三一八ページ）。

ここでの論点は、恐慌に陥ってから、次の新たな固定資本の更新、新投資がはじまるまでの期間の問題である。人口問題との関わりでは、ケインズは、「もしわれわれが人口増加の時代から人口減少の時代に移るならば」と傍点を付している。「もし……ならば」と仮定の形式をとってはいるが、明らかに「人口減少の時代」を念頭に置きながら、議論をすすめている。ただし、ここでは、「人口減少の時代」の経済的諸条件の変化についての、それ以上の展開はなされていない。しかし、ケインズは、この項だけでなく、上記の表のNo.2〜5でも、人口減少までは行かなくても人口増大が緩やかになりつつあることについて論じている。『一般理論』で提起した「人口減少の時代」についての指摘は、翌年（一九三七年）の講演「人口減少の若干の経済的影響」※で正面からとりあげられることになる。

※　次の第4節で考察する「人口減少の若干の経済的影響」は、ケインズ全集の第一四巻に収録されているが、同巻の日本語版が出版されるまえに、いくつかの邦訳があった。筆者が主として利用したのは松川周二訳（文藝春秋社刊『デフレ不況をいかに克服するか』所収）であったが、本書に初出論文を収録するに当たっては、松川訳を参考にしながら、全集版の原文から訳出した。

第4節　講演「人口減少の若干の経済的影響」

ケインズは、『一般理論』（一九三六年）を発表した翌年の一九三七年二月一六日に英国の優生学会に呼ばれて講演をした。一般に「ガルトン講義」と呼ばれているこの短い講演が、後にケインズの人口理論として著名になった「人口減少の若干の経済的影響」（Some Economic Consequences of a Declining Population）である。この講演は、英文の単語数にして約三三〇〇語（邦訳の字数では約八〇〇〇字）の短い講演である。

（1）人口増加時代から人口減少時代への転換

この講演には小見出しはないが、Ⅰ、Ⅱ、Ⅲと数字で区分した三つのパートに分かたれている。

まずⅠの冒頭部分では、ケインズは、「まえおき」的な話として、未来はなかなか予測できないので、人間の行動様式は、将来は過去に似ているだろうという想定をするしかない、などということを、一九世紀のベンサム哲学や確率論的な蘊蓄《うんちく》を織り込みながら述べている。そして、Ⅰの後半から、人口問題に入り、将来の人口の趨勢についてはかなり予測できると強調している。前段の「将来は予測しがたい」という議論は、人口予測の蓋然性をのべるための伏線だったのである。そして、こう述べている（以下の引用は全集の原文から。いずれも引用者の要約的な訳文）。

「われわれが将来のどんな社会経済的要因よりもはるかに確実に知っているのは、われわれが数十年間も経験してきた人口の急激な増加に代わって、きわめて近いうちに人口の静止または減少に直面することになるということです。人口の減少率は明確ではありません。しかし、これまでと比べるとかなり大きなものになることは確実です。……人口の増加が減少へと転換する結果、いくつかの重大な社会的帰結がもたらされると予想することができます。今夜の講演の目的は、この差し迫った変化のもたらす一つの際立った経済的帰結を取り扱うことです」（ケインズ全集⑭一二五ページ）。

このように、Ⅰでは、「人口増加時代から人口減少時代への転換」という講演の主題を述べた後で、Ⅱでは、「経済的影響」の主要な内容を論じている。

（2）一八六〇〜一九一三年の人口増加時代の経済関係

ケインズはⅡで、人口減少時代の検討に入る前に、一八六〇年〜一九一三年の五〇年間のイギリスの経済関係を有効需要論の視点から簡潔に分析しながら、それとの対比で人口減少時代の特徴を述べている。

まず人口増加は、資本の需要に大きな影響を与えて、資本は比例的に増加する。人口増加の時代は「楽観主義」が支配し、逆に、人口減少の時代は「悲観主義的雰囲気」が支配して、「きわめて悲惨なもの」となる。

資本に対する需要は、三つの要因――①人口、②生活水準、③資本技術に依存する。資本技術は、平均的な生産期間（労働が行われてから生産物が消費されるまでの間隔の加重平均）でとらえられる。つまり、資本にたいする需要は、①消費者の数、②平均的な消費水準、③平均的な生産期間に依存する。

③の「生産期間」に及ぼす発明の影響は、発明の種類に依存する。交通、住宅、公共サービス、耐久消費財などに関わる発明は「生産期間」を引き延ばすので、資本の需要を拡大する（つまり巨額な投資を必要とする）。②の平均的な消費水準の上昇は、平均的な「生産期間」を減少させる品目、とくに対人サービスへ向かうようになる。

人口減少時代に入り、消費者が減ると、「生産期間」の技術的変化に頼れないなら、資本財への需要は、平均的生活水準の改善または利子率の低下に依存せざるを得なくなる。

一八六〇年～一九一三年の五〇年間の実態の統計をみてみよう。①人口＝一・五倍、②生活水準＝一・六倍、③生産期間＝一・一倍。①×②×③＝二・六四倍。これは、実物資本の増大率＝二・七倍にほぼ一致する。

（3）人口減少時代の条件

もし、人口が静止していたなら、実際の資本ストックの増加は、（上述のような二・七倍ではなく）半分強にとどまったであろう。

国民所得中の貯蓄の割合――貯蓄性向は、国民所得の八パーセント～一五パーセントであった。現在の資本ストックは年間の国民所得の約四倍にあたる。したがって、年間国民所得の八パーセント〜一五パーセントの割合で行われる新規投資は、一年あたり二パーセント〜四パーセントの間の資本ストックの累積的な（毎年の）増加を意味する。

二つの仮定——①貯蓄率に影響する分配の変化はない、②平均的生産期間を変える利子率の変化はない——をする。この仮定のもとでは、毎年二パーセント〜四パーセントの純投資需要が必要になる。

新規の資本需要は、二つの源泉——①人口増加、②高い生活水準を可能にする発明・改良を前提とする。しかし、実際には、後者については、年に一パーセント以上の生活水準上昇の発明は難しい。一般的には一パーセント以下である。ここで、二つの種類の発明を区別する必要がある。一つは労働生産性上昇をもたらす発明、二つは資本ストックを増大させるような発明である。

結論——「所得中のより小さい部分が貯蓄されるようにするために制度や富の分配を変えるか、それとも、産出に比してより多くの資本の使用をもたらすような技術または消費の方向のきわめて大きい変化を有利とするのに十分なほど利子率を下げるか」——貯蓄性向を下げるか、利子率を下げるか。こうした政策的な対応が求められることになる。

（4）マルサスの二つの悪魔（P＝過剰人口の悪魔、U＝失業の悪魔）

最後のⅢ項では、ケインズは、かつてのマルサス主義の主張——「過剰人口が貧困をもたらす」という主張との関わりで、人口減少時代の意味を論じている。

ケインズは、一見すると、マルサスとは逆に「人口が減少すると繁栄を維持できなくなり、以前よりもより困難になる」と主張することによって、「古いマルサス主義」に異議を唱えているかのように見えるかもしれないが、決してそうではないと述べている。つまり、人口の静止状態（あるいは人口減少状態）は、生活水準の上昇を促すという意味では、確かにその通りだが、それは「ある条件のもとでのみ可能なこと」であって、「古いマルサス」の説——人口過剰が貧困の原因——を、単純に否定して、人口減少時代の方がよいと主張しているわけではないというのである。

ケインズは、人口が静止状態（あるいは人口減少状態）には、「マルサスの主張した悪魔と同じくらい凶暴な別の悪魔、有効需要の縮小から現出する失業の悪魔」が現れてくると主張しているのである。このことを、ケインズは、「人口増大時代の悪魔P（the devil of population）」と、それとは別の「人口減少時代の悪魔U（the devil of unemployment）」という二匹の悪魔の比喩を使って、次のように説明している。

「マルサスの悪魔Pが鎖につながれているときは、マルサスの悪魔Uが束縛から逃げだしやすくなります。人口の悪魔Pが鎖につながれているときは、われわれは一つの脅威から逃れます。しかし、われわれは以前よりも遊休した資源の悪魔Uにますますさらされるようになってしまうのです」（ケインズ全集⑭一三二ページ）。

（5）ケインズの「人口静止・減少」時代の政策——平等な所得分配と利子率の抑制

ケインズは、「人口静止または減少」のもとで、繁栄を維持するためには、どのような経済政策が求められるか、次のように二つの政策提言を行っている。

「人口が静止するもとでは、繁栄と治安の維持のために、より平等な所得分配によって消費を増加させる政策と、生産期間をしっかり変化させることがより有利になるように利子率を引き下げる政策と、（これらの政策に）完全に依存しなければならない、と私は主張します」（ケインズ全集⑭一三二ページ）。

ケインズは、この二つの政策――①平等な所得分配と②利子率の抑制――には、「反対する多くの社会的および政治的な勢力」があることも十分承知していると強調したうえで、これら反対勢力には、次のように警告している。

「もし資本家社会がより平等な所得の分配を拒み、銀行および金融の勢力が利子率を一九世紀に平均的であった数値（ちなみに、これは今日支配的な利子率より少し低率だった）とだいたい近い数値に維持するならば、資源の過小雇用へと向かう慢性的な傾向が最終的に社会の経済的活力を失わせ、その社会を破壊するに違いありません」（ケインズ全集⑭一三二ページ）。

ケインズは、急激な人口減少は、明らかに多くの深刻な問題を引き起こす可能性があるとしながらも、決して悲観するべきではないと強調している。それは、「人口の静止または緩やかな減少は、もしわれわれが必要な力と賢さを働かせれば、……生活水準を然るべきところに引き上げることを可能とするかもしれない」（ケインズ全集⑭一三二ページ）からである。

最後に、ケインズは、たいへん示唆に富んだ、この短い講演を、次のような印象的な表現で締めくくっている。

「最後に要約すると、私の主張は古いマルサス主義の結論から離れるものではありません。私はただ一方の悪魔が鎖につながれていても、もし注意を怠れば、もう一方のなおさら凶暴な、そしてもっと手に負えない悪魔を解き放つだけであるという忠告をしたいだけなのです」（ケインズ全集⑭一三三ページ）。

（6）ケインズの「人口減少時代」の経済分析と政策提言の限界

ケインズの講演「人口減少の若干の経済的影響」は、人口減少が有効需要の変動にあたえる影響という視点からの「経済的影響」の分析と政策提言である。それは、前年に世に問うた『一般理論』の「有効需要理論」を、人口減少という特殊な局面に適用したものとみることができる。

この分析の中では、ケインズは資本需要に及ぼす三つの要因の一つとして様々な発明による「技術革新」についても触れている。それは、理論的には「平均的な生産期間」として位置づけられてはいるが、過去の人口増大時代の実証分析も、人口減少時代に起こりうる予測も、あまり明快ではない。この「平均的な生産期間」を決定する技術革新についてのケインズの説明そのものがあいまいで、難解である。この点に関わる政策提言としては、「産出にくらべてより多くの資本をもたらすような技術または消費の方向の大きい変化を有利とするのに十分なほど利子率を下げること」というだけにとどまっている。

いうならば、ケインズの「人口減少の若干の経済的影響」は、『一般理論』で確立した経済理論の人口問題への適用という意味では重要であるが、同時にまた、人口減少問題を『一般理論』の理論的枠内でしかとらえていないという意味では、きわめて狭い限定された分析と提言にとどまっている。

こうした「人口減少の若干の経済的影響」の限界は、ケインズ『一般理論』以後のブルジョア経済学の動学化、「経済成長論」の展開のなかでも、そのまま継承されていくことになる。

第5節　小括――ケインズにおける人口問題と経済理論

これまでの考察からも明らかなように、ケインズの人口問題の発展と経済理論の展開とは深く関係していた。人口問題の認識の深まりが経済理論の発展を促した面があると同時に、逆に経済理論の展開が人口問題の考え方を変えていった面がある。

こうした視点から、ケインズの人口問題への認識の発展と経済理論の展開過程についての考察を一覧形式でまとめると、図表7―5―1のようになる。これらの全体から見えてくるものは何であろうか。繰り返しの説明はさけて、いくつかの論点に整理しておこう。

(1)「ケインズの人口・雇用理論」の特徴

第一に、ケインズの主著『一般理論』は、ケインズの経済理論の到達点であったと同時に、ケインズの

図表7-5-1　人口問題とケインズの理論展開

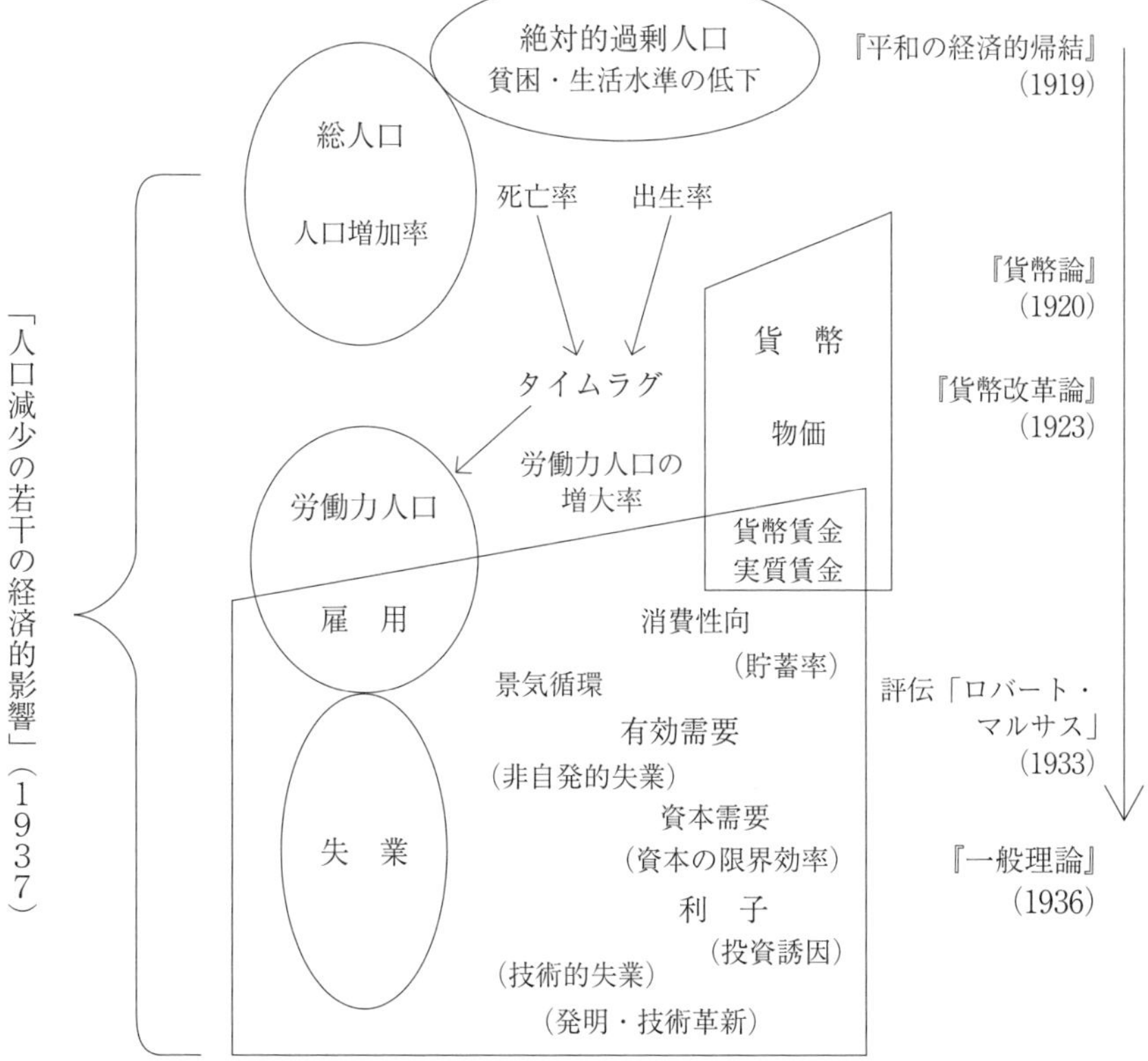

【解説】上の図は、ケインズの人口問題への認識が時代とともに深まっていったことを、その理論的著作の展開のなかでとらえたものである。講演「人口減少の若干の経済的影響」は、その理論的な到達点を示している。ケインズの人口問題への言及は、ここであげた理論的著作にとどまらず、さまざまな時事評論、講演などにも含まれているが、上の図には、それらは含んでいない

人口問題への関心の到達点でもあったということである。先に見たように『一般理論』そのものの中では、人口問題は、それ自体としてはとりあげられてはいない。しかし、『一般理論』においては、「雇用可能な人口の規模という意味において」(in the sense of the size of the employable population)という前提のもとで、人口問題が一貫してとりあげられているともいえる。『一般理論』の翌年(一九三七年)の講演「人口減少の若干の経済的影響」は、『一般理論』を人口問題の視点で展開したものであり、その意味では『一般理論』の補論として位置づけることができる(図表7—5—1)。

ケインズは、この講演「人口減少の若干の経済的影響」以後は、もっぱら第二次大戦とその後の国際経済関係、とりわけ戦後の国際通貨制度の再建に直接携わっていくことになり、人口問題についてのまとまった著述は残さなかった。その意味でも、この講演は、「ケインズの人口・雇用理論」の到達点ということができる。

第二に、このようなケインズにおける人口問題と経済理論との連携をつよく結びつけるカギとなったのは、ロバート・マルサスの人口論と経済理論(「有効需要」論)に対するケインズの生涯変わらぬ深い傾倒であった。もちろん、ケインズのマルサス評価の内容は、ケインズが「人口転換」の事実を認識しはじめるのに伴って、大きく変化した。前半期のケインズのマルサス評価は、もっぱら「絶対的過剰人口」のもたらす否定的な経済的影響を主張したマルサス(『初版 人口論』のマルサス)であったが、後半期のマルサス評価は、「有効需要」論の創始者としてのマルサス(『経済学原理』のマルサス)であった。この後半期のマルサス評価について、ケインズは、評伝「ロバート・マルサス」の中で、「もしかりにリカードウでなくマルサスが、一九世紀の経済学がそこから発した根幹をなしてさえいたならば、今日世界はなんとはるかに賢明な、富裕な場所になっていたことであろうか！」（ケインズ全集⑩一三六ページ）と述べている。

第三に、ケインズは、人口問題が経済問題へ影響していく時の特殊な条件としての「タイムラグ」を発見し、その経済的意味を認識したということである。この「タイムラグ」は、それ自体は、出生率の変動が労働力人口の変動に現れてくるには数十年単位のズレがあるという、きわめて単純な論理に基づいており、あらためて「タイムラグの発見」などということでもないと思われるかもしれない。しかし、この時間的ズレは、人口問題が労働力人口問題へと連動する重要な媒介をなす論理であり、この「タイムラグ」の発見こそ、『一般理論』において、古典派学説の雇用理論の第二公準を放棄する理論的前提となった。いい換えるなら、この「タイムラグ」は、人口問題と雇用問題との狭間にあって両者を媒介する役割をもっているのである。

第四に、『一般理論』と講演「人口減少の若干の経済的影響」をケインズの人口論の理論的な到達点としてみるとき、そこには欧州（とりわけイギリス）の「人口転換」の過程が、いまだ全体的な展開を終えてはいないという歴史的な状況からくる時代的な限界も反映されていたということである。欧州各国の「人口転換」が第Ⅱフェーズから第Ⅲフェーズにいたるのは一九六〇年代以降のことであり、ケインズが死去（一九四六年）したのはそれよりはるかに以前であった。ケインズは、人類史的な「人口転換」の進行を目の当たりにしていたが、その全体的な過程を見ることはできなかったのである。先に述べたように、「人口転換」という概念が人口学的に確立したのも、一九五〇年代以降のことであった。

総じていうならば、「ケインズの人口・雇用理論」の展開は、二〇世紀前半の歴史的な制約をもっていたとはいえ、二一世紀の現代の人口・雇用問題を研究するときの重要な示唆を与えてくれる意義を持って

図表7-5-2　人口・雇用問題の３層構造（①総人口　②雇用可能人口　③現実に利用される雇用者）

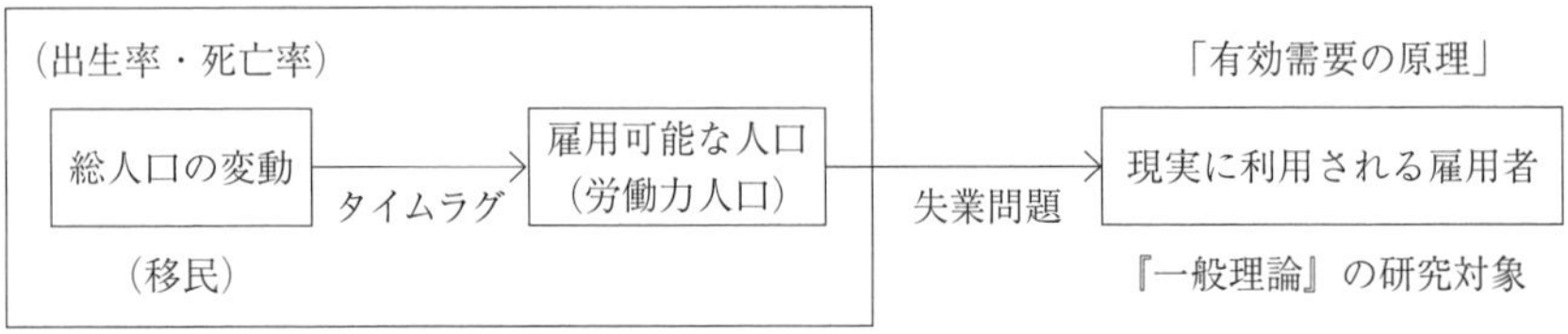

いる。

(2)「人口・雇用問題」の三層構造

これまで、「ケインズの人口・雇用理論」の特徴を、その時系列的な展開に沿ってみてきたが、視点を変えて、「人口・雇用問題」の構造的な特徴を整理すると、図表7—5—2のように三層に区分して描くことができるであろう。

①第一層の総人口の変動については、出生率・死亡率が自然的増減の要因であり、社会的増減の要因としては移民がある。

②第二層の雇用可能な人口の変動は、総人口の変動を基礎にしているが、そこには数十年の「タイムラグ」がある。雇用可能な人口は、労働力人口を構成する。

③第三層の現実に利用される雇用人口は、現在の経済的な条件によって決まる。ケインズは、『一般理論』において、それを「有効需要の原理」で解明した。

ケインズの場合は、こうした「人口・雇用問題」の三層構造が必ずしも明確に意識されていたようには見えない。しかし客観的には、その理論的関心は、三層構造の①→②→③へと発展しつつ展開されてきたといえるであろう。

（3）「ケインズの人口・雇用理論」批判

「ケインズの人口・雇用理論」の持つ理論的な限界、ブルジョア経済学としての限界にも触れておかねばならない。「ケインズの人口・雇用理論」の研究は、「ケインズの人口・雇用理論」批判にまで進まねばならない。次の五点を指摘しておく必要がある。

第一。ケインズの人口・雇用理論は、あくまでも資本の立場からの「利用可能な資源量にかんする問題」（the question of the volume of the available resources）であった。そこでは、たしかに「賃金」や「消費性向」など、労働者の生命維持・生活水準が国民経済の「有効需要」を規定する要因として経済理論の内部に位置づけられてはいた。しかしそこでは、労働者階級の労働・生活の全過程を包括する「労働力の再生産」（労働者家族の再生産）の視点は基本的に欠如している。

ケインズが人口問題を論ずるときには、いつでもマルサスの絶対的過剰人口論を前提として、人口変動が国民大衆の生活水準にどのように影響するかを論じている。しかし、その視点は、人口の増大こそが、生活水準を低下させる最大の原因になるという、まさにマルサス的な立場を前提としている。そこには、人口変動を深部で規定する資本による労働者の搾取・収奪などの階級関係の認識はない。

第二。人口変動にどのように対応するかという人口政策においても、ケインズの基本的な立場は、マルサス的な発想を越えるものではない。ケインズは、マルサスが提起したような、個々人の「道徳的、理性的動機」による出生率の引き下げに任せるのではなく、国家的な「改良計画」の柱としての人口政策を推進すべきとまで踏み込んでいる。そこでは、人口政策は、産む権利、産まない自由、人権に関わる問題であるという認識は希薄である。

第三。ケインズは、古典派の雇用理論を批判して「有効需要」不足による「非自発的失業」の発生する経済的メカニズムを展開したという意味では、資本主義のもとにおける失業問題の解明に一定の貢献をした。しかし、それはあくまでも「有効需要」論の視点からなされたものであり、資本主義の生産力の発展と資本蓄積によって必然的に発生する相対的過剰人口の累積というマルクスの解明した失業の理論とは異なっている。もちろん資本主義の固有の人口法則としての相対的過剰人口の累積という理論的認識はない。※

※　ケインズは一九三〇年の講演「わが孫たちの経済的可能性」のなかで、次のように述べている。「われわれは、新しい病気に苦しめられている。一部の読者はその病名をまだ耳にしていないかもしれないが、今後何年かのうちに頻繁に耳にすることになろう。その病名とは技術的失業（technological unemployment）である。これは、われわれが労働の新たな用途を見つけ出すテンポを凌ぐほどの速さで、労働利用を節減する手段を発見したことに起因する失業を意味している」（ケインズ全集⑨三九二ページ）。

ここでケインズが挙げている「技術的失業」とは、まさにマルクスのいう「相対的過剰人口」のことにほかならない。ケインズは、マルクスが『資本論』の中で、ケインズのいう「技術的失業」について、すでに理論的に解明していることを知らなかったのであろうか。

第四。『一般理論』は短期的な理論、静学的な理論にとどまっているということである。『一般理論』全体が短期的な期間における国民所得の決定、貯蓄・投資の所得決定に関する静学的な理論体系であり、長期的な時間の経過による資本や人口の変動を組み入れた動学的な理論体系にはなっていない。人口・雇用理論に関していえば、ケインズは、先に述べたように、「雇用可能な人口の規模」を与件として、もっぱら「現実に利用される雇用人口の規模」が「有効需要の原理」によって決まることを解明した。しかし、ケインズは、『一般理論』においては、『平和の経済的帰結』（一九一九年）以来、一九二〇年代から三〇年代にかけて精力的に主張してきた「過剰人口論（＝雇用可能人口の過剰論）」については、ほとんどとりあげていない。このような人口問題は、長期的な人口変動が経済に与える影響の問題であり、『一般理論』の理論的な範囲を越えた動学的な分析が必要になる。※

※『一般理論』は、人口問題を雇用理論の与件として位置づけることによって、その動学的な展開を必然の流れとした。ケインズ以後のブルジョア経済学においては、静学的な『一般理論』の動学化が「経済成長理論」として、一九五〇年代から六〇年代にかけて、積極的に展開されてきた。ハロッド＝ドーマー成長モデルやソロー＝スワンの「新古典派成長モデル」においては、労働力（人口）の変動が経済成長の基本的な要因とされており、その点では、人口問題を経済理論の中に組み入れようとしたケインズ以来のブルジョア経済学の動学化の試みであった。

第五。これまであげた諸論点の直接の結果として、ケインズは「人口減少」を前提として、そのもたらす「経済的影響」については論じたが、なにゆえに資本主義のもとで「人口減少」という現象が発生しうるのか、総人口の変動そのものの原因についての経済学的な検討はまったくしていないということである。ケインズは、マルサスの人口法則の第一の定式――「人口の幾何級数的増大」による過剰人口を「マルサスの悪魔P」と名づけて、その「悪魔Pを鎖につなぐ」という比喩的な表現で、マルサスの人口法則の作用の転換によって「人口の静止・減少」時代が来ることを予想はした。しかし、なぜ、いかにして、そうした人口減少が起こるのかという問題の提起すらしていない。

第7章のむすびにかえて――二一世紀における人口問題の理論的探究のために

本章では、ケインズの言説を時系列にそってたどりながら、ケインズの人口問題の関心とその理論的な発展過程を内在的に考察することを直接の課題にしてきた。

しかし、二一世紀の人口問題の探究のためには、そこにとどまることはできない。「ケインズの人口問題」の考察は、同時に「ケインズの人口問題」批判でなければならない。いい換えるなら、「ケインズの人口問題」の展開の限界とそれを理論的に乗り越えていく方向を明らかにすることが求められる。

エンゲルスは、最初の理論的な著作「国民経済学批判大綱」の中で、反面教師としてのマルサス「人口論」批判の意義について、次のように述べたことがある。

「マルサスの理論はまったく必要な通過点であって、これがわれわれを無限に前進させたのである。われわれは、総じて経済学のおかげでそうなったように、この理論のおかげで土地と人類との生産力に注意をはらうようになったし、この経済学上の絶望を克服してからは、人口過剰にたいする恐怖を永久にもたないようになったのである」（ＭＥ全集①五六四ページ）。

先に第6章で指摘したように、マルクス、エンゲルスのマルサス批判を中心とする「人口問題」の探究は、全体にわたるブルジョア経済学批判を通して、『資本論』に結実するマルクスの地代論、労働力価値＝賃金論、剰余価値論、資本蓄積論などなどの創造的な理論展開を促迫することになった。それは、マルクスが述べているように、「人口」は、経済諸現象の出発点に位置しており、その「混沌たる表象としての人口」から分析を下降することによって、諸階級、賃労働、資本、交換、分業、価格などの経済学的諸範疇《はんちゅう》の解明が展開されていくからであり、「人口問題」の解明は、必然的に各分野の理論展開に連動していたのである。

二一世紀のいま、あらためてエンゲルスにならっていうならば、「(ケインズの理論は) まったく必要な通過点であって、これがわれわれを無限に前進」させるものでなければならないのである。本稿では、「第5節　小括」の中で、こうした視点からの「ケインズの人口・雇用理論」批判のいくつかの論点をあげておいた。ここでそれを繰り返すことはしないが、こうした批判的論点を乗り越えていくことが、二一世紀の人口問題の探究のための理論的課題でもある。

労働者階級の立場からの人口問題の研究は、こうした理論的な課題を探究しつつ、二一世紀の現実の人口諸現象と正面から向き合って、現実分析を進め、現体制の「少子化対策」への徹底的な批判を行うことが必要になる。そうした理論的な活動をすすめることによってこそ、ふたたびエンゲルスにならっていうならば、「人口減少にたいする恐怖を永久にもたないようになることができる」のである。

補論1　ケインズと資本主義の改良的政策――市場経済の「合成の誤謬」と「国家計画」

ケインズの数多くの理論的、時論的な著作を通読するときに感じることは、資本主義体制を維持・存続するための改良的政策への強い関心である。彼の経済理論の発展そのものが、政策提言のための理論的根拠を体系的に提示するという目的に導かれていたといってもよいだろう。

ケインズの資本主義体制の改良的政策の根底にあるのは、アダム・スミス以来の古典派経済学の前提となっていた市場経済のレッセフェール、自由放任主義への批判であった。

ケインズは、「『一般理論』のフランス語版の序」（一九三九年）の中で、自著の狙いについて、次のように解説している。

「私は自分の理論を一般理論と呼びました。その意味は、私が主に全体としての経済システムのふるまいに興味があるということです――総所得、総利潤、総産出、総雇用、総投資、総貯蓄などであって、特定の産業や企業、個人の所得、利潤、産出、雇用、投資、貯蓄などではありません。そして、一部について孤立したものとして扱ったときに正しく導かれた結論を、システム全体に拡張するときに重要なまちがいが行われた、と私は論じています」（山形浩生訳『雇用、利子、お金の一般理論』講談社学術文庫、五一六ページ）。

ここでケインズが述べていることは、ミクロ経済学の視点では正しいことでも、それが合成されたマクロ（集計量）経済学の世界では、意図しない結果が生じるということである。論理学的にいえば、「個別最適化」が「全体最適化」を意味しないで、「合成の誤謬《ごびゅう》」が生まれるということである。

古典派の貯蓄・投資の利子率決定理論では、貯蓄（供給）と投資（需要）とが一致しない場合、利子率（価格）の変動によってこれが調整されると考えられていた。つまり貯蓄が投資を上回っていれば利子率が下落し、反対に投資が貯蓄を上回っていれば利子率が上昇することによって、市場の調整機能の作用で貯蓄と投資との一致が導かれると考えられてきた。ケインズは、『一般理論』の中で、こうした古典派の理論を批判し、貯蓄は所得水準の関数であるから、投資とその乗数効果によって生まれた所得から行われる貯蓄が一致するところで、社会全体の所得水準が決定されると主張したのである。

市場経済のもとでのレッセフェールの「まちがい」――「合成の誤謬」を正すには、国家による介入が必要であり、そうした政策的な思考は、ケインズは一九二〇年代の早い時期から一貫して保持していた。たとえば、一九二四年にオックスフォード大学で行った講演を一九二六年にパンフレットにして発刊した『自由放任の終わり』の中で、次のように述べている。

「わたし自身の見方をいうなら、資本主義は賢明に管理すれば、現時点で知られるかぎりのどの制度よりも、経済的な目標を達成する点で効率的になりうるが、それ自体としてみた場合、さまざまな点で極端に嫌悪すべき性格をもっていると思う。今の事態に課題となるのは、効率性を最大限に確保しながら、満足できる生活様式に関する見方とぶつからない社会組織を作ることである」。

こうした視点から、ケインズは、資本主義の改良のための方策として、「通貨と信用を中央機関で管理すること」「企業の事業活動の情報公開」「貯蓄と投資の管理」などを挙げているが、さらに、人口政策について、次のように述べている。

「各国が適切な人口の規模について、現在より多いほうが良いのか、少ない方が良いのか、同じが良いのか、十分な検討を加えて国の政策を確立すべき時期が来ている。この政策を確立すれば、実行に移すための手段を講じるべきである」。

ケインズの資本主義改良への方策的提言は、一九二九〜三〇年代の世界大恐慌が勃発してからは、いっそう体系的な政策として、資本主義のもとでの民主的な「国家計画」の必要性を主張しはじめる。

たとえば一九三二年三月にラジオのBBC放送で行った講演「国家計画」では、従来から主張していた税制・財政や為替・金融（貨幣・信用）の国家的管理だけでなく、都市計画や産業計画にも、国家的介入の分野を拡大している。

「私個人の見解として述べるならば――多くの人々に共有され始めているが――、産業全体の生産活動の平均を最適水準に維持して失業を回避するための国家計画は、われわれがなすべき最も重要かつ困難な課題である」。

このラジオでの講演でケインズが強調していることは、「国家計画は民主主義と両立する」ということである。

「現代的な改善と管理のための新しい期間の導入が、議会制民主主義と両立しうることを証明していかなければならない。すでに述べたように、国家の既存の役割を大きく拡張するのか否かの検討が必要である。しかし国家計画は、民主的に選ばれた政体によって細かく管理、監督される必要はない。

民主的政体は、始めではなく、その終わりにおいて評価されるだろうし、重大な誤りを犯した時に生じる異変に対して効果的に対処できる力を備えている」。

なお、この講演「国家計画」のなかでは、人口政策についても、次のように述べている。

「人口の増加率や移民の流出・流入を決定する条件や環境に影響を及ぼす賢明な計画は、故人の領域外にある非常に重要なテーマである。国家は行動すべきことがあるかぎり、行動しなければならない」。

補論2　ケインズと『資本論』――バーナード・ショウとの交信

ケインズの人口論とは直接の関連はないが、『一般理論』との関わりで、ケインズがマルクス『資本論』をどう見ていたのか、という問題についてケインズ自身の言葉を紹介しておきたい。それは、ケインズより二七歳も年長だったバーナード・ショウ（一八五六～一九五〇年）との手紙の交信の中でなされたものであった。

1　『資本論』は『コーラン』と同じ。経済学的価値はゼロ

ケインズは、一九三四年一二月にバーナード・ショウにあてて書いた手紙の中で、マルクスの『資本論』に対する徹底的に否定的な評価をしている。

「私の『資本論〔Das Kapital〕』についての感じ方は、『コーラン〔Koran〕』についてのそれと同じです。私は、それが歴史的に重要であることを承知しており、また、多くの人々――そのすべてが馬鹿者ではありません――が、そこに或る種の『千歳の岩〔Rock of Ages〕』と霊感の内包を見出していることも知っています。しかもなお、それに目を通すとき、それがこのような効果を持ち得ると自らに説明することが出来ないのです。その退屈で時代遅れのアカデミックな議論は、目的のための材料として、余りにも不適切なように見えます。それにしても、私が申し上げたように、『コーラン』についてと正に同じものを感じます。いったい如何にして、これらの書物の双方が、世界の半ばをめぐって、戦禍を齎《もたら》し得たのでしょうか？　そのことが、私に衝撃を与えます。私の理解には、明らかに、或る種の欠陥があるでしょう。あなたは、『資本論』と『コーラン』の双方を信じますか。或いは『資本論』だけですか。しかし、後者の社会学的価値がどうあれ、その現代的な経済学的価値は（時折の、しかし非建設的で非連続的な洞察のひらめきは別として）ゼロです」（ケインズ全集㉘五五ページ）。ケインズは、全体として『資本論』を『コーラン』と同列に置いて、「その現代的な経済学的価値はゼロです」と、完全に否定している。

2　マルクスは「時代遅れの議論」――『一般理論』によってリカード的基礎は打ち壊される

穏健な社会主義者としてフェビアン協会の設立にも参加したショウは、ケインズに対してマルクスへの否定的な評価を変えるよう熱心に説いていた。これにたいして、ちょうどこのころ『一般理論』を執筆していたケインズは、頑として自説を変えずに、マルクスには「時代遅れの議論以外の何ものをも見出し得ない」と述べている。

「お手紙ありがとうございます。私は努力してあなたの言葉を心に留めましょう。あなたが言われることには――通常そうですから――何かがあるに違いありません。しかし、私は、先週、出版されたばかりのマルクス‐エンゲルス往復書簡集を読みつつ、昔のカール・マルクスに別の光を当ててみたのですが、大きな進展はありませんでした。私は二人のなかではエンゲルスの方を好みます。……しかし、もしあなたが私に、彼らは経済の難問に対する解決の手がかりを発見したのだとおっしゃるなら、やはり私は困惑します――私は時代遅れの議論以外の何ものをも見出し得ないのです」（ケインズ全集㉘六一ページ）。

こう述べた後で、ケインズはすぐ続けて、自分が書きつつある『一般理論』をマルクスの理論と対比しながら、「マルクシズムのリカード的基礎は打ち壊されるでしょう」などと、自信たっぷりに予告している。これは、『一般理論』成立史のうえでは、貴重なケインズ自身の証言として、よく知られていることである。

「しかしながら、私の心境を理解して頂くためには、私が、世界の人々の経済問題についての考え方を――恐らく今ただちにではなく、向こう一〇年間のうちに――大きく変革すると思われる経済理論に関する書物を書いていると自ら確信していることを、あなたに知って頂かなければなりません。私の新しい理論が正しく理解され、政治や感情や情熱と混ぜ合わされたとき、行動や事象に及ぼす影響において、どのような最終的結果を齎すか、予見することはできません。しかし、大きな変化が起こるでしょう。なかんずく、マルクシズムのリカード的基礎は打ち壊されるでしょう。私は、このことを、現時点であなたが、或いは他の人々が、信じて下さるとは期待し得ません。しかし、私自身としては、私の言っていることは単なる希望ではないと思っています――心中、私は完全に確信しているのです」（ケインズ全集㉘六一～六二ページ）。

ケインズがいかに自信をもって『一般理論』を書きすすめつつあったか、よくわかる手紙である。ちなみに、ケインズがショウにあててこの手紙を書いたのは、『一般理論』が発刊されるより一年近くも前の一九三五年一月一日のことであった。

3　ケインズのいう「技術的失業」はマルクスのいう「相対的過剰人口」のことではないのか

しかし、ケインズは、マルクスの資本蓄積論、とりわけ雇用理論との関わりでは、そのうちの「失業論＝相対的過剰人口の理論」に限定しても、はたして「ゼロ」といいきれるのだろうか。ケインズは、まともに『資本論』を読んでいないのではないのかという疑念さえ起こってくる。それは、ケインズが一九三〇年の講演「わが孫たちの経済的可能性」の中で、次のように述べていることを思い合わせると、いっそうその感がする。

「今のところ、このような変化（鉱業・製造業・運輸業の革命的な技術変化――引用者）の速さそのものがわれわれを傷つけ、解決の困難な問題を惹起している。……われわれは、新しい病気に苦しめられている。一部の読者はその病名をまだ耳にしていないかもしれないが、今後何年かのうちに頻繁に耳にすることになろう。その病名とは技術的失業（technological unemployment）である。これは、われわれが労働の新たな用途を見つけ出すテンポを凌ぐほどの速さで、労働利用を節減する手段を発見したことに起因する失業を意味している」（ケインズ全集⑨三九二ページ）。

ここでケインズがあげている「技術的失業」とは、まさにマルクスのいう「相対的過剰人口」のことにほかならない。ケインズは、マルクスが『資本論』のなかで、ケインズのいう「技術的失業」について、すでに理論的に解明していることを知らなかったのであろうか。

4 「有効需要」の理論とケインズのマルクス「再評価」

ケインズは、『人物評伝』の中の「ロバート・マルサス」の中で、「一八〇四年にマルサスは結婚した」というくだりに「注48」を付して、マルクスと「有効需要」理論についてのきわめて興味深い指摘をしている。すなわち、この「注48」では、『資本論』第一巻におけるマルクスのマルサスへの辛辣な評言を引用した後で、ケインズのロシアでの講演の中で「人口の増加がロシアにとって問題であるという意味の指摘をしたのがすべて悪意に解されたことを知って驚いた」と記して、さらに次のように述べている。

「けれどもわたくしは、マルクスがマルサスを批判して、過剰人口は純粋に資本主義社会の産物であって、社会主義のもとでは生じえないと主張していたことを、思い出すべきであった。マルクスがこういう見解をとっていた理由は、けっして興味がなくはない。けだしそれは、事実上、資本主義社会においては『有効需要』が産出量と歩調をそろえることができぬかもしれないという、マルサス自身の理論と密接に似かよったものだからである」（岩波現代叢書『人物評伝』一二〇ページ）。

ケインズは、マルクスの理論に「有効需要」理論と「密接に似かよったもの」を見いだして、その限りではマルクス「再評価」をしているのであるが、そこにはケインズの思い違いもある。第一に、マルクスは決して「過剰人口は純粋に資本主義社会の産物であって、社会主義のもとでは生じえないと主張していた」わけではない。実際にマルクスもエンゲルスも未来社会における「過剰人口」の可能性について、何度か論じている。第二に、マルクスは資本主義における「相対的過剰人口の形成」を決して「有効需要不足」から説明しているわけではない。前項で述べたように、ケインズに即していえば、マルクスはむしろ「技術的失業」という視点から資本主義に固有な「相対的過剰人口の形成」をとらえている。

とはいえ、ケインズによるマルサスの「有効需要」理論の「再発見」は、マルクスの「過剰生産恐慌」の理論を想起させ、その限りで、ケインズのマルクス「再評価」にもつながっていたということはいえるであろう。

補論3　ケインズ以後――「経済成長理論」と人口問題

ケインズが人口問題と経済理論との密接な関わりについて『一般理論』と「人口減少の若干の経済的影響」で提起した課題は、他のブルジョア経済学者たちによって引き継がれ、一九四〇年代から五〇年代にかけて、大きく展開されることになった。いわゆるケインズ経済学の動学化と「経済成長理論」の発展である。

こうしたケインズ以後の人口問題についての経済理論を考察することは、本稿の課題をはるかに超えることになる。ここでは、ケインズ以後の理論的展開がケインズの問題提起とどのように関わっていたのか、ケインズとの直接の継承関係に論点を絞って、いくつかの論点を指摘しておくことにする。

1　ハンセンの「長期停滞」の理論

ケインズは、「人口減少の若干の経済的影響」のなかで、人口が静止状態（あるいは人口減少状態）になると、「有効需要の縮小から現出する失業の悪魔」が現れる危険があると主張した。このことは先に見たとおりである。このケインズの指摘を、よりいっそう理論的に展開したのは、米国のケインズ主義者、アルヴィン・ハンセン（一八八七〜一九七五年）であった。

ハンセンは、米国におけるケインズ経済学の導入に指導的役割を果たし、一九三七年の『景気回復か停滞か?』、一九三九年の「経済成長と人口増加率の減少」、一九四一年の『財政政策と景気循環』、一九四七年の『経済政策と完全雇用』、一九五一年の『景気循環と国民所得』などなどのなかで、精力的に「長期停滞論」を展開していった。

ハンセンの「長期停滞論」は、基本的にケインズの考え方を継承し、経済停滞の第一の要因に「人口増加率の低減」をあげ、そのために「有効需要の不足」による「民間投資機会の減退」が起こるというものであった。ハンセンによると、人口が増大する場合は、有効需要が増大して投資機会が増えるだけでなく、労働力の増大によって労働者間の競争が激化して賃金水準が下がり利潤率を押し上げる結果として投資が増大する。しかし、人口増大から人口減少の局面になると、その逆の歯車が回りはじめて経済停滞が起こることになる。

ハンセンの「長期停滞論」は、一九三〇年代から四〇年代へかけての米国をはじめとする資本主義諸国の大恐慌の現実を背景としていたが、その理論的な基礎は、明らかにケインズの『一般理論』と「人口減少の若干の経済的影響」にあった。

2 ハロッド＝ドーマーの「経済成長モデル」と人口問題

イギリスにおけるケインズの直接の継承者として、またもっとも信頼される『ケインズ伝』（一九五一年）の著者として知られるロイ・ハロッド（一九〇〇～七八年）も、その一九四八年の『動態経済学序説』では、米国資本主義の経済停滞の危険を指摘した。ハロッドは、経済発展の基本的要因を、①人口、②技術、③資本量の三つとし、ケインズと同じように「人口」要因が経済発展に果たす役割を重視した。

R・ハロッドのブルジョア経済学における理論的貢献は、「ケインズ経済学の動学化」および「動学的成長理論」の基礎を形成したことだといわれる。※ハロッドは今年の貯蓄が次の年の資本ストックの増分に等しく、その増分が労働力と結びついて国民総生産の増加をもたらすことに注目して、ある経済の経済成長率は貯蓄率を資本係数で割ったものに等しいことを強調し、エブセイ・ドーマー（一九一四～九七年）とともに、いわゆるハロッド＝ドーマー型成長モデルを開発した。これはその後の「動学的経済成長理論」の出発点となった。

※　ブルジョア経済学でいう「静学分析」とは、「時間的な要素や原因と結果の間の時間的な関係などを考慮しないで経済現象を分析する方法。主に、一定の予見のもとで繰り返し起こる経済過程を考察の対象とする」。これに対して、「動学分析」とは、「経済現象のさまざまな要因（財の数量・価格など）間

に成り立つ連続的変化の関係を時間的に分析する方法」。

3 ソロー＝スワンの「新古典派成長モデル」と人口問題

ロバート・ソロー（一九二四年〜）は、経済成長経路の不安定性を主張するハロッド＝ドーマー成長モデルを批判して、経済が完全雇用を保ちながら均斉成長経路に長期的に収束する可能性を示す「新古典派経済成長モデル」を提案した（トレイヴァー＝スワンも同時期〔一九五六年〕に発表したので、「ソロー＝スワン経済成長モデル」と呼ばれる）。

図表7-補論3-1　ケインズ経済学の動学化

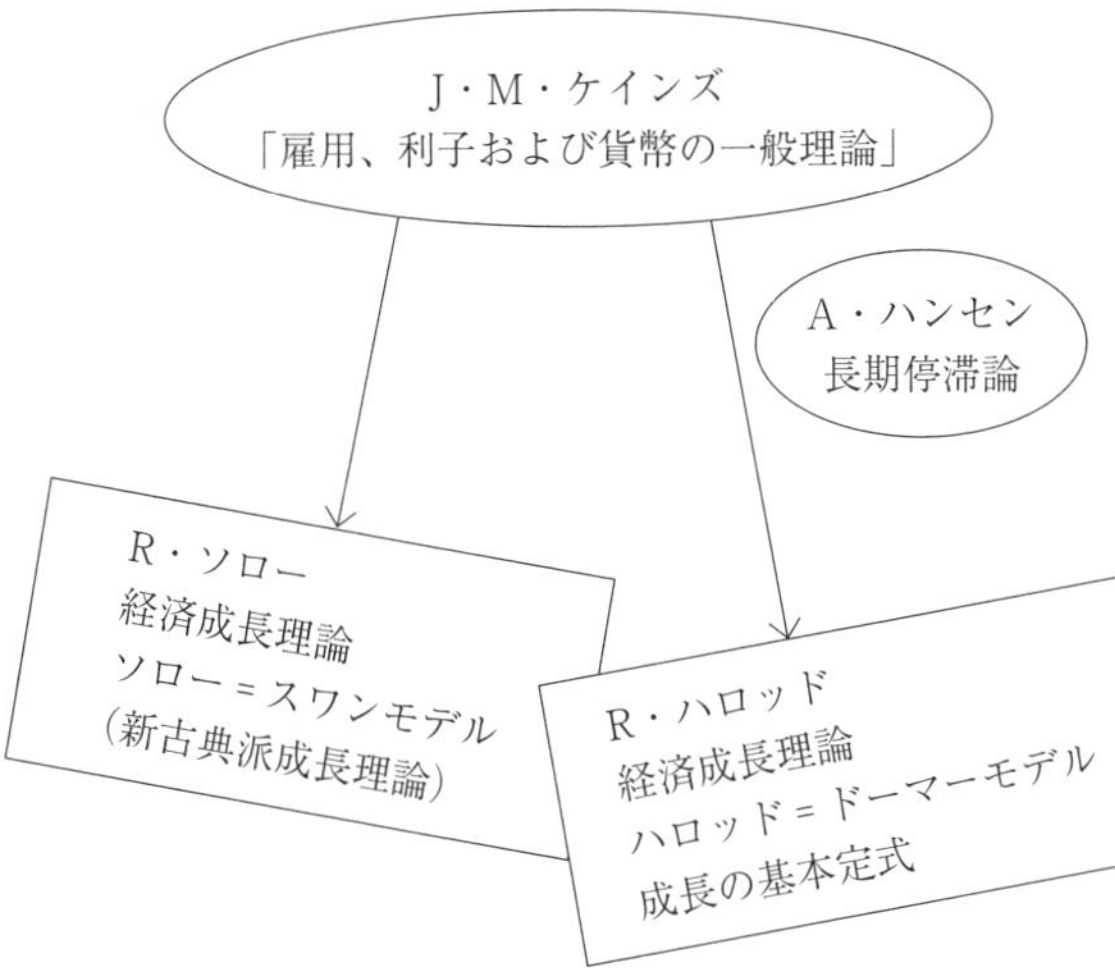

「ソロー・スワン経済成長モデル」は、資本や労働力の成長、技術の発展が経済成長にどう影響するのかを説明しようとするものである。それは、資本と労働力との間の代替を許す集計的生産関数（コブ・ダグラス型生産関数）の存在を前提することによって均衡経済成長が達成されることを論証しようとする。ソローは、この成長モデルを使って、アメリカ経済の計量的分析を行い、アメリカの経済成長は資本蓄積や労働力人口の増加よりも技術進歩に帰するところが大きいと主張した。ソローの

計量的分析は、その後の経済成長と技術進歩に関する研究の先駆けとなった。

ソロー＝スワンの「新古典派成長モデル」においても、ハロッド＝ドーマー成長モデルと同じように、労働力（人口）の変動が経済成長の基本的な要因とされており、その点では、人口問題を経済理論の中に組み入れようとしたケインズ以来のブルジョア経済学の流れを継承しているといえるであろう（図表7―補論3―1）。

第8章　G・S・ベッカーの人口理論——現代の「少子化対策」の理論的背景

研究の意義

第8章の課題は、今日の「少子化対策」の理論的背景の一つであるG・S・ベッカーの「人口問題」に関わる経済理論の内容を検討し、その意義と限界を批判的に明らかにすることである。

ゲーリー・スタンリー・ベッカー（Gary Stanley Becker　一九三〇～二〇一四年）は、現代の新古典派経済学の立場から人口問題をとりあげ、みずから「家族の経済理論」などの著作・論文を発表するとともに、シカゴ大学を中心として数多くの研究者を育成し、人口学の世界では「新家政学派」（New Home-Economics Approach）と称される有力な潮流を創設した米国の経済学者である。

G・S・ベッカーは、新古典派経済学のシカゴ学派の中では、ミルトン・フリードマン（一九一二～二〇〇六年）やジョージ・スティグラー（一九一一～一九九一年）に続く世代の重鎮と位置づけられている。また、G・S・ベッカーは、従来は手がつけられてこなかった結婚・家族・出生、犯罪、差別、教育・人的資本など、人間の生活と行動の広範な分野へ経済分析を適用した功績で一九九二年のノーベル経済学賞を与えられた。

G・ベッカーの人口理論は、今日の資本主義各国の「少子化対策」に取り入れられ、それらの対策の経済理論的根拠として大きな影響を与えてきた。その意味では、ベッカーの人口理論を検討し、その理論的な内容を解明することは、実践的にもきわめて重要な意味をもっている。

現代の「少子化社会」対策の理論的背景

まず、今日の世界の「少子化対策」においてベッカーの提起した「家族の経済理論」がどのように利用されているか、概略的に説明しておこう。

北欧や西欧などの先進資本主義国では、二〇世紀後半に共通して出生率が低下し、「少子化」問題にたいする政策的検討が求められるようになった。G・ベッカーが一九六〇年代以降に発表した論文、著作は、それまで出生・死亡や結婚・離婚などの家族の行動に関わる分野はミクロ経済理論にはなじまないと思われていた垣根を取り払い、「少子化」問題を経済学的に分析する道を切り開いた。その結果、各国の「少子化対策」は、シカゴ学派と呼ばれる経済理論を背景として、組み立てられるようになった。

現代の「少子化対策」にシカゴ学派のアプローチが使われているとは、どういうことなのか、具体的な事例で考えてみよう。たとえば、次のような出生率や結婚に関わる問題を考えてみよう。

○「二〇世紀に入り、先進諸国で経済発展が進み、一人当たり所得が上昇するとともに、少子化傾向が起こったのはなぜなのか」

○「若者の未婚率の上昇は、どのような社会経済的な条件のもとで起こっているのか。また晩婚化の傾向が進行しているのはなぜなのか」

○「女性の賃金率の上昇は、女性の労働供給の水準が低い時は出生率を下げるが、女性の労働供給の水準が高い時は出生率を上げるのはなぜなのか」

○「出生率の上昇のためには、労働時間の短縮と育児対策の強化とどちらがより効果的か」

○「女性の労働参加を阻害しないで出生率を上げるには、現金給付（児童手当など）がよいか、現物給付（保育所建設など）がよいか、そのどちらを選択すべきか」

これらの問題は、シカゴ学派の経済理論的アプローチによれば、すべて新古典派経済学の合理的選択理論の数学的モデルを使って分析することができるとされている。「少子化対策」における政策選択の答を、きわめて「エレガント」な数式によって解くことができるというのである。

現在の世界各国の「少子化対策」の背景にベッカーらのシカゴ学派の理論的な手法がどのような役割をはたしているのか。この点について、河野稠果《しげみ》（元人口問題研究所所長）氏は、『人口学への招待』（中公新書、二〇〇七年）の中で、次のように述べている。ベッカー理論の「少子化対策」との関連がきわめて手際よく解説されているので、その部分を少し長くなるが引用しておこう。

「ミクロ経済学の消費者選択の理論を応用して、もっと一般的な出生力の経済学的モデルを構築したのが前述のベッカーである。……その理論のエレガントなこと（理論が簡潔にして明晰なこと）に加えて、特に先進国の出生力の現状をかなりよく説明できるものとして評価が高い。ベッカーも、子どもを産むにあたっての合理的選択は、ライベンスタイン※と同様に子どもから得られる利得・便益とその養育・教育にかかる経済的、心理的費用との間のバランスによって行われるとする。……親となる人びとが子どもを産む場合に、どのような利益・恩恵が得られ、どのような費用・負担がかかるのかの十分な情報を持っているとの仮定のもとに、出産がそれらを秤にかけて、プラスであれば子どもを産み、マイナスであれば産まないという冷静な比較検討の結果であると考えるのは興味深い。さらに『時間』が現代社会の営みで経済的な価値あるいは意味を持ち、そのため女性の家庭外就業と出産・育児の間の不調和を起こして高い機会費用を生じ、出生率低下をもたらすという事情を数式によって説明しているところは、これまでの社会学的アプローチにはみられなかった学問的展開である。ベッカーたちの新古典派経済理論の応用によって、現在の日本や欧米諸国の低出産率はかなりうまく説明されると筆者は考える。またこの考え方は先進諸国の少子化対策の理論的根拠となっている。多くの場合各国政府が行っていることは、子どもの養育コストを軽減し、さらに女性の就業と育児の両立支援を強化し機会費用を低減する方向に導くことである」（同書、一八八〜一九〇ページ）。

※　ライベンスタイン（Harvey Leibenstein　一九二二〜一九九四年）は米国の経済学者。発展途上国の「人口爆発」現象を研究して出生力の経済的決定因を解明し、人口学においてシカゴ学派と対立するペンシルベニア学派の潮流を形成。

なお、河野氏は、このようにシカゴ学派の経済理論的アプローチを肯定的に評価した後で、その限界についても批判的にコメントしているが、その点については、第5節で紹介する。

考察の順序

第1節では、ベッカー理論の起点となった二つの論文を中心に彼の「家族理論」の生成過程をたどる。

第2節では、主著である『家族の経済理論』の概要をみながら、その理論的構造と特徴を検討する。続く第3節では、ベッカーの理論的方法の特徴をとりあげ、第4節では、論文「家族と国家」や時事的コラムをもとに、ベッカー理論の政策的含意を検討する。第5節では、ベッカー理論の意義と限界を検討し、第6節でベッカー理論の批判的評価を行う。なおベッカーの主要著作と主要論文は本書巻末の文献案内で紹介する。

第1節　ベッカー人口理論の起点となった二つの論文
――「出生力の経済分析」(一九六〇年)と「時間配分の理論」(一九六五年)

ベッカーの人口問題に関わる理論的業績をその原点にまでさかのぼってみるなら、一九六〇年(ベッカーがまだ三〇歳のころ)に発表した単発論文「出生力の経済分析」(An Economic Analysis of Fertility)をまず挙げねばならない。※この論文は、発表と同時に人口学者の間では、まさに「衝撃的な影響」を与えたといわれている。ベッカーは、この論考の中で、子どもを出産し、育てることの費用と便益を新古典派経済学の方法で分析し、現代の少子化傾向は、資本主義社会の発展とともに、子どもを持つ効用が減ったからであると論証して見せた。ベッカーがミクロ経済学の消費者選択の理論を適用して、「出生率低下の経済モデル」を描いて見せたことは、それまでの「出生力理論」では考えられなかった数理的な分析手法という新しい発想を提示することになった。

※　この論文は、*Demographic and Economic Change in Developed Countries*（Universities-National Bureau 編、Columbia University Press）という単行本の第六章として執筆された。

（1）従来のブルジョア経済学の場合

ブルジョア経済学においても、古典派経済学や二〇世紀前半の新古典派経済学においては、人口の再生産は、生活資料の再生産の問題とは区別して、それぞれ独自の要因に基づいて変動するものと考えられてきた。人口の再生産の領域は、ミクロ経済分析で扱うことは無理だと考えられてきた。そのために、人口要因はマクロ経済学の長期動態論（「経済成長論」）の中でのみ内生変数として扱われていた。しかし、その人口の長期動態論は、マルサスの『人口の原理』のように、きわめて粗削りで、理論的にモデル化するのは難しいと考えられてきた。

新古典派経済学の場合は、一般的にいえば、親が子どもを持つという選択は、子どもから得られる利便・便益と子育てや教育にかかる経済的・心理的費用とのバランスによって選択される。子どもを持つことの喜び、家庭生活の幸福、さらに子どもの成長への期待（精神的・経済的な利益）、老後の世話、など、子どもから得られるもろもろの「効用」と、子どもを産み、育てるための出費、教育費など、もろもろの「費用」、この関係によって合理的選択がなされるということは、一般論としては「効用と費用の関係」で解釈することができる。

しかし、こうした一般論をさらにモデル化して、出産や結婚などの行動原理を効用理論によって説明することは、従来の新古典派経済学では行われていなかった。たとえば、「子どもを持つことは喜びだ」としても、所得が増えれば、それに比例して子どもを増やすかといえば、そうはならない。出生や結婚などの行動は、単純な「効用」と「費用」の相関関係として、数学的なモデルを使ってとらえることは無理だと考えられていた。人口にかかわる問題は、ミクロ的な経済分析の俎上にのせるには、あまりにも人間的すぎるとみられていたのである。

（2）論文「出生力の経済分析」――子どもの〈質〉と〈量〉という概念の導入

ベッカーの論文「出生力の経済分析」は、人口に関わる問題はミクロ経済分析にはなじまないという従来の考え方に大きな転換をもたらした。その新しい点は、子どもの〈質〉という概念を導入し、親が子どもを持つかどうかを選択するさいに、その量（何人持つか）だけではなく、どのような〈質〉の子どもを持つか、子どもの〈量と質〉に対する支出をどのように決定するか、にかかっていると考えたことである。家族の所得の増加は、単純に子どもに対する量的な需要を増加させるのではなく、子どもの質に対する需要（この場合、子どもの〈質〉とは、子どもの生来の素質・能力という意味ではなくて、親などが子どもにかける教育費などの支出のこと）を増加させると考えた。そのことが、先進国で所得が上昇するにもかかわらず、出生率が上昇しない理由だとみたわけである。

しかし、財・サービスの需要の〈質〉という考え方自体は、一般の財・サービスの場合でも同じである。所得が増えたからといって、同じ質の商品を量だけ増やすということはない。量を増やさずに、高い質の

図表8-1-1　ベッカーの「子どもの質」モデル

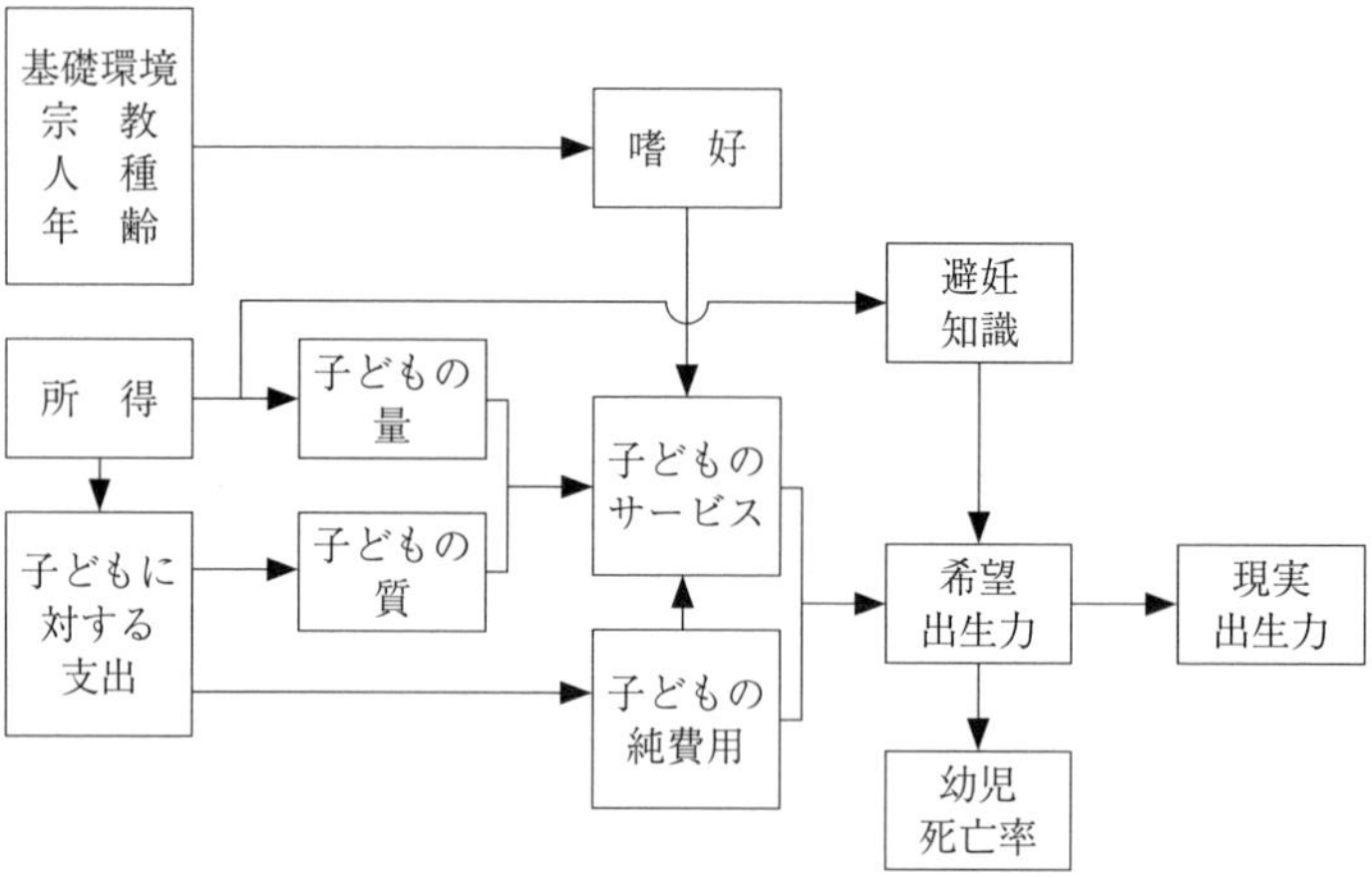

（資料）大渕寛『出生力の経済学』（中央大学出版部、1988年、25ページ）

ものを購入することもある。たとえば、収入が二倍になったならば、一〇〇〇円のかつ丼を二杯食べるのではなく、二〇〇〇円のうな丼を一杯だけ注文するだろう。量は同じで、質を二倍に増やすわけである。この意味では、ベッカーの「子どもの〈質〉」の導入も、いわれてみれば特別な大発見というようなことではない。単なる「コロンブスの卵」のような発想だったといえるだろう。ベッカーの「子どもの量と質」による「出生力の経済分析」は図表8―1―1のようなチャートで示される。

(3) 論文「時間配分の理論」
――「家計内生産関数」の導入

ベッカーは、一九六五年に発表した論文「時間配分の理論」（A Theory of the Allocation of Time）で、経済学がこれまで無視してきた家族内部の分業関係を探究し、「家計内生産関数」という新しい概念を導入した。それは、女性の社会的労働への参加と家事労働との選択の問題を有効な価値を生む時間配分の問題としてとらえ直すことを意味した。

ベッカーが家計内の非市場的な労働時間の価値を測るのに利用したのが「機会費用」（opportunity cost）という概念である。「機会費用」とは、従来からある経済学の考え方である。一般には、「財をある目的に用いたために放棄された他の利用方法から得られるであろう利得（潜在的利益）のうち最大のもの」などと説明される。※

※「機会費用」とよく似たものに「帰属家賃」という考え方がある。持家に住む人は、それを借家として貸した場合に得られるはずの家賃収入を失っているので、その分だけの住居費がかかっているものと考えて、その際の（失われた）住居費が「帰属家賃」である。「帰属家賃」は住居という「耐久財の価値」に関するものであるが、「機会費用」は「時間の価値」にあたる。

ベッカーは、これまでは企業活動にのみ適用されていた「機会費用」の考え方を家計活動にも拡張して、子どもからのサービス（効用）を家計の産出とみなす「家計内生産関数」をミクロ経済分析の対象に設定した。ベッカーは、次のように述べている。

「この理論の中心は、家計が消費者であると同時に生産者でもあるという仮定である」。「家計は資本財、原材料、労働を組み合わせて、掃除や食事をし、子供をもうけ、その他のやり方で有益な諸便益を生産する」。

ベッカーが一九六〇年代に発表した「出生力の経済分析」と「時間配分の理論」の二つの論文は、それまでのブルジョア経済学（新古典派経済学）に大きな影響を与え、出産、育児、結婚などの家族の活動をミクロ経済分析の手法で扱う「経済人口学」の基礎を確立することになった。

（4）ベッカーの質・量モデル――「出生力の一般均衡モデル」の確立

ベッカーは、一九六〇年と六五年の二つの論文を発表した後も、同僚研究者との共同論文の形で、出生力の質・量モデル（Quality-Quantity Model）のいっそうの完成をめざした。

ベッカーの出生力に関する質・量モデルでは、子どもの質（子どもへの支出）と量（子どもの数）についての所得弾性値と価格弾性値は異なっており、経済成長に伴う所得の上昇は質に関してより弾力的であるために、子どもの価格を上昇（子どもへの支出の増大）させるが、量の減少（子どもの数の減少）をもたらす傾向があると結論づけた。これは、実際の先進諸国の経済成長と出生率低下（「少子化」）の傾向ときわめてよく合致していた。

こうしたベッカーらの出生力理論のモデルは、ベッカーとクレッグ・ルイスとの共同論文による「ベッカー＝ルイス・モデル[※1]」（一九七三年）、ロバート・ウィリスが執筆した論文による「ウィリス・モデル[※2]」（一九七三年）などによって、「出生力の一般均衡モデル」としては、一応の完成をみることになる。

しかし、これらの出生力モデルは、まだ静学モデルにとどまっていた。静学モデルとは、長期的な時間の経過を捨象した次元での経済要因の相関関係をモデル化したものである。静学体系としての「出生力の一般均衡モデル」の動学体系への発展は、一九七〇年代から八〇年代へかけて、ベッカーによる「家族の経済理論」のいっそうの展開が必要だった。

※1　Becker, Gray S. and H. Gregg Lewis. “On the Interaction between Quantity and Quality of

Children" *Journal of Political Economy*, Vol.81, No.2, Part 2, 1973.
※2 Willis, Rovert. A New Approach to the Economic Theory of Fertility Behavior, *Journal of Political Economy*, Vol.81, No.2, Part 2, 1973.

第2節 家族の形成・解体、女性の就業と出産――『家族の経済理論』の内容

ベッカーは、一九六〇年代に出生力に関わる二つの論文を発表してから、七〇年代に入ると、結婚・離婚などの家族の形成・発展・解体についての研究を精力的に行い、七三年、七四年に「結婚の理論・Ⅰ」、「結婚の理論・Ⅱ」を発表し、八一年には著作『家族の経済理論』（初版）を刊行した（第二版＝一九八六年、第三拡張版＝一九九二年）。

ベッカーは、この『家族の経済理論』の執筆経過について、「ノーベル賞受諾講演」の中で次のように述懐している。

「『家族の経済理論』の執筆は、私が（これまで）行ってきたなかで、最も困難で持続的な知的努力が求められるものであった。家族は、間違いなく最も基礎的で、最も古い組織である。何人かの著者は、家族の起源を五万年以上前に遡っている。『家族の経済理論』は、現代の欧米諸国の家族だけでなく、他の文化圏の家族、および過去数世紀の間の家族構造の変化を分析しようと試みている。この

広範なテーマをカバーする試みは、昼間も夜も、六年以上のあいだ、精神的に集中することが必要だった。それは、知的にも、感情的にも、私を疲れさせるものだった。バートランド・ラッセルは、彼の自叙伝のなかで、『プリンキピア・マテマティカ』の執筆に精神的な力の多くを使用したので、真にハードな知的作業は二度と行えなかったと述べている。私は、知的情熱を取り戻すために、『家族の経済理論』を書き終えてから約二年かかった」。

(1) 結婚と家族の形成の研究——家族内の分業と「比較優位」

ベッカーは、家族形成の出発点は一組の男と女の結婚であるとして、次のように述べている。

「私の家族についての研究の出発点のポイントは、男性と女性が結婚するか、子どもをもつか、離婚をするか、決めるときに、彼らの利点とコストを比較することによりその有用性を最大化するよう試みるという仮定である。だから、彼らは独身でいるより結婚したほうが良くなると期待したときに結婚し、離婚したほうが幸福になると期待して離婚するのである。／知的でない人は、彼らの幸福を高めるために結婚したり離婚したりするのは、明白なことに思えるので、上述の研究方法が論争されていると聞くと、しばしばびっくりする。結婚やその他の行動に合理的選択アプローチを適用することは、実際に、しばしば〝普通の人〟の直観的な経済学と一貫性があるのだ」（ノーベル賞講演）。

ベッカーは、すでに第1節で検討した一九六〇年代の二つの論文で、結婚した後の妊娠、出産については、合理的選択理論を適用して「出生力の一般均衡モデル」を確立していた。結婚の理論は、家計の外部での男女の出会いと交流から始まるので、結婚への合理的選択理論の適用は、より容易なものだったと推察される。それは、ベッカーが「結婚やその他の行動に合理的選択アプローチを適用することは、実際に、しばしば〝普通の人〟の直観的な経済学と一貫性がある」と述べていることにも表れている。

ベッカーは、結婚する男女の合理的選択の行動原理として、市場経済における「比較優位」の原理を適用した。周知のように、「比較優位」の原理は、D・リカードウが貿易による国際分業の利益を説明する基本原理として提示したものである。貿易をするさいに、各国は自国内で相対的に生産性の高い財に比較優位を有し、各国は自国が比較優位を持つ財を輸出し、比較劣位を持つ財を輸入するという国際分業が成立するという原理である。

ベッカーは、この「比較優位」の考え方を、そのまま家庭内の男女の役割分担に適用して、家庭内でも男女がそれぞれ異なる分野に「比較優位」を持つとき、結婚によってそれぞれ比較優位を持つ分野に仕事と労働を特化させることで、男女ともに利益を得られると推論した。つまり、夫の賃金が妻の賃金よりも高いならば、夫は利用可能な時間のすべてを市場での労働供給に使い、妻は利用可能な時間のすべてを家庭内の家事労働に使うというように役割を分担し、特化することが両者にとっての「最大の効用」を得られるとした。いい換えるならば、国際分業の原理をそのまま家庭内に適用して、男女の性的役割分業をもっとも合理的な選択行動として確認し、結婚や家庭形成の理論的根拠として措定したのである。

こうした家庭内への「比較優位」原理の導入は、本章の第1節で述べた「家計内生産関数」の中で精緻《せいち》な数理的モデルを形成する重要な前提としての役割を果たすことになった。

(2) 家族の構成原理——「利他主義」「わがままな子ども」「王朝モデル」

ベッカーは、合理的選択アプローチを家庭内の行動に適用して「家庭の経済理論」を構築するために、これまでは市場経済の経済理論として使われてきた「生産関数」や「比較優位」を利用するだけでなく、家族関係に特殊な新たな構成原理を必要とした。ここでは、①「利他主義の原理」、②「わがままな子どもの定理」、③「王朝モデル」と「王朝型効用関数」について簡単にみておこう。

①「利他主義」……家族構成員間の資源の配分は、市場経済の競争原理とは異なる独自の原理が必要になる。ベッカーは、家族の間における独自の原理として「利他主義」(Altruism) をあげている。家族構成員は、原則として「利他主義」によって結びついており、それは「他人の効用を自らの効用として評価する」。

家族においては、親は子どもに対して利他主義の感情を持つので、子どもが大きい効用を得るなら、親の効用も大きくなる。つまり、子どもの喜びは親の喜びであり、親の効用水準は、親が自分自身の消費によって得られる効用と、子どもが消費によって得る効用の和として測られるということである。

②「わがままな子どもの定理」……ベッカーは、家族内では基本原理として「利他主義」が機能するとしながら、子ども(あるいは子どもでなくても、家族構成員)の中には必ずしも「利他主義」ではなく「利己主義」で行動する者もいると前提したうえで、そうした「わがままな子ども」がいる場合でも、親が利他的に行動し、家族内の所得の移転を行うとすれば、結果的には「わがままな子ども」も含めて家族全体

がもっとも効用を大きくするように所得を増大させることができると考えた。ベッカーは、このことを「わがままな子どもの定理（Rotten Kid Theorem）」として定式化している。

③「王朝モデル」と「王朝型効用関数」……子どもは、次の世代では親になり、その子どもは、次の世代の親になるというように、親と子の連鎖は永遠に続いていく。つまり、親の効用水準が子どもの効用をも含むという前提に立つならば、親と子の連鎖のすべてが、最初の親の効用に集計されうることになる。こうした親・子・孫……の無限に続く効用を集計した効用関数は、「王朝モデル」に基づく「王朝型効用関数」と呼ばれている。こうした「王朝モデル」は、ロバート・バローが一九七四年の論文で提起した家族モデルである。※

※ Barro, Robert J. Are Government Bonds Net Wealth? *Journal of Political Economy*, Vol.87, No.4, 1974.

親の世代が、若い時に稼いで貯蓄した財産を高齢期にすべて使いつくす一世代限りで完結する「ライフサイクル・モデル」に対して、「王朝モデル」では、親はみずからの消費・余暇のみならず、子孫の消費・余暇からも効用を得ることができるため、貯蓄の一部を生前贈与または遺産として子孫に残す。こうした「王朝モデル」に基づく「王朝型効用関数」は、ある世代の効用関数が一世代で完結するのではなく、長期にわたる各世代の効用が集計される「連鎖構造」になっている。この親・子・孫……の多数の世代の効用の「連鎖構造」は、卑近なたとえでいえば、ロシアの人形マトリョーシカのイメージであろう。※

※ マトリョーシカでは、胴体を上下に分割すると、中には少し小さい人形が入っていて、これが何回も繰り返される「入れ子構造」になっている。

（3）家族内の分業と家計内生産関数——女性の就業構造と出生力

ベッカーが一九六〇年代に定式化した「子どもの質と量の選択」を前提とした「家計内生産関数」は、もっとも単純な形態では、次のように書き表される。

$Zi = fi(xi, Ti)$

Ziは、家計内で生産される便益

xiは、市場財　Tiは、家計内生産の時間

つまり、生産関数fiは、市場財（xi）と時間（Ti）を組み合わせて、Ziという便益を生産するのである。

この生産関数では、二つの資源制約がある。一つは、xiの市場財に関しては、市場財を購入するための所得制約である。いま一つは、Tiの時間に関しては、家計内の構成員の時間制約である。

このように、所得と時間の二つの資源制約を持っているが、「家計内生産関数」は、「財と時間を単一の総合的制約に統合する」ということであり、「時間は貨幣所得を介して財に変換できる」ということでもある。つまり、「家計内の財と時間の間の代替もできる」ようになるということである。

家計内での「財と時間の間の代替」とは、いい換えれば、家計内分業ができるということである。

「……多人数の家計では、構成員各自の時間をも配分する。市場活動において相対的によい効率をあげている構成員は、他の構成員にくらべ、消費活動に費やす時間が少ない。そのうえ、構成員の誰かの市場効率が相対的に高まれば、彼がもっと多くの時間を市場活動で使うことができるように、他

の構成員すべての時間を消費活動の方向に再配分させる効果を生む」。

このように、ベッカーの「時間配分の理論」とは、同時に家計内における構成員間の時間配分の理論でもあり、いいかえれば「家計内分業の理論」でもある。

こうして、ベッカーの「家計内生産関数」は、家計内分業の理論と結びつくことによって、夫と妻の性的役割分業を前提とする理論となり、それを数理モデルとして固定化することになる。つまり夫はもっぱら家庭の外に働きに出て市場経済から所得を得て、妻はもっぱら家庭内生産に従事して家族が生活しているという条件をモデル化するわけである。妻が専業主婦の場合は、妻の出生率は、基本的に夫が外で稼いでくる所得によって決まる。経済が成長すると夫の所得が増大し、子どもに対する需要（所得効果）を増加させ、出生率が高まることになる。

「家計内生産関数」をもとに女性の就業構造と出生力の関係を解明したバッツ＝ウォード・モデル（一九七九年）によると、妻が就業している場合は、逆の効果が発生する。経済の成長による妻の賃金の上昇は子どもの需要にたいする負の効果（代替効果）を発生させ、それが夫の賃金上昇（所得上昇）の効果（所得効果）を上回るなら、出生率は低下することになる。

（4）ベッカー・モデルの動学的展開――ベッカー＝バロー・モデル

ベッカーは、一九八〇年代末に門下生の一人ロバート・バローと共同執筆した二つの論文で、出生力理論の静学モデルを新古典派経済成長論に内生化した動学モデルに発展させた。※

※　①Becker, Gray S. and Robert J. Barro. A Reormulation of Economic Theory of Fertility. *Quarterly Journal of Economics,* Vol.103, No.1, 1988.　②Barro, Robert J. and Gray S. Becker. Fertility Choice in a Model of Economic Growth. *Econometorica,* Vol.57, No.2, 1989.

ベッカー＝バロー・モデル（①一九八八年、②一九八九年）と呼ばれる動学モデルは、経済成長と出生力の関係を内生的に示すものである。ベッカーとバローによる動学モデルによると――ここでは、その数理的な展開はいっさい省略して、このモデルの結論だけを述べる――、所得（賃金）と消費の上昇率が同じという条件があれば、経済成長率が高ければ出生率は低下する。

ベッカー＝バロー・モデルは、人口変動をもたらすような各世代にわたる出生率の長期的な変動をモデルに取り込むために、「利他主義の原理」による世代の結びつきという方法を取り入れた。何代にもわたる複数の世代の総体的な「効用の最大化」をとらえようとしたのである。

先に第1節の（4）で述べたように、ベッカーは、出生力に関する静学的モデルを長期的な動学的モデルに展開するためには、本節の（2）で述べたような「王朝型効用関数」を媒介にする必要があった。「出生力の一般均衡モデル」を「王朝型効用関数」と連結することによって、長期的な時間の流れを前提とする動学モデルを構想したのである。

第3節　ベッカーの「人口理論」の方法と特徴
――ベッカーとシカゴ学派の出生力分析の四つの前提

シカゴ学派のウィリアム・シュルツは、ベッカーと「新家政学派」の出生力理論の方法的前提を、次の四点に整理している。※

※　Schultz, William. The Value of Children: An Economic Perspective. *Journal of Political Economy,* Vol.81, No.2, Part 2, 1973.

（1）人的資本の理論（Human Capital Theory）
（2）時間配分の理論（Theory of Allocation of Time）
（3）家計内生産関数の理論（Household Production Function）
（4）経済単位としての家族の理論（Theory of Family as an Economic Unit）

このシュルツの整理は、それなりにベッカー理論の前提をよくとらえているが、私は、シュルツの整理をも参考にしつつ、それを組み直して、ベッカー理論の特徴を、次の五点に整理しておく。

（1）合理的選択の理論（新古典派経済学の消費者行動理論）
（2）人的資本の理論（「子どもの質」という概念の前提となる理論）
（3）性的役割分業を前提にした家族の理論（「比較優位原理」の家計への導入）

（4）家計内生産関数の理論（「時間配分の理論」を含む家庭内分業の理論）
（5）「出生力の一般均衡モデル」の動学化（経済成長と人口動態の理論）

このうち、（3）（4）（5）については、すでに第2節、第3節で、ベッカー理論の形成・確立過程を見てきたことによって、それぞれの基本点については説明した。そこで、ここでは、（1）と（2）を中心に、若干の検討をしておこう。

（1）人間行動へのシカゴ・アプローチ――「効用理論」から「選択理論」へ

ベッカーは、すでに最初の理論的な著作『差別の経済学』（一九五七年）の時から、人間行動のあらゆる分野にミクロ経済分析の方法を応用する立場を鮮明にしていた。ベッカー自身、こうした立場を「人間行動へのシカゴ・アプローチ」と名付けて、それを経済学のテキストにまとめた著書の副題に付している（『経済理論―人間行動へのシカゴ・アプローチ』※、初版一九七一年、第二版二〇〇七年）。

※　この副題は原書にはない。日本語訳（東洋経済新報社、一九七六年）の訳者が、ベッカーに依頼して「訳者側のいくつかの提案に対応して、原著者みずからが提示したもの」である（邦訳書、訳者序、ⅱ）。

ベッカーの『経済理論』は、彼の経済学的方法を体系的に示したものであるが、他の一般的な経済学のテキストとはかなり異なっている。「時間の配分」、「家計の生産関数」、「人的資本への投資」などの説明に力を入れているからである。

「本書の主たる目的は、価格理論の諸原理を広範な人間行動の説明に用いるために、体系的に発展させる点にある」（日本版へのベッカーの序）。

この目的のために、ベッカーは、通常の新古典派のミクロ理論のように効用関数から無差別曲線を描いて価格理論を展開するのでなく「消費者の無差別曲線は、彼の選択について十分な情報があれば描くことができるという意味で、原理的には行動から導かれる」という「選択行動からの無差別曲線の導出」を行っている。ベッカーは、効用理論から選択理論への原理的な展開を行うことから、彼の「経済理論」を書き始めている。

「経済学の根本は選択であり、一つの経済は明らかに、どれだけを将来の成長のためにとっておくべきかという選択をも含めて、さまざまな生産物の間で多くの選択の可能性を持っている。さらに、生産方法の決定にも選択の問題が入ってくる。というのは、同一の物を生産するにも、通常さまざまな技術やいろいろな要素の組合せ（各種類の労働、資本、原材料）を使用できるからである。最後に、生産されたものをいかに分配するかという選択、つまり個人の所得分配についての選択がある」（六ページ、傍点は引用者）。

このように効用から選択への展開は、経済理論にとって「革命的な影響」（七二ページ）を持っている。そのことによって、価格理論の適用範囲を「貨幣価格が存在しない非市場部門」にまで広げることを可能にするからである（七ページ）。またそれは、人間の「合理的行動」の定義を、たんなる「経済的人間」の行動だけでなく、「愛と思いやり」などの「家族の行動」にまで押し広げることができるからである（三五ページ）。

「このアプローチは、嗜好の相違に頼る必要を少なくし、価格と所得の相違、すなわちわれわれのフレームワークのなかで取り扱うことのできる二つのパラメーターの重要性を増加させる。さらにそれは、時間の価値を、体系的に価格構造のなかに組み込み、そして『完全』所得（"full" income）を予算制約に組み入れている」※（六二～六三ページ）。

※　ベッカーの "full" income とは、income（所得）に機会費用としての foregone earnings（放棄収入）を加えたものである。

ここで、ベッカーが「時間の価値を、体系的に価格構造のなかに組み込（む）」といっている意味は、まさにベッカーが家族の理論（結婚・離婚、出生・子育ての理論）で行ったことにほかならない。先に見た論文「時間配分の理論」（一九六五年）は、それを初めて理論的に提起したものであった。

（2）ベッカーの人的資本の理論（Human Capital Theory）

人的資本理論は、人間の経済的価値を投資によって高めることができるという考え方である。本来は、「資本」の担い手は物的財貨（生産手段）であるが、投資によってその価値を追加・増大させることができるという「資本」の性質を人間に適用し、人間を投資対象とみなしたものがベッカーの人的資本の概念である。ベッカーによれば、人的資本は、訓練・教育・医療という形で投資が可能であり、追加的投資は追加的生産物を生むことになる。

人的資本理論は、教育分野に適用されると「教育経済学」、労働分野に適用されると「労働経済学」を発展させることになった。ベッカーの出生力理論の「子どもの質」という発想は、まさに人的資本理論の子どもへの適用であり、その意味でベッカーの出生力理論そのものが人的資本理論を前提にしているといってもよいだろう。

ベッカーは、一九六四年に『人的資本』の初版、七五年に第二版、九三年に第三版を刊行している。第二版まではもっぱら「教育」の側面での人的資本を論じていたが、第三版で大幅に増補し、新たに第三部として「出生力の理論」「女性の労働参加」「家族の理論」などを追加した。つまり、ベッカーの理論形成の過程からいえば、最初に人的資本の発想があり、次に「出生力と家族の理論」を形成・確立し、最後にその成果を今度は人的資本の理論的構成のなかに組み込んだのである。

（3）性的役割分業を前提にした家族の理論

性的役割分業を前提にした家族の理論については、すでに第2節でとりあげたので、ここでは繰り返す必要はないであろう。ベッカーとそれに続く「新家政学派」のモデルは、先にバッツ＝ウォード・モデルが示していたように、夫と妻の性的な役割分業による家族を前提としている。これは、ベッカーの理論体系全体を貫く性格ともいえる。

（4）家計内生産関数の理論（Household Production Function）

家計内生産関数の理論についても、すでに第2節でとりあげた問題である。ここでは、それがベッカー理論の主柱の一つであることだけを、あらためて確認しておけばよい。

第2節で述べなかったことで、付け加えるとすれば、家計内生産関数の理論は、従来の新古典派経済学の企業に関するミクロ理論を家計に応用しただけのものではあるが、ベッカーの苦心は、ただそれを応用する方法、応用する技術にあっただけではなかった。ベッカー理論の核心は、家計における生産の効用は、企業が生産する財・サービスの効用とは本質的に異なる家族間の愛情やくつろぎ、人間の生命そのものであるということ、それをいかにしてミクロ理論の対象として包摂しうるのか、ということであった。ベッカー自身は、そのことの意味を深く理解していたといってもよいだろう。

(5)「出生力の一般均衡モデル」の動学化

「出生力の一般均衡モデル」の動学化についても、すでに第2節(4)でとりあげたので、ここでは繰り返さない。

第4節　ベッカー理論の政策的含意
——論文「家族と国家」(一九八八年)、『ビジネス・ウィーク』のコラム

ベッカーは、著書『経済理論』では、「市場や経済の動きが現実にどうであるかを問題としており、どうあるべきかを問題としているのではない」としながらも、「意味深いことに、現実の行動を理解するた

めに経済学者が展開した分析は、望ましい行動を決めるうえでも大きな貢献となっている」（六ページ）と誇らしげに述べている。

ベッカー理論の政策的含意を考えるうえで重要なのは、彼の主著の一つといえる『家族の経済理論』の最終章の補論として収録されている論文「家族と国家※」（一九八八年）である。この論文は、次の六つの節よりなっている（節の番号は、引用者が付した）。

※ この補論は、ケビン・マーフィーとの共同執筆で the *Journal of Law and Economics* 31（1988）に掲載された。

（1）子どもへの利他主義（Altruism toward Children）
（2）子どもの人的資本への投資（Investments in the Human Capital of Children）
（3）社会保障と高齢者助成（Social Security and Other Old-Age Support）
（4）離婚（Divorce）
（5）適正人口（Optimal Population）
（6）世代間の政治的競争（Political Competition between Generations）

この論文を通じてベッカーが強調しているのは、公共的な家族政策（教育や社会保障、結婚・離婚への規制など）は、親と子の関係をはじめ家族間の関係を調整し、家族がもっとも効率的に最大効用を得られるように支援することだということである。

「子どもたちは、肉体的、精神的に成長するまでの長い年月の間、自らでケアすることはできない。子どもたちの精神的発展は、信頼できる契約をケアする人ととりむすぶことが十分できないので、法律や社会的規範が子どもの出生や子育てを規制する。法が児童虐待や児童売買や不法な中絶を罰する。法は、義務教育、児童がいる家族への福祉支出、幼児がいるときの厳しい離婚ルール、最低結婚年齢を提供する」。「私たちの信念は、家族に関する多くの規制が家族の活動の効率性を向上させることである」。

ベッカーが強調している、いま一つのことは、家族においては利他主義による親の役割がいちばん重要であり、「子育てにおいても、主要な責任は、親または近親者にある」ということである。その立場から、ベッカーの議論は、子どもにたいする人的資本としての親の投資にたいして、国や州(自治体)の子育て支援策や教育政策などがどのような影響を及ぼすかということである。

「アメリカ合衆国の公共小学校への助成金は、一九世紀の後半に成長し始め、公立高校への助成金は二〇世紀にはいって、急速に拡大した。これらの助成金は金持ちよりも貧しい家族の学校教育を引き上げ、教育の不平等を縮小させた」。

ベッカーは、この論文の後半で、二〇世紀前半から後半にかけての社会保障費の増大の問題を取り上げ、保育や教育など若者向けの国家支出と年金や医療など高齢者向けの国家支出について、具体的な統計資料を示して、興味深い分析を行っている。

「高齢者向けの支出の急成長は、高齢者人口の増大による政治的圧力によるものなのか? メディアは、限られた一般の財源を、もっと若い世代に向けるべきといい、一部の経済学者は、将来の世代の重い課税を減らすために、財政均衡憲法修正案を支持している。……しかし、高齢者向け支出は、世代間のある種の〝社会契約〟である。そのための税金は、子どもたちへの効果的な投資を助ける。

そのお返しに、高齢者は、公的な年金と医学支払いを受けとる。この社会契約は、より貧しい家族を助け、子どもたちへの投資の効率的なレベルと高齢の両親への支持である」。

ベッカーは、「適正人口」という小見出しの項では、公的な政策が人口にどのような影響を及ぼすかについても、簡単に触れている。

「われわれは両親と現実の子供たちの関係だけでなく、両親と潜在的子供たち（potential children）間の契約も想定することができる。そのような仮想実験は、最適家族の規模と最適人口を決定する新しい方法を提供する」。

こうした仮想実験をしてみると、「より貧しい家族は、すでに金持ち家族より家族が多いので、ほとんど子どもを作らないかもしれないという驚くべき結論になる」とベッカーは、述べている。とはいえ、福祉計画や教育助成や産児制限の利用が限定されるために、貧しい家庭の出生率は高まるのではあるが。

＊

このように見てみると、ベッカーは、論文「家族と国家」では、人口政策的には、きわめて控えめなことしか述べていない。しかし、ベッカー理論の政策的含意を考えるうえでは、ベッカー自身が米国の経済誌『ビジネス・ウィーク』に一九八五年から二〇〇四年まで約二〇年にわたって定期寄稿したコラムが、きわめて重要である。

またこのコラム執筆を終了後、二〇〇四年末からは、法学者のリチャード・ポズナーと共同のブログを開設し、毎週、政治、経済、社会、文化、思想などありとあらゆる分野のテーマをとりあげて、縦横無尽に論じた。

こうしたベッカーの様々な社会経済問題への政策提言の特徴は、理論の分析方法の領域では経済的価値から離れて人間行動を「選択」一般に解消し、いわば社会学的な行動原理であったはずのものが、政策提言の場面になると、なんの方法的媒介もないまま経済的価値が導入され、金銭的価値による政策的インセンティブを前提としていることである。いい換えるならば、本来は社会政策的な基準で考えるべき問題が、きわめて単純な経済政策――金銭的な政策に還元して論じられている。

たとえば、コラムやブログで取り上げられているテーマを見ると、「最低賃金を引き上げると、失業者は増加する」「賭博擁護論者は正しい」「麻薬の合法化を肯定する人が増えている」「時代遅れの労働法を廃止すべき時がきた」「最良の産業政策とは、何もしないことである」等々、要するに、政府の規制、介入はやめろ、賭博も麻薬も規制を撤廃して自由な市場競争に委ねた方がよい、などという主張を展開している。

賭博や麻薬も市場にまかせたほうがよいというのは、なまじ規制するから「希少価値」として暴力団の金蔓《かねづる》になり、かえってはびこってしまうのだという理屈である。もちろん、ただ野放しにせよというのではなくて、タバコや酒のように高い税金をかけて、あとは市場の需給関係にまかせておけというわけである。

なお、晩年のベッカーは、「市場主義万能」が世界経済を席捲するようになってから、その行き過ぎには反省するような発言をするようになった。たとえば、日本の経済誌のインタビューの中では次のように述べている。

「私は、最近の経済学者は自由市場万能論をいたずらに吹聴し過ぎていると考えている。市場は決して完璧なものではない。それは世界的に深刻化する公害に歯止めをかけられない点からも明白だ。中央政府による計画経済などの他の選択肢に比べれば多くの状況において、ましに機能する。正しくいえば、それ以上でもそれ以下でもない」(『週刊ダイヤモンド』二〇〇七年二月一〇日号)。

とはいえ、ベッカーの生涯を通しての理論的な業績は、「合理的選択理論」の役割を人間行動のあらゆる分野に適用して解釈することを可能にし、市場原理を利用して人間活動に働きかける経済政策を発展させたことにあったことは動かせない事実である。ベッカーの人口理論と人口政策にはたした貢献も、まさにそうした「市場原理主義」の拡張にあったことは間違いない。

第5節　ベッカー理論の限界――人口学、経済学、ジェンダー視点などからの批判

G・ベッカーの「人口理論」は、世界の人口学の発展に大きな理論的影響をもたらしてきたが、同時に最初に述べたように、世界各国の現実の人口政策、とりわけ先進諸国の「少子化対策」に重要な実践的な影響を及ぼしてきた。それだけに、ベッカー理論への批判も様々な分野からなされてきた。ここでは、それらの批判のなかで、代表的な論点を指摘していると思われる意見について、人口学、経済学、ジェンダー視点からのものを紹介しておこう。

（1）ベッカーの「出生力理論」への人口学者からの批判

まず、シカゴ学派の「出生力の理論」に対する評価として、冒頭で紹介した河野稠果氏の批判的コメントをとりあげておこう。河野氏は、「ベッカーたちの新古典派経済学理論の応用によって、現在の日本や欧米諸国の低出生率はかなりうまく説明される」と評価したうえで、次のようにその限界を指摘している。

「ただこの経済学的出生力理論は、それ自体完結的で、エレガントではあるが、歴史的観点が欠けており、往々にして思考の回線が循環的であると言われる。問題は社会学的な意味合いの濃い人口転換理論などと比べてはるかに精緻なこの理論が、残念なことに将来の出生率推計にはほとんど利用できないことである。／その理由は、第一に経済学的アプローチで重要な概念を占める機会費用の計量化の方法が十分確定していないことである。総じて、これらの経済学的変数の推計は人口指標の推計よりもさらに難しい。第二に社会経済が発展し、教育水準や生活水準が上昇するにつれて、親は子どもの数よりも質を問題にしてその数を制限すると言うが、子どもの数がその質と完全な代替関係にあるわけではない。生活水準が上昇したからといって、親が子どもの数を減らし彼らの質の向上を選択する必然性はないからである」（河野稠果『人口学への招待』中公新書、二〇〇七年、一九〇～一九一ページ）。

（2）ベッカーの「合理的選択」の理論への経済学者からの批判

依田高典京都大学教授は、放送大学の『現代経済学』（二〇一三年度）の中で、ベッカーの経済理論をとりあげ、その学問業績と現代的意義を詳しく解説している。ちなみに、依田教授は、自分自身の理論的な立場については、この講義の中で「イギリス・ケインジアンに好意的な立場」（放送大学テキスト、二一六ページ。以下の引用は全て同書から）と説明している。

依田教授は、ベッカーの学問的業績としては人的資本理論をとりあげ、次のように述べている。

「ベッカーの最も有名であり重要な業績は、人的資本理論である。人的資本理論によれば、人間の能力もまた機械や工場のような資本として考えることができ、教育や職業訓練に投資すると人的資本が蓄積され、生産性が高まる。……人的資本理論は、今では経済学の中で完全に受け入れられ、なくてはならない分析ツールとなっている」（九〇ページ）。

このように、依田教授は、一面ではベッカーの人的資本理論を評価しながら、他面では、ベッカーが結婚や犯罪、人種や性差別などの社会学的な問題まで経済学的方法で説明しようとすることに対しては、次のように批判している。

「ベッカーの学問的業績の特徴は、合理的な効用最大化モデルを用いて、教育・医療のような経済的問題から、結婚・離婚・出産・犯罪・差別のような社会学的な問題まで説明することである」（八九ページ）。

「経済合理性を重視するベッカーは、喫煙のような嗜癖《しへき》の効用と不効用のすべてを考慮に入れた上で、納得ずくで中毒にはまるという考え方を『合理的嗜癖モデル』と呼んだ。……ただし、この『あたかも合理的』仮説はどの程度に強固なものだろうか」（九一～九二ページ）。

「第一の批判は、嗜癖の初期において自分が中毒になることのリスクをわきまえず、中毒になったときの被害を過小に見積もっているというものである」（九二ページ）。

「第二の批判は、人間の合理性には限界があり、その行動には首尾一貫性が欠けるというものである。具体的に言えば、長期的には嗜癖をやめたほうがよいとわかっていながら、つい目先の嗜癖に手を出してしまうような場合である。本当は遠い将来の大きな利得を選ぶべきだと思いながらも、目の前の小さな利得を選ぶのである」（九二～九三ページ）。

依田教授は、このようにベッカーは「合理的選択」の行動理論の適用範囲を広げすぎていると批判した後で、次のような結論を述べている。

「ベッカーのように、単純な費用と効用の比較だけで人間の行動、それも社会学的な行動を解明しようというのは、あまりに人間を知らないナイーブさと言われても仕方あるまい」（九三ページ）。

こうした依田教授の批判は、「ベッカー理論は『経済学帝国主義』である」として、一般的に広く行われているものである。「経済学」の限界を超えて他の諸科学の領域へ越境しているという批判である。

(3) ベッカーとシカゴ学派の家族の理論へのジェンダー平等の視点からの批判

ベッカーとシカゴ学派の家族理論に対しては、それが男女間の性的役割分担を固定化し、ジェンダー平等を阻害する理論であるとしてジェンダー平等の視点から厳しく批判された。

久場嬉子東京学芸大名誉教授は、『経済学とジェンダー』(明石書店、二〇〇二年)の中で、ベッカーらの「新家政学派」(久場教授の訳語は「新家庭経済学」)について、「家族・世帯内の労働とその生産的役割を認識し、明らかにしようとしている」という意味では「大きな意義がある」と高く評価したうえで、その特徴を次のようにみている。

「第一に、男性は雇用など有償労働へ、女性は家事・育児などの無償労働へという世帯内のジェンダー分業は、個人は生産性において優位なものに労働を特化することによって有利になるという比較優位的な説明によって合理化されていることである。……

第二に、上記の問題は、世帯内での意思決定と資源配分をめぐり、結局のところ、家族や世帯における『利他主義』と市場における『利己主義』という二元論を登場させていることになる。言うまでもなく家族や世帯内では、個々のメンバーの選択を調整する市場交換のようなシステムは存在しない。それでは個人が主体的に経済的選択を行う場合、個人の利害はどのように調整され、また家族や世帯のメンバーはどのようにして全員の利益につながる目標をたてることができるかという問題が生まれる。……そこでは『利他的な長』(男性世帯主)が、世帯生産の最大化に関心をもち、かつ意思決定を行う者として想定されている」（同書三五～三六ページ）。

久場教授は、ベッカー的な家庭観のもとでは、結局、男女の性的役割分業の固定化とともに、利他主義と利己主義の二元論の調整のために男性世帯主による家父長制的な支配が想定されると、明示はしていないが、そのようにみているようである。

久場教授は、アマルティア・センの「新家政学派」批判にも注目している。

「……家族や世帯のなかでは利他主義が、市場においては利己主義が支配するという二項対立を克服する作業は、もう一つ、A・センの『世帯経済』(Household Economics) 論とその『協力的対立』(Cooperative Conflicts) 論によっても手がけられている。A・センによれば、ベッカーの『新家庭経済学』は『〝あたかも市場〟モデルや〝利他的指導者の支配〟モデル、また〝調和した最適な分配〟モデル』であ（る）、……」（同前三七ページ）。

そこで、次にアマルティア・センの「新家政学派」批判について、項をあらためてみておこう。

(4)「新家政学派」にたいするアマルティア・センの批判

G・ベッカーらの「新家政学派」に対して経済学の立場から厳しい批判をしているのは、アマルティア・センである。センは、ベッカー理論を様々な角度から批判しているが、ベッカーらの「新家政学派」の基礎にある「出生力モデル」に対しては、経済的要因のみによって人口現象をとらえるという意味ではマルサス理論と共通しているとして、子どもの「質」への投資によって「少子化」傾向の原因を解明することに疑問を投げかけている。

「出生率をこのように低下させている原因についてはいくつかの理論がある。一つの有力な例は、ゲーリー・ベッカーの出生決定モデルである。ベッカーは自分の理論をマルサスによる分析の『延長』であると発表しており、彼の分析はマルサスの分析の特徴と多く共通している。……そうだとしても、ベッカーは実際のところ、繁栄は人口増加を低減させるよりも促進するというマルサスの結論を否定しているのである。ベッカーの分析では、子供の『質』を高めるための投資（例えば教育への投資）に対する経済発展の効果が重要な役割を果たすのである。ベッカーの見方と対照的に、出生率の低下についての社会的理論は、社会発展の結果として起こる選好の変化に着目する」（『自由と経済開発』二四五〜二四六ページ、石塚雅彦訳、日本経済新聞社、二〇〇〇年）。

センは、ベッカーの「出生力モデル」の基礎にある「人的資本理論」に対しても、人間の潜在的能力の開発や個人の自由の探求という視点から、次のように批判している。

「人的資本に焦点を置くことと人間の潜在能力への専心には、価値評価に関して決定的に重要な違いがある。それはある程度、手段と目的の区別に関係する違いである。人間の質が経済成長を促進し持続させるのに果たす役割の認知は――重要ではあるが――そもそもなぜ経済成長が求められるのかについては何も言わない。……『人的資本』の概念の活用は、全体像の半分（「生産的な資源」の価値の拡大に関係する、重要な部分）にしか焦点を当てないが、たしかに豊かさを増してくれる動きである。しかし、これにはどうしても補完が必要である。なぜなら人間はたんに生産手段ではなく、すべての活動の目的でもあるからだ」（同前三四〇〜三四一ページ）。

さらにセンは、もっと根源的に、ベッカーらシカゴ学派の人間行動をすべて「合理的選択理論」や「効用理論」でモデル化する方法そのものに批判の矛先をむけている。

「このアプローチ（「合理的選択理論」――引用者注）においては、社会的理由、道徳的理由、あるいは政治的統合といった理由に基づいて行われる選択は（これを取り込む必要がある場合には複雑な道具的な連関を示すことによって）自己利益の賢明なる追求という型にはめ込んで解釈し直されなくてはならない」（『合理性と自由』上、三二ページ、勁草書房、若松良樹ほか訳、二〇一四年）。

「……多くの場合には暗黙のうちに（どちらの観念も「効用」と呼ぶことによって）二つの別個の叙述が一組にして使われる。その結果、二つの別個の事物、すなわち（1）ある人の選択行動が最大化しようとする対象という意味での効用と（2）当人の自己利益（あるいは厚生）という意味での効用とがなんの吟味もせずに同一視されることになった。この同一視は『合理的選択理論』と呼ばれるようになった理論においてはきわめて標準的なものである」（同書二九ページ）。

「効用を価値の唯一の源泉とすべきだとする主張は、効用を豊かな生と同一と見なすことから生じてきているので、これは、1　豊かな生だけに価値があるのではない　2　効用は豊かな生を適切に表さない　という二つの理由で批判される。人の成果を倫理的な面から判断する場合、達成された効用は成果の一部を示すだけだから、効用だけで判断するのは不適切で人々に容易に誤解を与えるだろう」（『経済学の再生』七四〜七五ページ、麗澤大学出版会、徳永澄憲ほか訳、二〇〇二年）。

第6節　小括――ベッカーの「人口理論」批判

ゲーリー・ベッカーの「出生力の経済分析」や「家族の経済理論」などを中心とする人口問題に関わる理論的探究は、それまでブルジョア経済学においてもとりあげられてこなかった分野に挑戦して、新しく道を切り開いたものであった。それは、これまで「ブラックホール」とか「ブラックボックス」などと言われていた家族と生命の再生産にかかわる領域、人間の出生力、結婚、家計内生産、家事労働などの諸問題に、はじめて本格的な理論的メスを入れたという意味では、その方法や理論的立場には同意できないとしても研究されるべき意義をもっている。

本章は、こうした立場から、G・ベッカーの経済理論に即して、いわば内在的に検討してきたのであるが、最後に、マルクス経済学の理論的視点から、G・ベッカーの「人口理論」をどのように評価し、どのように批判するか、とりあえずの小括として五点に絞って指摘しておこう。

第一。物質的生産（財・サービスの再生産）と人間の出生（生命の再生産）を同じ次元の数式モデルに収めることには、根本的な無理があること。

「物質的生産と再生産」と「人間の生産と再生産」――この両者は、基本的に異なった二種類のものである。[※]「人間生命の再生産」が「物質的な再生産」と基本的に異なっているからこそ、リプロダクティブ・ヘルス／ライツ（性と生殖に関する健康と権利）を尊重することが求められるのである。その違いは、具体的に考えると、いっそうはっきりする。たとえば、「人間生命の再生産」では、「望んでも妊娠できない」こともあれば逆に「意図しなくても妊娠」する場合がある。妊娠・出産には、つねに生命のリスクが伴っており、避妊する場合もコストがかかる。これらは「人間生命の再生産」の本質に関わる問題であるが、「物質的な再生産」には、これらの問題は無縁である。

※　エンゲルスは、労作『家族、私有財産および国家の起源』（一八八四年）の中で、次のように述べている。「唯物論的な見解によれば、歴史を究極において規定する要因は、直接の生命の生産と再生産である。しかし、これは、それ自体さらに二種類のものからなっている。一方では、生活資料の生産、すなわち衣食住の諸対象とそれに必要な道具との生産、他方では、人間そのものの生産、すなわち種の繁殖がそれである。ある特定の歴史的時代に、ある特定の国の人間がそのもとで生活をいとなむ社会的諸制度は、二種類の生産によって、すなわち、一方では労働の、他方では家族の発展段階によって、制約される」（ME全集㉑、「家族、私有財産および国家の起源」一八八四年初版の序文、二七ページ）。

もちろん、物質的生産と再生産は、人間の労働によってなされるのであるから、また物質的生産と再生産を条件として人間の生命活動はなされるのであるから、二重の意味で、二つの生産と再生産――「物質的生産と再生産」と「人間の生産と再生産」――は相互に深く関わりあっている。

この二つの異なった問題の関連を探究することこそ、経済学としての「人口問題」の理論的課題であり、そのための独自の方法論的な探究が求められるのである。

第二。人間行動において、市場における「選択」と、家庭という非市場における「選択」を、同次元視する「合理的選択行動」アプローチには、根本的な無理があること。

ベッカー理論の方法的な焦点は、家庭という非市場に「合理的選択行動」アプローチで接近して家計内生産関数を設定し、「出生力の一般均衡モデル」およびそれを「動学化したモデル」を構築したことにある。こうしたモデル導出の過程とモデルの基本的な特徴については、すでに本章の第1節〜第3節で詳細に解明してきた。先に第3節の（1）で見たように、ベッカーは、彼自身の経済学テキストである『経済理論』で、効用価値論を脱ぎ捨てて、「経済学の根本は選択」であるという立場を鮮明にしている。こうしたシカゴ学派の「合理的選択行動」アプローチは、経済学を「人間行動一般」の学にますます抽象化することにほかならない。

もともと新古典派経済学に限らずブルジョア経済学の場合は、経済活動の主体を資本家階級と労働者階級などの階級的属性を捨象した原子論的な「合理的経済人」に求めてきた。シカゴ学派の「合理的選択行動」アプローチは、こうした経済学における階級的属性の捨象をますます推し進めることになった。

第三。「子どもの質」理論の基礎である「人的資本の理論」は、資本と労働の間の搾取関係を隠蔽《いんぺい》し、労働者を人間搾取材料としてとらえること。

ベッカーの「人口問題」に関わる研究の出発点が一九六〇年の「出生力の経済分析」であったことは、すでにたびたび述べてきた。また、その際の理論的なカギをなしたものが、ベッカーによる「子どもの質」という特徴づけの「発見」であったことも、繰り返し述べてきた。さらに、この「子どもの質」という概念は、ベッカーの人的資本理論の概念を背景としていることについても、述べてきた。

マルクスは、『資本論』の中で、資本家は、生産過程のなかでは生きた労働者を人格を持った人間として扱うのではなく、「資本のための人間的搾取材料」と見なすと述べている。しかし、ベッカーらが開発した人的資本理論の意味は、そういうことではない。まったくその逆である。

人的資本理論の基本的特徴は、本来の「資本」概念をあいまいにし、資本と労働の間の搾取関係を隠蔽することにある。その結果、資本主義の深部の矛盾を覆い隠すことになる。

資本にとっては、労働者は流動資本であり、しかも新しい剰余価値を生み出す「人間搾取材料＝可変資本」としてとらえられる。その意味では、ベッカーとシカゴ学派が開発した「人的資本」理論は、現実の資本主義の歴史のなかでは遠い昔から資本家にとって「常識」にすぎなかったことを、新たに「理論」化したにすぎない。人的資本理論を労働問題に適用したシカゴ学派の「労働経済学」は、流動資本としての「人間搾取材料」を、いかに効率的に、無駄なく、低コストで活用するか、いかにして投資に見合う利潤（剰余価値）をあげるかという搾取の方法を、いっそう「科学的」に発展させることになった。しかし、それは、あくまでも「資本の立場からの経済理論」「搾取のための経済理論」であるにすぎない。そのために、シカゴ学派の「労働経済学」が精緻なモデルを使って発展すればするほど、それは労働者・国民が願う「ディーセント・ワーク」（人間らしい労働）から、ますますかけ離れた「非人間的な経済理論」になってしまうのである。

第四。ベッカー理論の前提となっている男女の性的役割分業による家庭モデルは、ジェンダー平等の実現をさまたげ、女性の自立・解放に逆行すること。

ベッカー理論は、夫と妻の性的役割分業を精緻な数式によるモデルの前提として固定化している。この点についても、本稿では、すでにたびたび言及してきた。

それにしても、シカゴ学派の「合理的選択」アプローチは、経済学を「人間行動一般」の学にますます抽象化することに特徴があるはずなのに、家族内の分業に関しては、きわめて古い、家父長制とも結びついた男女の性的役割分業を前提としているとは、どのようなことなのか。しかし、一見するとパラドキシカル（逆説的）に見えるこうした関係は、よくあることである。歴史的現実的な実態を徹底的に捨象して、抽象化を極限にまで進めたモデルを追求するがゆえに、逆に古い歴史的な家庭モデルを無批判に温存し、むしろそれを前提とせざるをえなくなるのである。※

※　なお、性的役割分業については、ベッカーも、必ずしも未来永劫に固定化されているとは考えていなかったようである。この点について、久場嬉子教授は、次のように指摘している。「G・ベッカーは、比較優位性（つまり賃金差）を男女間の生得（生物学的）な差の問題としてではなく、社会的なもの、つまり人的投資の差によって説明するようになり、人的投資におけるジェンダー間の平準化が進むにつれ、伝統的なジェンダー分業が変化していくであろうことを認めている。しかし、世帯生産と市場生産の間の専門化（分業）が、世帯メンバーにとって最も効率的な配置であるという見解は、理論の中心におかれている」（『経済学とジェンダー』三五ページ）。

第五。長期的な人口動態に関わる経済理論として、静学的なモデルから動学的なモデルへの展開についても無理があること。

長期的な人口動態を考えるには、短期的な比較静学的モデルでなく、長期的な動学的なモデルが必要になる。ベッカーは、家族の結合の原理を「利他主義」によって説明し、その原理をもとにした「王朝モデル」を媒介として動学的なモデルを導き出している（ベッカー＝バロー・モデル）。

しかし、静学的モデルから動学的なモデルへの展開方法には、二つの意味で基本的な問題があるといわねばならない。

一つは、動学モデルの前提である「王朝モデル」は、日本風にいえば、「万世一系」と続く世代の無限先までの「効用」を測るという前提に立っている。しかし、はたして一〇〇年先、二〇〇年先の子孫の「効用」がどうなっているのか、それを測ることができるのか。世俗的にいっても、孫は「可愛い」が、曽孫《ひまご》、玄孫《やしやご》についていては、想像を超えた存在になるというのが人情であろう。

いま一つは、「人間生命の再生産」が「物質的な再生産」とは基本的に異なっていることから、人口動態の長期的な変動をとらえる方法も、「物質的な再生産」をとらえるための経済理論をそのまま適用する方法ではうまくいかないであろう。長期的な人口動態にかかわる経済理論を構想するには、独自の検討が必要である。

＊

「ベッカーの人口理論」の検討は、筆者にとって、「マルクス、エンゲルスと人口問題」（『経済』二〇一五年五、六月号＝本書第6章）、「ケインズは人口問題をどうとらえたか」（同二〇一五年一〇、一一月号＝本書第7章）に続く、人口問題についての学説史的研究の第三弾にあたる。

以前の二つの研究が一九世紀と二〇世紀前半の過去の人口現象と人口学説を研究してきたのにたいして、今回のG・ベッカーの人口理論は、まさに今日の「少子化対策」と正面から向き合って形成された経済学説である。

ところが日本のマルクス経済学の陣営では、G・ベッカーの研究はほとんどなされていない。人口学界では、ベッカーの名前を知らない人はいないと思われるのに、マルクス経済学の立場からのベッカー研究の論文はほとんど見当たらない。わずかに、ジェンダー平等、フェミニズム関係の研究文献の中に、ベッカーの名前が見いだされるだけである。本章で、少しくどいと思われるほど、ベッカーの研究内容の紹介を行ったのは、ほとんどの読者にとって未知の問題だと考えたからである。

先のケインズ研究の「むすびにかえて」でもエンゲルスの文章を引いて述べたことであるが、本章でも、やはりもう一度エンゲルスの次の文章を思い起こしておきたい。

エンゲルスは、初期の理論的な著作「国民経済学批判大綱」のなかで、反面教師としてのマルサス「人口論」批判の意義について、次のように述べている。

「マルサスの理論はまったく必要な通過点であって、これがわれわれを無限に前進させたのである。われわれは、総じて経済学のおかげでそうなったように、この理論のおかげで土地と人類との生産力に注意をはらうようになったたし、この経済学上の絶望を克服してからは、人口過剰にたいする恐怖を永久にもたないようになったのである」（ＭＥ全集①五六四ページ）。

二一世紀のいま、あらためてエンゲルスにならっていうならば、「（G・ベッカーの理論は）まったく必要な通過点であって、これがわれわれを無限に前進」させるものでなければならないのである。

あとがき――人口問題、研究事始め

最後に、筆者が「人口問題」について考えてきた個人的な研究の経過、いわば私にとっての「人口問題：研究事始め」について述べておこう。※

※　本来なら、個人的な研究の舞台裏を書いても、一般的にはあまり意味のあることではないのだが、あえて「個人的な研究史」を書くのには、二つの理由がある。一つは、最近、「なぜ人口問題に関心を持つようになったのか」という質問をよく受けるようになったこと、もう一つは、若い人たちから、「人口問題についての文献を紹介してほしい」と聞かれるようになったことである。「人口減少」の影響が各分野で深刻となり、人口問題に対する理論的な関心が広がってきていることの表れだと思われる。そこで、こうした二つの問いかけを念頭に置きながら、これから人口問題を研究しようとする方々にとって、何らかの参考になることを願って、このような「あとがき」を書くことにした。

(1) なぜ人口問題に取り組んだのか

1 「人口推計は人口投影である」

私が人口問題について初めてまとまった文章を書いて発表したのは、一〇年以上も前の二〇一二年三月に全国商工新聞の時事評論の欄に、その年の一月に発表された「将来の日本の人口推計」について書いた論評記事だった。

そこでとりあげた「人口推計」は、日本の人口が五〇年後には八六四〇万へと急激に減少するというたいへんショッキングなもので、当時の大きなニュースになっていた。私がこのテーマで記事を書くことを決めたのは、この「人口推計」の直接の担当部局であった国立社会保障・人口問題研究所の金子隆一人口動向研究部長（当時）の解説を読んで、なるほどと思ったからだった。金子氏は、「人口推計は、天気予報のような自然現象の予測とは根本的に意味が違う。国連などでは人口推計のことを『人口投影』（Population projection）と呼んでおり、最近の少子化や長寿化の傾向が今後も長く続くと仮定して、それらの数値をそのまま将来へ『投影』したら、どうなるかを示したものだ」という趣旨のことを述べていた。「人口推計は人口投影である」――これは、私が人口問題について考える最初のキーワードを与えてくれたのだった。

最近の政府・財界の支配層が、消費税増税や社会保障制度改悪を強行する背景には、人口が二〇五五年には八六〇〇万人に減少し、二一世紀半ばの日本は「超高齢社会」になるという「人口推計」がある。この日本社会の将来展望は、国民意識にも深く浸透している。各地の学習会や研究会で話をして、終わってからの懇談のなかでよく出てくる質問や意見のなかにも、「これだけ急速に高齢化がすすむとすると、社会保障の財源として消費税増税もやむをえないのではないか」、「人口減少で財政再建できないのではないか」、という質問がよくでてくる。これらの質問・意見の中には、社会変革の活動をしている人たちがいま共通して何を考えているかということも示されている。また、これらの中には、国民全体の最近の思想・イデオロギー状況の特徴も一定程度、反映していると思われた。

かつてトーマス・マルサス（一七六六～一八三四年）は、「人口論」を発表し、食糧などの増産よりも人口増加の速度が速いという誤った法則をたてて、それが労働者階級の貧困の原因だと主張した。いま日本で人口減少の将来推計の社会的影響を考えるときには、マルサスの時代とは逆に、「逆マルサス主義」ともいうべき誤りに陥らないようにすることが大事ではないか、「人口推計は人口投影である」ということの意味をもっと広く伝えるべきではないか、こういう思いから、「商工新聞」の時事評論の記事を書いたのだった。（全国商工新聞　二〇一二年二月一九日号）。

2　アベノミクス批判と人口問題

その次に、私が人口問題にふれる文章を書いたのは、労働総研の「ニュースレター」に、当時の安倍内閣の二回目の「成長戦略」（二〇一四年版）について執筆した時事論評だった。どのような切り口でもよいという編集部の注文だったので、私は人口問題との関わりに焦点をしぼって、『人口減少社会』と『新成長戦略』」という表題で責めを果たすことにした。それは、「新成長戦略」を読むと、その総論の冒頭で「人口減少問題」をとりあげ、「少子高齢化による人口減少社会への突入という日本の経済社会が抱える大きな挑戦を前に、日本経済を本格的な成長軌道に乗せる」と強調していたからだった。

この時事論評を書いた頃は、この時評の中でも触れたように、人口減少が進むと全国の多くの自治体が消滅するなどという「日本創成会議」の提言が発表されるなど、人口減少問題が様々な分野で議論されるようになっていた。当時の安倍内閣も、「新成長戦略」に続き、二〇一五年九月には「ニッポン『一億総活躍』プラン」を発表して、「少子化対策」を最重点課題とする「アベノミクスの新三本の矢」を掲げた。

こうした人口問題をめぐる状況の中で、私は、アベノミクス批判、自公政権の「少子化対策」批判をおこないながら、他方では、マルクス経済学として「人口減少」をどう考えるべきなのか、また政策的にどのように対応すべきなのか、深い理論的な検討が必要だと切実に感じるようになった。

しかし、理論的に人口減少問題を考えようとすると、どうしてもひっかかる難問があった。マルクスが『資本論』第一巻の資本蓄積論で定式化している「資本主義の人口法則」の命題である。資本蓄積に伴う相対的過剰人口の累積的形成こそ、資本主義に特有な人口法則であるという、あの周知の命題である。マルクスのいう「資本主義の人口法則」と、現代日本の急激な「少子化」「人口減少」社会の問題は、どのような理論的な関係にあるのか。この難問を解決しないと現代の人口問題は理論的に解明できないと考えるようになった。

(2) 研究ノート「マルクス、エンゲルスと人口問題」をまとめる

二〇一四年の八～九月にかけて、「人口問題」の視点から集中的に『マルクス＝エンゲルス全集』と『資本論草稿集』を読み直してみた。「読み直す」といっても、もちろん全体を精読するという意味ではない。全集の索引などを手掛かりにしながら、「人口問題」に関わると思われるところをかたっぱしから抜き出して、集中的にノートしながら精読していくという読み方である。つまり、久留間鮫造さんの『マルクス経済学レキシコン』と同じ方法で、「人口問題」についての「ミニ・レキシコン」を作成するという

ことである。こうした研究の成果をまとめたものが『経済』誌に二回に分けて掲載した「研究・マルクス、エンゲルスと人口問題」（二〇一五年五～六月号）だった。

この研究を通じて私は、マルクス、エンゲルスが人口問題については、広い視野から様々な分析をしていること、たとえば資本主義のもとでの「人口減少」の問題についても、いろいろな角度から論じていることを知ることができた。それは、『資本論』を読んでいるだけでは知ることができない新しい興味深い発見であった。本書の第6章は、この研究ノートをもとにしている。

「人口問題」については、マルクスが「経済学批判序説」の経済学の方法の中で述べている「人口問題」についての叙述※のせいか、最近は科学的社会主義の経済学としては本格的に取り上げられることがほとんどない。しかし、「人口減少社会・超高齢社会」の問題がこれだけ政策的焦点となり、「逆マルサス主義」ともいうべき「人口論」が横行しているいま、あらためて科学的経済学の立場からの「マルクス、エンゲルスの人口論」の研究が必要だと思われる。

※　マルクスは、経済学では、いきなり抽象的に「人口問題」を論ずるのではなく、その実態をなす諸階級を規定する要因（賃労働や資本など）などを分析することこそが重要であると強調している。

なおしばらく後になるが、マルクス、エンゲルスの家族理論とのかかわりで、フランスの家族人類学者のエマニュエル・トッドの『家族システムの起源』についての「研究ノート」を発表した（『経済』二〇二一年三月号）。これは、本書第6章の補論2として収録した。

（3）人口問題を体系的に研究するために五つの分野で基礎学習を行う

「マルクス、エンゲルスと人口問題」の論文を執筆してから、その「むすびにかえて」の中で予告したように、すぐに「現代日本の人口問題」の検討に取り掛かろうとしたのであるが、やっているうちに、まだどうも不足している点があることに気がついた。マルクス、エンゲルスの時代と現代の人口問題には、歴史的な時代の条件として大きな違いがあること、二〇世紀～二一世紀の資本主義の人口問題を考えるには、現実の人口問題についての具体的な実証的研究の到達点を研究することが不可欠だということである。これは、考えてみれば当たり前の話なのだが、現代の人口問題に関わる豊富な資料、材料を収集・調査し、またそれについての先行研究の到達点を研究せずに、「現代日本の人口問題」の論文など書けるはずがない。この単純な事実に、あらためて気づいたのだった。

そこで、とりあえず着手したのは、次の五つの課題だった。

1 過去の文献を研究する……一つめは、私が利用している図書館（一橋大学附属図書館）で、現代の人口問題に関する邦語文献を検索し、三十数冊を選びだして、手当たり次第に目を通してみることである。ここでは、一つ一つの文献をあげることはしないが、文字通りの速読、乱読であったにもかかわらず、たいへん勉強になった。

2 人口学会、人口研究所の文献アーカイブを調べる……図書館で文献を渉猟している過程で、人口問題の研究については、「日本人口学会」と「人口問題研究会」という二つの学会、また国の機関としては

「国立社会保障・人口問題研究所」があること、それらの研究機関が定期的に発行している機関誌や出版物を通じて、過去の報告書や最近の研究動向を、概略的にではあるが、学ぶことができた。

なお、こうした政府や学術研究機関の資料、文献アーカイブは、インターネットを通して自宅のパソコンからも入手できるものが多いために、たいへん利用しやすくなっている。

3 放送大学の二つの講義「人口減少社会のライフスタイル」、「人口減少社会の構想」を聴く……このころ、放送大学の「人口減少」社会をテーマにする二つの講義（一講義＝四五分×一五回）をテレビを通じて聴取した。これは、「人口減少」社会の標準的なガイダンスとして、たいへん参考になった。

ちなみに放送大学の講義は、テレビやラジオを通じて放送されているので、放送大学に入学していない人でも、講義を自由に聴くことができる。かなり詳細な講義テキストも市販されている。

4 人口学の事典をそろえて、繰り返し読み、活用する……人口問題に限らず、あるテーマについて本格的に調査・研究しようとする場合には、信頼できる事典を座右において、新しい用語や概念について、その意味を正確に理解しておくことが必要である。様々な人口問題の辞書・事典を買いそろえたが、とりわけ次の四冊は、たえず参照して活用した。

①国際人口学会編『人口学用語辞典』（日本人口学会訳、厚生統計協会）
②人口学研究会編『現代人口辞典』（原書房）
③日本人口学会編『人口大事典』（培風館）
④南亮三郎編（一九五七年版）『人口大事典』（平凡社）

5 「人口統計」を読む……国際的にみて人口学が生まれたのは、統計学の発生と同時であったことからもわかるように、人口問題の研究にとっては、人口統計を読む作業が欠かせない。人口問題の論文や著作を読みながら、そのつど、各種の統計を探索し、それぞれの統計に特有な用語になじむようにした。以下の国内統計、国際統計は、ほとんどインターネットを通して入手できる。

●国内の主要な人口関連の統計……①国勢調査、②人口動態統計、③住民基本台帳などがある。このほか、国立社会保障・人口問題研究所（社人研）では、定期的に独自の調査統計として、①出生動向基本調査（結婚と出産に関する全国調査）、②人口移動調査、③生活と支え合いに関する調査（旧：社会保障実態調査）、④全国家庭動向調査、⑤世帯動態調査、を発表している。また、①法務省「出入国管理統計」、②外務省「海外在留邦人数調査統計」、③総務省「労働力調査」、④総務省「就業構造基本調査」、⑤厚生労働省「国民生活基礎調査」、⑥厚生労働省「生命表（完全生命表、簡易生命表）」なども人口動態と深く関連している。

●世界の人口関連の統計……国際連合が定期的に発行している人口統計がある。国連統計局の統計集『世界人口年鑑』は毎年発行されており、邦訳されている最新版は第七二号（二〇二一年）である。最も注目される将来の世界人口を国連経済社会局人口部が発表する「世界人口予測」World Population Prospects（以下、ＷＰＰ）は、おおよそ二年に一度改訂されている。最新の「二〇二二年改訂版（2022 Revision）」は二〇二二年七月に公表されたが、二〇一九年以来三年ぶりとなる。本書の第2章で主に紹介・検討するのは、この「ＷＰＰ　二〇二二改訂版」である。こうした世界人口の統計的な実態分析・将来予測とは別に、国連人口基金が一九七八年以来毎年、世界各国の「人口政策」の特徴や進捗状況について、「世界人口白書」を発表している。最新の人口政策を考えるうえでは必読の文献である。

（4）近代経済学の人口理論を、批判的に検討する

人口問題についての過去の文献を渉猟していると、ケインズが「人口減少の若干の経済的影響」というたいへん興味深い講演を行っていることを知った。この講演（これはケインズ全集の第一四巻に収録されており、幾人かの人の邦訳がある）。このケインズの講演「人口減少の若干の経済的影響」を読んでから、ケインズの人口問題についての考え方を体系的に研究する必要があると考えた。そこで、あらためて『雇用、利子および貨幣の一般理論』を読み直して、上述の講演との理論的関連について研究ノートをまとめた。その後、シカゴ学派のゲーリー・ベッカーの人口理論を研究して、これも研究ノートにまとめた。これらの研究ノートは、かなり圧縮したものを『経済』誌に発表した。本書の第Ⅲ部に収録したのは、これら二つの研究ノートをもとにしている。

①研究ノート「ケインズは人口問題をどうとらえたか」（『経済』二〇一五年一〇月号～一一月号）
②研究ノート「G・ベッカーの『人口理論』」（『経済』二〇一六年八月号）

（5）日本の「人口減少問題」についての分析――論文と著作を発表する

これまで（1）～（4）にかけて進めてきた人口問題についての探究をもとにして、現代日本の人口問題についての実証的な分析を進めて、二〇一五～一七年にかけて論文や著作を執筆した。

①論文「日本の『人口減少』問題を考える」※（『経済』二〇一五年一二月号に掲載）

※　共著『戦後70年の日本資本主義』（新日本出版社、二〇一六年）に収録。

②著作『「一億総活躍社会」とはなにか――日本の少子化対策はなぜ失敗するのか』（かもがわ出版、二〇一六年）

③著作『「人口減少社会」とは何か』（学習の友社、二〇一七年）

④報告「人口問題とは何か」（二〇一七年四月、京都学習協主催ゼミナール）

このうち、①、②、③については、既発表のものなので、説明は省略するが、④については、若干の解説をしておこう。この報告は、京都学習協（京都労働者学習協議会）の企画による研究ゼミナールで「二一世紀資本主義〝危機の諸形態〟――労働者階級と社会変革」という大きなタイトルのもとで三時間近くかけて行ったものの一部である。報告の全体は、現代資本主義の危機の諸形態を論じたものだったが、その中の一項目として世界史的な視点で人口問題についても論じた。それまでは、現代日本の人口問題――とくに人口減少問題に焦点を当てて人口問題を研究してきたが、この報告で初めて、人類史的視野に立って二一世紀の人口問題を論じてみた。本書の第Ⅰ部第2章に収録した「現代世界の人口問題」の原型になった報告であった。

（6）人口問題は人間に関わるすべての課題と結びついている

人口問題の研究を続けながら、そのほかの諸問題、ＡＩ（人工知能）やコロナ危機の問題などに取り組むなかで、人口問題は、人間に関わるすべての問題と関連していると考えてきた。

1　コロナ危機、気候危機などの現下の諸問題は、密接に人口問題と関連している

本書の第Ⅰ部では、第2章補論1で感染症（パンデミック）、同章補論2で気候危機・地球環境をとりあげ、それぞれ人口問題との関連を論じた。人口問題は、これらの地球規模の課題と深く関係している。こうした問題意識は、次の拙著を執筆する中で切実に感じた。

①著作『コロナ・パンデミックと日本資本主義』（学習の友社、二〇二〇年）

②著作『「人新世」と唯物史観』（本の泉社、二〇二二年）

これらのコロナ危機や気候危機は、いまだ終息していないため、人口問題との関連も、その全体像を描くことはできない。二一世紀に生きるわれわれ人類が、これから長い時間をかけて考えていかねばならない課題である。

2　ＡＩ（人工知能）――科学・技術の発展と人口問題について考える

私は、この数年の間、人口問題の研究とともに、ＡＩ（人工知能）などＩＴ技術、デジタル技術の発展についても関心をもってきた。ＡＩの開発・利用は、一見すると人口問題とは無関係のように見えるが、決してそうではない。本書の第Ⅱ部第3章「人口問題と唯物史観」でもとりあげたように、人口動態は、生産力の発展と深く関係している。一六世紀から二〇世紀にかけて、資本主義の発展とともに急激に人口が増加した背景には、産業革命、農業革命、疫学革命などなど、科学技術と生産力の発展があった。

AIについての研究は、『AIと資本主義――マルクス経済学ではこう考える』（本の泉社、二〇一九年）として発表した。この著作では、人口問題を直接とりあげてはいないが、現代世界の人口問題を考えるうえでも重要な意味をもっていると考えている。

3　現代の日本資本主義の研究――「変革の立場」から日本の現状を分析する

日本資本主義の現状分析は、経済学の研究を志した学生時代からの生涯の課題としてきたテーマである。その意味では、人口問題も現在の日本資本主義分析にとって欠かせない各論の一つでもある。二〇二〇年代の日本資本主義は、様々な危機的な難問を抱えているが、その中でも「少子化・人口減少」の進行は、最大の困難な課題となってきている。

人口問題に関心を持ち始める前に、それまでの日本資本主義に関する研究をまとめて『変革の時代、その経済的基礎――日本資本主義の現段階をどうみるか』（光陽出版社、二〇一〇年）を執筆し、その続編として『アベノミクスと日本資本主義』（新日本出版社、二〇一四年）を出版した。人口問題研究は、こうした日本資本主義分析の一環でもある。

4　人類史を研究する基礎としての唯物史観と「広義の経済学」の研究

『資本論』は、資本主義的生産様式の経済法則を研究対象としているが、同時に、全人類の歴史的展開を研究するための「広義の経済学」の基礎範疇《はんちゅう》をもとりあげている。マルクスは、経済学を「狭義」「広義」で区別せずに、最高に発展した資本主義経済を歴史的かつ理論的に分析することによって、それ以前の歴史的社会（たとえば古代社会）の経済的範疇をも解明できると考えていたからである。いい換えるなら、唯物史観の立場から人類史を解明する経済学の研究である。

マルクス、エンゲルス亡き後の課題は何か。二〇世紀、二一世紀の人類史の発展を分析するとともに、『資本論』をはじめ「経済学批判要綱」や「抜粋ノート・メモ・覚書」などを「広義の経済学」の視点から深く研究して、マルクス経済学の「理論の拡張」を探究することである。

こうした意味で、人口問題の研究は、唯物史観と「広義の経済学」の立場からのマルクス経済学の「理論の拡張」の試みの一つでもある。

＊

人口問題に関心を持ちはじめた二〇一二年ごろから今日まで約一〇年間の研究の経過、足取りを、「研究事始め」として概略的に述べてみた。前半の二〇一二年～一六年は、かなり詳しく、後半の二〇一七年～現在までは、かなり簡略にしてある。なにごとも「初めが肝心」だと思うからであり、また後半部分は、すでに発表した論文や著作があるためである。

人口問題は、様々な分野に関連しているのできわめて間口が広く、奥行きも深い。人類の歴史とともに、人口変動の様相も大きく発展してきた。それは、人類が生存する限り、たえず続いていく終わりのない課題である。その意味では、筆者の人口問題の探究も、あくまでもまだ「研究事始め」の段階であり、緒に就いたばかりである。

本書は、世界と日本の人口問題の現状分析、科学的社会主義の理論、人口学説史という広範なテーマを一冊にまとめたために、当初の企画よりもかなり分厚いものとなった。また内容的には、「はじめに」でも述べたように、様々な新しい問題提起を含むものとなった。本書をお読みいただいた方からの忌憚のないご意見、疑問や異論などを歓迎したい。科学的社会主義の理論は、活発な討論と論争によってこそ、新たな創造的な発展がなされるからである。

最後に、本書の原稿を仕上げる過程では、多くの方々から資料の提供など、様々なご協力をいただいた。新日本出版社の角田真己編集長からは、第一稿の段階で丁寧に読んだうえで、内容的な疑問点、文章上の改善点など、詳細な意見を提起していただいた。また校正の段階では、『経済』誌の羽田野修一編集長に読んでもらって誤りのチェックなど貴重な助言をいただいた。とくに第Ⅱ部の国連などの英語文献の翻訳と校正については、筆者の長女である友寄のむぎの協力を得た。そのほか多くの方々からのご助力を含めて、すべての皆さんに、心から感謝の言葉を述べておきます。

著者

二〇二三年八月

文献案内

人口問題に関連する参照文献は数多いが、ここでは本書を執筆するうえで直接参照した文献に絞ってかかげておく。なお、人口統計の文献については、「あとがき――人口問題・研究事始め」（四八二ページ）を参照されたい。

全体に関わるもの

○南亮三郎編『人口大事典』（平凡社、一九五七年）
○日本人口学会編『人口大事典』（培風館、二〇〇二年）
＊同事典には、人口問題の各テーマごとに詳細な文献紹介が掲げてある。
○人口問題協議会編『人口事典』（東洋経済新報社、一九八六年）
○人口学研究会編『現代人口辞典』（原書房、二〇一〇年）
○国際人口学会編、日本人口学会訳『人口学用語辞典』（厚生統計協会、一九九四年）
○マルサス学会『マルサス人口論事典』（昭和堂、二〇一六年）
○国立社会保障・人口問題研究所『人口問題研究』（季刊誌）
○国立社会保障・人口問題研究所『人口問題研究資料』（逐次刊行物）
＊同『研究資料』には『人口統計資料集二〇二三年版』（三四六号）がある。
○日本人口学会機関誌『人口学研究』（発売：古今書院）
○毎日新聞社人口問題調査会『人口問題入門――危機に立つ人口』（産業能率短期大学出版部、一九七四年）
○河野稠果『人口学への招待――少子・高齢化はどこまで解明されたか』（中公新書、二〇〇七年）

○岡崎陽一『人口分析ハンドブック』（古今書院、一九九三年）
○阿藤誠『現代人口学――少子高齢社会の基礎知識』（日本評論社、二〇〇〇年）
○杉田菜穂『人口論入門――歴史から未来へ』（法律文化社、二〇一七年）
○和田光平『Excelで学ぶ人口統計学』（オーム社、二〇〇六年）

次のインターネットのサイトからは、人口問題に関する資料、情報が得られる。

○国連経済社会局 United Nations Department of Economic and Social Affairs（略称：UNDESA）同局内にPopulation Division（人口部）がある。
○国連人口基金 United Nations Population Fund
○国立社会保障・人口問題研究所 https://www.ipss.go.jp/
○内閣府：こども家庭庁 https://www.cfa.go.jp/top/
＊二〇二三年四月からは「少子化対策」は「こども家庭庁」のサイトに移された。
○厚生労働省：社会保障審議会（人口部会） https://www.mhlw.go.jp/stf/shingi/shingi-hosho_126704.html
○日本人口学会 http://www.paoj.org/

第1章 現代日本の人口問題

○内閣府『少子化社会白書』（のちに『子ども・子育て白書』、『少子化社会対策白書』に改題）
＊第一回白書（二〇〇四年版）には、人口減少についての分析がある（本書六八ページ参照）。
○『厚生労働白書』二〇一五年版（特集「人口減少社会を考える」）

○『国土交通白書』二〇一五年（二〇一四年度）版（「人口減少と国土問題」をとりあげている）
○国立社会保障・人口問題研究所『人口問題研究資料』三三七号「日本の将来推計人口——平成29年推計の解説および条件付推計」（二〇一八年三月）
○日本経団連「人口減少への対応は待ったなし——総人口1億人の維持に向けて」（二〇一五年四月）
○日本創生会議人口減少問題検討分科会報告（二〇一四年五月）
○日本学術会議「『人口縮小社会』という未来——持続可能な幸福社会をつくる」（二〇二〇年）
○佐藤龍三郎ほか『ポスト人口転換期の日本』（人口学ライブラリー⑰、原書房、二〇一六年）
＊「人口学ライブラリー」は二〇二三年までに二三巻発行され、多面的に人口問題を分析している。
○金子隆一「長寿革命のもたらす社会」『人口問題研究』第六六巻三号、二〇一〇年九月）
○宮本みち子『人口減少社会のライフスタイル』（放送大学教材、二〇一一年）
○宮本みち子、大江守之『人口減少社会の構想』（放送大学教材、二〇一七年）
○津谷典子、樋口美雄『人口減少と日本経済』（日本経済新聞出版社、二〇〇九年）
○速水融『歴史人口学で見た日本』〈増補版〉（文春新書、二〇二二年）
○鬼頭宏『人口から読む日本の歴史』（講談社学術文庫、二〇〇〇年）
○鬼頭宏『2100年、人口3分の1の日本』（メディアファクトリー新書、二〇一一年）
○奥村隆一『図解 人口減少経済 早わかり』（中経出版、二〇一〇年）
○岩田一政『人口回復 出生率1・8を実現する戦略シナリオ』（日本経済新聞出版社、二〇一四年）
○加藤久和『世代間格差——人口減少社会を問いなおす』（ちくま新書、二〇一一年）
○広井良典『人口減少社会という希望——コミュニティ経済の生成と地球倫理』（朝日選書、二〇一三年）
○増田寛也『地方消滅——東京一極集中が招く人口急減』（中公新書、二〇一四年）

○山崎史郎『人口戦略法案 人口減少を止める方策はあるのか』（日本経済新聞出版、二〇二一年）
○森田朗（監修）、国立社会保障・人口問題研究所編『日本の人口動向とこれからの社会――人口潮流が変える日本と世界』（東京大学出版会、二〇一七年）
○小崎敏男ほか編『移民・外国人と日本社会』（人口学ライブラリー⑱、二〇一九年）

第2章　現代世界の人口問題

○United Nations Department of Economic and Social Affairs World Population Prospects 2022『世界人口予測二〇二二年改訂版』（世界人口年鑑・別巻）（原書房、二〇二三年）
○United Nations Department of Economic and Social Affairs Methodology Report World Population Prospects 2022（『世界人口推計の方法論』）
○Institute for Health Metrics and Evaluation (IHME) (2020) Fertility, mortality, migration, and population scenarios for 195 countries and territories from 2017 to 2100: a forecasting analysis for the Global Burden of Disease Study
○Lutz, W., and others (2006). The Low Fertility Trap Hypothesis: Forces that May Lead to Further Postponement and Fewer Births in Europe, *Vienna Yearbook of Population Research*, vol.4,
○Omuran. Abdel. R (1971) The EpidemiologicalTransition ATheoryoftheEpidemiology of Population Change, *Milbank Memorial Fund Quarterly*, Vol.49, No.4,
○マッシモ・リヴィ-バッチ、速水融ほか訳『人口の世界史』（東洋経済新報社、二〇一四年）
○ポール モーランド著、渡会圭子訳『人口で語る世界史』（文藝春秋、二〇一九年）
○E・A・リグリィ著、速水融訳『人口と歴史』（筑摩叢書、一九八二年）

○ダリル・ブリッカーほか著、倉田幸信訳『2050年 世界人口大減少』（文藝春秋、二〇二〇年）
○堀内四郎「死亡パターンの歴史的変遷」（『人口問題研究』五七巻四号、二〇〇一年一二月）
○堀内四郎「日本人の寿命伸長：要因と展望」（『人口問題研究』六六巻三号、二〇一〇年九月）
○ジョン・R・ウィルモス「人類の寿命伸長――過去、現在、未来」（『人口問題研究』六六巻三号、二〇一〇年九月）
○大塚柳太郎『ヒトはこうして増えてきた――20万年の人口変遷史』（新潮選書、二〇一五年）
○石井太ほか「国際的視点から見た公的将来人口推計の科学的基礎と推計手法」（『人口問題研究』七七巻四号、二〇二一年一二月）
○ドネラ・H・メドウズ『成長の限界――ローマ・クラブ「人類の危機」レポート』（ダイヤモンド社、一九七二年）
○大山昊人監修『静止人口社会――二一〇〇年に二〇〇億人口は避けられないのか』（電力新報社、一九九三年）
○財務省財務総合政策研究所『「人口動態と経済・社会の変化に関する研究会」報告書』（二〇二一年）
○竹内啓『人口問題のアポリア』（岩波書店、一九九六年）
○毎日新聞取材班『世界少子化考 子供が増えれば幸せなのか』（毎日新聞出版、二〇二二年）
○日本経済新聞社編『人口と世界』（日本経済新聞出版、二〇二三年）
○赤井純治『地球を見つめる「平和学」』（新日本出版社、二〇一四年）

第3章 人口問題と唯物史観

マルクス、エンゲルスの著作については、第6章『マルクス、エンゲルスと人口問題』を参照されたい。

○内田義彦『資本論の世界』（岩波新書、一九六六年）

○『杉原四郎著作集Ⅰ――経済の本質と労働』（藤原書店、二〇〇三年）
○山口喜一『人口と社会―理論・歴史・現状』（東洋経済新報社、一九九〇年）
○鬼頭宏ほか『地球人口100億の世紀――人類はなぜ増え続けるのか』（ウェッジ選書、一九九九年）
○岡崎陽一『家族のゆくえ――人口動態の変化のなかで』（東京大学出版会、一九九〇年）
○落合恵美子『近代家族の曲がり角』（角川書店、二〇〇〇年）
○阿藤誠ほか編『少子化時代の家族変容』（東京大学出版会、二〇一一年）

第4章　人口問題と経済学

○安川正彬『人口の経済学』（改訂増補第三版、一九九〇年、春秋社）
○安川正彬『人口学あ・ら・かると』（慶応通信、一九八八年）
○高橋重郷、大淵寛『少子化の人口学』（人口学ライブラリー①、原書房、二〇〇四年）
○大淵寛、兼清弘之『少子化の社会経済学』（人口学ライブラリー②、原書房、二〇〇五年）
○岡田実、大淵寛『人口学の現状とフロンティア』（大明堂、一九九六年）
○加藤久和『人口経済学』（日経文庫、二〇〇七年）
○吉川洋『人口と日本経済』（中公新書、二〇一六年）
○伊藤達也、清水浩昭、金子武治、山口喜一『人口分析入門』（古今書院、一九八九年）
○野原慎司『人口の経済学　平等の構想と統治をめぐる思想史』（講談社選書メチエ、二〇二二年）
○森田優三『人口増加の分析』（日本評論社、一九四四年）
○寺尾琢磨『人口理論の展開』現代経済学叢書⑬（東洋経済新報社、一九四八年）
○中山伊知郎、南亮進『適度人口』経済分析全書（勁草書房、一九五九年）

○美濃口時次郎『適度人口』(アテネ文庫、弘文堂、一九五〇年)

第5章　人口政策の考え方

○ United Nations Population Fund (UNFPA) 8 BILLION LIVES, INFINITE POSSIBILITIES The case for rights and choices (https://www.unfpa.org/swp2023)

＊国連人口基金『世界人口白書』(二〇二三年四月)、二〇二三年七月に日本語抜粋版が発表されている。

○国連人口基金『世界人口白書』(一九九五年版)

＊リプロダクティブ・ヘルス/ライツを決めた一九九四年カイロ会議の詳細な解説を掲載している。

○国連人口基金『世界人口白書』(二〇〇四年版)

＊カイロ会議一〇年の節目に当たり、リプロダクティブ・ヘルス/ライツの到達点を検証している。

○谷口真由美『リプロダクティブ・ライツとリプロダクティブ・ヘルス』(信山社、二〇〇七年)

○岡崎陽一『現代人口政策論』(古今書院、一九九七年)

○大淵寛、阿藤誠『少子化の政策学』(人口学ライブラリー③、原書房、二〇〇五年)

○松岡悦子『子どもを産む・家族をつくる人類学』(勉誠出版、二〇一七年)

第6章　マルクス、エンゲルスと人口問題

○マルクス『資本論』(新日本出版社、新版二〇一九～二一年、新書判一九八三～八九年)

○マルクス＝エンゲルス全集(邦訳、大月書店)

○マルクス『資本論草稿集』全九冊(邦訳、大月書店)

○マルクス「ロンドン・ノート」、MEGA第Ⅳ部の第七巻～第一一巻に収録(そのうち二〇二三年五月時点で、

第七巻、第八巻、第九巻の三冊が刊行されている）

＊ Karl Marx Friedrich Engels Gesamtausgabe (MEGA). Vierte Abteilung Exzerpte - Notizen - Marginalien. Probeheft. Dietz Verlag, Berlin　https://mega.bbaw.de/de

○久留間鮫造編『マルクス経済学レキシコン』（普及版全八巻、大月書店、一九九五年）

○エンゲルス『エンゲルスのカウツキーへの手紙』（岡崎次郎訳、岩波文庫、一九五〇年）

○マルサス『人口論』（斉藤悦則訳、光文社古典新訳文庫、二〇一一年）

○マルサス『人口論』（吉田秀夫訳　初版～第六版までの比較対照版、春秋社、一九四八年）

○マルサス『初版 人口の原理』（岩波文庫、高野岩三郎・大内兵衛訳、一九六二年）

○マルサス『経済学原理』（岩波文庫、小林時三郎訳、一九六八年）

○森下宏美『マルサス人口論争と「改革の時代」』（日本経済評論社、二〇〇一年）

○重田澄男『資本主義と失業問題――相対的過剰人口論争』（御茶の水書房、一九九〇年）

○General Statement of an Argument on the Subject of Population, in Answer to Mr. Malthus's Theory (1821)

○エマニュエル・トッド『家族システムの起源（第一巻ユーラシア）』（原著は二〇一一年、石崎晴己監訳、藤原書店、二〇一六年）

＊第二巻は、二〇二三年五月時点では未刊。

○速水融「対談を終えて――エマニュエル・トッドの魅力」（石崎晴己『世界像革命』藤原書店、二〇〇一年所収）

○エマニュエル・トッド『トッド自身を語る』（藤原書店、二〇一五年）

第7章　J・M・ケインズと人口問題

○英国王立経済学会編、ケインズ全集（全三〇巻、一九七一～八九年）

※　The collected writings of John Maynard Keynes（東洋経済新報社から邦訳が刊行中。二〇二三年七月時点で、全三〇巻中二六巻が既刊）。

○セイモア・ハリス編『新しい経済学』（日本銀行調査局訳、東洋経済新報社、一九四九年）

○ロイ・ハロッド『ケインズ伝』（塩野谷九十九訳、東洋経済新報社、一九六七年）

○ミロ・ケインズ編、佐伯彰一ほか訳『ケインズ　人・学問・活動』（東洋経済新報社、一九七八年）

○ケインズ『雇用、利子および貨幣の一般理論』（邦訳は五種ありそれぞれ特徴がある）

①塩野谷九十九訳（東洋経済新報社、一九四九年）

②塩野谷祐一訳（全集第七巻、東洋経済新報社、一九八三年）

③間宮陽介訳（岩波文庫、二〇〇八年）

④山形浩生訳（講談社学術文庫、二〇一二年）

⑤大野一訳（日経BPクラシックス、二〇二一年）

○伊東光晴『ケインズ――〝新しい経済学〟の誕生』（岩波新書、一九六二年）

○宮崎義一、伊東光晴『コンメンタール　ケインズ一般理論』（日本評論社、一九六四年）

○浅野栄一『ケインズ「一般理論」形成史』（日本評論社、一九八七年）

○宇沢弘文『ケインズ「一般理論」を読む』（岩波現代文庫、二〇〇八年）

○根井雅弘『ケインズを読み直す――入門　現代経済思想』（白水社、二〇一七年）

○山田長夫『ケインズ研究』（有隣堂、一九八八年）

第8章　G・S・ベッカーの人口理論

（邦訳書）

○宮沢健一ほか訳『経済理論―人間行動へのシカゴ・アプローチ』（東洋経済新報社、一九七六年）
○佐野陽子訳『人的資本―教育を中心とした理論的・経験的分析』（東洋経済新報社、一九七六年）
○鞍谷雅敏ほか訳『ベッカー教授の経済学ではこう考える――教育・結婚から税金・通貨問題まで』（東洋経済新報社、一九九八年）
○鞍谷雅敏ほか訳『ベッカー教授、ポズナー判事のブログで学ぶ経済学』（東洋経済新報社、二〇〇六年）

（原著書）

○"The Economics of Discrimination"（「差別の経済学」University of Chicago Press　初版一九五七年、第二版一九七一年）
○"The Human Capital"（「人的資本」、National Bureau of Economic Research　初版一九六四年、第三版一九六四年）
○"Economic Theory"（「経済理論」　Alfred A. Knopf　初版一九七一年、第二版二〇〇七年）
○"A Treatise on the Family"（「家族の経済理論」　Harvard University Press　初版一九八一年、第三版一九九一年）
○"The Economic Approach to Human Behavior"（University of Chicago Press　一九七六年）
　＊一三本の論文を収録。
○"The Essence of Becker"（Hoover Institution Press Publication　一九九五年）
　＊ノーベル賞受諾講演を含む二六本の論文を収録。

高齢人口	生産年齢人口	労働力人口		関連する出来事	人口問題の経過
万人	万人	万人			
370	4182				
388	4395				
374	4678				
384	4786			「優生保護法」成立	
397	4877				
411	4966				
418	5073				
431	5184				敗戦後、産児制限の動きが一気
443	5285	3989			に広がる
460	5381	4055		日本家族計画普及会発足	
475	5473	4194			
484	5600	4268			
494	5724	4363			
507	5843	4387			
521	5966	4433			
535	6000	4511			
550	6072	4562			
564	6226	4614			
584	6390	4652			
602	6558	4710			
618	6693	4787			
642	6811	4891		(丙午。前は1906年、次は2026年)	
667	6916	4983		総人口1億人突破	
690	7009	5061			
711	7094	5098			
733	7157	5153		高齢化社会(7.1%)	
752	7232	5186			
788	7348	5199			このころから「高齢化社会」論
816	7410	5326		(この年から沖縄県含む)	が盛んになる

【付表１】日本の人口―基本統計と論議の経過（2023年６月１日作成）

西暦	元号	総人口（注１）	日本人（注２）	外国人（注３）	出生数	死亡数	自然増減	出生率	年少人口
		千人	千人	千人	千人	千人	千人	率	万人
1872	明治５	34806							
1900	明治33	43847							
1945	昭和	72147							2648
46	21	75750							2528
47	22	78101			2679	1138	1541	4.54	2757
48	23	80002			2682	951	1731	4.40	2830
49	24	81773			2697	945	1751	4.32	2903
1950	25	83200	82672	599	2338	905	1433	3.65	2943
51	26	84541			2138	839	1299	3.26	2966
52	27	85808			2005	765	1240	2.98	2970
53	28	86981			1868	773	1095	2.69	2975
54	29	88239			1770	721	1048	2.48	2989
55	30	89276	88678	641	1731	694	1037	2.37	2980
56	31	90172			1665	724	941	2.22	2941
57	32	90928			1567	752	814	2.04	2891
58	33	91767			1653	684	969	2.11	2851
59	34	92641			1626	690	936	2.04	2811
1960	35	93419	92841	651	1606	707	899	2.00	2807
61	36	94287			1589	696	894	1.96	2807
62	37	95181			1619	710	908	1.98	2727
63	38	96156			1660	671	989	2.00	2642
64	39	97182			1717	673	1044	2.05	2559
65	40	98275	97681	666	1824	700	1123	2.14	2517
66	41	99036			1361	670	691	1.58	2452
67	42	100196	99637		1936	675	1261	2.23	2442
68	43	101331	100794		1872	687	1185	2.13	2442
69	44	102536	102022		1890	694	1196	2.13	2460
1970	45	103720	103119	708	1934	713	1221	2.13	2482
71	46	105145	104345	719	2001	685	1316	2.16	2517
72	47	107595	105742	735	2039	684	1355	2.14	2597
73	48	109104	108079	738	2092	709	1383	2.14	2645

846	7474	5310			
887	7584	5323			
920	7640	5378			
956	7694	5452			
992	7754	5532			
1031	7816	5596			
1065	7888	5650			
1101	7927	5707			
1135	8009	5774			
1167	8090	5889			
1196	8178	5927		総人口１億2000万人	
1247	8254	5963			
1287	8337	6020			
1332	8419	6084			
1378	8501	6166			
1431	8575	6270		出生率1.57	このころから「少子化」問題の
1493	8614	6384			論議が盛んになる
1558	8656	6505		バブルの崩壊	
1624	8685	6578			
1690	8702	6615			
1759	8703	6645			
1828	8726	6666		高齢社会（14.5％）	
1902	8716	6711		母体保護法	
1976	8704	6787			
2051	8692	6793			
2119	8676	6779			
2204	8638	6766			
2287	8614	6752	小泉内閣		
2363	8571	6689			《人口問題論議の第１期ブーム》
2431	8541	6666			少子化社会対策基本法、少子化社会対策会議
2488	8508	6642			少子化社会対策大綱、「少子化社会白書」
2576	8442	6651		初の自然減	

74	49	110573	109410	746	2030	711	1319	2.05	2685
75	50	111940	111252	752	1901	702	1199	1.91	2722
76	51	113094	112420	754	1833	703	1129	1.85	2749
77	52	114165	113499	762	1755	690	1065	1.80	2765
78	53	115190	114511	767	1709	696	1013	1.79	2771
79	54	116155	115465	775	1643	690	953	1.77	2766
1980	55	117060	116320	783	1577	723	854	1.75	2751
81	56	117902	117204	793	1529	720	809	1.74	2760
82	57	118728	118008	802	1515	712	804	1.77	2725
83	58	119536	118786	817	1509	740	769	1.80	2691
84	59	120305	119523	842	1490	740	750	1.81	2650
85	60	121049	120266	851	1432	752	679	1.76	2603
86	61	121660	120946	867	1383	751	632	1.72	2543
87	62	122239	121535	884	1347	751	595	1.69	2475
88	63	122745	122026	941	1314	793	521	1.66	2399
89	平成元	123205	122460	984	1247	789	458	1.57	2320
1990	2	123611	122721	1075	1222	820	401	1.54	2249
91	3	124101	123102	1219	1223	830	393	1.53	2190
92	4	124567	123476	1282	1209	857	352	1.50	2136
93	5	124938	123788	1321	1188	879	310	1.46	2084
94	6	125265	124069	1354	1238	876	362	1.50	2041
95	7	125570	124299	1362	1187	922	265	1.42	2001
96	8	125859	124709	1415	1207	896	310	1.43	1969
97	9	126157	124963	1483	1192	913	278	1.39	1937
98	10	126472	125252	1512	1203	936	267	1.38	1906
99	11	126667	125432	1556	1178	982	196	1.34	1874
2000	12	126926	125613	1686	1191	962	229	1.36	1847
1	13	127316	125908	1778	1171	970	200	1.33	1828
2	14	127486	126008	1852	1154	982	171	1.32	1810
3	15	127694	126139	1915	1124	1015	109	1.29	1791
4	16	127787	126176	1974	1111	1029	82	1.29	1773
5	17	127768	126205	2012	1063	1084	▲21	1.26	1752

2660	8373	6664		日本人人口減開始	
2746	8301	6684		超高齢社会（21.5％）	
2822	8230	6674			世界金融危機
2901	8149	6650			世界恐慌
2925	8103	6632	民主党政権		「子ども・子育て白書」(名称変更)
2975	8134	(6596)		3・11東日本大震災	総人口減開始（2011年）
3079	8018	6565			《人口問題論議の第Ⅱ期ブーム》
3190	7901	6593	安倍内閣	アベノミクス	「少子化社会対策白書」(名称変更) 少子化危機突破緊急対策（6月）
3300	7785	6609		少子化非常事態宣言	
3387	7728	6625			新たな「少子化社会対策大綱」(3月)
3456	7667	6678			
3509	7619	6732			
3548	7580	6849			
3575	7554	6912			
3603	7509	6902		コロナ・パンデミック	
3621	7450	6907	菅		
3624	7421	6902	岸田		こども家庭庁発足（2023年4月）

なるわけではない

別永住者）。無国籍を含む
齢人口、生産年齢人口は、2021年までは『我が国の人口動態』(2022年確報)。2022年は速報値「人
出入国在留管理庁『出入国管理統計年報』および『在留外国人統計』による。2021年までは年末時点、
計値）

6	18	127901	126154	2085	1093	1084	8	1.32	1743
7	19	128033	126085	2153	1090	1108	▲19	1.34	1729
8	20	128084	125947	2217	1091	1142	▲51	1.37	1718
9	21	128032	125820	2186	1070	1142	▲72	1.37	1701
2010	22	128057	126382	2134	1071	1197	▲126	1.39	1680
11	23	127834	126210	2079	1051	1253	▲202	1.39	1671
12	24	127593	126023	2034	1037	1256	▲219	1.41	1655
13	25	127414	125803	2066	1030	1268	▲239	1.43	1639
14	26	127237	125562	2122	1004	1273	▲269	1.42	1623
15	27	127095	125319	2232	1006	1290	▲285	1.45	1589
16	28	127042	125071	2383	977	1308	▲331	1.44	1581
17	29	126919	124745	2562	946	1341	▲394	1.43	1564
18	30	126749	124349	2731	918	1362	▲444	1.42	1547
19	令和元	126555	123886	2933	865	1381	▲516	1.36	1526
20	2	126146	123399	2887	840	1373	▲532	1.33	1503
21	3	125502	122780	2761	812	1440	▲628	1.30	1478
22	4	124947	122031	2962	771	1569	▲798	1.26	1450

（注１）日本人の人口と在留外国人の数は、それぞれの調査基準が異なるために、その合計が総人口に

（注２）1968 年からは、日本人だけ（外国人を含まない)。1972 年までは沖縄県を含まない

（注３）2011 年までは外国人登録者数、2012 年以降は在留外国人（短期滞在等を除く外国人および特

（資料）総人口、日本人人口、出生数、死亡数、自然増減、出生率（合計特殊出生率)、年少人口、高
口動態統計」(2023 年５月公表)。外国人数は、法務省『外国人登録国籍別人員調査一覧表』、
2022 年は６月時点。労働力人口は、総務省『労働力調査』(2011 年は、東日本大震災のため推

【付表2】「マルクス、エンゲルスと人口問題」一覧表

4つの一覧表（①～④）の全体をつうじる凡例

（1）各文献からの引用の底本については、本文の「はじめに」を参照。

（2）各表の第1列の（No）は、4つの表を通じる「通しナンバー」を示す。
『資本論』のほか、『イギリスにおける労働者階級の状態』、「ドイツ・イデオロギー」『家族、私有財産および国家の起源』なども、通しナンバーの論点項目を篇・章別に複数回、数えてある。

（3）各表の「主なテーマ」は、人口問題についてのテーマを示す。同欄の【○】の数値は、第6章の本文の対応箇所のなかの論点項目を表す。

（4）執筆者の欄のMはマルクス、Eはエンゲルス。

●一覧表①　『資本論』（「該当ページ」は、『新版　資本論』による）

No	『資本論』の篇、章、節	主なテーマ。【　】	該当ページ
	『資本論』第Ⅰ巻		
1	第三篇「絶対的剰余価値の生産」 第8章労働日 第5節　標準労働日獲得のための闘争	資本主義の搾取強化の将来と人口衰亡問題 ※第4節【14】	② 466～471p （原書：282～285p）
2	第四篇「相対的剰余価値の生産」 第12章　分業とマニュファクチュア 第4節　マニュファクチュア内部の分業と社会内部の分業	マニュファクチュアと人口増大 ※第4節【6】	③ 619～623p （原書：372～374p）
3	第13章　機械と大工業 第3節　労働者におよぼす機械経営の直接的影響 b　労働日の延長	機械導入による労働者の遊離	③ 715～716p （原書：430p）
4	第13章　機械と大工業 第6節　機械によって駆逐された労働者にかんする補償説	アイルランドの人口減少 ※第4節【11】	③ 778p （原書：467p）
5	第13章　機械と大工業 第7節　機械経営の発展にともなう労働者の反発と吸引。綿業恐慌	過剰人口と海外移住・植民地 ※第4節【12】	③ 791p （原書：475p）
6	第五篇「絶対的および相対的剰余価値の生産」 第15章　労働力の価格と剰余価値との大きさの変動 第4節　労働の持続、生産力、および強度が同時に変動する場合	マルサス批判 ※第3節	③ 917～918p （原書：551p）
7	第七篇「資本の蓄積過程」 第21章　単純再生産	労働力の再生産 ※第4節【7】 労働者の自己維持本能と生殖本能	④ 993～998p （原書：596～599p）
8	第23章　資本主義的蓄積の一般的法則 第1節　資本の構成が不変な場合における、蓄積にともなう労働力需要の増大	資本蓄積と賃金率	④ 1074～1086p （原書：644～649p）
9	第23章　資本主義的蓄積の一般的法則 第3節　相対的過剰人口または産業予備軍の累進的生産 第4節　相対的過剰人口のさまざまな存在形態。資本主義的蓄積の一般的法則	相対的過剰人口の形成 ※第5節	④ 1098～1126p （原書：657～675p）
10	第23章　資本主義的蓄積の一般的法則 第5節　資本主義的蓄積の一般的法則の例証	農業プロレタリアートの人口減少　※【10】	④ 1178～1180p （原書：706p）

11	第23章　資本主義的蓄積の一般的法則 第5節　資本主義的蓄積の一般的法則の例証 e　大ブリテンの農業プロレタリアート	農業プロレタリアートの人口減少　※【10】	④1204～1207p （原書：720～722p）
12	第23章　資本主義的蓄積の一般的法則 第5節　資本主義的蓄積の一般的法則の例証 e　大ブリテンの農業プロレタリアート	農業プロレタリアートの人口減少　※【10】	④1212p （原書：725p）
13	第23章　資本主義的蓄積の一般的法則 第5節　資本主義的蓄積の一般的法則の例証 f　アイルランド	アイルランドの人口減少 ※【11】	④1222～1240p （原書：730～740p）
14	第24章　いわゆる本源的蓄積 第3節　一五世紀末以来の被収奪者にたいする流血の立法。労賃引き下げのための諸法律	相対的過剰人口と労賃	④1287～1295p （原書：765～770p）
15	第24章　いわゆる本源的蓄積 第5節　工業への農業革命の反作用。産業資本のための国内市場の形成	国内市場の形成と人口	④1301～1307p （原書：773～777p）

『資本論』第Ⅱ巻

16	第二篇「資本の回転」 第14章　通流時間	交通手段の発展と人口分布	⑥400～403p （原書：252～254p）

『資本論』第Ⅲ巻

17	第三篇「利潤率の傾向的低下の法則」 第13章　この法則そのもの	「相対的過剰人口」の作用 ※第5節	⑧375～385p （原書：228～234p）
18	第14章　反対に作用する諸原因 第4節　相対的過剰人口	相対的過剰人口の形成 ※第5節	⑧406～407p （原書：246～247p）
19	第15章　この法則の内的諸矛盾の展開 第3節　人口過剰のもとでの資本の過剰	産業資本主義と「労働力の再生産」の特徴　※第5節	⑧437～446p （原書：265～270p）
20	第15章　この法則の内的な諸矛盾の展開 第4節　人口の過剰に伴う資本過剰	農業労働者の絶対的減少	⑧452～457p （原書：274～277p）
21	第六篇「超過利潤の地代への転化」 第37章　緒論	農業労働者の絶対的減少 ※第4節【9】【10】	⑪1137～1138p （原書：641～642p）
22	第37章　緒論	農業労働者の絶対的減少 ※第4節【9】【10】	⑪1154p （原書：650p）
23	第47章　資本主義的地代の創生記	農村人口の減少 ※第4節【9】【10】	⑪1452p （原書：821p）

●一覧表②『資本論草稿集』

1857年～58年草稿（MEGA第Ⅰ巻）大月書店＝邦訳版（第1巻～第2巻）

No	篇・章など	主なテーマ	邦訳版	該当ページ
24	経済学批判序説　経済学の方法	人口論の方法　※第4節【2】	第1巻	49～51p
25	経済学の篇別構成	（プラン問題）「人口」の位置づけ ※第4節【2】		62p
26	Ⅲ　資本にかんする章 絶対的剰余価値と相対的剰余価値	「労働力の再生産」の特徴 ※第4節【7】		442p
27	剰余価値と利潤	労働の生産力の増大と人口増加　※第4節【3】		523～524p

28	資本の再生産と蓄積	産業人口を増やす資本の傾向　※第４節	第２巻	34p
29	資本の循環	相対的過剰人口は資本の最善の条件		185～187p
30	資本の循環	人口論の方法　※第４節【2】		216p
31	剰余価値および利潤についての諸学説	異なった社会における人口法則　※第４節【4】		329～333p
32	固定資本と社会の生産諸力の発展	相対的な剰余人口と生産力		493p
33	果実をもたらすものとしての資本	労働の生産力は人口に比例する ※第4節【4】		558～559p
34	果実をもたらすものとしての資本	人口の増大と生産力　※第４節【4】		582～585p
35	果実をもたらすものとしての資本	富の基本源泉としての人口 第４節【3】		592～593p

1861年～63年草稿（MEGA 第Ⅲ巻）　大月書店＝邦訳版（第４巻～第９巻）

36	第3章　資本一般　2　絶対的剰余価値	絶対的な総人口と労働人口 ※第4節【6】	第４巻	294～295p
37	2　絶対的剰余価値　タウンゼント	マルサスの人口論		322～323p
38	3　相対的剰余価値　b　分業	人口の高密度。工業人口の増加		473～474p
39	3　相対的剰余価値　b　分業	労働力の再生産。貧困と人口増　※第4節【7】		486～487p
40	生産的労働と不生産的労働との区別	人口と富の源泉　※第４節【3】		551p
41	5　剰余価値に関する諸学説　k　ロートベルトゥス	マルサスの人口論と地代学説	第６巻	156～166p
42	k　ロートベルトゥス	マルサスとダーウィン		166p
43	k　ロートベルトゥス アンダソン	アンダソンの地代論		204p
44	h　リカードウ	リカードウの人口論		756～758p
45	h　リカードウ	リカードウの人口論。機械の使用		794～815p
46	l　経済学者たちにたいする反対論	ホジスキンと人口論	第7巻	377p
47	機械による労働の代替。蓄積	絶対的な総人口と労働人口　※第４節【6】	第９巻	240～242p
48	蓄積	労働力の再生産。貧困と人口増　※第４節【7】		474p
49	3　相対的剰余価値　歴史的追補。ペティ	ペティの人口理論　※第４節【3】		484～497p

●一覧表③ 『資本論』以外の諸著作

No	ME全集	筆者	年	著作名	主なテーマ 【 】	該当ページ
50	第１巻	E	1843	国民経済学批判大綱	マルサス「人口論」批判。※第３節 人口論の方法。経済学と人口論 生産力の発展と人口問題。※第4節【15】 共産主義社会の過剰人口。道徳的な制限	564～565p
51	第１巻	M	1844	論文「プロイセン国王と社会改革」にたいする批判的論評	貧困の原因とマルサス理論　※第３節	437p
52	第２巻	E	1845	イギリス穀物法の歴史	穀物法と人口問題	610p

53	第2巻	E	1845	イギリスにおける労働者階級の状態 序説 工業プロレタリアート 大都市 競争 諸結果 ブルジョアジーの態度	工業人口の激増 プロレタリアートの増大 人口の密集。貧困 人口の大都市集中。「過剰人口」の形成 アダム・スミスの人口論。「失業予備軍」 死亡率。アリソンの【人口原理】 マルサスの人口論批判　※第3節	236p 244~245p
54	第2巻					247~249p
55	第2巻					250~305p
56	第2巻					306~312p
57	第2巻					
58	第2巻					326~365p
59	第2巻					518~522p
60	第3巻	M E	1845 ~46	ドイツ・イデオロギー I　フォイエルバッハ A　イデオロギー一般 B　イデオロギーの現実的土台	人間の歴史　生きた人間の生産 生産と人口増大の役割 古代社会、封建社会と人口問題 人口の不足 人口の増大	16~25p
61	第3巻					48p 51p
62	第4巻	M	1847	哲学の貧困	人口と生産。生産的人口と非生産的人口	124p
63	第4巻	E	1847	共産主義の原理	家族の発展　※第4節【15】	392~393p
64	第4巻	M E	1848	共産党宣言	ブルジョア社会における人口	479~480p
65	第6巻	M	1847	遺稿「賃金」（人口法則）	マルサス批判。　※第3節	520p
66	第7巻	E	1851	神聖同盟の戦争の諸条件と見通し	生産力の上昇による人口の急増	489~490p
67	第7巻	M	1850	フランスにおける階級闘争	人口の増加、土地生産性の低下	79~80p
68	第8巻	M	1853	強制移民—コシュートとマツィーニ—亡命者問題—イギリスの買収選挙—コブデン氏NYDT	人口統計の分析　※第4節【12】	528~530p
69	第9巻	M	1853	戦争問題—イギリスの人口および貿易統計—議会情報NYDT	人口統計の分析　※第4節【12】	244p
70	第9巻	M	1853	労働問題 （人口減少問題）NYDT	人口統計の分析　※第4節【12】	459~460p
71	第13巻	M	1859	人口、犯罪、極貧NYDT	人口統計の分析　※第4節【12】	491p
72	第16巻	M	1869	アメリカ合衆国全国労働同盟への呼びかけ	内戦の結果と人口問題	350p
73	第16巻	M	1867	遺稿「アイルランド問題についてのおこなわれなかったの演説の下書き」	アイルランドの人口減少問題 ※第4節【11】	432p
74	第16巻	M	1867	遺稿「アイルランド問題についての講演の下書き」	アイルランドの人口減少問題 ※第4節【11】	447p
75	第18巻	E	1872 ~73	住宅問題	都市と農村の対立。人口の不均衡 未来社会における人口問題	276~277p
76	第19巻	E	1875	ベーベルへの手紙	マルサス主義批判	5p
77	第19巻	M	1875	ゴータ綱領批判	マルサス主義批判。ラサールの賃金鉄則批判	25p

78	第20巻 第20巻	E	1876 ～78	反デューリング論 第１篇　哲学　７自然哲学。生物界 第３篇　社会主義	マルサス主義批判。ダーウィン 共産主義社会の生産力発展と人口問題	68～71p 304～305p
79	第21巻	E	1884	家族、私有財産および国家の起源 序説 一　先史時代の文化諸段階 三　イロクォイ族の氏族 七　ケルト人とドイツ人の氏族 八　ドイツ人の国家形成 九　未開と文明	人類の歴史　人間の生産 ※第４節【1】 原始社会における人口 人口の増大、社会発展におけるその役割 人口と生産 ドイツの人口　希薄から稠密へ。 人口密度。急速に増大する人口	33p
80	第21巻	E				100p
81	第21巻	E				147p
82	第21巻	E				143p
83	第21巻	E				158p
84	第21巻	E				162～169p
85	第22巻	E	1893	ヨーロッパは軍備を縮小できるか？	人口と軍事	388～389p

●一覧表④　『書簡』

No	ME全集	筆者	年月日	あて先	主なテーマ　【　】	該当ページ
86	第27巻	M	1846年12月28日	マルクスからアンネンコフへの手紙	プルードン批判　労働力不足	392p
87	第27巻	M	1851年１月７日	マルクスからエンゲルスへの手紙	マルサスと地代論　※第３節	141～142p
88	第27巻	E	1851年１月29日	エンゲルスからマルクスへの手紙	リカードウと地代論	151p
89	第30巻	M	1862年６月18日	マルクスからエンゲルスへの手紙	マルサスと地代論　ダーウイン ※第３節	203p
90	第31巻	E	1865年３月29日	エンゲルスからランゲへの手紙	マルサス批判　解決策 ※第３節	392p
91	第32巻	E	1869年11月19日	エンゲルスからマルクスへの手紙	地代、ケアリ、マルサス　※第３節 アイルランドの人口問題 ※第４節【11】	319～320p
92	第32巻	M	1869年11月26日	マルクスからエンゲルスへの手紙	エンゲルスのケアリ論への返答	320～326p
93	第32巻	M	1870年６月27日	マルクスからクーゲルマンへの手紙	リカード、マルサスと生存競争 ※第３節	563p
94	第34巻	E	1875年３月18-28日	エンゲルスからベーベルへの手紙	ラッサールの賃金鉄則	108p
95	第35巻	E	1881年２月１日	エンゲルスからカウツキーへの手紙	講壇社会主義者との論戦 ※第４節【15】 未来社会の過剰人口	123p

96	第35巻	E	1883年2月8日	エンゲルスからベルンシュタインへの手紙	カウツキーの人口論批判 未来社会の過剰人口	373p
97	第35巻	E	1883年2月10日	エンゲルスからカウツキーへの手紙	カウツキーの人口論　避妊問題　※第4節【13】	376p
98	第36巻	E	1883年9月18日	エンゲルスからカウツキーへの手紙	カウツキーの人口論 ※第4節【13】	54p
99	第39巻	E	1893年7月19日	エンゲルスからマイアーへの手紙	将来社会の時短下の生産拡大	91～92p
100	第39巻	E	1895年1月9日	エンゲルスからダニエリソンへの手紙	マルサス批判の誤解 ※第3節	326p

邦訳未刊の巻)

巻	邦訳版	ページ	The collected writings of John Maynard Keynes
11巻		174	v.11 Economic articles and correspondence: academic
11巻		525～527	v.11 Economic articles and correspondence: academic
12巻		696	v.12 Economic articles and correspondence: investment and editorial
02巻	6-10	5～9	v.2 The economic consequences of the peace
	9-10	7～9	
	17-18	14～15	
	178-181	14-16､143～146	
30巻		7	Vol. 30. Bibliography and index
17巻	85-88	59～61	v.17 Activities 1920-1922: treaty revision and reconstruction
17巻	366-371	267～271	v.17 Activities 1920-1922: treaty revision and reconstruction
17巻	383-385	279～281	v.17 Activities 1920-1922: treaty revision and reconstruction
17巻	451	327	v.17 Activities 1920-1922: treaty revision and reconstruction
17巻	596-599	434～436	v.17 Activities 1920-1922: treaty revision and reconstruction
17巻	604-611	440～445	v.17 Activities 1920-1922: treaty revision and reconstruction
17巻	607	443	v.17 Activities 1920-1922: treaty revision and reconstruction
18巻	31	26	v.18 Activities 1922-1932: the end of reparations
17巻	619-621	452～454	v.17 Activities 1920-1922: treaty revision and reconstruction
17巻	615-621	449～454	v.17 Activities 1920-1922: treaty revision and reconstruction
4巻	30-31	29～30	v.4 A tract on monetary reform
19巻	83	79	v.19 Activities 1922-1929: the return to gold and industrial policy
19巻	126-153	119～143	v.19 Activities 1922-1929: the return to gold and industrial policy
18巻	153	125	v.18 Activities 1922-1932: the end of reparations
19巻	166	154	v.19 Activities 1922-1929: the return to gold and industrial policy
19巻	325	284	v.19 Activities 1922-1929: the return to gold and industrial policy
19巻	527-532	437～441	v.19 Activities 1922-1929: the return to gold and industrial policy
9巻	363-364	302～303	v.9 Essays in persuasion
9巻	334,350	280､292	v.9 Essays in persuasion
9巻	381-382	317～318	v.9 Essays in persuasion

【付表３】ケインズの「人口問題」についての言及文献の一覧（邦訳版の空欄は、2023年時点で

年	テーマ	文献名（著作、論文、草稿、書信など）
1908	西ハンプシャーの人口急増	書評(The Journal of the Royal Statistical Society 所収)
1912	中国の人口問題	書評（The Economic Journal 所収）
1913	貨幣需要と人口変動	初期の講義
1919	欧州（1870-1914）の人口問題	『平和の経済的帰結』
1919	ドイツとロシアの人口問題	『平和の経済的帰結』
1919	米国の人口問題	『平和の経済的帰結』
1919	条約後の欧州の人口問題	『平和の経済的帰結』
1921	人口調節	Birth Control Review へのメッセージ
1921	欧州の人口問題	『平和の経済的帰結』からの引用(人口問題の要約)
1921	人口と貯蓄、社会改良の計画	論文　サンデー・タイムズ紙
1921	ドイツの出生率減少、人口と貯蓄	ヴィクセル宛ての手紙（1921.10.26）
1921	M・G 紙の特集号の企画（人口問題含む）	マンチェスター・ガーディアン紙の特集号協力の手紙
1922	ロシアの人口問題	マンチェスター・ガーディアン紙のロシア特集号（1922.7.6）
1922	英国とウィーンの人口問題	論文「人口にかんする一経済学者の見解」（マーチャント・ガーディアン紙の特集号）
1922	マルサスの人口原理	論文「人口にかんする一経済学者の見解」（マーチャント・ガーディアン紙の特集号）
1922	ドイツの人口問題	「賠償問題の終結」第１章マルクの衰退
1923	マルサスの人口原理	論文「基底をなす諸原理」（MG 紙の特集最終号）
1923	人口と社会改良	論文「基底をなす諸原理」（MG 紙の特集最終号）
1923	人口と資本の成長	『貨幣改革論』
1923	失業問題と人口問題	タイムズ紙への投書
1923	人口と失業	ベヴァリッジとの論争「人口と失業」（ニュー・ステイツマン）
1923	産児制限問題など	編集序言（ザ・ネーション・アンド・アシニアム誌）
1923	失業問題と人口問題	論文（ザ・ネーション・アンド・アシニアム誌）
1924	対外投資と人口	論文（ザ・ネーション・アンド・アシニアム誌）
1925	ロシアの人口問題。国家による人口調節	ロシアでの講演
1925	産児制限と国家政策	「私は自由党員か」（『説得論集』所収）
1926	適度人口と国家政策。マルサス流の人口論	「自由放任の終焉」（『説得論集』所収）
1927	人口増加と平均年齢	「クリソルド」（『説得論集』所収）

9巻	391-400	325-331	v.9 Essays in persuasion
29巻	9	5	v.29 The general theory and after: a supplement
20巻	475、477-478	318、320～321	v.20 Activities 1929-1931: rethinking employment and unemployment policies
20巻	557-559	391～392	v.20 Activities 1929-1931: rethinking employment and unemployment policies
20巻	708、719、771	517、543、573	v.20 Activities 1929-1931: rethinking employment and unemployment policies
21巻	100	89	v.21 Activities 1931-1939: world crises and policies in Britain and America
10巻	95-145	71～108	v.10 Essays in biography
19巻	119-145	87～108	v.19 Activities 1922-1929: the return to gold and industrial policy
21巻	356	316	v.21 Activities 1931-1939: world crises and policies in Britain and America
29巻	179	152	v.29 The general theory and after: a supplement
13巻		500	v.13-14 The general theory and after
7巻	307	307	v.7 The general theory of employment, interest and money: uk, hbk,: us, hbk.
7巻	318	318	v.7 The general theory of employment, interest and money: uk, hbk,: us, hbk.
7巻	339	340	v.7 The general theory of employment, interest and money: uk, hbk,: us, hbk.
7巻	384	381	v.7 The general theory of employment, interest and money: uk, hbk,: us, hbk.
10巻	151	113	v.10 Essays in biography
14巻	155-164	124～133	v.13-14 The general theory and after
14巻	198	161	v.13-14 The general theory and after
21巻	459	403	v.21 Activities 1931-1939: world crises and policies in Britain and America
25巻	198	162	v.25 Activities 1940-1944: shaping the post-war world: the clearing union
26巻	482	383	v.26 Activities 1941-1946: shaping the post-war world, Bretton Woods and reparations
28巻	145	102	v.28 Social, political and literary writings

してある

をあげてある

1928	人口の調整能力と経済進歩。人口増加と科学技術の発展、資本の成長	「わが孫たちの経済的可能性」(『説得論集』所収)
1929	人口変動	『貨幣論』へのA·C·ピグーの批評からの断片
1929	人口と失業	スタンプとの対談。BBC放送(『リスナー』誌)
1930	人口と利子率	論文(『インデックス』誌)
1931	米国の人口問題。人口と失業。人口と利子率	米国訪問。失業と保護貿易策(ラジオ放送原稿)
1932	人口の増加率	世界恐慌と再建策
1933	マルサスの人口原理	評伝マルサス(『人物評伝』所収)
1933	マルサスの有効需要理論	
1934	人口の増加率	世界恐慌と再建策
1935	人口は非経済的に決まる	『一般理論』の準備
1935	人口増加の減速	『一般理論』の草稿
1936	人口の変動(19世紀における人口変動)	『雇用・利子および貨幣の一般理論』
1936	人口の変動(人口変動と景気循環の長さ)	
1936	人口の変動(人口変動と貨幣量)	
1936	人口の変動(人口変動と戦争)	
1936	マルサスの人口法則の拡張	評伝ジェヴォンズ(『人物評伝』増補版に所収)
1937	人口減少の若干の経済的影響	講演「人口減少の経済的影響」(Eugenics Review, 所収)
1937	人口減少の若干の経済的影響	
1937	人口の増加	ハロット『景気循環論』講義ノート
1942	清算同盟の票決権と人口	サー・フィリップへの書信
1944	人口の移動(移民)	E・J・パサント宛ての手紙
	人口の移動の自由	積極的平和プログラム(ニューステイツマン)

(注1)「全集」では、文献の執筆年代の順に収録されていないが、本表では、基本的に執筆順に整理
(注2)新聞、雑誌に収録した論文を、のちに書き改めて著作に収録したものは、原則として初出文献
(注3)内容的に複数の論点を含む場合は、重複してあげてある

人名索引

事項索引

友寄英隆（ともより・ひでたか）

1942年、沖縄県生まれ。労働者教育協会理事。一橋大学経済学部卒業、同大学院修士課程修了。日本共産党中央委員、「しんぶん赤旗」編集委員、同経済部長、月刊誌『経済』（新日本出版社）編集長などを歴任。

著書は次の通り。
『生活感覚の日本経済論』（1984年、新日本出版社）
『「新自由主義」とは何か』（2006年、新日本出版社）
『変革の時代、その経済的基礎』（2010年、光陽出版社）
『「国際競争力」とは何か』（2011年、かもがわ出版）
『大震災後の日本経済、何をなすべきか』（2011年、学習の友社）
『「アベノミクス」の陥穽』（2013年、かもがわ出版）
『アベノミクスと日本資本主義――差し迫る「日本経済の崖」』（2014年、新日本出版社）
『アベノミクスの終焉、ピケティの反乱、マルクスの逆襲』（2015年、かもがわ出版）
『「一億総活躍社会」とはなにか――日本の少子化対策はなぜ失敗するのか』（2016年、かもがわ出版）
『「資本論」を読むための年表――世界と日本の資本主義発達史』（2017年、学習の友社）
『「人口減少社会」とは何か――人口問題を考える12章』（2017年、学習の友社）
『AIと資本主義――マルクス経済学ではこう考える』（2019年、本の泉社）
『コロナ・パンデミックと日本資本主義――科学的社会主義の立場から考える』（2020年、学習の友社）
『「人新世」と唯物史観』（2022年、本の泉社）
『「デジタル社会」とは何か』（2022年、学習の友社）

「人口減少《じんこうげんしょう》」社会《しゃかい》とマルクス経済学《けいざいがく》

2023年10月25日　初　版

著　者　友　寄　英　隆
発行者　角　田　真　己

郵便番号　151-0051　東京都渋谷区千駄ヶ谷4-25-6
発行所　株式会社　新日本出版社
電話　03（3423）8402（営業）
03（3423）9323（編集）
info@shinnihon-net.co.jp
www.shinnihon-net.co.jp
振替番号　00130-0-13681
印刷　亨有堂印刷所　　製本　小泉製本

落丁・乱丁がありましたらおとりかえいたします。

ISBN978-4-406-06764-5 C0033　Printed in Japan